南宋六文學僧紀年錄

黃啓江 著

臺灣 學生書局 印行

自序

　　本書是筆者最近幾年撰述南宋文學僧與禪文化一議題之副產品。在閱讀橘洲寶曇（1129-1197）、北磵居簡（1164-1246）、藏叟善珍（1194-1277）、淮海元肇（1189-1265）、物初大觀（1201-1268）及無文道璨（1213-1271）之詩文集時，筆者隨手編述了六僧的個別簡譜，發現六僧不但同出大慧法系，師資相承，行履相仿，禪悅之餘，傾心翰墨詩文，樂交文士，形成了南宋叢林中主張不離文字說禪的師友關係網絡。於是決定將六個簡譜萃集成卷，合併改寫。乃廣事披覽，深入探賾，日夕鉤沈，隨想隨錄，竟然涓滴成流，篇幅日夥，字數益增，而積累成卷了。因仿《東坡紀年錄》而名之曰《南宋六文學僧紀年錄》。其所繫年者，雖憑個人主觀認識及喜好，但大致有以下數個著眼點：其一、六僧及相關禪僧之行履、詩文與議論，包括他們對語言文字與禪是否分離之見解。所涉及之禪僧，上自圓悟克勤（1063-1135）、大慧宗杲（1089-1163）、虎丘紹隆（1077-1136），下至兀庵普寧（1197-1276）、環溪惟一（1202-1281）及無學祖元（1226-1286）；其二、六僧與相關禪僧與官宦、士人之互動。後者之經常出現者如張鎡（1153-1235）、史浩（1106-1194）、張孝祥（1132-1169）、史彌遠（1164-1233）、樓鑰（1137-1213）、張良臣（?-1186）、周必大（1126-1204）、陸游（1125-1210）、范成大（1126-1193）、劉震孫（1197-1268）、趙與篆（1179-1260）、程公許（?-1251）、尤焴（1190-1272）、鄭清之（1176-1251）、劉克莊（1187-1269）、林希逸（1193-1170後）等等；其三、六僧與其師友住持各大禪刹之經歷，及其所形成之叢林師友網絡。換句話說，本書雖以南宋六僧之生平行實為編年論述之重點，但涵蓋六僧生平經歷、詩文著述及他們與同時代僧徒、士人揄揚互動之大略，也偶及當時入宋日僧參學之概況。除編年記事之外，兼考訂糾謬僧史之誤，闡明禪僧與士人之間的詩文交流與酬唱，并叢林與士林間之文化交錯之關係，希望一面凸顯禪僧對於

文字之用心及其文學造詣，一面彌補史書忽略文士法喜之游與宗教生活之缺憾。

六僧之生平行事、詩文寫作及其與文士之互動關係，多見於其詩文集中。語錄雖有資料可稽，但相當有限；燈史、僧傳及方志可資取材者更是鳳毛麟角。詩文集方面，自寶曇以下，除了善珍之《藏叟摘稾》僅兩卷外，餘皆十卷或十卷以上。語錄則反而卷數甚少，寶曇與善珍甚至無語錄流傳；而居簡、元肇、大觀與道璨之語錄都僅一卷。這或許與六僧之弟子未能詳錄其法語有關，但亦顯示六僧豈僅僅是「暫過朝市歸山林」而已？[1]他們杖履山林朝市之間，以詩文會友，與士人傾蓋相交，對文學世情之重視，似不在上堂說法之下。這都足以證明他們對禪之不離文字，或文字不離禪之觀點有相當的執著，反映了對北宋龍井辨才「文字不離禪」一語的認同；辨才不是曾說「臺閣山林本無異，故應文字不離禪」嗎？[2]筆者稱他們為「文學僧」是有其深意的。至於燈史、僧傳及方志之缺載六僧，在本書的敘論部分有詳細的討論；該部分也同時討論六僧之間所共有的宗門法兄弟，說明他們與這些法兄弟之間所建立的「宗盟」或師友網絡之關係，在本書紀年部分的本文都可以看出。

南宋詩僧與文學僧甚多，都有詩卷或文集流通於師友之間，除了六僧詩文集之外，光是道璨所品題者，就有十餘種，如《韶雪屋詩集》、《潛仲剛詩集》、《橘林詩集》、《瑩玉潤詩集》、《仙東溪詩集》、《康南翁詩集》、《敬自翁廬山行卷》、《靈草堂天目行卷》、《悟上人金陵詩卷》、《復休庵詩集》、《禮

1　明教契嵩有〈山中自怡謝所知〉一詩，起句云：「萬事隨宜勿強攀，暫過朝市即歸山」，
　　為筆者此句之所本。契嵩詩見《鐔津文集》（臺北：臺灣商務印書館，影印文淵閣《四
　　庫全書》本，1983-1986）卷 20，頁 14a。

2　見蘇軾，〈次韻參寥寄少游〉，《蘇軾詩集合注》卷 48，頁 2379。原詩云：「巖棲
　　木石已瘡然，交舊何人慰眼前。素與畫公心印合，每思秦子意珠圓。當年步月來幽谷，
　　挂杖穿雲冒夕烟。臺閣山林本無異，故應文字不離禪。」按：此詩查慎行於其《蘇詩
　　補註》，辨為龍井辨才所作。其語云：「右七言律一首，乃辨才法師詩。本集先生自
　　書此詩而題其後云：『辨才作詩時年八十二矣。平生初不學作詩，如風吹水，自成文
　　理。若參寥與吾輩詩，乃如巧人織錦耳。又按潛說友《咸淳臨安志》載辨才此詩於〈龍
　　井〉條下，附見少游參寥和詩，《淮海集》詩題云：『辨才師以詩見寄，繼聞示寂，
　　追次其韻』云云，即此首韻，則又其一証也；今駁正。」見《蘇詩補註》卷 50，頁
　　8b-9a，亦見上引《蘇軾詩集合注》。查說言之成理，此處採其說。

菊泉詩集》、《越山詩卷》和《月池詩卷》等等。[3]其他如大觀所披覽的《定勝
叟文集》、《康南翁詩集》、《侃古樵詩卷》、《樵屋吟藁》、《不群禪餘》、
《安危峰自成集》、《愚谷山居詩》、《頤蒙詩卷》、《竹間遺困藁》、《草菴
蘿月詩》和《講餘吟藁》等等,[4]都是可供我們探賾南宋禪文化的寶貴素材,可
惜都已不傳,實令人扼腕。六僧之詩文,筆者雖曾著書析論,但所論不過是其九
牛之一毛。若從禪史的不同角度去審視其豐富之內容,相信必能觀察到其人生活
之不同面向,從而產生新的認識。筆者重閱六僧的著作,以編年記事之方式考述
六僧之行實,得以從不同之角度觀察問題,就是希望獲致這種結果,也希望能透
過新的理解與發現,藉此機會補充並釐正舊作的缺失。當然,六僧所涉及之人與
事多而繁複,其詩文也時有因背景不明,而難以繫年之缺憾。至於誤解詩文原意
而導致繫年失準,恐亦在所難免。或有一得之愚,也期有「博達之士,操董狐筆,
著僧寶史,取而補之」,則「土苴罅漏」,亦「不為無益」也。此大慧弟子雲臥
曉瑩之語,姑藉之以表達拋磚引玉之悃。

　　本書得以完成,頗獲親友多年來之各種協助,已在先前相關著作表示致謝之
意,不另多贅。初稿將完之時,老友忘年交楊龍章教授不幸仙逝。楊教授在世時,
常鼓勵筆者多寫詩文,傾心著書。凡筆者之寂寥短章或春容大篇,他都樂於先睹
為快。筆者也答應定稿之後,必呈請指謬。不幸書未成而人已去,豈其深有所期
而不欲見余之苟作乎?思念及此,乃連番增刪,詳加考訂,又歷半載而成;期庶
幾無大紕謬,以慰九原之知。書稿既完,內人又提醒筆者母難日將至。先母去世
已近半世紀,雖泉壤相隔,幽明兩分,但筆者在海外三十餘年,依舊陟岵陟屺,
思念不斷。謹以一瓣心香,獻上此書,以奠祭她在天之靈。

莆陽 黃啟江 謹識

二○一三年七月十二日於紐約上州日內瓦城困知樓自宅

3　這些詩卷之名,都可見於道璨的《無文印》中。詳筆者《無文印的迷思與解讀》(臺
　北:臺灣商務印書館,2010)。

4　同樣地,這些詩卷之名,都可見於大觀的《物初賸語》,可參考筆者《一味禪與江湖
　詩》(臺北:臺灣商務印書館,2010)。

南宋六文學僧紀年錄

目　次

敘論

一

　　本書是南宋六位禪僧生涯行事的編年記錄，這六位禪僧是橘州寶曇（1129-1197）、北磵居簡（1164-1246）、淮海元肇（1189-1265）、藏叟善珍（1194-1277）、物初大觀（1201-1268）、無文道璨（1213-1271），他們都有詩文集傳世，是筆者在最近幾本著作裏所稱的「文學僧」。因為他們留下不少詩文，而詩文中顯示他們與官宦文士的交往記錄，所以本紀年錄也包含相關歷史人物的行事紀年。前後所歷年代幾乎涵蓋整個南宋，但主要活動都在孝宗淳熙朝至理宗景定朝。

　　為何要為這六位禪僧編寫這個紀年錄？原因如下：其一，由於這六位禪僧都是大慧宗杲之徒子徒孫，分別為大慧下的第一、二、三代。與大慧一樣，他們結交了不少文士、官僚，在叢林也大都主持重要禪寺，包括五山十剎法席；都有領袖羣倫、舉足輕重之身分與地位。他們所有的活動及所表現的禪文化即是南宋禪文化的一個重要面向。其二，由於他們都有詩文傳世，而他們的詩文都留下了語錄之外的生活記錄，[1]表現身為禪僧卻不離文字而好尚詩文的認知與精神，為同時代的官宦與士人所敬重。所以他們所交之方外友多半是政壇或儒林之重要人物，呈現出若干相關的禪文化交涉羣。其三，六位禪僧雖然聲望頗高，在南宋禪史上占有重要地位，也有不容忽視的影響力，但宋以來之僧史、僧傳、燈錄、禪僧筆記、方志、佛寺志等對他們的紀錄都嫌太缺，而所錄之行事經歷又多不繫年月，難以顯示他們在叢林活動的實際情況與意義。若是僅靠這些資料去理解南宋

1　除了寶曇、善珍外，其餘四位都有語錄傳世。

叢林的全貌，是無濟於事的，需要參考六僧之著作。其四，此六位禪僧都善於詩文之創作及書畫之蒐藏與鑑賞，而其周圍之法眷、法友、同參、法嗣、文人、居士亦多以此相勸相酬，結合了叢林之禪風與士風，使禪院不再是寂寥離世，超塵脫俗的神秘地域，而是活潑有生氣的社會組織。透過這六位禪僧，我們可看見森嚴像設、三門大殿之外的禪文化世界。

筆者既已有專書討論此六僧，覺得有必要再根據他們的詩文，將他們的生平行事，詩文翰墨，與交游事實，編年繫月，聯綴成卷，輔以重要官宦文士與他們互動事跡之記錄，來彰顯南宋禪文化之歷史縱深。所以，本書實不僅為年譜之合編，而是南宋文學僧及其所形塑的禪文化之縮影。

必須說明的是，六位禪僧之傳略散見於僧史、僧傳、燈錄、禪僧筆記、方志及佛寺志中，雖然所錄之行事都很有限，且多不繫年月，但也未必皆無可採之處，已為今人研究六僧不可或缺之資料。不過因為它們的記言與記事，多半是即興而欠組織的，所以是不足以滿足禪史之研究。我們既有六僧之詩文集，就應該以它們為原手資料，來發掘歷史事實。問題是，既然有六僧之詩文集可參閱，為何宋元以至於後來的僧史、僧傳等書之作者並未利用或未能善用這些詩文集？這大概是因為六僧之詩文集及語錄之印本有限，在宋以後流傳不廣又不易得之故。以元僧熙仲（生卒年不詳）所編的僧史《歷朝釋氏資鑑》為例，除了寶曇之外，其他五僧幾不見蹤跡。寶曇的傳略雖然可見，但相當簡短，或有參考寶曇詩文集《橘洲文集》之可能，但也不能確定。他是這樣描述寶曇的：

> 橘洲曇禪師，蜀人，名擅天下，一時士夫咸尊師焉。丞相史公一門皆崇事之，凡有質疑必咨之。延住杖錫，後造竹院居之。觀〈史魏公放魚〉云：「試問恩波幾許深，一湖渾是使君心。巨鱗細口重相見，雷電風雲去自今。」非但詩文，宗說俱通，世莫能及。撰《大光明藏》，盛行於世。一日沐浴更衣，請史魏公敘平日行記，笑談而化。茶毗，舍利無數。[2]

2　《歷朝釋氏資鑑》（臺北：新文豐出版公司，《卍續藏經》第 132 冊，1975）卷 10，頁 233b-234a。

這段傳文中的「丞相史公」就是史浩，也很明顯地是「史魏公」。所以「丞相史公一門皆崇事之」云云，告訴讀者寶曇與史浩家庭之密切關係。但「延住杖錫」及「後造竹院居之」太籠統，確切時間無從查考。而〈史魏公放魚〉一詩，是寶曇所作，是他見史浩將魚放生所作，不能讀為「史魏公〈放魚〉」，解為史浩的〈放魚〉詩。寶曇此詩見於《橘洲文集》，而不見於其他宋人別集、總集或其他典籍，所以按理說，熙仲是曾參考寶曇《橘洲文集》的。但他為何不提寶曇此書，而僅說他撰《大光明藏》？文末的「請史魏公敍平日行記」一語，可以看出熙仲深知寶曇與史浩之深厚交情，但他為何對史浩所撰行記之內容全無著墨？

　　熙仲即使未能見到橘州寶曇的《橘洲文集》，應該也瀏覽過宋代的僧史及叢林筆記，知宋代僧史中《釋門正統》是最先提及寶曇之名者。只是它並未敍其傳略，僅指出蜀僧曇橘州曾跋柳宗元的〈東海若〉一文。[3]雖然如此，對熙仲來說，也是一則史料，但是他並未使用。南宋僧道融（生卒年不詳）的隨筆札記《叢林盛事》，描述寶曇生平事跡最詳，熙仲不應不知。道融是如此描述寶曇的：

> 曇橘洲者，川人，乃別峰印和尚之法弟。學問該博，擅名天下。本朝自覺範後，獨推此人而已。住蜀之無為山，遭橫逆，來下江。丞相史公尊其學業，舉以住明之仗錫。初入院時，二相親送。其後史公復造竹院以延之，凡有質疑事必問。故別峰自金山來雪竇，諸山一疏，乃曇撰之。其詞曰：「住雪竇好，住翠峰好，老子當斷自胸中。為法來耶，為牀座耶，此行殆出人意表。無愧乎東山直下四世，望之如西湖雪後諸峰。但得心同、道同、出處同。休問佛界、魔界、眾生界。新乳峰禪師，聲飛吳越，價重岷峨。住海門國，逾一十有二年；肆瀾翻口，說八萬四千偈。如山屹屹，有陣堂堂。與其據滄波而擾蛟龍，孰若依蕙帳而友猿鶴？載念伊蘭之世，冀一現於優曇；計非師子之家，當盡摟其種類。歸來及早，慰我同門。」此話江湖競傳之（時自得暉交代）。然曇賦性坦率，不事拘撿。在竹院日，復以酒事遭太守林侍郎追至。出對與之曰：「酒曇過界，住無為而無所不為。」

3　　《釋門正統》卷4，頁819b。

蓋曇曾住無為故也。而曇卒不能對,復為林流過丹丘。二年回寶奎。一日,
沐浴更衣,請史魏公敘平日行紀。談咲中而化。闔城士俗皆送之。茶毗,
獲舍利無數。[4]

這篇傳略跟一般僧傳不同之處是它並未錄載寶曇的機緣對話和上堂語,而引述他
為請別峰寶印入雪竇寺所作的諸山疏。此疏可見於《橘洲文集》卷九,題曰〈別
峰和尚住雪竇疏〉。二者雖然用字略有小異,但是寶曇之作無疑。[5]最重要的是,
傳文中所說此疏竟傳於江湖,顯示當時叢林對此類疏文甚為重視。此外,其中述
及丞相史公尊其學業並為敘平日行紀二事,與其文集比對,可證明孝宗朝丞相史
浩(1106-1194)之尊禮寶曇確為不爭之事實。至於因「酒事」遭太守林侍郎追至,
而出對不能答遂被「流放」至丹丘之事,則是僅有之記錄,他處皆未見,不無疑
義。何況丹丘(台州)有海陸之饒,[6]並非流放犯人之地。寶曇又為史浩所尊禮,
郡守豈敢因「酒事」而流放他?雖然如此,寶曇之入丹丘,應為事實,而且可能
在紹熙二年(1191),因為他曾寫〈台州白塔寺三目觀音記〉敘台州通判李直柔
於七十二年後,繼其祖父李景淵(生卒年不詳)來倅台州,而白塔寺僧告以舊寺
記未刊,遂命寶曇再記之事。[7]至於傳說中將他「流放」之「林侍郎」應該是淳
熙十六年(1190)以中奉大夫、集英殿修撰知慶元府兼沿海制置使的林栗(1142

4　《叢林盛事》(臺北:新文豐出版公司,《卍續藏經》第148冊,1975)卷下,頁90ab。

5　按:日本元祿11年刻本《橘洲文集》之文,與此文有小異。譬如,「新乳峰禪師」,
　　文集作「某人」,為疏文之慣例,指的是受薦請之人,也就是新任的雪竇寺住持。道
　　融可能因行文之需要而改。其他如「如山屹屹」,原文作「如山岌岌」,兩者皆可通。
　　「有陣堂堂」文集誤為「有陳堂堂」。「休問佛界」,文集作「不論佛界」,前者稍
　　佳。「據滄波」,文集作「踞滄波」,後者較通。「載念」,文集作「眾念」,前者
　　較成對。

6　《方輿勝覽》卷8,頁136。

7　寶曇,〈台州白塔寺三目觀音記〉,《橘洲文集》卷5,頁6a-8a。按:寶曇記中之李
　　直柔祖父為李景淵,先任台州通判,後於宣和三年陞郡守。記中之郡守趙公,為趙資
　　道。見《嘉定赤城志》卷9,頁14b-15a。

年進士）；因為他在守明州前曾任兵部侍郎，故稱「林侍郎」。[8]寶曇有〈上林侍郎〉一書，書中稱林侍郎為「知府侍郎」，必然是他。寶曇書中還表示「嘗聞著書發揮三聖人之道，其詞要妙，其旨精深」，引為同道，欲以將完成之《大光明藏》求質於他。此可證明他與所稱的「一世偉人」林栗之間，有某種程度之契合，不是林栗會懲戒而流放之對象。[9]且林栗出對聯考寶曇而寶曇對不出之說，如稗販之談，豈能視以為真？不管如何，《叢林盛事》所記，有真有假，不可全信。但熙仲若能善加利用，亦足以將寶曇和史浩之關係描寫得更深刻。

宋僧之隨筆札記除了《叢林盛事》含寶曇之記錄外，圓悟的《枯崖漫錄》也有記載。但是熙仲顯然也未參考此書。其實《枯崖漫錄》裏的寶曇傳略，是《叢林盛事》以外唯一敘述寶曇的宋僧筆記，也是禪宗典籍裏有關寶曇的稀有記錄之一。它對寶曇的描寫如下：

> 字少雲，嘉定府人。出峽，住明之仗錫。暇日著論發明佛祖機緣，名曰《大光明藏》。筆勢宏潤，惜未成全書而寂。論贊丹霞云：「剗殿前草，騎聖僧項，天寒燒木佛，三事併案，夫豈他人所能？如衡山之雲，軒豁呈露，遽見突兀，不自〔以〕為能也。然時有觀顧怖悸，而喪其所守者，院主是也。等閒放過南陽侍者，而直擒取南陽國師，所謂挽弓須挽強，用鎗須用長，是此手也。重哀末世疲癃之疾，增損古人必効之方，成大法藥〔學〕者，宜用元和津嚥下；和平之福，可立而竢也。」余見佛智老人，偶閱此，且曰：「學者亦宜於此用元和津嚥下。」洲嘗自撰龕志，略云：「初聽楞

---

8 林栗自淳熙十六年三月二十七日赴慶元知府之任，次年八月二十五日差提舉江州太平興國宮。他任兵部侍郎時，朱熹以江西提刑被召為兵部郎官，既入國門，未就職，栗與朱熹相見論《易》與《西銘》不合，遂論朱熹不學無術，徒竊張載、程頤之緒餘，為浮誕宗主，謂之道學，妄自推尊。葉適以太常博士上封事辨之。參看張如安，〈南宋禪僧寶曇生平及其作品〉，《鄞州文史》第十輯（2010），頁230-250。

9 寶曇，〈上林侍郎〉，見四卷本《橘洲文集》（臺北：漢聲出版社，《禪門逸書初編》第五冊，1981）〈附錄〉，頁 79-81。前引張如安文認為此位林侍郎是慶元元年知慶元的林大中，但揆諸寶曇文之內容及黃榦的〈代祭林黃中侍郎文〉之強調通經，似為林栗較妥。林大中不以經術名。

嚴、圓覺、起信,復捨去,依成都昭覺徹庵、白水∴庵。挈包南來,從先
大慧於育王徑山。後見東林萬庵、蔣山應庵。辛苦艱難,始畢平生之願。」
則知其涉歷尤艱辛,未聞容易而得也。[10]

這段傳文,也是關於寶曇不可多得的記載。雖然未言及他與史浩之關係與詩文之
長處,但強調他在撰寫禪史方面的用心、論贊丹霞天然禪師所表現對唐、宋文人
詩文之熟悉,[11]都是相當有價值之史料。所引之「龕志」,出《橘洲文集》,呈
現他艱苦力學的過程。作者圓悟顯然對寶曇有相當的認識,傳文中提到他曾跟隨
的大慧、稱讚他的佛智端裕、及他所從學的卍菴道顏及應庵曇華,都是高宗、孝
宗兩朝叢林舉足輕重的人物,顯示寶曇在大慧與虎丘二系間,毫無門戶之見的參
學傾向。凡此皆足資熙仲參考以補僧史之缺。可惜不但熙仲未加以利用,後來之
明清僧史作者似於此記載似都無所知,令人不無遺憾。

《歷朝釋氏資鑑》是部編年體的佛教史書,應是以記事為主,記言為輔。所
以它所記錄的禪僧活動,較注意行事之繫年。雖然因為文字簡約,繫年常有差錯,
還是研究南宋僧史需要參考的史料。可惜它對本書所關切的六僧,除了寶曇之
外,都缺乏記載。

以記事為主的寶曇傳略,還可見於宋理宗寶慶朝所編寫的《寶慶四明志》,
它的寶曇傳略,在記事方面,遠比《歷朝釋氏資鑑》為豐富:

10　《枯崖漫錄》(臺北:新文豐出版公司,《卍續藏經》第 148 冊,1975)卷下,頁 152b。
　　按:圓悟之引文出自《大光明藏》卷下,頁 883b,〈鄧州丹霞天然禪師〉傳之寶曇論
　　贊。由於有漏字,筆者以括弧〔〕加入。

11　譬如,「衡山之雲」一詞,出蘇軾〈潮州韓文公廟碑〉中之「故公之精誠,能開衡山
　　之雲,而不能回憲宗之惑」一句;「軒豁呈露」及「觀顧悸怖」二詞,出韓愈〈南海
　　神廟碑〉中之「乾端坤倪,軒豁呈露」及「當祀時,海常多大風,將往,皆憂戚;既
　　進,觀顧怖悸」兩句;「挽弓須挽強,用鎗須用長」兩句出自杜甫〈前出塞〉一詩;
　　「元和津」一詞及其句「元和津噀下」,亦得自杜甫〈幽人〉一詩的「噀漱元和津,
　　所思煙霞微」之句。

僧寶曇，字少雲，姓許氏，蜀嘉定龍游人。幼從鄉先生授五經，習章句業，已而棄家捨須髮，從一時經論老師游。挈包來南，從大慧於育王、徑山，又從東林卍庵、蔣山應庵，遂出世，住四明仗錫山。歸蜀葬親，又往無為寺，復來明，太師史越忠定王深敬之，築橘洲使居焉。工文辭，有《橘洲集》十卷行叢林。始為蜀士時，師慕東坡，後游東南，敬山谷，故文章簡古高妙，有前輩風。又倣太史法著《大光明藏》，以西方七佛為紀，達磨以降諸祖師，則傳之未絕筆，故不傳。然每自謂於第一義諦心有得，人謂我以文詞鳴，是未知我者。慶元三年四月二十日辭世。臨行頌曰：「平生灑灑落落，末後哆哆啝啝。殷勤覓一把火，莫教辜負澄波。」[12]

這段記載之「復來明」，其實是「復來四明」，而太史越忠定王，則是孝宗朝宰相四明史浩。因為寶曇先已住四明仗錫山，故歸蜀葬親後「復來四明」。他在四明期間與四明史浩家庭之來往，是他生涯中相當重要的一個時段，所以「**太師史越忠定王深敬之，築橘洲使居焉**」兩句，頗富深意，須進一步查其究竟。又「**師慕東坡**」與「**敬山谷**」及「**文章簡古高妙**」等語，可證於其詩文。而《大光明藏》祖師以下，「**傳之未絕筆，故不傳**」，實是因為「**書未成而寂**」之故，正與《枯崖漫錄》之說相符。

以上宋元燈史、燈錄及方志作者所提供的寶曇傳略，雖然可以供研究寶曇之參考，但是還是不足的。不幸的是，後來的僧史、僧傳等作者並未注意蒐集有關寶曇之資料，造成了宋元以後幾無寶曇記載可見之情狀，我們可以推想他的《橘洲文集》並未受到應有的注意。

其他五位禪師在宋元僧史、燈錄、僧傳、禪僧筆記及方志之記錄也有詳略之不同，有記載多而詳者，也有少而略者，但大體上還是不足的。這種缺憾原因甚多，雖然其中之一的可能是他們在世傳法的時間較晚，其詩文集和語錄鮮為宋元作者所見之故。但以《歷朝釋氏資鑑》處理寶曇事跡之簡略來看，其詩文集之受

12　《寶慶四明志》（臺北：臺灣商務印書館，《四庫全書》本，1983-1986）卷 9，頁 48b-49a。宋寶慶年間鈔本作「葬葬親」。

注意與否也未必是原因。更令人扼腕的是，不但宋元之記載只有一麟半爪，明清之記載也相當有限。

以北磵居簡為例，北磵居簡在宋代的僧史與燈錄中雖然可見其名，但只是曇花一現。譬如，志磐的《佛祖統紀》應該是最早記錄居簡行事的僧史，但只錄了他為淨悟法師作的塔銘而未及其他。[13]此塔銘不見於居簡文集中，所以也無法證明志磐是否知道居簡北磵文集之存在。在元僧念常的《佛祖歷代通載》中，也僅見居簡之名及他弔永道法師塔一文。此文在其居簡文集中題為〈道法師逸事〉，確為弔永道塔文。[14]燈錄方面，宋僧普濟的《五燈會元》裏，只提到居簡的〈五種不壞贊〉，是為明教契嵩所寫的。[15]

熙仲的《歷朝釋氏資鑑》裏也述及居簡之名，但僅是引述水心葉適（1150-1223）和盱江張自明（寧宗嘉定朝人）對他的贊美，其文如下：

> 侍郎水心葉公，適北潤〔磵〕簡禪師住台之光孝日。公酬師云：「簡師詩句特驚人，六反掀騰不動身。說與東家好兒女，塗紅抹綠未禁春。」師遷淨慈日，賢士夫趨朝，無一不過門就謁。盱江張誠子題師集曰：「讀其文，宗密未知其伯仲；誦其詩，合參寥覺範為一人，莫能當也。」雖詩文名立，學佛尤還焉。[16]

這段記載所引之葉適酬居簡詩及張自明之題詞，都可見於今《四庫全書》本《北磵集》。但這並不能證明熙仲是參考《北磵集》而寫下此段文字的，因為他並未提供居簡之傳略，既未記言，且記事亦少；只說他曾住台州光孝寺及杭州淨慈寺。此外，也無繫年，不足以補僧史之缺。

宋元的方志作者，對居簡也不太留意，並未為他立傳。譬如，宋人楊潛（生卒年不詳）在紹熙朝編的《雲間志》，不敘居簡生平，而僅錄他的〈白蓮花詩〉，

---

13 《佛祖統紀》（臺北：新文豐出版公司，《大正藏》第 49 冊，1983）卷 18，頁 238b。
14 見《北磵集》卷 6，頁 33a-34a。
15 《五燈會元》（北京：中華書局點校本，1984）卷 15，頁 1005。
16 《歷朝釋氏資鑑》卷 11，頁 226b。按，「還」疑為「遷」之誤植。

是他與僧俗之友數人為華亭三女岡所作。[17]南宋獨湖居士孫應時（1154-1206）在寶祐朝重修的《琴川志》僅說居簡曾於嘉熙四年（1240）為平江法寧教寺作記，並收錄他在嘉定九年（1216）作的〈大慈寺鐘樓記〉。[18]元人單慶的《至元嘉禾志》也不敘他的生平，而僅收錄了他的〈明行院記〉、〈明行院結界記〉、〈本覺禪院三過堂記〉等三篇記文及〈白蓮花詩〉，詩題改為〈題三女岡白蓮花詩〉。[19]這幾篇詩文，大概頗傳於當時，雖都可見於現存居簡詩文集，但楊潛、孫應時及單慶也未必是因閱過居簡詩文集而引述它們的，因為他們若見得北磵詩集和文集，大可為居簡立傳，以見居簡非一般禪僧可比。

居簡之文集一直流傳至清修《四庫全書》之時，他的語錄也未曾失傳。照理說，宋元及後世僧史、僧傳作者可善加利用，但事實並非如此。其餘四位禪僧之著作或流傳不廣，或根本失傳，就更難引起宋元作者之注意了。

以淮海元肇〔或作原肇〕為例，宋代之僧史、燈錄等都無記載。元僧熙仲的《歷朝釋氏資鑑》有一段簡述如下：

> 水心先生退居田里時，淮海肇禪師游東嘉，題江心。公聞有奇逸之句，遣使延之。師就〔獻〕上三律，錄其一云：「文字滔滔江漢東，早從伊洛定宗風。中興之後數人物，北斗以南惟我公。聞道治平猶草奏，向來持論不和戎。匪伊再入脩門去，只有孤忠與昔同。」公餞師游雁蕩云：「海闊淮深萬里通，吟情浩蕩逐春風。更尋斗絕龍湫住，裁剪煙雲字字工。」師後住江心，由育王、淨慈、靈隱、雙徑，名振一時。[20]

---

17 宋·楊潛，《紹熙雲間志》卷中，頁 10b。

18 宋·孫應時，《寶祐重修琴川志》（清道光三年瞿氏恬裕齋影元抄本）卷 10，頁 11a；卷 13，頁 14b-15b。

19 前兩文見《至元嘉禾志》（臺北：臺灣商務印書館，影印文淵閣《四庫全書》本，1983-1986）卷 20，頁 1ab；也見於元·徐碩的《嘉禾金石志》卷 20，頁 1a-2a。後一文見《至元嘉禾志》卷 22，頁 12a-13a。〈題三女岡白蓮花詩〉見同書卷 30，頁 12a。

20 同前註。按：「就上三律」，當為「獻上三律」之誤刻。

此段文字引述淮海元肇與葉適間之詩文酬唱，證明淮海元肇為葉適所見賞。所述的元肇的履歷雖簡，但也列明他所住持的主要禪剎如江心、育王、淨慈、靈隱及徑山等等，也說明他在叢林的地位，都可以從元肇留下來的詩文及大觀所寫的行狀得到印證。可惜住江心等寺院的經歷都未繫年，而他在通州、湖州、天台、平江等地的經歷也缺載，作為僧史，是頗不足的。

宋元的方志，對元肇的記載也是相當缺乏的。元人的《元祐四明志》只在介紹雪竇寺時引述了元肇的一首詩說：「淮甸僧元肇題〔千丈巖〕云：『上盡崎嶇腳力微，毳袍零碎染烟霏。妙高峯頂見日出，千丈巖頭看雪飛。寒木著霜山衣錦，清泉得月鏡交輝。翩然又作東南去，肯落台溫第二機。』」[21]這首詩可見於元肇詩集，但只是元肇許多詩中的一首，詩的的內容涉及台州與溫州，是元肇去過的兩個地方，與他關係至深，但方志並未提供任何線索。

宋元僧史，燈錄及地方志對其他三僧之記載，亦如同對寶曇、居簡和元肇之記載一樣缺乏。以元肇之至友藏叟善珍來說，這位被元詩評家方回認為是元肇以後南宋詩僧之最著者，《歷朝釋氏資鑑》竟然僅在述及愚谷元智禪師時，節錄善珍之文，而未交待作者與其文所作之緣由，所以也看不出其文是出自善珍之手。善珍之名出現於文末，也讓讀者有突兀之感：

> 愚谷智禪師、節齋趙公，結為方外友。師住翠峰時，壽公偈曰：「楞伽塔上石湖波，寫作千秋一曲歌。七十二峰齊點首，月明長滿宋山河。」泉守趙大監集諸禪主首曰：「法石壞於暗卦久矣。欲革斯弊，非得江湖衲子不可。」師時居靈隱為第一座。守焚香拈得，喜甚。亟馳書招致，眾果悅服。未二年，百廢俱舉。連帥端明史公以西禪招師，將行，出大監書鋟梓，令其〔某〕書其後。善珍謂：「此有關吾教數十年，後當有好事者收入野錄。亦一段佳話也。〔藏叟跋〕」[22]

21　《元祐四明志》（臺北：臺灣商務印書館，影印文淵閣《四庫全書》本，1983-1986）卷 17，頁 33a。

22　《歷朝釋氏資鑑》卷 11，頁 226b。

此段文字，其實全是善珍〈跋趙大監請愚谷住法石書後〉一文之節錄，全文可見於其文集《藏叟摘稾》卷下。因為係原文之節錄，故文末有「藏叟跋」字樣，應刪而未刪。另外，熙仲只是節錄跋語，而未提供其文之歷史脈絡，不清之處甚多。譬如，「法石壞於暗卦」之「暗卦」，其實是「暗封」。而「法石」一詞，若不見原文之標題，或於宋代福建寺院不甚了了，幾不會知是指法石寺。「令其書其後」一語，其實是善珍自云「令某書其後」之意，誤「某」為「其」，也許是排版有誤所造成，但「其」或「某」，都無法讓人聯想到它是善珍之自指。至於「連帥端明史公」，其實應是「建帥端明史公」。因為「建」指建寧，史彌遠之幼子史宇之（1216-1293），於景定三年（1262）以端明殿學士出知建寧軍，故稱「建帥」。凡此種種，及善珍的其他經歷，非閱讀善珍之《藏叟摘稾》不能知其究竟。《歷朝釋氏資鑑》之記錄不明，它以後的燈史、僧傳、禪林隨筆及方志等書也無法補綴。

六位禪僧中的物初大觀與無文道璨，幾乎不見於宋代的燈史或僧傳。這或許是因為兩人出生年代較晚，文集也都外流至異域，宋元作者多不知或未讀過其著作之故。當然，也有可能是其他原因。物初大觀雖為多種宋僧語錄及札記作序，詩文之名頗著，但宋代僧史、燈錄與叢林隨筆札記，都無他及其詩文集《物初賸語》的記錄。他的《語錄》也未被提及。無文道璨之情形也大致類似，他的部分遺作雖被輯成《柳塘外集》四卷，但所含之內容與其原著《無文印》二十卷相差懸殊。道璨與其詩文集《無文印》之名，只是偶見於元僧之筆記。他的語錄，也似不為人所知。後人欲識其生平經歷，戞戞其難。明代的南石文琇，因為看《五燈會元》，發現「若妙峰、北礀、松源、破庵諸老宿，皆未登此書」，乃有撰述《增集續傳燈錄》之志。[23]妙峰、北礀即是妙峰之善與北礀居簡，都是大慧宗杲下的第三世，也是大川普濟的師叔輩；松源、破庵則是松源崇岳與破庵祖先，都是虎丘紹隆下的第三世，也可以說是大川普濟的前輩。這些禪師都是南宋的名

23 《增集續傳燈錄》（臺北：新文豐出版公司，《卍續藏經》第 142 冊，1975）卷 1，頁 725b。

禪，而在《五燈會元》裏，竟然名都不顯；連有詩文集傳世的北磵居簡都付闕如，後來的禪史家如南石文琇會嘆其缺漏不詳是不難理解的。

上文說宋元以後的禪籍幾無寶曇之記載，但寶曇以下五僧之相關記載，到了明代都陸續出現，見於僧史、燈錄、僧傳、禪僧筆記及方志中了。這可能是因為明代的作者掌握了宋元作者未見的文集與語錄之故；但是這也未必盡然。因除了居簡文集之外，連寶曇在內的其他禪僧之傳世文集去向都不甚明，在中土已不多見甚或完全消失。寶曇已經為宋元以後的作者所遺忘，以後五僧之傳略，也因種種原因有詳略之不同，儘管這些記載是明以後了解六僧之基本資料，對今人研究六僧之生平事跡來說，仍是非常不足的。

明代禪宗典籍凡記錄寶曇以下五僧者，依刊行時間之大致順序，有以下數種：明圓極居頂（？-1404）的《續傳燈錄》三十六卷；南石文琇（1345-1418）的《增集續傳燈錄》六卷；明河（1588-1640）的《補續高僧傳》二十六卷；永覺元賢（1578-1657）的《繼燈錄》六卷；遠門淨柱（1602-1655）的《五燈會元續略》四卷或八卷（1644），箬庵通問（1604-1655）編、笠澤居士施沛（1585-1661）彙集的《續燈存槀》十二卷；費隱通容（1593-1661）、百癡行元（1611-1662）合撰的《五燈嚴統》二十五卷。這些典籍所載的五僧傳略，都較宋元僧史、燈史及僧傳等典籍為詳。只是寶曇竟不見於這些禪籍中，實在令人不解。

六僧之中，見於明代禪宗典籍較多者，應數居簡。譬如，較早的《續傳燈錄》有這樣的記載：

> 杭州府淨慈北磵禪師，名居簡，字敬叟，蜀之潼川王氏子。以其寓北磵之日久故，人不名，字之稱北磵云。先出世天台報恩光孝寺，退居杭飛來峯之陰。張公誠子與盱江刺史走書，以唐僧紹隆所開山處之，師高臥不起。而江東部使者以東林雲居力致之，亦復不起。後遷至淨慈。師頌世尊初生話云：「一聲哇地便吒哩，突出如斯大闡提。此土西天起殃害，堂堂洗土不成泥。」又頌《楞嚴經》「六解一亡」云：「六用無功信不通，一時分付與春風。篆煙一縷閒清畫，百鳥不來花自紅。」嘗闢一室以居，名曰蕭室，作賦以自見，其略曰：「進則面牆，退則坐井。柱忽不支，壁忽就殞。

豁然而虛，漠然而悶。如蒙之擊，如震而警。」又曰：「如無盡藏，如大圓鏡。前山送青，若壯士之排闥；後山回闖，擬良工之御駿。撫鴻鵠而晚眺，入冥冥而遠引。笑雲煙之輕去，漫悠悠而無定。駐落日於西崦，延初蟾於東嶺。是皆中所得也。」有《北磵集》十九卷行世。盱江張公誠子序之曰：「讀其文，宗密未知其伯仲。誦其詩，合參寥覺範為一人，不能當也。北磵於人不苟合，合亦不苟睽。取捨去就之際，潔如也。龍泉葉公水心酬師詩曰：「簡公詩語特驚人，六反掀騰不動身。說與東家小兒女，塗青染綠未禁春。」師居天台委羽，有二姓爭竹山，竭產不肯已。仙居丞王君懌來囑師諷之，乃作種〈竹賦〉一首示二姓，而訟遂止。[24]

這篇居簡的傳略，對居簡之生平與事跡有相當扼要的敘述，較前此之記載為多。其史源應該是居簡文集及語錄。所述頌世尊初生語，是在平江府常熟縣慧日禪寺所說，可見於其語錄。[25]《楞嚴經》「六解一亡」之頌，亦可見於語錄。[26]〈薝室賦〉之引文、葉適之酬詩及張自明之序文，既可見於其文集，亦可見於《歷朝釋氏資鑑》裏。[27]

稍晚的《增集續傳燈錄》對居簡之描述頗有不同，顯示作者掌握更多的資料，確能增補《續傳燈錄》之缺。其文如下：

字敬叟，潼川龍氏。世業儒，資質穎異，幼見佛書必端坐默觀如宿習。依邑之廣福院圓澄得度。參別峰、塗毒於徑山，沉默自究。一日閱卍菴語有省，遂往育王見佛照，機契，自是往來其門十五年，一時社中耆碩忘年與交。走江西，訪諸祖遺蹟。瑩仲溫嘗掌大慧之記，菴于羅湖，纂所聞成書，發揮祖道。與師議論，大奇之，以大慧居洋嶼菴竹篦付之，師巽焉。久之，

---

24 《續傳燈錄》（臺北：新文豐出版公司，《大正藏》第 51 冊，1983）卷 35，頁 707a。

25 《北磵居簡禪師語錄》（臺北：新文豐出版公司，《卍續藏經》第 121 冊，1975），頁 143a。

26 同前書，頁 159a。

27 居簡，〈薝室賦〉，《北磵集》卷 1，頁 4a。《歷朝釋氏資鑑》卷 11，頁 226b。

出世台之般若，遷報恩，英衲爭附，儒碩竹巖錢公，水心葉公，莫不推重。大參真西山時為江東部使者，虛東林命之，以疾辭。乃于飛來峰北磵掃一室，居十年，人不敢以字稱，因以北磵稱之。起應雪之鐵佛、西余，常之顯慶、碧雲，蘇之慧日，湖之道場，奉旨遷淨慈。所至道化大行，垂老不倦椎拂。（結夏上堂）「以大圓覺為我伽藍，身心安居，平等性智。喫官酒、臥官街，當處死，當處埋。本來無位次，何用強安排？」（上堂）「雲巖二十年在藥山，只明此事，澄潭不許蒼龍蟠；趙州除二時粥飯外，不雜用心，兔子何曾離得窟？鑄成銕硯欲磨穿，還他萬里功名骨。」（上堂）「先佛照道：『棒頭撥着活衲僧，正法眼藏增高價。』北磵則不然，『棒頭撥著活衲僧，正法眼藏瓦解冰消。』且道與先佛照是同是別？」嘗頌《楞嚴經》六解一亡云：「六用無功信不通，一時分付與春風。篆煙一縷閒清晝，百鳥不來花自紅。」闢一室以居，名曰薝室，作賦以自見。趙節齋奏師補處靈隱，師笑曰：「吾日迫矣。」乃舉天童癡絕沖。淳祐丙午春示疾，三月二十八日，索紙書偈於紙尾。復書「四月一日珍重」六字，呼諸徒誡之曰：「時不待人，以吾自勵，吾世緣餘兩日耳。」至期，昧爽索浴，浴罷假寐，然視之已逝矣。壽八十三，臘六十三，葬全身于月堂昌禪師塔側，遵治命也。[28]

此傳略顯然是節錄物初大觀所寫的〈北磵禪師行狀〉及所編的居簡語錄寫成。因為生平經歷部分，用語皆襲〈北磵禪師行狀〉；而上堂之開示，則有語錄可覆案。譬如，「以大圓覺為我伽藍」之結夏上堂語，是在台州般若禪院所說。「雲巖二十年在藥山」之上堂語是在台州報恩光孝寺某晚小參時所說。引述「先佛照道」之上堂語，是在平江常熟縣慧日禪寺所語。《楞嚴經》「六解一亡」之頌，則可見於語錄的「偈頌」部分。[29]後來僧傳與燈史有關居簡之記載，大概都不出以上

28　《增集續傳燈錄》卷1，頁748a。
29　以上皆見《北磵居簡禪師語錄》，頁132b、142b。

二書所述之範圍。譬如明河的《補續高僧傳》之居簡傳，其實是集兩書之傳略編次而成。其文曰：

居簡，字敬叟，潼川王氏子。資質穎異，初見佛書，必端坐默觀如宿習。依邑之廣福院圖澄得度。參別峰、塗毒於徑山。沉默自究，一日閱萬菴語有省，遽往育王見佛照，機相契。自是往來其門十五年，一時社中耆碩，無不忘年與交。走江西，訪諸祖遺蹟。瑩仲溫嘗掌大慧之記，菴於羅湖。纂所聞成書，發揮祖道。與師議論，大奇之。以大慧居洋嶼菴竹篦付之，師巽焉。久之，出住台之般若，遷報恩，英衲爭附。鴻儒竹巖錢公，水心葉公，皆折節問道於足下。大參真西山，時為江東部使者，虜東林命之，以疾辭。乃於飛來峰北磵，掃一室居十年。人不敢以字稱，因以北磵稱之。起應雲之鐵佛、西余，常之顯慶、碧雲，蘇之慧日，湖之道場，奉旨移淨慈，所至道化大行。師出佛照之門，在諸法彥中，為神駒香象。機格超逸，最難攀仰。其頌世尊初生話云：「一聲哇地便吒哩，突出如斯大闡提。此土西天起殃害，堂堂洗土不成泥。」又頌《楞嚴》「六解一亡」云：「六用無功信不通，一時分付與春風。篆烟一縷閒清晝，百鳥不來花自紅。」關一室以居，名曰蕆室，作賦以自見，其略曰：「進則面牆，退則坐井。柱忽不支，壁將就殞。豁然而虛，漠然而閟。如蒙之擊，如震而警。」「如無盡藏，如大圓鏡。前山送青，若壯士之排闥；後山回闌，擬良工之御駿。撫鴻鵠而晚眺，入冥冥而遠引。笑雲烟之輕去，漫悠悠而無定。駐落日于西崦，延初蟾於東嶺。」是皆中所得也。有北磵集十九卷。張公誠子序之曰：「讀其文，宗密未知其伯仲；誦其詩，合參寥覺範為一人，不能當也。」北磵於人不苟合，合亦不苟睽。取捨去就之際，潔如也。葉水心詩曰：「簡公詩語特驚人，六反掀騰不動身。說與東家小兒女，塗青染綠未禁春。」師居天台委羽，有二姓爭竹山，竭產不肯已。仙居丞王君懌請於師，師作〈種竹賦〉一首示二姓，而訟遂止。其德音感化如此。靈隱虛席，趙節齋奏師補其處。師笑曰：「吾日迫矣。」乃舉天童癡絕冲。淳祐丙午春三月二十八日，索紙書偈。於紙尾復書曰：「四月一日珍重」六字。呼諸徒誡

之曰：「時不待人，以吾自勵。吾世緣餘兩日耳。」至期，昧爽索浴，浴罷假寐。然視之已逝矣。壽八十三。臘六十二。葬全身於月堂昌禪師塔側，遵治命也。[30]

此段記載與前兩書之記載大致相同，唯一多出兩書之處，是「師出佛炤之門，在諸法彥中，為神駒香象；機格超逸，最難攀仰」等語。說明作者似有意強調居簡之師承，提醒讀者他是佛照德光嗣法門人中之最傑出者。

其他明代較晚期之禪籍，在敘述居簡的生平經歷上，大致相似，只在上堂語之引述上，有其不同。譬如，《五燈會元續略》捨前書之上堂語，而改引其他上堂語。其文如下：

臨安府淨慈北澗〔磵〕居簡禪師，潼川龍氏子，依邑之廣福院得度。參別峰、塗毒，沉默自究。一日閱卍菴語有省，再參佛照，機契。自是往來其門者十五年。走江西訪仲溫於羅湖，與師議論，大奇之。遂以大慧居洋嶼菴竹篦付之，師巽焉。久之，出世台之報恩，晚遷淨慈。「（上堂）識得一，萬事畢。了事衲僧，一字不識。直饒恁麼，未稱全提。禹力不到處，河聲流向西。」「（上堂）舉密師伯與洞山在餅店，密於地上畫一圓相，謂洞山曰：『把將去。』山曰：『拈將來。』後來保寧勇和尚曰：『非但二人提不起，盡大地人亦提不起。』北澗〔磵〕敢道，保寧計窮力盡。」「（上堂）舉趙州入僧堂曰『有賊有賊。』見一僧便捉曰：『賊在者裏。』僧曰：『不是某甲。』州托開曰：『是即是，不肯承當。』師曰：『趙州收處太寬，放去太急。淨慈則不然。家賊難防，家財必喪。』卓拄杖曰：『只可錯捉，不可錯放。』」淳祐丙午春示疾，索筆書偈於紙尾。復書曰：『四月一日珍重』六字。至期，假寐而逝。[31]

30　《補續高僧傳》（臺北：新文豐出版公司，《卍續藏經》第 134 冊，1975）卷 24，頁 353b-354a。按：原文作「師出佛炤之門」，「炤」同「照」。

31　《五燈會元續略》（臺北：新文豐出版公司，《卍續藏經》第 138 冊，1975）卷 2，頁 899b-900a。

這段文字，對居簡之生平經歷之描述，是根據前兩書而來。而所引述的上堂語，都是轉錄自居簡語錄，雖與前兩書不同，並未提供新的訊息。作者似乎並未見到北磵文集，未能在前人敘述的基礎上編寫更完整的傳略。

　　明代的僧傳也提供了元肇的傳略，為宋元的僧史、燈錄或僧傳所無。譬如，《增集續傳燈錄》首次介紹了元肇的生平與經歷如下：

> 通州靜海潘氏子，母朱氏。邑之利和寺妙觀，其諸父也。謂其父母曰：「是子生而有異，却筆截，殆亦鳳種，盍俾出家？」父母然之。年十九，薙染受具，參浙翁於徑山。翁問：「汝何處人？」師曰：「淮人。」翁曰：「泗州大聖為什麼在揚州出現？」師曰：「今日又在杭州撞著。」翁曰：「且得沒交涉。」師徐曰：「自遠趨風。」翁以師警敏，欲大激發，未容其參堂。纔見便云：「下一轉語來。」擬開口，即喝出。師以書上，又以頌呈，末句云：「免教回首望長安。」翁云：「這裏是什麼所在？」師曰：「謝和尚掛搭。」始容就入室之列，已而命掌記。翁既寂，師出世通之光孝，遷吳城雙塔、金陵清涼、天台萬年、蘇州萬壽、東嘉江心。而四明育王虛席，廟堂奏師補處。遷杭之淨慈、靈隱、徑山。其住徑山，歉餘逋券山積，僧殘屋老。未幾，樓閣蠹霄，雲衲踵至，不減浙翁全盛氣象。俄示疾，囑其徒：「為吾梻〔祔〕一穴於東澗，見生死不忘奉師之意。」浴訖書偈而逝。嘗讚達磨，偈曰：「踏翻地軸與天關，合國人追不再還。去去一身輕似葉。長江千古浪如山。」[32]

這篇記錄似有參考物初大觀所撰〈淮海禪師行狀〉之痕跡，但較〈行狀〉簡略。雖然如此，它是首篇較具體而微的元肇傳略，遠較《續傳燈錄》之記載為詳。也不遜於《補續高僧傳》中之元肇傳略。《續傳燈錄》只有簡單的小傳云：「徑山淮海肇禪師，泰州人。贊達磨偈曰：『踏翻地軸與天關，合國人追不再還。去去

32　《增集續傳燈錄》卷 2，頁 775b-776a。

一身輕似葉，長江千古浪如山。」」[33]這簡直是敷衍了事。而《補續高僧傳》雖較晚出，但對元肇的描述卻未必更詳。其文如下：

通州靖海潘氏子，母朱氏。邑之利和寺妙觀，其諸父也，攜之出家，事瑜伽教師。六七歲即能詩，脫口可誦，未嘗見其執卷習學。既為僧，嗜酒肉，無日不醉飽。酣呼叫嘯，嘔噦狼籍，寺眾惡之。後忽顯神異，人莫之測。嘗就江洗酒甕，翻裏作表，甕軟如麪。有時大醉過市，吟云：「麥浪青於水浪，梨花白似梅花」，詠之不已。一賣淨蝤翁質師曰：「醉和尚，只好兩句，下韻來不得也。」師忽以手約其頸曰：「好送醉僧歸寺，一看江月還家。」殿中塑佛，質而未金。寺主儳募之，師曰：「無事募，我明日為佛上金，但不欲人見。」眾相顧而笑。次日天未明，宿醒方劇，忽起排闥入殿，攀座而上，腳踏佛肩，手按佛頭，引項而哇之，其物淋然而下。殿主見之，倉皇報寺主。眾集，開殿門。師歎曰：「來何早也。」遂下行。且罵曰：「賊！賊！」自是不復還寺矣。視之唾所及處，皆成真金，止於佛胸而已，眾始知師聖人也。後見徑山浙翁琰禪師，以師根器警敏，欲大激發，未容其參堂，見即喝出。且問曰：「泗州大聖，為甚麼在揚州出現。」師曰：「今日又在杭州撞着。」翁又喝。久之，大悟，彈指一下云：「吽吽」遂入室掌書記。翁既寂，師因繼席。值歉餘，逋券山積，僧殘屋老。未幾，樓閣蠹霄，雲衲踵至，不減翁全盛時。師自渡江而南，無復故態。實經諸禪老磨琢，故收斂精光，行止謹密，若與前隔世者。其題喝石巖詩云：「皓首來迎宴坐師，山靈易地致俱眵。要知弘法回天力，但看精誠裂石時。」蓋託古以自見耳。將寂，囑其徒曰：「為吾附〔祔〕一穴於東磵。見生死不忘奉師之意。」東磵，翁葬處也。[34]

33　《續傳燈錄》卷35，頁708b。

34　《補續高僧傳》卷19，頁308b-309a。

此篇傳文在生平與經歷方面，也有參考〈行狀〉之跡象，亦可能直接抄自《增集續傳燈錄》。但其中有〈行狀〉所未及者，特別是他的嗜食酒肉與各種「神異」之表現，與〈行狀〉之記載，全然相違。此外，作者把元肇之傳略錄於「感通篇」內，而對元肇所領過的寺院置之不理，而說其師浙翁如琰既寂，「師因繼席」，違背叢林倫理及慣例，也是令人不解之事。但所引〈題喝石巖詩〉，僅見於其詩集《淮海挐音》，似乎作者也曾參考過其書。果真如此，他把元肇當神異僧，就更加令人困惑了。[35]

儘管如此，這兩篇傳略是明代燈錄與僧傳中記載元肇生平事跡之最詳者，而《增集續傳燈錄》之所載，似乎也是稍後的《繼燈錄》及《續燈存稿》之元肇傳略所本。《繼燈錄》之文如下：

> 楊〔揚〕之通州潘氏子。參浙翁，翁問：「何處人？」師曰：「淮人。」曰：「泗州大聖為什麼在楊〔揚〕州出現？」師曰：「今日又在杭州撞著。」曰：「且得沒交涉。」師曰：「自遠趨風。」翁以師警敏，欲大激發，未容其參堂。纔見便曰：「下一轉語來。」師擬開口，翁即喝。師以頌呈，末句有曰：「空教回首望長安。」翁曰：「者裏是什麼所在？」師曰：「謝和尚挂搭。」始就入室之列。已而命掌記。翁既寂，師出世通之光孝，後歷主雙塔、清涼、萬壽、萬年、江心。以朝命遷杭之淨慈、靈隱、徑山。其住徑山，逋券山積，僧殘屋老。未幾，樓閣矗霄，雲衲踵至，不減浙翁全盛時。嘗頌達磨渡江曰：「踏翻地軸與天關，合國人追不再還。去去一身輕似葉，長江千古浪如山。」六月初十日書偈而逝。[36]

《續燈存稿》之文如下：

35　關於元肇生平事跡之詳情，參看筆者近著《靜倚晴窗笑此生──南宋僧淮海元肇的詩禪世界》（臺北：臺灣商務印書館，2013）。

36　《繼燈錄》（臺北：新文豐出版公司，《卍續藏經》第 147 冊，1975）卷 2，頁 733b。

通州靜海潘氏子，母陳。幼從邑之利和寺妙觀出家。年十九薙染受具，參浙翁於徑山。翁問：「汝何處人？」師曰：「淮東。」翁曰：「泗洲大聖為什麼在揚州出現？」師曰：「今日又在杭州撞著。」翁曰：「且喜沒交涉。」師徐曰：「自遠趨風。」翁以師警敏，欲大激發，未許參堂。纔見便曰：「下一轉語來。」擬開口，即喝出。師以書上，又以頌呈，末句曰：「空教回首望長安。」翁曰：「者裏是什麼所在？」師曰：「謝和尚挂搭。」於是密就入室之列，命掌記室。翁既示寂，師出世里之光孝，遷吳城雙塔，金陵清涼，天台萬年，蘇之萬壽，永嘉江心。而四明育王虛席，廟堂奏師補處。復遷杭之淨慈、靈隱、徑山。其住徑山，值歉餘，逋券山積，僧殘屋老。未幾，樓閣蟲霄，雲衲踵至，不減浙翁全盛氣象。俄示疾，囑其徒曰：「為吾袝一穴于東澗，見生死不忘奉師之意。」六月初十日浴訖，書偈而逝。嘗讚達磨像曰：「踏翻地軸與天關，合國人追不再還。去去一身輕似葉，長江千古浪如山。」[37]

此兩傳略除了後者多出「母陳」之誤說外，大致相同，與《增集續傳燈錄》也大同小異，但都於傳末增加了元肇去世的具體時間，似根據〈行狀〉而來，為《增集續傳燈錄》之記載所無，也為其他燈錄所無。譬如後來的《五燈會元續略》，雖大致重複其語，但並無元肇棄世之時間。其文如下：

臨安府徑山淮海原〔元〕肇禪師，楊〔揚〕之通州潘氏子。參浙翁，翁問：「何處人？」師曰：「淮人。」曰：「泗州大聖為甚麼在楊〔揚〕州出現？」師曰：「今日又在杭州撞著。」曰：「且得沒交涉。」師曰：「自遠趨風。」翁以師警敏，欲大激發，未容其參堂。纔見便曰：「下一轉語來。」師擬開口，翁即喝。師以頌呈，末句有曰：「空教回首望長安。」翁曰：「者裏是甚麼所在？」師曰：「謝和尚挂〔挂〕搭。」始就入室之列。[38]

37　《續燈存稿》（臺北：新文豐出版公司，《卍續藏經》第 145 冊，1975）卷 2，頁 52b。
38　《五燈會元續略》卷 2，頁 905a。

與同書的居簡傳略相似，此傳文也較前此諸記載更簡，可見《五燈會元續略》之作者，如非真是「見聞之所未逮」，[39]就是作者有意略人所詳，甚至不敘元肇出世後住持各大小禪剎之經歷。總而言之，明代燈錄與僧傳所記之元肇大致如此，因為多半取材於語錄，所以記言較多，而記事較少，使研究元肇之生平事跡增加了不少困難。

雖然明代燈錄與僧傳偏重記言，幾乎形成一種模式，但是有些禪師傳略的記事部分還是較他人為多的。譬如，元肇的法友藏叟善珍，即是一例。

藏叟善珍之生平事跡也是首先見於明代的燈錄與僧傳的。《續傳燈錄》首先記其生平事跡如下：

> 杭州徑山藏叟禪師，名善珍，泉南安縣呂氏子。年十三，依郡之崇福寺南和尚出家落髮。十六，遊方至杭，受具足戒。謁妙峯善公于靈隱，入室悟旨。後出世住里之光孝，升承天，繼遷安吉之思溪、圓覺，福之雪峯。復以朝命移四明之育王，臨安之徑山。師示眾云：「古者道，知之一字眾妙之門。又有道，知之一字，眾禍之門。只者二門，入得更須出得。三世諸佛出不得，六代祖師出不得，天下老和尚出不得。何故？變鐵成金易，變金成鐵難。」又據室云：「這裏是問訊燒香了？來老僧身邊立地底所在麼？呆子，爾自鈍置猶可，莫來鈍置來僧。」嘗自題其像云：「參禪無悟，識字有數。眼三角，似燕山愁胡；面百摺，如趙婆呷醋。一著高出諸方，敢道飯是米做。」師生於宋紹興〔按：當作熙〕甲寅十月十二日，示寂於丁丑五月二十一，壽八十三。塔全身于徑山南塔院云。[40]

《續傳燈錄》這篇善珍之傳略，雖然把紹熙誤成紹興，壽數也弄錯，但記言之詳遠勝於其元肇傳略。不僅敘述善珍的出生籍里，也記錄他的禪剎經歷與示寂時間。它的資料來源不詳，因為善珍既無語錄傳世，其詩文集《藏叟摘稾》也不含

39　《五燈會元續略》卷首，頁 834a，作者淨柱於自序中所用語。
40　《續傳燈錄》卷 35，頁 708c。

其行狀或塔銘，其周邊之法兄弟、門人及所交游之士人也未曾為他撰寫類似之傳文，所以居頂之記載之來源，已無可考。不管如何，此傳文為其後《增集續傳燈錄》的善珍傳略所本。換句話說，《增集續傳燈錄》之善珍傳略大致根據《續傳燈錄》記載，不過增引幾則上堂語罷了。其內容如下：

> 泉州南安呂氏。年十三，依郡之崇福南和尚落髮。遊方至杭，受具。謁妙峰于靈隱，入室悟旨。後出世里之光孝，舛〔升〕承天。遷湖之思溪、圓覺，福之雪峰。朝命移四明育王、餘杭徑山。（上堂）「古者道，知之一字眾妙之門。又有道，知之一字眾禍之門。只這二門，入得更須出得。三世諸佛出不得，歷代祖師出不得，天下老和尚出不得。何故？變鐵成金易，變金成鐵難。」（上堂）「盡大地是紫磨金身，諸人每日開眼，覷見釋迦老子心肝，舉步築著釋迦老子鼻孔。說有說無是誑，說生說滅是謗，說即心非心是妄。不誑、不謗、不妄，春風吹落桃李花，淡煙疏雨籠青嶂。」（上堂）「春雪寒，春宵短。古佛心，破燈盞。正法眼，乾紙撚。抖擻精神只管看，看到北斗西移、南斗東轉，上元依舊正月半。」（上堂）「靈雲見桃花悟去，玄沙道敢保老兄未徹；香嚴聞擊竹悟去，仰山道祖師禪未會。禪和〔家〕，十箇五雙，道我此一門全無肯路，亦未知靈雲香嚴在。要知二大老麼，醉我落花天，借他絃管裏。」又據室去〔云〕：「這裏便是問訊燒香了。來老僧身邊立地底所在麼？呆子，你自鈍置猶可，莫來鈍置老僧。」嘗自題其像云：「參禪無悟，識字有數。眼三角，似燕山愁胡；面百摺，如趙婆呷醋。一著高出諸方，敢道飯是米做。」送忍書記偈云：「鬢絲不可織寒衣，煮字那能療得飢？別欲語君安樂法，正忙卻未有閒〔閒〕時。」生於宋紹興〔按：當作熙〕甲寅十月十二日，示寂於嘉定〔按：當作景炎〕丁丑五月二十一日。壽八十三。塔全身于南塔院。[41]

---

41 《增集續傳燈錄》卷 2，頁 772b-773a。

此傳略明顯地增加了幾則善珍的上堂開示語，但是善珍之傳法，並無語錄可稽，所以《增集續傳燈錄》的作者能蒐集到多出的上堂語，必也費了一番蒐尋之工夫。後來《續燈存稿》的善珍傳略，就幾乎全抄其全文，連錯誤的生卒年都照抄。只改易了幾個字，並把開示語的次序稍作調整，增加了「除夕小參」一段。其全文如下：

泉州南安呂氏子，年十三，依郡之崇福寺南和尚受業落髮。十六，遊方至杭，受具足戒。謁妙峯于靈隱，入室悟旨。後出世住里之光孝，升承天。次遷安吉之思溪、圓覺，福之雪峯。復以朝命移四明育王、臨安徑山。（示眾）「古者道，知之一字眾妙之門。又有道，知之一字眾禍之門。只者二門，入得更須出得。三世諸佛出不得，六代祖師出不得。天下老和尚出不得。何故？變鐵成金易，變金成鐵難。據室：「者裏是問訊燒香了，來老僧身邊立地底所在麼？獃子，你自鈍置猶可，莫來鈍置老僧。」（上堂）「盡大地是紫磨金色身，諸人每日開眼，覷見釋迦老子心肝。舉步踏著釋迦老子鼻孔，說有說無是誑，說生說滅是謗，說即心非心是妄，不誑、不謗、不妄，春風吹落桃李華，澹煙疎雨籠青嶂。」（上堂）「春雪寒，春宵短。古佛心，破燈盞。正法眼，乾紙撚。抖擻精神只管看，看到北斗西移、南斗東轉，上元依舊正月半。」（上堂）「靈雲見桃華悟去，玄沙道敢保老兄未徹。香嚴聞擊竹悟去，仰山道祖師禪未會。禪和家，十箇五雙，道我此一門全無肯路。與麼亦未知玄沙仰山舌頭落處在。要見二大老麼，醉我落華天，借他管絃裏。除夕小參舉「僧問古德年窮歲盡時如何，德曰依舊孟春猶寒。」師曰：「古德怎麼答話，只恐諸人忘却。今日忽有人問年窮歲盡時如何，拈棒便打。待他道因甚麼打某甲，即向他道你更要我道孟春猶寒那〔按：當作耶〕？」嘗自題其像曰：「參禪無悟，識字有數。眼三角，似燕山愁胡；面百摺，如趙婆呷酢。一著高出諸方，敢道飯是米做。」送忍書記偈曰：「蠶絲不可織寒衣，蕢字那能療得饑。別欲與君安樂法，正忙卻未有閒時。」師生於紹興〔按：當作熙〕甲寅十月十二日，

示寂於嘉定〔按：當作景炎〕丁丑五月二十一日。壽八十三，葬全身于南塘院。[42]

以後的燈錄和僧傳，都是用類似的增刪方式，記載善珍。如《補續高僧傳》說：

善珍，字藏叟，泉之南安呂氏子。年十三落髮，十六游方。至杭，受具足戒，謁妙峯善公于靈隱，入室悟旨。後出住里之光孝，升承天。繼遷安吉之思溪、圓覺。福之雪峯。復以朝命移四明之育王，臨安之徑山。（上堂）「靈雲見桃花悟去，玄沙道敢保老兄未徹。香嚴聞擊竹悟去，仰山道祖師禪未會。禪和〔家〕，十箇五雙，道我此一門，全無肯路。示〔按：當作亦〕未知靈雲香嚴在。要知二大老麼，醉我落花天，借他絃歌裏。」又據室云：「這裏便是問訊燒香了，來老僧身邊，玄〔立〕地底所在麼。呆子，你自鈍置猶可，莫來鈍置老僧。」師法語無拘滯，大率類此。門人貌師真請題，揮云：「參禪無悟，識字有數。眼三角，似燕山愁胡；面百摺，如趙婆呷醋。一著高出諸方，敢道飯是米做。」生於紹興〔按：當作熙〕甲寅，逝于嘉定〔按：當作景炎〕丁丑，年八十有三。六住大剎，接納良多。而入室得髓者，唯元叟端公一人而已。端之後，法脉繩繩。至我明，尚有振起作師吼者。師之道，源遠流長可知矣。[43]

這段記載，較《增集續傳燈錄》及《續燈存稿》少了兩則上堂語，但是增錄了六住大剎及嗣法高弟元叟行端之事實，為先前之記載所無。

《繼燈錄》的傳文亦差不多，也是因襲《續燈存稿》之文而來，也含有「除夜小參」之語：

42　《續燈存稿》卷 2，頁 49a-50a。
43　《補續高僧傳》卷 11，頁 447c-448a。

靈隱善禪師法嗣福州雪峰藏叟善珍禪師，泉州南安呂氏子。謁妙峰於靈隱，入室悟旨。出世里之光孝，升承天雪峰。（上堂）「盡大地是紫磨金身，諸人終日開眼，覷見釋迦老子心肝，舉步築著釋迦老子鼻孔。說有說無是誑，說生說滅是謗，說即心非心是妄。不誑、不謗、不妄。春風吹落桃李花，淡煙疏雨籠青嶂。」嘗自題其像曰：「參禪無悟，識字有數。眼三角，似燕山愁胡；面百摺，如趙婆呷醋。一著高出諸方，敢道飯是米做。」除夜小參，舉僧問古德年窮歲盡時如何，德曰：「依舊孟春猶寒。」師曰：「古德怎麼答話，只怕諸人忘卻。今日忽有人問年窮歲盡時如何，拈棒便打。待他道因甚麼打某甲，即向他曰，更要我道孟春猶寒那？」（南石琇云：「古德『曾為浪子偏憐客』；藏叟老祖『愛向人前恣拍盲。』有問北山，即向他道：『但得雪消去，自然春到來。』」）後以朝命移徑山。嘉定〔按：當作景炎〕丁丑示寂。[44]

此傳文刪了《增集續傳燈錄》的兩段上堂語，但保留了《續燈存稿》的「除夜小參」之語。文末還引述南石文琇在蘇州萬壽報恩光孝禪寺上堂說法時，舉善珍除夕小參之語。文末的「曾為浪子偏憐客」云云，是南石文琇對善珍的評語，[45]也是其他記載所無的。

相對來說，六僧中的物初大觀在明代的僧史、僧傳與燈錄之記載就出奇的簡略，令人懷疑明代禪僧似乎對他所知不多。以最早的《續傳燈錄》言，所記之大觀傳略僅寥寥數語如下：

明州育王大觀禪師，鄞縣橫溪陸氏子，字物初。嘗參北磵于淨慈，悟旨，典文翰，聲稱籍甚。晚住育王，座下名緇蟻附。上堂云：「達磨正宗，衲僧巴鼻。充塞虛空，無處回避。堪笑迷流，白日青天開卻眼，只管瞌睡。更有黃面老人，不識好惡，入泥入水。卻道我然燈佛所，無一法可得而為

---

44 《繼燈錄》卷 2，頁 731b。

45 《南石文琇禪師語錄》（臺北：新文豐出版公司，《卍續藏經》第 124 冊，1975）卷 1，頁 387a。

我授記。何異好肉剜瘡，空花求蕐。畢竟如何，悉唎悉唎。既順世，塔葬于寺之西菴。[46]

此傳文也是記言多於記事，連善珍傳世之著作都未提到。後來之《增集續傳燈錄》之記載與它如出一轍，並無增補。刪去此傳文中「陸氏子」之「子」及「字物初」三字，而於「我然燈佛所」之我後加一「於」字。其餘皆同。[47]更晚的《續燈存稿》，記載也大同小異，只增加了兩段上堂語曰：

> （上堂）「一冬二冬，你儂我儂。暗中偷笑，當面脫空。雖是尋常茶飯，誰知米裏有蟲。夜來好風，吹折門前一株松。」（上堂）「用黑豆法換人眼睛，如恒河沙會火爐頭，話能有幾箇九九九？三世諸佛不知有，翻身踢倒五須彌，何用法身藏北斗，藏北斗，分明向外揚家醜。[48]

這兩段上堂語，不見於今本《物初大觀語錄》，是否因為現存物初語錄已非全璧？後來的燈錄，也是以同樣迭增上堂語的方式來描繪大觀。譬如，《繼燈錄》及《五燈會元敘略》的大觀傳略，也都襲用《續燈存稿》之記載，但於「陸氏子」後，加了「初依北澗於南屏，一日入室次，機語契合，遂大發明。後出世屢遷名刹。晚主育王。」一段，又增加了兩段上堂語如下：

> （上堂）「塵劫來事只在今時，當斷不斷斗換星移。」（拈拄杖卓一下）曰：「花須連夜發，莫待曉風吹。」（上堂）舉龐居士問馬大師不與萬法為侶是什麼人。大師曰：「待汝一口吸盡西江水即向汝道。」師曰：「大小祖師只知開口易，不覺舌頭長。」當時若問育王，但曰：「若要向汝道，直待虛空落地，自然出他一頭。何故？車不橫推，理無曲斷。」[49]

46　《續傳燈錄》卷 35，頁 709a。
47　《增集續傳燈錄》卷 2，頁 774a。
48　《續燈存稿》卷 2，頁 51a。
49　《繼燈錄》卷 2，頁 732b；《五燈會元續略》卷 2，頁 904a。

《繼燈錄》及《五燈會元敘略》所增出來的上堂語，也來源不明，都不見於現存《物初大觀語錄》中。

　　至於無文道璨，明代僧史、僧傳與燈錄之所記更缺。它們雖常提及無文道璨之名號，但多半缺無文道璨之傳略。《續燈存稿》是唯一詳載道璨生平經歷之燈錄，其他禪籍則全無記錄。《續燈存稿》之傳文如下：

　　從育王得法。於寶慶三年六月受請住薦福，次遷開先。五年，復還薦福。據室：「山僧今日開地獄門，普請盡大地人造地獄、業證地獄，果若有一人成佛作祖，我誓不成正覺。」（上堂）拈香畢乃曰：「天高地厚，日盈月昃。全提半提，天地懸隔。璨〔璨〕上座平生只會著衣喫飯，聞人說佛法二字，如風過樹頭，如水澆頑石。今日裂破面門喚作長老，也欲與諸人論說一上。無端冒五六月大熱，行三千里脩途。一時打失了也。雖然，賴有拄杖子在。」（拈拄杖）曰：「拄杖子試說看」（卓一下）「清平世界，切忌譌言。」（當晚小參）「鼓棹揚帆，駕沒底船橫行海上；神頭鬼面，用無文印勘驗諸方。二千里遠來住山，單單地提持此事。舉拂子，看看印文已露。劃一劃，錦縫已開。若佛若祖，若聖若凡。盡向者裏一印印定。直得盡乾坤大地，風颯颯地。眾中忽有箇犯眾出來道，長老你且莫大驚小怪。我在威音王佛世已證是三昧，又作麼生？」（以拂子擊禪牀下座）（上堂）「雲門放洞山三頓棒，黃檗打臨濟三頓棒。減竈添兵，傷鹽費醬。一不成單，二不成兩。多少蘆華對蓼紅，時人只看絲綸上。」（上堂）「諸佛法門，祖師要妙。夜來四簷雨，說得盛水不漏。汝等諸人若向者裏承當，者裏保任。（以手搖曳）曰：「料掉料掉，開爐併謝，者舊踏田。」（上堂）「趙州無賓主話，田地穩密底，開口便道著，信腳便踏著。若是東西不辨，南北不分，未免被人侵疆越界。薦福門下總是田地穩密底人，拈起香匙，放下火筯。一一天真，因甚如此，公驗分明。」（上堂）「臨濟處半杓，末山處半杓。玉本無瑕，妄自雕琢。有年無德老睦州，無端搯折雲門腳。」（端午上堂）「符不書，藥不採，起死禁不祥。拈拄杖，幸有者箇在。（卓一下）滿院熏風夏日長，人在藕華香世界。」（開先結夏小參）

「大華藏海，渺無邊際。江河溪澗流入其中，咸失本名。魚龍蝦蟹游泳其中，咸失本性。三世諸佛於中成等正覺，一切眾生於中流浪生死。現前大眾於中，成就無功用學。」（拈拄杖卓一下）「開先拄杖子，一口吸乾了也。三世諸佛，一切眾生，現前大眾，畢竟向甚麼處行履良久？曹溪波浪如相似，無限平人被陸沉。」（冬至小參）「滴水冰生，未可歇去。崖崩石裂，正好進程。直饒會得一綫長，要且未會長一綫。直饒會得長一綫，要且未會一綫長。所以鄉談相似，州縣不同。開先則不然，擾擾匆匆，晨雞暮鐘。喚冬作夏，喚夏作冬。一綫短長誰管得，雪霜盡處是春風。」（再住薦福當晚小參）「去去實不去，是法住法位。來來實不來，世間相常住。山僧屈指五載，重到東湖。荷盡已無擎雨蓋，春風猶在柳梢頭。無一絲毫去來相，無一絲毫新舊相。見則與諸人共見，聞則與諸人共聞。」簡中忽有箇出來道，「無文將常住物作自己用固有之，你也惑煞惑煞。」嘎，元來眾中有人在。復舉德山小參，「不答話鉤在不疑之地，時有僧出著了也。山便打，果然僧曰某甲，話也未問，因甚便打不識痛癢漢。山曰：『你是甚處人？第二下銕鎚來也。』僧曰：『新羅人，和聲送出。』山曰：『未跨船舷，好與三十棒。雷聲浩大，雨點全無。大眾，大小，德山龍頭蛇尾，却引者僧向艸窠裏頭出頭沒。當時待他道某甲話，也未問因甚打某甲。腳跟下痛與三十，何故？為人須為徹。』」（上堂）「風蕭蕭，雨蕭蕭。天高地厚，水闊山遙。達磨大師無端游梁歷魏，二祖大師平白失了一臂。水潦和尚不合喫馬大師一踏，天下大禪師枉自喫了四藤條。說著令人恨不消。」（上堂）「佛祖未興時，天然一句子。不東不西，不橫不豎。衲僧家東齦西嚼，從朝至暮，橫也無柰何，豎也無柰何。（拍膝一下）若向者裏進得一步，自然和聲送出。（兩手分付）若祇向冊子上學得來，印板上脫將去。山無重數，水無重數。」（結夏上堂）「百不知，百不會。飽喫飯，熟打睡。要得趂期取證，須證如是三昧。」師嘗與其友知無聞書曰：「住院何足道哉？近年敕差堂除者何限？可挂齒牙者能幾人？使吾有口，可以吞三世諸佛，則曲彔牀終身不坐又何慊？無聞以為何如？某昔者入眾，見識字人多不修細行，遂決意不作書記。諸老據位稱師者，又多看不上眼，遂無意出

世，今皆不遂其初矣。住院十年，名為長老，只是舊時燦上座。飲食起居，與堂僧無異。相從衲子，歲不下百數十人。遇五日搥鼓陞堂，以平時在諸老間所得細大法門，隨分東語西話，斷不敢以脫空語籠罩學者。亦不敢以過頭語欺謾學者。說到無巴鼻、無滋味處，欣然自笑，聽者不必解笑也。士大夫多相知，然所知者不過謂其讀書也，能文也，解起廢也，硬脊梁也。葢瞻毛幾莖，則知者鮮矣。」[50]

這篇傳文相當長，也是記言多於記事，連他說法的動作都詳細說明。其中引述了不少道璨在薦福及開先寺的上堂語，多數都可見於現存《無文道璨禪師語錄》中，顯示編者可能見過道璨之語錄。其中〈與知無聞書〉則可見於其詩文集《無文印》，編者拈出此信，亦可見他對道璨著作之熟悉。整體來說，是燈錄中較典型的禪師記載。

　　由上述討論可知，明代禪籍對居簡及道璨有較詳之記載外，於其他四僧都不是太簡就是太缺，對於六僧之研究仍是不足的。

　　宋元六僧記載之不足，是否在與時俱增的明代方志與佛寺志獲得補救呢？答案其實是不樂觀的。首先，明代的方志幾乎都無寶曇之記錄。其他五僧之記錄亦僅偶而見之，以北磵居簡為多。譬如，明‧聶心湯的《（萬曆）錢塘縣志》簡述居簡如下：「居簡，工詩文，才兼參寥、覺範，有《北磵集》。天台人爭竹山，見師〈竹賦〉，息爭，比之僚丸也。」[51]

　　這記載雖然甚簡略，卻是明方志僅見之居簡短傳。其他方志都僅提到居簡所寫的記文，並無其生平事跡之描述。譬如，明‧王鏊（1450-1524）於正德朝修的

50　《續燈存稿》卷 2，頁 56a-57b。

51　聶心湯等，《（萬曆）錢塘縣志》（明萬曆三十七年修清光緒十九年刊本），〈外紀〉，頁 7b。按：「僚丸」出《左傳》，〈哀公十六年〉「宜僚弄丸」之故事。當時楚之勇士，熊宜僚，居於市南，因號曰市南子。楚白公勝謀作亂，將殺令尹子西。以宜僚勇士，可敵五百人，遂遣使屈之。宜僚正上下弄丸，既不為利諂，又不為威惕，卒不從命。白公不得宜僚，反事不成，遂使白公、子西兩家之難解。故《莊子》〈徐無鬼〉篇說：「昔市南宜僚弄丸，而兩家之難解。」此處是說居簡息爭，可比宜僚之弄丸，替人排難解紛也。

《姑蘇志》在「資壽尼寺」條說:「在長洲縣治東北,宋紹興間建,紹定初重修。有正法堂,張即之書。又有磚浮屠,靖康初邑人翁氏建。又有盧舍那閣,僧居簡記。」在「大慈教寺」條說:「在福山鎮。按舊志,梁太清元年僧普明大師建,舊名法水禪院。宋大中祥符元年改今額。僧居簡有〈鐘樓記〉」[52]又如明·陳威於正德朝修的《松江府志》「普照寺」條說:「有千僧堂,自唐乾元、宋淳祐兩戊申間禄之厄,無復舊觀。崇教大師祖祥之所建,潼川北碉居簡之所記者,又悉爲瓦礫之場。」[53]柳琰在弘治朝纂修的《嘉興府志》錄有居簡的〈本覺禪院三過堂記〉。[54]萬曆朝李培修、黃洪憲撰的《秀水縣志》及崇禎朝黃承昊撰的《嘉興縣志》都錄有此記文,後者在述及本覺禪院的三過堂時,也說「宋僧居簡有記」,並錄其記文於「古蹟」卷。[55]

　　以上明人之方志,分別採錄居簡為各地相關寺院所寫之記文,有助於了解記文書寫之背景與對象。這幾篇記文都可見於居簡的文集,所以方志作者或有見過居簡文集,但他們並未說明。唯有明萬曆朝刊行的《西湖志》,在「白蓮院」一條下,解釋「晉肇法師講經於此」時,直接徵引《北碉文集》說:「**肇法師誦經,蓮生陸地;駕鴦亦能誦經。**」然後引〈白蓮花寺翻蓋法堂榜〉全文。[56]雖然如此,這些記載都是非常不足的。

　　其次,明人方志於其他四僧,僅有《嘉靖通州志》及《萬曆通州志》略記元肇。這兩種通州志對元肇的描寫,大同小異,可分段排比如下表,以粗體字標示其不同處:

52　《姑蘇志》(臺北:臺灣商務印書館,影印文淵閣《四庫全書》本,1983-1986)卷29,頁16b;卷30,頁15a。

53　明·陳威、顧清,《(正德)松江府志》(明正德七年刊本)卷18,頁8a。

54　明·柳琰,《(弘治)嘉興府志》(臺南:莊嚴出版社,《四庫全書存目叢書》,1996)卷73,頁38b-30a。

55　明·羅炌、黃承昊,《(崇禎)嘉興縣志》(北京:書目文獻出版社,1637)卷8,頁82b。卷5,頁21b-22a。《秀水縣志》卷9,頁32b-33a。

56　據「雕龍古籍網數據庫」說,《西湖志》有明朝萬曆本,但何處有收藏此書,迄無所聞。目前各圖書館所見僅清·李衛所編本,內容似與萬曆本頗類似,不知是否襲明萬曆本而成?李衛刊本見清·李衛等,《西湖志》(臺南:莊嚴出版社,《四庫全書存目叢書》,1996)卷2,頁7b。

《嘉靖通州志》元肇傳	《萬曆通州志》元肇傳
僧元肇，號淮海，**淳熙人**。幼為人**牧羊**，嘗信口吟曰：「麥浪青如水浪，梨花白似梅花；不煖不寒天氣，半村半郭人家。」	僧元肇，號淮海，**宋淳熙間人**。幼為人**牧牛**，嘗信口吟曰：「麥浪青如水浪，梨花白似梅花。不煖不寒天氣，半村半郭人家。」
後為僧，歷涉江湖，聰明穎悟，**傑出**流輩。為詩清新偉麗，文亦雅健。	後為僧，歷涉江湖，聰明穎悟，**超出**流輩。為詩文清新雅健。
印應雷為淮閫，以同里嘗招致之。方回《瀛奎律髓》選其〈丘虎〉、〈徑山〉二詩，謂其為「詩僧聖徒」。後圓寂於杭州徑山。有《淮海語錄》；有詩集傳於世。[57]	方回《瀛奎律髓》選其〈丘虎〉、〈徑山〉二詩，謂其為「詩僧聖徒」。後圓寂於杭州徑山。有《淮海語錄》；有詩集傳於世。[58]

很明顯地，兩志之傳文近似，疑萬曆志是抄自嘉靖志，而有漏抄之處。嘉靖志之「印應雷為淮閫，以同里嘗招之」是相當重要之訊息，而萬曆志作者或漏抄，或覺得無關緊要而不取，是其缺憾。不管如何，後出之方志未必能提供更詳細之資訊。

總之，明人之方志於六僧之記載極為有限，尤其物初大觀、藏叟善珍及無文道璨，幾乎完全不為方志編纂者所注意。這恐怕也是難怪之事，因為在宋元的僧史、燈錄及方志他們就已默默無聞了。

值得注意的是，明代開始陸續出現各地佛寺志。這些佛寺志有關六僧之記載，就遠較方志為多為詳，問題是它們都抄自明代的僧史或僧傳。譬如說，內容最詳的居簡傳略，可見於數種明人所編之佛寺志。其中《武林梵志》之傳文，與《增集續傳燈錄》之居簡傳完全相同。作者吳之鯨是萬曆朝人，而《增集續傳燈錄》之作者南石文琇是洪武朝人，可見吳之鯨是依南石文琇之文翻版照抄的。茲將兩傳文分段排比如下表，可以一目了然：

57　明・林穎等，《嘉靖通州志》（嘉靖九年刻本，1530）卷5，〈方外附〉，頁 16b-17a。
58　明・林雲程，《萬曆通州志》（上海：上海古籍出版社，天一閣明代方志選刊，1971）卷8，頁 14b-15a。

《增集續傳燈錄》居簡傳	《武林梵志》居簡傳
字敬叟，潼川龍氏。世業儒，資質穎異，幼見佛書必端坐默觀如宿習。依邑之廣福院圓澄得度。參別峰、塗毒於徑山，沉默自究。一日閱圩菴語有省，遽往育王見佛照，機契，自是往來其門十五年，一時社中耆碩忘年與交。	字敬叟，潼川龍氏。世業儒，資質穎異，幼見佛書必端坐默觀如宿習。依邑之廣福院圓澄得度。參別峰、塗毒於徑山，沉默自究，一日閱卍菴語有省，遽往育王見佛照，機契，自是往來其門十五年，一時社中耆碩忘年與交。
走江西，訪諸祖遺蹟。瑩仲温嘗掌大慧之記，菴于羅湖，纂所聞成書，發揮祖道；與師議論，大奇之，以大慧居洋嶼菴竹篦付之，師巽焉。久之，出世台之般若，遷報恩，英衲爭附。儒碩竹巖錢公、水心葉公，莫不推重。大參真西山時為江東部使者，虛東林命之，以疾辭。乃于飛來峰北磵掃一室，居十年，人不敢以字稱，因以北磵稱之。	走江西，訪諸祖遺蹟。瑩仲温嘗掌大慧之記，庵于羅湖，纂所聞成書，發揮祖道；與師議論，大奇之，以大慧居洋嶼庵竹篦付之，師巽焉。久之，出世台之般若，遷報恩，英衲爭附。儒碩竹巖錢公、水心葉公，莫不推重。大參真西山時為江東部使者，虛東林命之，以疾辭。乃於飛來峰北磵掃一室，居十年，人不敢以字稱，因以北磵稱之。
起應雪之鐵佛、西余，常之顯慶、碧雲，蘇之慧日，湖之道場，奉旨遷淨慈。所至道化大行。垂老不倦槌拂。	起應雪之鐵佛、西余，常之顯慶、碧雲，蘇之慧日，湖之道場，奉旨遷淨慈，所至道化大行。垂老不倦槌拂。
（結夏上堂）「以大圓覺為我伽藍，身心安居，平等性智。喫官酒、臥官街，當處死，當處埋。本來無位次，何用強安排？」（上堂）「雲巖二十年在藥山，只明此事，澄潭不許蒼龍蟠；趙州除二時粥飯外，不雜用心。兔子何曾離得窟？鑄成銕硯欲磨穿，還他萬里功名骨。」（上堂）「先佛照道：『棒頭撥著活衲僧，正法眼藏增高價。』北磵則不然，『棒頭撥著活衲僧，正法眼藏瓦解冰消。』且道與先佛照是同是別？」	（結夏上堂）「以大圓覺為我伽藍，身心安居，平等性智。喫官酒，臥官街，當處死，當處埋。本來無位次，何用強安排？」（上堂）「雲巖二十年在藥山，只明此事，澄潭不許蒼龍蟠；趙州除二時粥飯外，不雜用心。兔子何曾離得窟？鑄成鐵硯欲磨穿，還他萬里功名骨。」（上堂）「先佛照道：『棒頭撥著活衲僧，正法眼藏增高價。』北磵則不然，『棒頭撥著活衲僧，正法眼藏瓦解冰銷。』且道與先佛照是同是別？」
嘗頌《楞嚴經》「六解一亡」云：「六用無功信不通，一時分付與春風。篆煙一縷閑清晝，百鳥不來花自紅。」闢一室以居，名曰「薝室」，作賦以	嘗頌《楞嚴經》「六解一亡」云：「六用無功信不通，一時分付與春風。篆烟一縷閑清晝，百鳥不來花自紅。」闢一室以居，名曰「薝室」，作賦以

自見。趙節齋奏師補處靈隱，師笑曰：「吾日迫矣。」乃舉天童癡絕沖。	自見。趙節齋奏師補處靈隱，師笑曰：「吾日迫矣。」乃舉天童癡絕冲。
淳祐丙午春示疾。三月二十八日，索紙書偈於紙尾。復書「四月一日珍重」六字，呼諸徒誡之曰：「時不待人，以吾自勵，吾世緣餘兩日耳。」至期，昧爽索浴，浴罷假寐，然視之已逝矣。壽八十三，**臘六十三**。葬全身于月堂昌禪師塔側，遵治命也。[59]	自見。趙節齋奏師補處靈隱，師笑曰：「吾日迫矣。」乃舉天童癡絕冲。 淳祐丙午春示疾。三月二十八日，索紙筆偈於紙尾。復書「四月一日珍重」六字，呼諸徒誡之曰：「時不待人，以道自勵。吾世緣餘兩日耳。」至期，昧爽索浴，浴罷若假寐，然視之已逝矣。壽八十三，**臘六十二**。葬全身於月堂昌禪師塔側，遵治命也。[60]

　　兩文除了僧臘有六十三與六十二之分外，其餘完全雷同。

　　居簡之傳略也在明萬曆朝編的《徑山志》出現，前半段似節錄《增集續傳燈錄》而成，刪去上堂語部分，後半段則節錄《續傳燈錄》之文而成，也刪去居簡所說之語。是篇記事而不記言之改作。其文如下：

> 潼川龍氏，世業儒。幼穎異，見佛書必端坐默觀如宿習。依邑之廣福院圓澄得度。參別峰、塗毒于徑山，沉默自究。一日閱萬菴語有省，往育王，見佛照，機契，自是往來十五年。後走江西，訪諸祖遺跡。瑩仲溫嘗掌大慧之記，庵于羅湖，篡所聞成書，發揮祖道；與議論，大奇之，以大慧竹篦付之。久之，出世台之般若，遷報恩，英衲爭附。碩儒錢竹巖、葉水心，莫不推重。大參真西山為江東部使者，虛東林命之，以疾辭。乃于飛來峰北磵掃一室，居十年，人不敢以字稱，因以北磵稱之。闢一室以居，名曰「蘁室」，作賦以自見。晚居天台委羽。有二姓，爭竹山不已，仙居丞王君懌噓諷之，乃作〈種竹賦〉一首，而訟遂已。所著有《北磵集》十九卷行世。[61]

59　《武林梵志》（臺北：臺灣商務印書館，影印文淵閣《四庫全書》本，1983-1986）卷9，頁56a-58a。

60　《增集續傳燈錄》卷1，頁748a。

61　《徑山志》（臺北：明文出版社，中國佛寺史志彙刊第一輯，1980）卷3，頁316-317。

居簡之傳略又在明人郭子章的《明州阿育王山志》裏出現，但這篇傳文與《續傳燈錄》之傳文相同，而《明州阿育王山志》之刊行遠在《續傳燈錄》之後，說明郭子章之文是抄錄《續傳燈錄》而來的。可將兩篇傳文分段排比，將差異用粗體字標示為證：

《續傳燈錄》居簡傳	《明州阿育王山志》居簡傳
〔杭州府淨慈北磵禪師〕名居簡，字敬叟，蜀之潼川王氏子。以其寓北磵之日久，故人不名，字之稱「北磵」云。先出世天台報恩光孝寺，退居杭飛來峯之陰。張公誠子與盱江刺史走書，以唐僧紹隆所開山處之，師高臥不起。而江東部使者以東林雲居力致之，亦復不起。後遷至淨慈。	〔杭州府淨慈北磵禪師〕名居簡，字敬叟，蜀之潼川王氏子，以其寓北磵之日久，故人不名，字之稱「北磵」云。先出世天台報恩光孝寺，退居杭飛來峰之陰。張公誠子與盱江刺史走書，以唐僧紹隆所開山處之，師高卧不起。而江東部使者以東林雲居力致之，亦復不起。後遷至淨慈。
師頌世尊初生話云：「一聲哇地便咡哩，突出如斯大闡提。此土西天起殃害，堂堂洗土不成泥。」又頌《楞嚴經》「六解一亡」云：「六用無功信不通，一時分付與春風。篆煙一縷間清畫，百鳥不來花自紅。」嘗關一室以居，名曰「薝室」，作賦以自見，其略曰：「進則面牆，退則坐井。柱忽不支，壁忽就殞。豁然而虛，漠然而悶。如蒙之擊，如震而警。」又曰：「如無盡藏，如大圓鏡。前山送青，若壯士之排闥；後山回闈，擬良工之御駿。撫鴻鵠而晚眺，入冥冥而遠引。笑雲煙之輕去，漫悠悠而無定。駐落日於西崦，延初蟾於東嶺。是皆中所得也。」	師頌世尊初生話云：「一聲哇地便咡哩，突出如斯大闡提。此土西天起殃害，堂堂洗土不成泥。」又頌《楞嚴經》「六解一亡」云：「六用無功信不通，一時分付與春風。篆烟一縷閒清畫，百鳥不來花自紅。」嘗關一室以居，名曰「薝室」，作賦以自見，其畧曰：「進則面墻，退則坐井。柱忽不支，壁忽就殞。豁然而虛，漠然而悶。如蒙之擊，如震而警。」又曰：「如無盡藏，如大圓鏡。前山送青，若壯士之排闥；後山回闈，擬良工之御駿。撫鴻鵠而晚眺，入實實而遠引。笑雲烟之輕去，漫悠悠而無定。駐落日於西崦，延初蟾於東嶺。是皆中所得也。」[62]

62　郭子章，《明州阿育王山志》卷9，頁495-496。

　　此兩文之不同是《續傳燈錄》與《明州阿育王山志》有「間清晝」與「閒清晝」之分。「閒清晝」一語，見於南宋初詩人陳棣（生卒年不詳）的〈清晝〉一詩之起句「庭院閒清晝，疏槐轉午陰」。故知「間清晝」為誤刻。而前者之「入冥冥而遠引」在後者變成了「入寔寔而遠引」。「入寔寔」詞不達意，當為「入冥冥」之誤刻。

　　無獨有偶的是，《明州阿育王山志》及《淨慈寺志》的物初大觀傳略也是抄自《續傳燈錄》的，可以將三傳文分段並排比如下：

《續傳燈錄》大觀傳	《明州阿育王山志》大觀傳	《淨慈寺志》大觀傳
明州育王大觀禪師，鄞縣橫溪陸氏子，字物初。蚤參北磵于淨慈，悟旨，典文翰，聲稱籍甚。晚住育王，座下名緇蟻附。	明州育王大觀禪師，鄞縣橫溪陸氏子，字物初。蚤參北澗〔磵〕于淨慈，悟旨，典文翰，聲稱籍甚。晚住育王，座下名緇蟻附。	鄞橫溪陸氏，參北磵於淨慈，悟旨，典文翰，聲稱籍甚。晚住育王，座下名緇蟻附。
上堂云：「達磨正宗，衲僧巴鼻。充塞虛空，無處回避。堪笑迷流，白日青天開却眼，只管瞌睡。更有黃面老人，不識好惡，入泥入水。却道我然燈佛所，無一法可得而為我授記，何異好肉剜瘡，空花求蔕。畢竟如何？悉唎悉唎。」	上堂云：「達磨正宗，衲僧巴鼻。充塞虛空，無處回避。堪笑迷流，白日青天開却眼，只管瞌睡。更有黃面老人，不識好惡，入泥入水。却道我於然燈佛所，無一法可得而爲我授記，何異好肉剜瘡，空花求蔕？畢竟如何？悉唎悉唎。」	（上堂）「達摩正宗，老僧巴鼻。充塞虛空，無處迴避。堪笑迷流，白日青天開卻眼，只管嗑睡。更有黃面老人，不識好惡，入泥入水。卻道我於燃燈佛，無一法可得而為我授記，何異好肉割瘡，空花求蔕？畢竟如何？悉利悉利。」
既順世，塔葬于寺之西菴。	既順世，塔葬于寺之西菴。[63]	既順世，葬於寺西菴。（北磵〔磵〕法嗣）[64]

63　《明州阿育王山志》卷9，頁500。
64　清·際祥，《淨慈寺志》（臺北：明文出版社，中國佛寺史志彙刊第一輯，1980）卷10，頁690。

　　三傳文中，兩寺志之文或與《續傳燈錄》傳文相同，或少幾個字，抄錄《續傳燈錄》之跡甚明。未增加新的資訊也是顯而易見的。

　　居簡與大觀之外，淮海元肇禪師也出現在《徑山志》裏，被列為徑山第三十九代住持。[65]其傳文與明方志不同，但可以看得出來是根據《增集續傳燈錄》的元肇傳而來，茲將兩文分段排比如下：

《增集續傳燈錄》元肇傳	《徑山志》元肇傳
通州靜海潘氏子，母朱氏。邑之利和寺妙觀，其諸父也，謂其父母曰：「是子生而有異，却筆截，殆亦鳳種，盍俾出家？」父母然之。年十九，薙染受具。	通州靜海潘氏子，母朱氏。邑之利和寺妙觀，其諸父也，謂其父母曰：「是子生而有異，却筆截，殆亦鳳種，盍俾出家？」父母然之。年十九，薙染受具。
參浙翁於徑山。翁問：「汝何處人？」師曰：「淮人。」翁曰：「泗州大聖為什麼在揚州出現？」師曰：「今日又在杭州撞著。」翁曰：「且得沒交涉。」師徐曰：「自遠趍風。」翁以師警敏，欲大激發，未容其參堂。纔見便云：「下一轉語來。」擬開口，即喝出。師以書上，又以頌呈，末句云：「免教回首望長安。」翁云：「這裏是什麼所在？」師曰：「謝和尚掛搭。」始容就入室之列，已而命掌記。	參浙翁于徑山，翁問：「汝何處人？」師曰：「淮人。」翁曰：「泗州大聖為什麼在揚州出現？」師曰：「今日又在杭州撞著。」翁曰：「且得沒交涉。」師徐曰：「自遠趨風。」翁以師警敏，欲大激發，未容其參堂。纔見便云：「下一轉語來。」擬開口，即喝。師以書上，又以頌呈，末句云：「空教回首望長安。」翁云：「這裏是什麼所在？」師曰：「謝和尚掛搭。」始密就入室之列，已而命掌記。
翁既寂，師出世通之光孝，遷吳城雙塔、金陵清涼、天台萬年、蘇州萬壽、東嘉江心。而四明育王虛席，廟堂奏師補處。遷杭之淨慈、靈隱、徑山。其住徑山，歎餘逋券山積，僧殘屋老。未幾，樓閣蠹霄，雲衲踵至，不減浙翁全盛氣象。	翁旣寂，師出世通之光孝，遷吳城雙塔、金陵清涼、天台萬年、蘇之萬壽、東嘉江心。而四明育王虛席，廟堂奏師補處，遷杭之淨慈、靈隱、徑山。其住徑山，歎餘逋券山積，僧殘屋老。未幾，樓閣蠹霄，雲衲踵至，不減浙翁全盛氣象。

65　按：《徑山志》的住持世代不甚可靠，第十九代的圓悟粹為北宋僧，不應列入。其他順序亦有錯，影響到南宋後期世代之次第。

俄示疾，囑其徒：「為吾栩〔祔〕一穴於東澗〔磵〕，見生死不忘奉師之意。」浴訖書偈而逝。嘗**讚**達磨偈曰：「踏翻地軸與天關，合國人追不再還。去去一身輕似葉。長江千古浪如山。」	俄示疾，囑其徒：「為吾栩〔祔〕一穴于東磵，見生死不忘奉師之意。」**六月初十日**，浴訖書偈而逝。嘗**舉**達摩偈曰：「踏翻地軸與天關，合國人追不再還。去去一身輕似葉，長江千古浪如山。」[66]

　　此兩文除「始容」與「始密」之不同、「讚達磨偈」與「舉達摩偈」的用字之異，《徑山志》於末段指出其去世時間外，幾乎雷同。足見《徑山志》抄《增集續傳燈錄》之文是很明顯的。《徑山志》之〈偈詠〉一卷，還錄有元肇的幾首詩，包括〈徑山天開圖畫〉、〈徑山冬日〉、〈喝石巖〉、〈菖蒲田〉、〈樹王〉和〈上澗翁和尚〉等五言、七言及古律共六首，都可以在其詩集《淮海挐音》中找到，[67]使此數首詩所作之地點一目了然。

　　《徑山志》也錄有藏叟善珍之傳略，並列善珍為徑山第四十一代住持。其傳文與《增集續傳燈錄》一樣，顯然也是抄錄《增集續傳燈錄》而來，可將兩文分段排比如下：

《增集續傳燈錄》善珍傳	《徑山志》善珍傳
泉州南安呂氏。年十三，依郡之崇福南和尚落髮。遊方至杭，**受具**，謁妙峰于靈隱，入室悟旨。後出世里之光孝，舛〔升〕承天。遷湖之思溪、圓覺，福之雪峰。朝命移四明育王、**餘杭**徑山。	泉州南安縣呂氏子。年十三，依郡之崇福寺南和尚落髮。**十六**，遊方至杭，**受具足戒**。謁妙峰**善公**于靈隱，入室悟旨。後出**住**里之光孝，升承天。繼遷安吉之思溪、圓覺，福之雪峰。復以朝命移四明**之**育王、**臨安**之徑山。
（上堂）「古者道，知之一字眾妙之門。又有道，知之一字眾禍之門。只**這**二門，入得更須出得。三世諸佛出不得，歷代祖師出不得，天下老和尚出不得，何故？變鐵成金易，變金成鐵難。」（上堂）「盡大地是紫磨金	**師示眾云**：「古者道，知之一字眾妙之門。又有道，知之一字眾禍之門。只**者**二門，入得更須出得。三世諸佛出不得，歷代祖師出不得，天下老和尚出不得，何故？變鐵成金易，變金成鐵難。」（上堂）「盡大地是紫磨

66　《徑山志》卷2，頁201-203。
67　《徑山志》卷9，頁820-823。

身，諸人每日開眼，覷見釋迦老子心肝，舉步築著釋迦老子鼻孔。說有說無是誑，說生說滅是謗，說即心非心是妄。不誑、不謗、不妄，春風吹落桃李花，淡煙疎雨籠青嶂。」（上堂）「春雪寒，春宵短。古佛心，破燈盞。正法眼，乾紙撚。抖擻精神只管看，看到北斗西移、南斗東轉，上元依舊正月半。」（上堂）「靈雲見桃花悟去，玄沙道敢保老兄未徹。香嚴聞擊竹悟去，仰山道祖師禪未會。禪和十箇五雙，道我此一門全無肯路，亦未知靈雲、香嚴在。要知二大老麼？醉我落花天，借他絃管裏。」又據室**去**〔云〕：「這裏便是問訊燒香了。來老僧身邊立地底所在麼？呆子，你自鈍置猶可，莫來鈍置老僧。」	金身，諸人終日開眼，覷見釋迦老子心肝，舉步築著釋迦老子鼻孔。說有說無是誑，說生說滅是謗，說即心非心是妄。不誑、不謗、不妄，春風吹落桃李花，淡烟疎雨籠青嶂。」（上堂）「春雪寒，春宵短。古佛心，破燈盞。正法眼，乾紙撚。抖擻精神只管看，看到北斗西移、南斗東轉，上元依舊正月半。」（上堂）「靈雲見桃花悟去，玄沙道敢保老兄未徹。香嚴聞擊竹悟去，仰山道祖師禪未會。禪和十箇五雙，道我此一門全無肯路，亦未知靈雲、香嚴在。要知二大老麼？醉我落花天，借他絃管裏。」又據室云：「這裏便是問訊燒香了。來老僧身邊立地底所在麼？呆子，你自鈍置猶可，莫來鈍置老僧。」
嘗自題其像云：「參禪無悟，識字有數。眼三角，似燕山愁胡；面百摺，如趙婆呷醋。一著高出諸方，敢道飯是米做。」送忍書記偈云：「鬢絲不可織寒衣，煮字那能療得飢？別欲語君安樂法，正忙却未有閒時。」	嘗自題其像云：「參禪無悟，識字有數。眼三角，似燕山愁胡；面百摺，如趙婆呷醋。一著高出諸方，敢道飯是米做。」送忍書記偈云：「鬢絲不可織寒衣，煮字那能療得飢？別欲語君安樂法，正忙却未有閒時。」
生於宋紹興〔熙〕甲寅十月十二日，示寂於嘉定〔景炎〕丁丑五月二十一日。壽八十三。塔全身于南塔院。	師生于宋紹興〔熙〕甲寅十月十二日，示寂于嘉定〔景炎〕丁丑五月二十一日。**世**壽八十三，**僧夏六十**。塔全身于南院。[68]

　　兩文相比，顯然《徑山志》之文多了一些字，包括文末的「僧夏六十」，亦為前此諸傳文所無。雖然如此，兩文大同小異仍可證明《徑山志》之文是抄自《增集續傳燈錄》的。

68　《徑山志》卷3，頁220-222。

　　明代的佛寺志無道璨之傳略，是因為明代並無作者撰寫道璨所住持的廬山開先寺志與饒州薦福寺志之故。這種情形，至清代仍未改觀。但道璨之傳略，卻見於清初沙門德介于石纂述的《翠山寺志》中。翠山寺錄有道璨傳之原因，顯然是因為道璨與此山有相當淵緣之故。首先，翠山寺為南宋孝宗時參政張孝伯之功德寺，而張孝伯之子張即之退隱之後即住此處。其次，張即之與道璨之師笑翁妙堪（1177-1248）為至友，於道璨誼兼師友。妙堪於理宗時為宰相史彌遠（1164-1233）請去四明鄞縣的大慈寺任住持，史彌遠死後，笑堪即應張即之之邀至翠山盤桓。道璨數來此山訪張即之，筆者已於他處討論過，不再多贅。

　　德介所寫的道璨傳略如下：

> 無文璨禪師，得法於無準師範，參學時居四明最久。與張樗寮諸公友羡〔善？〕。嘉定間，〈翠岩遭火後往日本化木興造疏〉是師所作。師雖於本山，說法、住持無從稽考。然寄居此山有日，故錄之。後住薦福、開先。師嘗與友知無聞書曰：「住院何足道哉？近年敕差、堂除者何限？可挂齒者能幾人？使吾有口可以吞三世諸佛，則曲彔床終身不坐又何慊？無聞以為何如？某昔者入眾，見識字人多不修細行，遂決意不作書記。諸老據位稱師者，又多看不上眼，遂無意出世；今皆不遂其初矣。住院十年，名為長老，只是舊時璨上座；飲食起居與堂僧無異。相從衲子，歲不下百數十人。遇五日，摑鼓陞堂，以平時在諸老間所得細大法門，隨分東語西話，斷不敢以脫空語籠罩學者，亦不敢以過頭語欺謾學者。說到無巴鼻、無滋味處，忻然自笑，聽者不必解笑也。士大夫多相知，然所知不過謂其讀書也、能文也，解起廢也、硬脊梁也，蓋膽毛幾莖，則知者鮮矣。[69]

此傳略應該是讀了道璨之文集後所作，而書中所錄之〈翠巖遭火後往日本化木興造疏〉，因文省而事不詳，讀者很容易誤解為翠巖遭火後，道璨曾往日本化木興

69　清・超備，《翠山寺志》（臺北：丹青圖書公司，中國佛寺史志彙刊第三輯，1985）卷 3，頁 84-86。

造，並寫興造疏記其事。由於道璨從未去過日本，但寫過〈明州翠崖火後過日本國化修造疏〉，故德介說興造疏是他所作。[70]德介還將翠山寺遭火之時間繫為嘉定十五年（1222），而復建時間繫於嘉定十七年（1224），並在此年之下徵引道璨之疏。[71]事實上，該疏是送人去日本化木修造所作，故疏尾說：「好風吹去，即日歸來。」故應該寫於復建之前。但是，翠巖遭火之年，道璨才十歲，而復建之年，道璨才十二歲，尚在鄱陽鄉里，尚未與翠山有任何關係，不可能在此期間為翠崖遭火寫修造疏。以此觀之，德介之《翠山寺志》固對記事編年頗為注意，但其繫年是有問題的。

　　一般來說，清代的佛寺志於六僧之記載甚簡，所以德介所寫的道璨傳，就記事之簡約而言，是較好的一篇文字。其他佛寺志，往往節錄明代之僧傳與燈錄，毫無新意。譬如康熙朝完成的《靈隱寺志》記元肇如下：

> 禪師通州靜海潘氏子，受具，參浙翁於徑山，命掌書記。由四明育王遷杭之淨慈、靈隱。嘗讚達摩偈曰：「踏翻地軸與天關，合國人追不再還。去去一身輕似葉，長江千古浪如山。」[72]

這是非常簡略之記載。其記居簡也是如此：

> 敬叟居簡禪師，臨濟宗，潼川龍氏。世業儒。依邑之廣福院圓澄得度。參別峰、塗毒于徑山。往育王，見佛照，機契。出世台之般若，遷報恩。大參真西山為江東部使者，虛東林命之，以疾辭。乃于飛來峰北磵掃一室居之，十年，人不敢以字稱，以北磵〔磵〕稱之。趙節齋奉請補靈隱，師笑曰：「吾日迫矣！」乃舉天童癡絕冲。淳祐丙午春示疾，三月二十八日索

70　道璨，〈明州翠崖火後過日本國化修造疏〉，《無文印》卷11，頁9ab；《柳塘外集》卷3，頁29ab。

71　《翠山寺志》卷2，頁41。

72　清·孫治，《靈隱寺志》（臺北：明文出版社，中國佛寺史志彙刊第一輯，1980）卷36，頁177。

紙書偈於紙尾，復書「五月一日珍重」六字。至期昧爽，索浴；浴罷，若
假寐然，視之，已示寂矣。壽八十三，臘六十二。有《北磵集》十九卷。
張誠子序其集曰：「讀其文，宗密未知其伯仲；誦其詩，合參寥覺範為一人。」[73]

此傳文顯係刪節明僧傳、燈錄及佛寺志之傳文而成。作者有意省文，故未引述其
上堂語，但連張自明序文對居簡之讚詞都引述不全，也未免失之草率。

　　嘉慶朝編的《淨慈寺志》應該是清代佛寺志中居簡傳略之最詳者。其傳文大
抵綜合明代之僧傳及燈錄而成，以記事為主，但保留部分上堂語，內容較《靈隱
寺志》豐富與完整，雖然張自明序文之讚詞也是引述不全，仍是內容較充實之作。
其傳文如下：

> 敬叟居簡，潼川龍氏。幼穎異，見佛書，必端坐默觀如宿習。依邑之廣福
> 院圓澄得度。參別峰、塗毒於徑山。沈默自究，一日閱萬菴語有省，遂往
> 育王見佛照，機契。自是往來其門十五年。走江西，訪諸祖遺蹟。瑩仲溫
> 嘗掌大慧之記，菴於羅湖，纂所聞成書，發揮祖道；與師議論，大奇之，
> 以大慧居洋嶼菴竹篦付之，師巽焉。久之，出住台之般若，遷報恩，英衲
> 爭附。鴻儒錢竹巖、葉水心，莫不推重。大參真西山時為江東部使者，虛
> 東林命之，以疾辭。乃於飛來峰北磵，掃一室居，十年，人不敢以字稱，
> 因以北磵稱之。起應雲之鐵佛、西余，常之顯慶、碧雲，蘇之慧日，湖之
> 道場，奉旨移淨慈，所至道化大行。垂老不倦槌拂。（上堂）「雲巖二十
> 年在藥山，只明此事，澄潭不許蒼龍蟠；趙州除二時粥飯外，不雜用心，
> 兔子何曾離得窟。鑄成鉶硯欲磨穿，還他萬里功名骨。」頌《楞嚴》「六
> 解一七」云：「六用無功信不通，一時分付與春風。篆煙一縷閑清晝，百
> 鳥不來花自紅。」闢一室以居，名曰薝室，作賦以自見。水心酬詩云：「簡
> 公詩話特驚人，六反掀騰不動身。說與東家小兒女，塗青染紫未禁春。」
> 張公誠子序之曰：「讀其文，宗密未知其伯仲；誦其詩，合參寥覺範為一

人。」師與人不苟合，合亦不苟睽。晚居天台委羽，有二姓爭竹山不已。仙居丞王君懌囑諷之，乃作〈種竹賦〉一首，而訟遂已。趙節齋奏師補處靈隱，師笑曰：「吾日迫矣。」乃舉天童癡絕冲。淳祐丙午春示疾，三月二十八日，索紙書偈於紙尾，復書曰：「四月一日珍重」六字。呼諸徒誡之曰：「時不待人，以道自勵。吾世緣餘二日耳。」至期，昧爽。索浴，浴罷，如假寐然。視之，已逝矣。壽八十三。臘六十二。葬全身於月堂昌禪師塔側，遵治命也。有《北磵集》十九卷，嗣佛照光（第三十七代）。[74]

　　《淨慈寺志》與其他清代的佛寺志對六僧之記載有詳略之分，但基本上還是以明代的僧傳和燈錄為其史源，而且都缺載寶曇。有些寺志作者似乎曾參考六僧之文集，如《翠山寺志》作者德介似曾閱讀《無文印》，但並未好好利用，故有繫年錯誤之失。而且由於一貫只是抄錄編輯，而不加考辨，所以往往沿襲了僧傳及燈錄之錯誤。譬如，藏叟善珍應該是生於寧宗紹熙五年甲寅（1194），卒於帝昺景炎二年丁丑（1277），但上述明代僧傳及燈錄都誤成生於高宗紹興四年甲寅（1134），卒於寧宗嘉定十年丁丑（1217），將其生卒年提前了一甲子，而諸佛寺志也照錄不查，一誤再誤，都是習焉不察之表現。

　　《育王寺續志》的作者畹荃（？-1759）顯然曾參考物初大觀的《物初賸語》，所以他收錄了大觀所寫的〈笑翁禪師行狀〉，[75]並在〈松檀銘并序〉說：「宋淳祐間，笑翁堪禪師住持育王時，樗寮張寺丞即之問道於師，不異山谷之厚於晦堂。嘗往來玉几，甚愛此松，顏其室曰：『玉几松堂』。一日明守驂從入寺，絕不與師語，偕至松下，忽問曰：『舍利何在？』師以手指松曰：『見麼？』已而松枝粲粲，如水晶珠，光曜爍人，放光之名實始乎此。後笑翁謂樗寮曰：『此松著地，吾當復來。』此事載在《物初賸語》。」[76]他既然讀過《物初賸語》，並未在其《續志》中給物初大觀作一補傳，而僅將他列名於元肇與善珍之間，為育王之第四十六代住持如下：

74　《淨慈寺志》卷 8，頁 568-571。
75　《阿育王山續志》卷 11，頁 661-665。
76　《阿育王山寺續志》卷 15，〈松檀銘并序〉，頁 847-848。

第四十代偃溪廣聞，嗣浙翁琰公，六月初十日忌。

第四十五代淮海肇禪師。通州潘氏子，嗣浙翁琰公。

第四十六代物初觀禪師。鄞縣橫溪陸氏子，嗣淨慈簡公。

第四十七代藏叟珍禪師。南安呂氏子，嗣妙峯善公，五月廿一日忌。[77]

由於晚荃的《續志》是續郭子章之作，目的在增補阿育王寺志的相關詩文，而無意獨立成書，可以解釋他為何不作大觀補傳之原因。但是他把育王各世代住持的次第弄得混亂失序，就不能侈言是「續志」。[78]此外，既然晚荃可以看到大觀的文集《物初賸語》，證明《物初賸語》在清代還有流傳，那麼為何明代修的《明州阿育王山志》及清康熙年間重修的《淨慈寺志》要靠抄錄《續傳燈錄》來為物初大觀立傳呢？原因無他，蓋傳統的業餘方志、寺志等史書之編纂者，多半因襲成性，只知輯錄舊文，稍作增刪，於新瓶裝舊酒，而不思補遺創新，考偽辨誤，故致前人之作，屢經重複，充斥篇幅，而乏可取之處。

當然這並不能抹煞他們在蒐羅舊聞所作之努力。尤其是方志編修者，對地方文獻非常注意，往往能有意外的發現。譬如，清人魏峴及裘璉所撰的《康熙錢塘縣志》就錄有元肇的〈大夫去作棟梁材〉一詩，不見於元肇的《淮海挐音》。[79]清乾隆朝張廷珩修、黃任纂之《泉州府志》錄有藏叟善珍的〈九日山詩〉，也就是《藏叟摘稾》裏的〈送客宿九日山〉，[80]證明他們很可能也參考了善珍的《藏叟摘稾》。

問題是，多數這些方志之編修者雖見過元肇或善珍之著作，或甚至寶曇、居簡、大觀、道璨之著作，為何吝於為他們立一篇短傳呢？

77　《阿育王山寺續志》卷 16，頁 894。

78　關於《阿育王山寺續志》所載住持禪師之敘任及其世代順序之紊亂，參看筆者〈南宋五山住持選任考實〉一文（待刊稿）。

79　清·魏峴，《康熙錢塘縣志》（清康熙五十七年刻本）卷 33，頁 12a；卷 36，頁 41b。按：〈大夫去作棟梁材〉一詩作者，說法紛紜，筆者曾為文澄清，已收入近著《靜倚晴窗笑此生——南宋僧淮海元肇的詩禪世界》（臺北：臺灣商務印書館，2013）。

80　《泉州府志》卷 7，頁 6a。

　　總之，從以上之分析看來，宋、元、明較有代表性之僧史、僧傳、禪僧隨筆，地方志及山寺志對六位禪僧的記載或太缺，或太簡，或有詳略之分。除了寶曇之外，大抵上以明代之記載為較詳，多為清代撰修同類史籍者所沿用。遺憾的是，絕大多數的清人作品都無新資料的增補，而六位禪僧所有經歷與活動之記錄幾乎都無繫年；或偶有繫年，亦多紕謬，使其人行事之背景及意義，不彰於史著。它們雖然對理解六僧之活動有些幫助，但畢竟還是不足的。筆者已有著作評述六僧之生平事跡，但覺得須將他們的宗教與文化活動編年，與同時代相關的師友、士人之活動做一橫面與縱深的聯繫，置於社會叢林與士林之脈絡中，以期有助於南宋禪文化發展的理解。

二

　　元代文人揭傒斯（1274-1344）曾說：「佛法入中國，至宋末莫盛於吳越之間。自東漢明帝永平十一年，大教來中土，至南宋理宗嘉熙元年，已得一千七十七年矣。簡公奮響於淨慈，範公揚英於徑山，月公擢穎於靈隱，聞公揭照於育王；靈鷲則愚公建其標，大慈則觀公振其軌，天童則一公抗其旌。簡北磵嗣光拙庵，範無準嗣先破庵，月石溪嗣開掩室，聞偃溪嗣琰浙翁，愚虛堂嗣巖運菴，觀物初嗣簡北磵，一環溪嗣範無準。」[81]

　　揭傒斯所說的幾位禪師，都是南宋叢林中的領袖人物。淨慈的簡公或簡北磵，就是六僧中的北磵居簡或敬叟居簡，其師光拙庵是佛照德光。徑山的範公或範無準就是無準師範，其師先破庵是破庵祖先。靈隱的月公或月石溪是石溪心月，其師開掩室是掩室善開。聞公或聞偃溪是偃溪廣聞，其師琰浙翁就是浙翁如琰。靈鷲的愚公或愚虛堂，指從靈隱出世的虛堂智愚，其師巖運菴即是運菴普巖。大慈的觀公或觀物初，指大慈山寺的物初大觀，其師簡北磵就是北磵居簡。天童一公或一環溪就是住天童的環溪惟一，其師範無準就是無準師範。他們都是大慧

81　揭傒斯，〈佛光禪師塔銘〉，《佛光國師語錄》頁 239b。按：此文不見於《揭傒斯全集》。

與虎丘系的法門龍象，本書的六位主角之兩位就在其中，他們都是文學僧，而其餘都是其宗盟之師友，也多半通外學而擅文辭。

明代的大臣，也是佛教大護法的宋濂（1310-1381）居士，對釋氏之涉獵詩文而作詩文以成書，曾設有「達摩氏西來，其所傳者，心法而已矣，何以詩文為」之問，他的回答溯及諸經毘尼、羯摩律文、法論義疏等等，對他來說無不是「卷軸繁夥，汗牛充棟」之文；而所以能有如此果，都是先人「能文」之所致。至於禪師方面，他認為「近代尊宿如明教之嵩、寶覺之洪、北磵之簡、無文之粲，咸弘宗樹教，作為文辭，其書滿家，殆不可以一、二數也。嗚呼！使無若而人，佛法果能光明俊偉，有若今日否乎？所謂傳心之法，固在於所當急，而一切棄之而弗講，吾未見其可也。」[82]

姑不論宋濂之論辯是否足以說服問者，他所舉的幾位「弘宗樹教，作為文辭」的禪僧中，「明教之嵩、寶覺之洪」分別為明教契嵩（1007-1072）與覺範惠洪（1071-1128），都是北宋佛教史之讀者耳熟能詳之人物。但「北磵之簡、無文之粲」，則知者恐怕不多。閱讀上文或筆者之其他著作，當可知他們是北磵居簡和無文道璨，也是本書的六位禪僧之二。宋濂說這些「作為文辭，其書滿家」的禪僧，不可一、二數也，可見他只是舉四僧為代表。南宋禪僧撰有詩文，裒集成書者還有多人，恐怕宋濂也未必清楚，這很可能是因為他們之作品流傳有限之故。但畢竟他與揭溪斯各舉了筆者所謂六文學僧之兩位，而北磵居簡都在其中。

宋濂之語見於其〈《水雲亭小稿》序〉一文，《水雲亭小稿》是序中所云用堂梗公的詩文集。這位用堂梗公即是元代禪僧元叟行端（1254-1341）之嗣法門人用堂子梗（生卒年不詳），是北宋名儒古靈先生陳襄（1017-1080）之諸孫。他與另一位元叟行端之弟子夢堂曇噩（1285-1373），是宋濂序文中所說的《吳中唱和卷》的作者。宋濂因曾見過夢堂之詩，而未曾見用堂之作，不免好奇，而竟於南

82　宋濂，〈水雲亭小稿序〉，《宋文憲公護法錄》（京都：中文出版社，影印寬文六年刊本，1666）卷 7，頁 3501-2305。按：「而一切棄之而弗講」《四部叢刊》本《宋學士文集》作「而一切棄文而弗講」。

京與用堂會面於護龍河上，得獲其詩文一帙，乃結為友，而有為其作序之舉。他認為用堂「非惟其詩可稱道」，其文亦「深穩平實，而多言外之趣。」[83]

　　元叟行端雖無詩文集傳世，但他的四會語錄含有詩文不少，〈擬寒山子詩四十一首〉最長，可見其用心。文章則多為前輩書帖及詩文之短篇題跋，間有對自己舊作之感觸。其〈題舊作詩後〉云：「余今八十有一，閉門靜坐，日俟無常之至。忽集慶齊萬峰出五十年前舊詩為示，如房琯見夏口甕中之書，張方平見瑯琊梁上之經，真隔世事也。況晦中明、東嶼海、古林茂、商隱予四友皆成古人，無可為太白殘月之配也。」這篇題詞，透露了一個訊息，即是他五十年前、三十歲時就已有詩作，而且與他相唱和的叢林法友都已作古。這些人中，晦中明其人無可考。商隱予之名號如元叟所稱，為橫川如珙（1222-1289）法嗣，與古林清茂（1262-1329）為同門。[84] 東嶼德海（1256-1327）出石林行鞏（1220-1280）門下，而石林與橫川都屬虎丘下松源系滅翁文禮之法孫，與大慧系的元叟行端不同支，但這並不影響他們之結為詩友。如今四人都已成古人，而自己變成了無太白可配之殘月，元叟之傷感，盡在不言中。「太白配殘月」一語，出自韓愈詩〈東方半明〉，原是政治諷喻詩，[85] 元叟以無太白殘月之配，實藉比興之法來譬喻自己的孤老而無詩友了。他在〈祭愚谷〉一文則說「太白殘月，同光共影」，正是因為愚谷元智（1196-1266）等人與他「暮年客土，相依為命」，得以詩文相酬之故。

　　元叟的自題舊作，說明元代禪僧之篤好詩文者仍大有人在。他自己的老師是藏叟善珍，是本書主角六僧之一，有詩文集《藏叟摘藁》一書傳世，周圍也圍繞著不少善作詩文的禪友法眷及文士官宦。上文述及藏叟善珍出妙峰之善法席，與浙翁如琰之法嗣淮海元肇為至交，兩人都好詩文，也都有詩文集傳世。他的詩文顯示所交的禪友法眷也多善詩文，除了元肇之外，還有愚谷元智、雙杉中元、介石智朋、晦巖智照、侃古樵等等。愚谷元智是枯禪自鏡法嗣，屬虎丘系下應庵曇華（1103-1163）、密菴咸傑（1118-1186）之後。雙杉中元是隱靜致柔法嗣，與枯禪自鏡同支。介石智朋與晦巖智照都是浙翁如琰法嗣，為元肇之法兄。侃古樵

83　同前註。宋濂之〈重刻元叟行端四會語錄題詞〉說「子梗字用堂」，是知用堂名子梗。

84　《增集續傳燈錄》卷 1，頁 736a。

85　錢仲聯，《韓昌黎詩繫年集釋》（臺北：河洛圖書出版社，1975）卷 2，頁 118。

則是橘洲寶曇之弟石橋可宣之法子。[86]這些禪僧雖籍里不同，出身相異，但同聲相應，同氣相求，以詩文相提攜，形成一股文學禪的流風，創發一種新的叢林禪文化網絡，形成大觀所謂的「宗盟」，[87]不能說是歷史的偶然，而是有其詩文修養所形成的內在驅策力為其助因的。

這種驅策力，我們可以先從元叟行端的一篇題跋說起。這篇題跋是元叟的〈題藏叟所作偓佺茶湯榜遺稾〉，跋文是這樣的：「四六非古也，魏晉以降，道喪文弊，此作由是興焉。藏叟老人，妙喜三世的骨孫，臨濟命脈所係，駢四儷六，豈其責乎？蓋其天姿英發，早歲家塾間為之；素塾故習，未能頓忘耳。天和首座，得其偓佺茶湯二榜，十襲以為至寶。謂其平生實在於此，誤矣。」[88]雖然是簡單的幾句話，但是透露了元叟個人對文字的看法。首先，因為茶湯榜是四六文，他覺得有必要說明四六文之崛起，是因為魏晉以降的「道喪文弊」，以為藏叟老師作四六文提供其歷史背景。其次他要提醒學者，藏叟師雖作四六文，但他並無意以作四六文為其責，理由很簡單，因為他是大慧宗杲的三世嫡孫，為臨濟宗命脈所繫，任重道遠，不會以此小道而感自足。其三，藏叟老師畢竟還是寫了四六文，但他之所以作實在是因「素塾故習，未能頓忘」之故，只能視為習慣，不能視之為其要務。其四，儘管其文只是不能頓忘之故習所產，為禪徒十席珍藏，但不能誤以為是其平生志業所在。

元叟行端是藏叟善珍之法嗣，所以他的題跋頗有意為藏叟善珍寫四六文的做法做辯護，以免藏叟被誤認為欲以文字說禪。這是因為四六文雖是叢林日用文書寫作的主要文體，[89]但畢竟被認為是文字葛藤，非禪人之正業。不過，以駢四儷六撰寫榜疏，非文學修養深厚不能。藏叟在妙峰之善席下掌書記，有撰寫榜疏等

86　侃古樵生平事跡不詳，《增集續傳燈錄》卷一列其名於石橋可宣之法嗣下。

87　大觀，〈〔祭〕淮海法兄〉，《物初賸語》卷 22，6ab。

88　《元叟行端禪師語錄》（臺北：新文豐出版公司，《卍續藏經》第 124 冊，1975）卷8，頁 67a。

89　關於此點，請參看筆者〈南宋叢林日用文書東傳日本初探〉一文，部分內容已見於筆者〈南宋禪文學的歷史意義〉一文，已刊於剛出版的《東亞視域中的漢文學研究》（上海：上海古籍出版社，2013）。

四六文之責。所以他寫了許多四六文，單是榜疏就有三十八篇，[90]不是故習未能頓忘而偶一為之，而是以根基深厚的「故習」很嚴肅地書寫而成。此外，茶湯榜往往是邀請新住持入寺住院的前置作業，也就是山門疏或薦請疏的前奏。受邀之禪師固然頗為在意，寫作榜文的記室也不能掉以輕心。若能以茶湯榜建立因緣，而繼之以山門疏或薦請疏發請住院，則受薦請之禪師八成會欣然赴任，地方守臣也會樂見其事。北宋仁宗朝大覺懷璉應四明郡守補育王之虛席，九峰鑒韶做緇素勸請疏曰：「鄮嶺特秀，佛祠頗嚴。煙雲蔽虧，金碧煥爛。勝絕若此，宜待乎誰？不然，皓月流空，遇暗即破；至人應世，隨方即居。豈以小奇，汩彼大度？欽惟禪師，道協主上，名落天下，倫葷顯赫，何莫由斯？當念東南以來，吾宗頹圮，縱有扶救之者，如操朽索，御彼奔輪，漸使異徒，坐觀傾覆。禪師聞此，當如之何？良謂道高位崇，理不可免；瀝誠露膽，言不敢文。眾等但加歸投，遐聽其足音耳。」[91]據說大覺懷璉閱罷此疏，「憫其詳切，欣然允從」，而叢林自是靡不謂大覺為九峰一疏而來。南宋名僧曉瑩記錄此事，對九峰之應疏而來，也大表同意地說：「究其所自，豈不然耶？」[92]

九峰鑒韶的薦請疏是四字一句之文，雖不是四六文，與大多數後來禪師所寫的四六文不同，但它的作用，頗受叢林所重視。也因為有此先例，後來的禪師很專注於四六文之撰寫，以至於修橋砌路、鑄鐘造塔及許多日常瑣事，都要以四六文為之，其態度之嚴肅認真，絕不是元叟行端以「素塾故習，未能頓忘」一語來形容藏叟之作所能「文飾」。比較合理的解釋，就是藏叟善珍有一股內在的驅策力在鼓舞他寫作詩文，因為這是他借重一己之長，來協助建構一個綿密的叢林師友網絡之做法。本書的其他五位禪僧也是如此，所以他們能夠超越門戶，以詩文相唱，以禪旨互通，創出禪與文字並行並存的禪文化。即令元叟行端有意為其師辯解，那些貶抑詩文的反對者也會認為他在為師「文飾」，因為他自己也有作詩

90　詳見筆者《文學僧禪叟善珍與南宋末世的禪文化》（臺北：新文豐出版公司，2010）

91　曉瑩，《雲臥紀談》（臺北：新文豐出版公司，《卍續藏經》第 148 冊，1975）卷下，頁 37b。按：曉瑩之引文，恐非其全部，但亦可見其大略意旨。

92　同前註。

文之習，所以雖然以「況乃文章一小技」、「了知是法非文字」等語勸人，[93]自己還是寫了不少詩文。元代文學家黃溍（1277-1357）說他「暇日以餘力施於篇翰，尤精絕古雅」，說明他是位善於詩文之人。而吳山隱士林石田說他「能吟天寶句，不廢嶺南禪」，[94]也證明他的詩禪合一，隨性所之的傾向，大率以為文字不傷於禪，而習以為常罷了。

元叟所題的〈藏叟所作偃谿茶湯榜遺稿〉其實含茶榜與湯榜兩文，只是藏叟所寫的許多四六文遺稿之二，見錄於《藏叟摘稿》中，如今仍可得而見。[95]他的原文之題是〈徑山請偃溪茶湯榜〉，看似為請偃溪至徑山喝茶湯而作。若是如此，依常理說，藏叟應該是徑山的主人。但是他入徑山之時間在偃溪之後，[96]入育王也在偃溪之後。[97]究竟以何種身分請偃溪喝茶湯呢？茲考偃溪離育王之後，還領淨慈及靈隱，從淳熙十一年（1251）至淨慈，寶祐二年移（1254）靈隱，至寶祐四年（1256）領徑山，前後六年，這六年之間，善珍應該是在福州雪峰，怎麼會有〈徑山請偃溪茶湯榜〉之作呢？何況，徑山有當山之住持與書記，為何要身在福州雪峰的藏叟來寫這茶湯榜呢？茲將兩文引錄於下，以考其究竟：

一、茶榜

> 建溪小蒼璧，丹霄經九重殿品題；
> 奚家有孫枝，四葉皆二千人知識。
> 暗中摸索，亦是楊岐種草；
> 世上荒唐，謂無優曇缽花。

93　《元叟行端禪師語錄》（臺北：新文豐出版公司，《卍續藏經》第124冊，1975）卷6，〈示瑰上人〉，頁41b；同卷，〈次晦機和尚韻送悟上人歸徑山〉，頁44a。

94　《元叟行端禪師語錄》卷8，頁69a。

95　參看筆者《文學僧禪叟善珍與南宋末世的禪文化》（臺北：新文豐出版公司，2010）頁216。兩文間應有間隔才是。

96　據《徑山志》，偃溪是徑山第37代住持，而藏叟是第41代住持，雖然世代數目未必正確，但藏叟入徑山時間在偃溪之後應無問題。見《徑山志》卷2，頁196-198；卷3，頁219-222。

97　見上文。

某人

色異眾芳，根非下土。

急雪濯膏油氣，誤虛空鬼蝶之尋香；

疾雷暴粟粒芽，經陰井乖龍之起蟄。

風濤挾聲價，頓喧鳳閣；

茗荈稱弟昆，不敢雁行。

原乃翁夢，便壓倒大兒小兒；

與諸方鬭，豈但贏一水兩水。

看長裾穰穰雲委，鼎沸湖江；

乘滿腋習習風生，徑朝閻闔。

二、湯榜

古龍淵，波是水，水是波，分流萬派；

花木瓜，子生孫，孫生子，滋蔓百年。

大善知識，寧有種乎？

三代禮樂，盡在是矣！

某人

齒尊，益蕃濟北宗命脈；

語妙，可坐天下人舌頭。

醍瑚為毒藥，毒藥為醍瑚，使神醫亦當斂袵；

遠志即小草，小草即遠志，笑羣兒自不知名。

玉函諸寶方，發海藏密傳；

金莖一杯露，待觀堂宣賜。

食薑多損智，寄言新學小生；

擣桂有餘辛，留與他家殘客。

從「建溪小蒼璧」一句來看，可確定善珍是在福州，因蒼璧是「蒼龍璧」之簡稱，宋代「龍團」之別稱，產於建溪，為福建貢茶，故說「丹霄經九重殿品題」。善珍之茶榜顯示他遣人從雪峰送茶至徑山，顯然為的是與偃溪敘宗門之誼，建立師友網絡。因為他與偃溪都出自同系，同為臨濟正傳，都是大慧曾孫（大慧出身寧國奚氏），因有兄弟之誼，自有同氣連枝之必要。但由於偃溪之聲價甚高，名動公卿，善珍雖欲以昆弟之誼贈茶，但是不敢壞雁行之序。他的湯榜顯示偃溪已在徑山，因為龍淵是徑山之堂名，而「玉函」是裝湯藥之具，「金莖」是承露之盤子，兩語並用，又有「寄言」，說明善珍是遣侍者送湯藥至徑山獻給偃溪的。所以善珍之標題，其實是「請徑山偃溪茶湯榜」之意，日僧虎關師鍊（1278-1346）將善珍之湯榜收錄於其《禪儀外文集》裏，而改其名為〈偃溪住徑山〉，顯然依宋人慣例認為是善珍為請偃溪入徑山而作，實是想當然耳之誤。

善珍年紀差偃溪五歲，又與偃溪同屬大慧的曾孫輩，尊他為兄，理所當然，但他表示「不敢雁行」，則是謙抑自下之表現。景定四年，他七十歲時，為七十五歲入寂的偃溪寫了這篇誠摯動人的祭文說：「死至於公，佛法可以言數矣。昔趙州年至一百三十，時南有雪峰焉。典牛年至九十七，時四海有妙喜焉。公之壽既不及二老，又世無雪峰、妙喜使予得見而師之。今東南幅員萬里，欲求類公者，予耳冷未聞其人也。佛法至是寂寥，非數乎？黃河赴海，不足喻予之淚；秋風鳴籟，不足泄予之哀。烏乎！」這時候善珍應該仍在雪峰，尚未入浙領五山育王的法席，雖然他最後奉朝命去了育王和徑山，但是對這位自謙「幸際明時，復遭聖世，五山勅命，臣領其四」[98]的福建侯官大同鄉兄長，他可以說是非常崇仰的。而這位兄長一死，他頓時覺得佛法至此寂寥無人，典型既不存，前途自堪憂了。

佛法寂寥之憂並未影響善珍的詩文寫作，《藏叟摘稾》收錄了他所寫的二十一篇祭文，中有古文，有四言，也有四六；有寫於祭偃溪前者，也有寫於祭偃溪

---

98 偃溪廣聞〈遺表〉，《偃溪廣聞禪師語錄》（臺北：新文豐出版公司，《卍續藏經》第 121 冊，1975）卷末。

之後者。[99]也就是說，善珍寫詩文的驅策力並未停止，因為他視自己為詩狂，而在其〈苔徑〉一詩中如此說：「苔徑長年斷俗蹤，亦無交舊可過從。閒憂頹墮自鉏菜，老尚怪奇惟種松。履破背時翻著襪，詩狂見月亂撞鐘。千年陶謝今誰似？恐有山林不易逢。」[100]這位企盼「千年陶謝」降生的詩狂，是不會輕易放棄寫作詩文的。

其他五位禪僧也大致一樣，他們對詩文也都相當執著，近乎狂熱，在筆者先前的著作都可看得出來。值得特別注意的是，因為他們都透過詩文來建構一個叢林的師友網絡，不但彼此之間常相互動，而且常會結交同一位法友或文士，擴大聯誼，形成「宗盟」。此宗盟之形成軌跡，是本書特別要考述的。遺憾的是，這些盟友間的互動，往往無具體年月可稽；蓋文獻不足徵，雖欲深入探賾鉤沈，但所得相當有限，欲達巨細靡遺之目標，實為奢想。以下以兩例說明，實只能見其一斑而不能窺其全豹。

善珍與大觀相交，彼此都自有其宗盟之友，其中，還不乏僧史、僧傳中之稀見者。譬如，侃古樵就是一例。據善珍說，他嘉定期間（1208-1224）就與侃古樵志同道合，一唱十和。這時他還年輕，在十五歲至三十一歲之間，而侃古樵已經是壯年，所以他在七十歲以後所寫的〈祭侃古樵塔〉說：「嘉定之間，公壯我少。意氣盡同，豈但同調。眾誇蠅聲，而出蚓竅。一唱十和，撫掌稱妙。」[101]侃古樵的生平事跡不詳，僧史幾乎全無記載。但他顯然頗有詩名，與多位同輩和晚輩的禪僧有交往，還留下了詩卷。所以在善珍晚年所寫的〈題侃古樵詩卷〉一詩說：「死別日益遠，年衰夢亦無。忽開舊詩卷，淚洒白髭鬚。」這應該是他在離雪峰後所寫，因其〈祭侃古樵塔〉說「龍鍾出嶺」，而此詩說「死別日益遠」，可見是在育王或徑山時，遠離鄉里懷念至友的感慨。可惜侃古樵之詩卷早已失傳，讓我們無從了解他的詩是如何令善珍「淚洒白髭鬚」的。

---

99 因為都無紀年，多半很難斷定是何時所寫。不過〈祭愚谷〉一文應該是寫於〈祭倔溪〉之後，因為其「暮年客土，相依為命」之句，應該是指七十歲以後住育王及徑山，兩人同在客土之時。

100 善珍，〈苔徑〉，《藏叟摘稾》卷 13a。

101 善珍，〈祭侃古樵塔〉，《藏叟摘稾》卷下，頁 44a。

　　這位善珍視為長輩的侃古樵，僧史僅說他是石橋可宣的法嗣，但未提供傳略；所以在僧史裏他是曇花一現而有名無傳的人物。[102]不過，石橋可宣是寶曇之弟，所以侃古樵與寶曇有伯侄之關係。[103]他也與善珍為同輩，都是大慧下三世；既可說是善珍的法兄，也是物初大觀的法兄。大觀有〈古樵住蔣山山門疏〉及〈古樵住慧日山門疏——與老人交承〉兩疏，說明他曾住金陵蔣山，並繼居簡之後住平江慧日寺。[104]前疏有「定中側耳，副制闑金湯遴選」之句，說明是江南東路安撫制置使建康知府的召命。後疏有「既丹山文采難藏，從偃里波瀾便闊」之聯，顯示大觀在稱讚他的文采。此疏與一般山門疏不同，僅僅標榜受請者的為人，而不及於其才幹。我們獲得的印象是他是位語默深藏的禪師，在大觀之眼中，是「有若無，實若虛，時推魁楚；苦而腴，端而曼，語帶煙霞」的長者。

　　大觀與侃古樵顯然交情相當深厚，他的祭侃古樵文，可以約略看出他對這位同輩兄長經歷的認識。其文甚長，足以顯示大觀寫此文之用心。[105]撇開其讚美之語不談，我們可以從首數句「石橋之門，龍象餘幾？孰世其家，云古樵耳」等語，確定侃古樵不僅是石橋可宣之法嗣，而且是僅有或者是最優秀的衣缽傳人。而次數句「授受親密，波瀾演迤；有所不用，用之必偉。東西諳歷，文經武緯；百聽不作，作之必美」，說明他不但有經理寺院之才，而且經驗豐富，文采斐然。「琴川何麓，井井綱紀；鳳臺鍾阜，金陵再至。上栢披榛，金碧錯峙；五處提持〔？〕，燁燁煒煒」等句，則是描述他在常熟、金陵、上栢等地，共計五處寺院住持過；而且在上栢時還曾披荊斬棘，幻起金碧輝煌的堂院樓閣。[106]「緊予孤陋，忝聯昆季；敲磕宗猷，琢磨道誼」諸句，表示他有幸與侃古樵為昆季，能夠時時向他請益磋磨。「患也予卹，惰也予起；日勝日貧，入泥入水。江湖相忘，各徇緣徙；

102　《增集續傳燈錄》卷1，頁792b。

103　寶曇，〈石橋記〉有「吾弟可宣住山五年」之語。《橘洲文集》卷5，頁96b。

104　大觀之〈古樵住蔣山山門疏〉及〈古樵住慧日山門疏——與老人交承〉分別見《物初賸語》卷19，頁11ab；卷18，頁3b-4a。大觀疏題中的「老人」是其師北礀老人居簡。

105　大觀，〈古樵〉，《物初賸語》卷21，頁14ab。

106　按：「上栢」不詳何處，疑是湖州武康之上栢山。明·《嘉靖武康縣志》有「上栢埠」之記載，謂「在縣南一十八里，柏山之上游，故名。」是否即此？

愛我念我，續續尺鯉」則說常常受到古樵的體恤照顧，鼓勵精進。雖然各自為生活奔走，跡近相忘於江湖，但他還是殷切關念，不斷寄書問候。「尚記脩門，合簪碧址。雪夜擎燈，暖爐紫几；對壘忘倦，笑語亹亹。一別兩年，影落海涘；訃音轉聞，杳隔千里」是說他還記得兩人曾在杭州城門及四明的碧址會面的情況。[107]雪夜裏提著燈，在暖爐旁的小桌上對壘奕棋。那時總是笑語不斷，樂不忘倦。不想一別兩年，古樵竟已作古，而自己在千里外鄞東臨海的育王寺，訃聞輾轉了許久才傳到手中。這些回顧，可以看出大觀與侃古樵間的長期交往與深厚之關係。遺憾的是，他們雖通尺素，《物初賸語》中竟無一首與侃古樵唱和之詩，也未提及他的詩卷。其「宗盟」關係形成之軌跡，就根本無法追記。

他們的另一位宗盟之友是愚谷元智。愚谷元智之身分及他與善珍之關係，筆者已在他處詳述，此處不多贅。在叢林中，愚谷元智號稱智愚谷，竹溪林希逸為他寫塔銘，說他「原生薛氏家，世為長溪儒家廉村薛補闕之後。年十四治書，筆穎出，非其所好，出家邑之清潭。二十受具。道貌充然，識踐兼美；淳涵愈富，退歛若虛；和而有容，犯亦不校，其所造詣未易涯涘。」[108]長溪屬福州，可見他與善珍都是閩人，兩人不僅有同鄉之誼，而且為法眷、詩友，關係至為密切。元智之詩作幾無流傳，他與善珍之間的酬答詩，反映於善珍的〈次愚谷遊北山韻〉、〈寄智愚谷〉及〈歲晚寄愚谷〉等詩。[109]後者的「想君夜夢到西陵」一句，表現了善珍的思友心情。

由於愚谷與善珍為好友，所以善珍也參與了推舉愚谷到泉州法石寺任住持之「公舉」會議。他為愚谷所寫的兩篇四六榜疏，對愚谷推崇備至。其中〈法石請愚谷諸禪山門疏〉稱讚愚谷是「高僧若鳳麟，為覺苑緇林之祥瑞。」[110]他又在其

---

107 按：「脩門」泛指杭州城門。「碧址」疑為四明鄞縣月湖的碧沚亭，為史彌遠所建，後改名碧沚庵。大觀是鄞縣人，晚年又回四明育王寺任住持，碧沚庵可能是他去育王之前的兩年與侃古樵晤面之處，因為下文說「一別兩年，影落海涘」，「海涘」應是泛指育王，因為在鄞縣東，為靠海之山故以「海涘」形容。

108 林希逸，〈鼓山愚谷佛慧禪師塔銘〉，《竹溪鬳齋十一稿續集》（臺北：臺灣商務印書館，影印文淵閣《四庫全書》本，1983-1986）卷21，頁19a-20b。

109 《藏叟摘稿》卷上，頁31a、27a、14b。

110 善珍，〈法石請愚谷諸禪山門疏〉，《藏叟摘稿》卷下，頁65b-66a。

〈跋趙大監請愚谷住法石書後〉一文中說:「法石二十年間,主僧更代不一,類非本色,寺日入於壞。前守趙大監一日集諸禪主首曰:『法石壞於暗封久矣,欲革斯弊,非得江湖名衲子不可。』某等退而舉三人,愚谷元智其一也。時愚谷謝事常之芙蓉,居靈隱為第一座,有聲叢林間。守焚香,拈得之,且詢其出處,喜甚,亟馳書招致。寺僧咸謂泉取浙二千里餘,如費何?某諭之曰:『昔以暗封,今以公舉,計道路費,視暗封不能十之一,何患焉?』愚谷至,眾果悅服。未二年,百廢具舉。連師〔帥〕端明史公以西禪虛席,招之。將行,出大監書鋟梓,令某書其後。某謂:「此書有關吾教,數十年後,當有好事者收入野錄,亦一段佳話也。」[111]這段文字說明善珍與愚谷交往之深,對他非常信服。竹溪林希逸說他「道貌充然,識踐兼美;渟涵愈富,退歛若虛;和而有容,犯亦不校,其所造詣未易涯涘。」[112]不是沒有原因的。而善珍在其〈祭愚谷〉一文中,追述兩人「莫年客土,相依為命;太白殘月,同光共影」之關係,真是意長旨遠;而其哀痛難抑,老淚縱橫之情景,非有兄弟骨肉般之親密關係,一般是不太可能的。[113]

　　大觀與愚谷之關係雖乏文獻可徵,但仍可由大觀所寫的〈和愚谷山居詩序〉一文看出端倪。此文之內容顯示愚谷先有山居詩之作,諸衲和之成卷,請大觀作序。大觀之序文曰:「宅山林,樂深眇,先哲莫不然。非獨善其身、超然於經世者之所能也。塊石枕頭,無心收涕,風葉擁跌,檂谷成陰,固言以察之,則為彼為此,莫得而掩。觀愚谷山居五解,前車之覆可知矣。諸衲一倚其聲,噫!後車又將覆耶?崖雲嶠月,嵌谷邃竇,詠歌而樂之,豈與夫掐擢胃腎,旬鍛月鍊者,同日而語哉!」[114]我們不敢確定大觀是否為「諸衲」中之一衲,但此卷和詩既然由他作序,很可能他也是唱和作者之一。文中所謂「前車之覆」、「後車又將覆」云云,似是就愚谷詩及「諸衲」之和詩而言。果真如此,大觀是以禪者慣用的「正言若反」的語式來肯定此唱和卷的價值,因為愚谷不至於用「掐擢胃腎,旬鍛月

111　善珍,〈跋趙大監請愚谷住法石書後〉,《藏叟摘稾》卷下,頁 16a。按:「連師」當為「建帥」之誤。

112　林希逸,〈鼓山愚谷佛慧禪師塔銘〉,《竹溪鬳齋十一稿續集》卷 21,頁 19a-20b。

113　善珍,〈祭愚谷〉,《藏叟摘稾》卷下,頁 85a。

114　大觀,〈和愚谷山居詩序〉,《物初賸語》卷 13,頁 7b。

鍊」的工夫去寫其山居詩。他的山居詩雖未流傳，但我們可以從他僅傳的山居偈看出其詩之特色。其偈云：「栗色伽黎千百結，倚松捫腹看雲飛。有人問我雲山趣，向道春深笋蕨肥。」[115]這是相當口語、即興、自然而無斧鑿痕之歌詠，完全沒有「旬鍛月鍊」之跡。我們可以說，大觀他對愚谷山居詩及其唱和之作的評價是正面的，因爲他與愚谷是同一類人物啊。

愚谷元智也是道璨之友，而且關係甚深，可從道璨回寄愚谷而寫的〈〔與〕智愚谷〔書〕〉看出。他在書中先說他離饒州薦福寺入廬山開先寺後，與在閩之愚谷愈離愈遠，而且在山深林密之中，入閩也非常不便，所以也就不再寄書信問候。雖然如此，他也說：「然心苟不相忘，何以書爲？」[116]但是接到愚谷之書札，他還是「大過所望」，而且見到「和尚道行南方，固足慰南方學者之望；然令行吳越，猶天下學者之望也。」[117]觀道璨之之覆書所謂「某病且甚，不應復游人間，挾病而游，亦迫於甚不得已。三山之陽，有愚谷、有藏叟，今乃復著不腆之人…。」[118]顯示愚谷有請道璨入閩之意，其爲道璨之友當不在話下。

除了愚谷之外，大觀與道璨還有不少盟友。譬如安危峰、勝叟宗定和康南翁即是例子。這兩位禪僧之名都不見於僧傳、僧史及燈史，較大觀和道璨更爲僧傳、僧史及燈史作者所忽略。他們雖然是相當活躍的禪師，在南宋叢林也頗知名，但可能都因早亡，故事跡都無所傳，若非大觀與道璨之記載，大概就會湮沒而永遠無聞於世了。

大觀的〈徑山會安危峰〉一詩，約略可給我們認識安危峰之身分與行事。其詩甚長，但爲與安危峰相關的少數記載之一，值得全部迻錄下來：

去彼取此誰爲公，和而不同道乃通。末流結交趨詐僞，不揆諸理唯面從。
攝儀救過顯克爾，陰排陽昵非由衷。遂令友道弊若是，豈聞無初能有終？

115　《增集續傳燈錄》卷三，頁 790b。按：「雲山趣」或作「居山趣」，見《續燈存稿》卷 3，頁 70a。

116　道璨，〈〔與〕智愚谷〔書〕〉，《無文印》卷 20，頁 7b。

117　同前註。

118　同前註。

憶於檇李識君日，旅次館穀俱蓮宮。紫芝英英際眉宇，正論廩廩交譚鋒。
了無城府動表裡，方寸之小含大空。惜哉傾蓋異浮俗，開口一笑還西東。
君倍象龍日驤奮，我尋閴寂藏疎慵。果然高義薄雲漢，尺書首寄林間鴻。
去年幸脫海嶼歎，腰包踽踽隨蜚蓬。羯來五峰亦何喜，喜與直諒相磨礱。
蝌龍湫碧延煮茗，卓虯徑蘚皆攜筇。陰風怒號厓石裂，陽春忽換巖花紅。
曉窗入雲迷濛傾，晴巖眺雪驚巄嵸。灼知所養日益勝，百摧不折神逾充。
等閒發語便雋永，笑彼刻劂徒為工。閒提古人未到處，出奇展拓聊從容。
各是所非非所是，使隆者下下者隆。耕于陳言誠畫餅，雜以沈掉幾捕風。
二邊透脫餘事耳，伊誰赤手先屠龍。俗交如醴不足道，得士可以強吾宗。
孰云我輩相鑿枘，不同之中有大同。[119]

這首詩雖有些字不明，但意思大致非常清楚。大觀不但說明他與安危峰在檇李（今
浙江嘉興）初識，而且對他甚為尊重，把他比作唐代智勇兼備的賢人元德秀
（695-754），有「紫芝眉宇」般的粹美的英風，視其言論更是正氣凜凜，富有風
采。他也是位沒有城府，但胸襟廣闊的人。大觀說當安危峰像龍馬奔騰的時候，
自己卻尋找閴寂之處懶散地度日。但是他畢竟是位義薄雲漢的高義之士，一旦頭
角崢嶸，立即鴻雁傳書，不忘故人。凡此種種，都足以說明安危峰不是位等閒的
禪師，是大觀認為可以「強吾宗」的好友。大觀或許與他不出於同門同宗，是不
會有傳言所謂的圓鑿方枘之可能，因為他們雖有所不同，但不同之中卻有「大同」
啊！

　　我們雖然不知道大觀所謂不同之中的「大同」是什麼，但他們之間有一很明
顯的「大同」即是兩人都是文學僧。與大觀一樣，安危峰亦有詩文集《自成集》
傳於一時，此集早已失傳，但大觀曾得其書，並為之作序。他在序中是這麼說的：

119　大觀，〈徑山會安危峰〉，《物初賸語》卷 1，頁 13a-14a。按：「鑿枘」原誤刻為
　　「鑿柄」；「耕于」原誤刻為「耕千」。

公輸子以巧名天下，為千萬世梓匠者法，有欲學之，彼不過曰：「審爾視聽，謹爾尺度，材之鋸細也適用，斲之方圓也適宜。至於怡然受，油然悟，則在學者。」區區負笈，林林參尋，孰非學佛祖之士哉？師法既嚴，憲章既具，然曹溪一宿，鼇山半夜，雖三令五申，弗能使之若此。三瀘安危峰，擇地依人，卓犖志操。方宴晦時，有舌若瘖，孰能淺深之？與之別數年，復會於五峰，而危峰已表襮叢林為偉士。遊戲著述，人多傳之。伽陀蛻玄妙，佛世善提撕。文敏而肆，詣婉而清，同歸於未始有。言非飡採蹈襲，束於一曲者之言也。謂非有得可乎哉？題曰：『自成』，祖黃太史題峨眉白之語，抑見其不自多於水。若夫巖頭所謂一一從自己胸襟流出，蓋天蓋地，則危峰之作，其全潮之一漚乎！」[120]

由於安危峰之生平與事迹不見於僧傳、僧史及燈史，大觀對他的描述就特別重要。大觀稱他「三瀘安危峰」，可見他出身瀘州。瀘州在宋時屬潼川府路，在蜀地，所以是蜀人。安危峰是他法號的簡稱。大觀之序文說他初識安危峰時，只見他沈默寡言，像瘖啞之人，無法測其深淺。但與他別後數年，會於徑山五峰時，[121]他已經有聲叢林，名重四方，其文敏而肆，詩婉而清，詩文已流傳，且偈頌之語玄妙，於佛事亦頗闡揚之。大觀頗重之，尤其對其以《自成集》名其詩文集，而以「不自多於水」之意自謙，更加欽佩。[122]總之大觀以巖頭所謂「一一從自己胸襟流出，蓋天蓋地」，來形容安危峰詩文之渾然天成，可以大鳴大放，對他的評價是很高的。[123]

---

120 大觀，〈安危峰自成集序〉，《物初賸語》卷 13，頁 7ab。

121 五峰在徑山，即是〈徑山會安危峰〉一詩裡的五峰，非筆者在《一味禪與江湖詩》中所說之湖北五峰。

122 關於此點，見筆者《一味禪與江湖詩》第四章。

123 按：巖頭之語係對雪峰義存（822-907）說，根據《雪峰義存禪師語錄》，巖頭之語原為：「他日若欲撥揚大教，一一從自己胸襟流出，將來與我蓋天蓋地去。」見《雪峰義存禪師語錄》（臺北：新文豐出版公司，《卍續藏經》第 119 冊，1975）卷上，頁 945a。

　　大觀與安危峰交情甚篤，常依慣例於春暄驚蟄，杭州南北山茶農採茶之時，芒屩躡雲，與茶農相與從事，同作共息。與他們同去者，還有江右「禪林偉士」勤慵衲（生卒年不詳）。息肩弛擔之時，往往班荊對壘，亹亹談笑，「舉溈仰撼樹話，互相酬詰，忽不知叢之空，日之夕也。」[124]他們的酬詰談論，在採茶完工後，經左綿權上人寫成摘茶酬唱一軸，留下了宗門好友互相提撕的記錄，堪稱禪林一段佳話。他們「舉溈仰撼樹話」，正是對禪宗的一段「摘茶」公案的即景回顧。[125]三人因摘茶而以摘茶公案相酬詰，當是論體用之義，可以說是詩中有禪，禪中有詩。至於江右「禪林偉士」勤慵衲，是大觀至交，是某詩人浮清一老之子，早即有志於道，雖捨吟而禪，正是與安危峰一類，在大觀眼中不相鑿枘，而於不同之中有大同的禪友。[126]

　　由於兩人之關係甚密，安危峰死後，大觀為文挽祭，文中描繪安危峰為出類拔萃之禪者。其文曰：

> 三瀘有一士，乖乖崖崖，磊磊落落，屹然中立，確乎不拔。以他人之安為己之危，他人之危為己之安。方其拔萃五峰，嶄然見頭角，或言為半夜有力者負之而趨，所謂乖乖崖崖，磊磊落落者，今安在哉？聞者一辭嗟悼。既而遙山雲歛，排闥送青，一笑而言曰：「危峰未嘗亡也，嗟悼之辭，不其贅乎？」[127]

此序文說安危峰頗不同流俗，有點違眾而不利物之傾向。但他光明磊落，剛毅不拔，難以動搖，故能於徑山五峰出類拔萃。至於說他「以他人之安為己之危，他

124　大觀，〈摘茶頌卷序〉，《物初賸語》卷 13，頁 13b-14a。

125　按：據說唐名禪潭州溈山靈祐禪師（771-853），普請摘茶，謂其門人仰山慧寂（807-883）曰：「終日摘茶，只聞子聲，不見子形，請現本形相見。」仰山聽後立即撼茶樹。靈祐云：「子只得其用，不得其體。」仰山云：「未審和尚如何？」靈祐思之良久未答。仰山遂云：「和尚只得其體，不得其用。」靈祐乃說：「放子二十棒。」《景德傳燈錄》（臺北：新文豐出版公司，《大正藏》第 51 冊，1983），頁 265a。

126　大觀，〈浮清詩序〉，《物初賸語》卷 13，頁 12ab。

127　大觀，〈危峰挽章序〉，《物初賸語》卷 13，頁 10ab。

人之危為己之安」。大觀之意，應是安危峰常以別人之安為自己之危，以別人之危為己之安，有居安思危，轉危為安之想法。而他竟於嶄露頭角之時，遽然示寂，故聞之者皆為之嗟悼。不過，眾人皆知其精神恆與大家同在，故在短暫的嗟悼之後，立見遠山雲霧斂，排門送青而入，令人展顏一笑，而言安危峰未曾亡故，雖死猶生。以上都足以顯示大觀欽佩安危峰之為人，故為文挽之，以發其隱德。

　　道璨是大觀之友，雖然比他年輕，但是兩人深相投契，皆善詩文，所以大觀出主明州大慈寺之江湖勸請疏，就是道璨所寫；疏中還說：「昔佛祖之道大，學而後知；自離言說之論行，置而不問。孰知酥酪，初無異致；譬猶江漢，均是朝宗。若非同臭味之人，難以議聖賢之事。」[128]說明兩人都主張禪教不分，無須離言說禪，可謂同臭如蘭，聲氣相應。所以大觀之友也多為道璨之友。不過，由於兩人之間，並未見有酬唱之詩流傳，無法確知他們交游之究竟。雖然如此，安危峰既死，道璨也跟大觀一樣，為文作祭。其文四字一句，情見乎詞，約略可窺兩人之關係匪淺：

> 仰止凌霄，多士如牆。兄於其間，捷出橫翔。
> 挺特自將，豪放自許。白眼自橫，清貧自處。
> 紛紛交道，如馬牛風。睽觀等視，僅有危峰。
> 豈無它人，狎比親昵。彼疆此界，自為區域。
> 相彼三瀘，宅西北隅。風寒不毛，有此人歟。
> 訃音東來，初疑是夢。載問載詢，失聲悲慟。
> 我慟伊何，非愛與私。為朋友慟，非君而誰？
> 曰壽與才，天不并授。得隴望蜀，鬼見失笑。
> 歷觀古人，鮮不若茲。狰獰危峰，又烏足悲？[129]

128　道璨，〈江湖勸請觀物初住大慈疏〉，《無文印》卷11，頁4ab。

129　道璨，〈祭安危峰〉，《無文印》卷12，頁9b。按：「捷出橫翔」語出蘇軾〈上劉侍讀書〉之「執五寸之翰，書方尺之簡，而列于大夫之上，橫翔捷出，冠壓百吏」一段。

觀此祭文，可知道璨兄事安危峰，而認為在徑山濟濟多士之中，他格外俊逸特出，超拔於群。道璨對他非常敬重，稱他善於自守，豪放自許，雖然旁人以白眼相對，他也不以為忤；過著清貧的生活，而處之泰然。道璨自謂跟他相交的人甚多，但多視他為風馬牛不相及之人，唯有安危峰以同等之地位對待他。這倒也不是因為他人不與他相親近，不過多少與他有畛域疆界之分罷了。安危峰是巴蜀三瀘人，住西北一隅；風寒不毛之地，竟有像他這種高士。一旦訃音東傳，道璨原以為是夢境之事，後來多方詢問，才知道是事實，不禁失聲悲慟。他為安危峰悲慟，實非因偏愛安危峰，而是因為安危峰就是經常為朋友慟哭的人。道璨似是說他以安危峰之為人做榜樣，為他慟哭，並為他的才與壽難齊而深深慨嘆。不過，他也認為古往今來高才之士，多半如此，而卓越如安危峰之早夭，又有何可悲的呢？話雖如此，道璨畢竟寫了來祭文表達他痛失好友安危峰的心情，兩人之交情可見一斑。

再談大觀、道璨與定勝叟的關係。定勝叟是勝叟宗定（生卒年不詳）的叢林稱號，北磵居簡曾作〈勝叟銘——潼川定首座〉解釋其法號之由來。[130]而「潼川定首座」也明示他是蜀潼川人，與居簡為同鄉。他與安危峰一樣，雖然名聞叢林，但僧傳、僧史和燈史都無相關資訊，禪僧筆記及語錄也僅有一鱗半爪的記載。倘大觀與道璨之著作不提及其人，我們對他將是毫無所知。根據極零星的記載及大觀的敘述看，勝叟曾在癡絕道沖門下，有「如擊石、扚石」的表現，頗出人頭地。後在金陵蔣山太平興國禪寺掌書記，之後依北磵居簡於琴川，則「玲瓏厥聲，又非復鍾阜可比」，[131]顯示他聲華更著。由於勝叟曾在癡絕門下，又曾住明州興善寺，故癡絕有〈示宗定書記（前住明州興善）〉之法語贈他。[132]他在跟隨居簡之後，就與大觀為同門師兄弟，交情甚厚，屢有詩文唱和。可以從大觀答勝叟的索

130　〈勝叟銘——潼川定首座〉，《北磵集》卷6，頁10ab。

131　大觀，〈定勝叟文集序〉，《物初賸語》卷13，頁7ab。

132　《癡絕道沖語錄》（臺北：新文豐出版公司，《卍續藏經》第121冊，1975）卷下，頁550ab。

茶、筍詩及其答勝叟為所畫之秋虫小卷索題之詩,窺見一斑。[133]出世之後,他被明州守遴選至昌邑主持興善寺,不及百日而逝,年方逾五十。死後,北磵聞其訃至,上堂為作小參,稱他為「興善定勝叟」,並謂:「海雲空,海天闊,書不來,信不達。既是解道,本來無一物,因甚不得它衣鉢?」[134]

勝叟不僅善於寫詩、作畫,而且還關心禪史,「嘗以吾宗之史廢缺不續為己憂,與夫前人紀載舛遺,有補空刪冗之志。」[135]大觀對他評價甚高,視他為「能文者」中足以「假文以明宗者」,可與道璨並列。[136]說他「假文以明宗」,是因為他有意寫禪史,但壯志未酬,英年早逝。大觀深惜之,雖認為「假以數年,當於吾宗有所論著。」[137]但不幸天不假年。當時的叢林對這位早逝之英才甚為惋惜,所以他散失於叢林的詩文,經其法眷通禪人之苦心蒐羅,終於裒集成書,稱《定勝叟文集》。根據《枯崖漫錄》之作序者北山紹隆之說,石溪心月閑居太白時,「欲刻仲宣孚、非庵光、艮巖沂、勝叟定諸人舊作。及捧黃住山,酬應不韻亦不果。枯崖當搜抉其遺,繼繼彙集,俾五燈之後,復見一燈光明燭天下。」[138]是可以見勝叟是有文集和禪史流傳一時的。可惜此兩書都早失傳,已無人知之矣。

大觀曾作〈勝叟送章弟序〉一文,其文略謂:「興善勝叟訃至後十日,傴翁弟自太白來,未脫屨便嘆勝叟可惜。解裝出叟所為送行序,恍然琴川安居落筆敏風雨之時也。其曰:『盡昇之道勖吾傴也!』至矣!或曰:『叟出世甫百日亡,把茅從之乎?』僉云矯偽飾貪,柄眾睢盱者矗矗,造物者又何寬假?若此士,行己如行川,盈科而後進,泊然回淵,海湛天碧,豈惟把茅之不能崇,亦生死之不

133　大觀,〈戲次勝叟索茶筍韻〉,《物初賸語》卷 7,頁 3b;〈定勝叟索題秋虫小卷〉,
　　　《物初賸語》卷 16,頁 3b-4a。詳見筆者《一味禪與江湖詩》第四章。

134　《北磵居簡禪師語錄》(臺北:新文豐出版公司,《卍續藏經》第 121 冊,1975),
　　　頁 148a。

135　同前註。

136　大觀,〈定勝叟文集序〉,《物初賸語》卷 13,頁 7ab。詳見《一味禪與江湖詩》
　　　第四章。

137　同前註。

138　《枯崖漫錄》序。

能累也。叟不死者；存，必笑余之多言。」[139]文中所說的偲翁章弟是大觀的同門師弟，與他年紀相若，兩人交情甚篤。[140]偲翁因曾受勝叟之鼎力相助，對他的早逝也嘆惋不已。不過，大觀認為勝叟能盈科而進，又知泊然回淵，心胸寬闊，不為生死所累，所以他及偲翁的惋惜，對勝叟來說都是多餘的，可以說是知音之言。

大觀視勝叟與道璨為同列，則道璨與勝叟必相熟。他曾在為絕岸可霜寫的〈絕岸銘〉的序文說：「以靜觀動，道在其中。滄海橫流，斷岸壁立，蓋觀者有取焉。天台湘絕岸既謁序於故人定勝叟，游四明日，又屬銘於璨，後四年來徑山乃克銘。」[141]可見勝叟是他的「故人」。而他與勝叟相識實在癡絕道沖之座下，所以說：「自蜀學盛行於天下，蜀士之明秀膚敏者，袂屬而南。前輩長者予不及多見，頃於癡絕老人會中，得有四人焉，曰沂民巖、迂廉谷、定勝叟、遠無外，蓋所謂明秀膚敏者。無何，民巖死，勝叟又死，予哭之哀。…」[142]所謂「癡絕老人會中」，應該是淳祐九年癡絕在徑山的時候，因為道璨是在當時跟隨癡絕的，自然也與定勝叟等四人相交。

士人與這些禪師建立「盟友」關係的例子就更多了，欲詳考其互動之軌跡，也非易事。其居官而在高位或主持方面者，生平事跡稍詳於史書，或可追蹤禪僧與他們之交游軌跡，但官卑職小，生平事跡不詳於史著者，就很難查考他們與禪師互動的年月。而這些士人，往往是與禪師關係最深者。今僅舉兩個不同典型的例子來說明，以概其餘。其一是願意與禪師做法喜之遊，但仍保留儒家文士之信念與分際，而不事佛崇法者。此類代表人物為馮去非。元肇、大觀及六僧中最晚生的道璨都與他有深交，且都視之為前輩，尊其儒者身分，敬其為人與涵養。其二是擁護佛法及禪宗，願以名禪為師而熱心切磨禪法之文士，此類代表人物為張良臣。叢林一般禪僧都深知其人，不僅待之為善知識，而且視之為法門中人。這

139　大觀，〈勝叟送章弟序〉，《物初賸語》卷 15，頁 2a。

140　大觀，〈送章弟序〉，《物初賸語》卷 11，頁 6ab。

141　道璨，〈絕岸銘並序〉，《無文印》卷 6，頁 7a。

142　道璨，〈送靈源叟歸蜀序〉，《無文印》卷 8，頁 8b-9a。

兩位文士,官僅正九品之宗諭和正七、八品的左藏,[143]筆者都已在近著中討論過,此處再稍作補充。

馮去非(1188-?)字可遷,號深居,南康都昌人,淳祐元年(1241)進士。他深於易學,頗有儒名。又長於詩文,是江湖詩派的領袖人物之一;學徒甚多,門弟子中不乏禪僧。因為曾於寶祐年間任過宗子學諭,又任過太常寺簿,故叢林常以宗諭或常簿稱之,有時也稱其號。[144]馮去非以不畏權勢,敢抗聲直言,知名於南宋。當丁大全(1191-1263)於理宗寶祐六年(1256)陞參知政事時,馮去非遂以言罷歸隱廬山,不復再仕。[145]

元肇有〈寄馮深居〉一首云:「人世還如客路同,可堪垂老尚飄蓬;舊年兩向吳中見,今日相思白下東。烏鵲橋邊望明月,鳳凰台上詠秋風。滿題紅葉隨流去,惆悵高才命不通。」(《淮海挐音》卷上)詩中表示他在吳中與馮去非見了兩次,對他有無盡的相思,而且對他的高才無命深致感慨,其他禪僧也常表達他們共同的感覺。元肇還有〈憶馮宗諭〉一詩云:「去歲無辜出帝鄉,石頭城下水雲長。鳳凰台上多今古,李白題詩恐斷腸。」(《淮海挐音》卷下)對他的去官深感「無辜」,並視他為鳳凰台上題了千古名詩的李白之化身。

大觀也與馮去非頗有往來,他的〈送馮深居赴會稽宰〉也對他沈於下僚深表遺憾,但有鼓勵他待時而出之意味。詩云:「濟時有策待前籌,小試銘絃未足酬。為治要依彭澤樣,登山先憶子長遊。雲埋禹穴書全闕,蘚蝕秦碑字半留。入境問民應自喜,稻花香氣滿平疇。」[146]此詩引用若干與會稽相關之掌故,包括陶潛曾為會稽彭澤縣令,為治貴簡,不私事上官之操守、司馬遷南遊江淮,上會稽,探

---

143 按:左藏即左藏庫使,管受納四方財賦收入,以供中央與地方經費開支及文武官吏軍兵奉祿與賜賚等。品位不詳,但可能在六品以下。

144 譬如,無文道璨及物初大觀都稱他馮宗諭或馮常簿,見筆者《一味禪與江湖詩》及《無文印的迷思與解讀》。

145 《宋史》卷 425,頁 12677;《宋詩記事》卷 66,頁 4a。按:馮去非之生年,《宋人傳記資料索引》說是 1192,但以文珦「馮深居長余二十三歲」之語推算,應是 1188 年。其卒時,年已八十餘。關於馮去非的禪門弟子,參看筆者《一味禪與江湖詩》及《無文印的迷思與解讀》。

146 《物初賸語》,卷 5,頁 2a。按原本誤刻「穴」為「宂」,茲改正。

禹穴，終成成名山事業之創舉、秦始皇巡天下至會稽時所留下的刻石碑等之故事，表示深知會稽掌故的新任縣令馮去非，必能見賢思齊，鑑古知今，用他的高才正氣，入境問俗，與民同喜同樂，共享田間之稻花香氣。

　　道璨與馮去非之交誼更厚，兩人是大同鄉，為忘年交，故道璨常稱之為「老先生」，時時表達跟隨從遊之意。道璨府上的「柳塘書院」之銘文，即是馮去非所寫，可見他與道璨之家庭頗有淵源。[147]他與馮去非常通書信，其〈深居馮宗諭〉一通，是寫於拜訪馮去非之後，故有「匆匆稟違，冒五、六月大熱，行二千里脩途，兼旬方抵鄱陽」之語。[148]又有「大化更張，僉謂鴻筆麗藻宜在北門、西掖間，何乃尚退託於寬閒廣莫〔漠〕之地」之問，可見是聽說馮去非罷官歸廬山而寫。[149]道璨在千里拜訪馮去非之後，「兩領賜翰」，見其書「眷存之意甚備」，知馮去非對他青眼有加，頗覺受寵若驚，因而在信中自謙說：「某挾奇疾游人間，非狂則愚。可規也，而頌之，恐非老先生教法成人之造，亦非某所敢望於老先生者。」[150]後來聞馮去非罷官，不憂反喜，認為正是天意讓他在陸游（1125-1210）、范成大（1126-1193）之後，主盟詩壇，所以說「少緩趨班，大肆其力於長歌短行，發越湖山顏色，天意無乃在是歟？」又表示「恨不得朝夕從游，竊窺藩籬以進其所未至；蓋天之所以與我者，止於如是而已，非於老先生無文字緣也。」[151]他還寫了一首長詩，向馮去非求寺記，請寺僧攜見馮去非。詩中描述薦福寺旁之地為惡人所佔，因朝廷之助，失而復得而重新整建之情況。由於寺之恢復頗為不易，道璨覺得非有如椽之筆的馮去非來記其始末不能傳之久遠。寺記既成，道璨又請他為薦福寺之重建寫序。薦福寺在道璨四年住持任內的辛苦經營之下，恢復舊觀，由他最心儀的作者來鋪陳其事，對他來說是最具深意的。

147　道璨，〈深居馮宗諭〉，《無文印》卷 15，頁 2ab。「柳塘書院」可能是道璨父親陶躍之所立私塾之名。

148　道璨，〈深居馮宗諭〉，《無文印》卷 15，頁 2ab。

149　按：「北門」、「西掖」都是朝廷重地，前者為翰林院所在，後者為中書省所在。

150　道璨，〈深居馮宗諭〉，《無文印》卷 15，頁 2ab。

151　同前註。

　　道璨與馮去非超出尋常的交情，可以用杜甫的「人生交契無老少，論心何必先同調」一句來形容。[152]也因如此，馮去非死後，他寫了一首相當動人的悼念詩，描寫這位長輩詩人之遭際，顯示他是位慷慨好友、不因貧而困，卻因詩文而富的可敬之士：

> 泛宅江湖上，蕭蕭兩鬢皤。秖知衣可典，不厭客來多。
> 文富家安有，名高實若何。身前身後事，令我起悲歌。[153]

對高才命薄的馮去非之身後，道璨的悲歌是對一位知己的悲歌，不但是他對文友、法友情深義重的一貫表現，也是這幾位禪僧為人共有的特徵。我們可以看出，他們與馮去非間之交游，是詩文道義之交，雖然不是法門中人，但是位心胸寬闊，海納百川的學人，而非崖岸自高、保守封閉的儒家衛道主義者。

　　張良臣（1163 年進士）是另一種典型，他字武子，號雪窗居士，是四明人。從魏杞、史浩游二十餘年。他在隆興間與樓鑰為同年，兩人交情甚佳。樓鑰述其生平，有云：「武子〔張良臣〕拱人也，父避地南來，往返明、越，遂家於明。隆興初，與予為同年。」又說他「人物高勝，筆力可畏。…閒居好與諸禪遊，佛日、宏智皆入其室。」[154]因為困於青衫，樂於簞瓢，官僅止於左藏，故叢林以張左藏稱之。當時人的印象是他時時芒鞵藤杖，與高僧逸人往來蓮社間，不以仕宦為意，而閉門讀書，室中無一物，憑案開卷，終日凝然。性雖嗜詩，耽於苦吟，但未嘗輕作，或終歲無一語，而所作必絕人，有《雪窗集》傳世。[155]元人戴表元（1244-1310）說：「雪窗先生張武子，諱良臣，自洪〔拱〕徙鄞，高才博學，妙為詩；為吾鄉渡江以來詩祖。凡後生操觚弄翰而有事於篇什者，未有不出其門者

152　此句出杜甫，〈徒步歸行〉，《杜詩詳註》（臺北：里仁書局，1980）卷 5，頁 386。
153　道璨，〈哭馮常簿深居〉，《無文印》卷 2，頁 8ab。
154　樓鑰，〈書張武子詩集後〉，《攻媿集》卷 70，頁 14b-16a。
155　周必大，〈張良臣雪窗集序〉，《文忠集》卷 54，頁 14b-15b。樓鑰，〈書張武子詩集後〉，《攻媿集》卷 70，頁 16a-18b。

也。」[156]可見其詩之影響力。張良臣論詩，謂當有「悟入處」，故樓鑰以為其詩「清麗粹潔，上參古作，旁出入禪門，寄興高遠；遽讀之，或不易了，而中有理窟。」[157]很明顯地，張良臣不但與禪僧游，而且其詩都富有禪意。如樓鑰所書他的禪友中，有大慧宗杲和宏智正覺。此外還有大慧之徒子徒孫，包括寶曇和居簡。

張良臣是寶曇的知音，他仕途不達，又不善治生，不為歲晚計，過著簞食瓢飲的生活，至於「妻孥至不免饑寒」，[158]但仍樂於周濟寶曇；饑則食之，寒而衣之，噓寒問暖，不計旁人之譏嘲，寶曇為之感念不已，作〈送張漢卿左藏〉一詩謝之，詩中云：「我饑寒欲死，甘露扶繒纊。目視飛鴻卑，未易蒙此睨。西風束書至，闔戶問亡恙。吾事公所知，它人雜嘲謗。」[159]其弟張堯臣，字以道，亦以詩名，與約齋張鎡（1153-1235）酬唱甚勤，《南湖集》可見不少張鎡次韻張以道之詩。[160]兄弟二人都是孝宗朝宰相史浩的朋友，[161]也是張鎡的詩友。史浩本未見張鎡之《南湖集》，因「鄰友張以道東歸惠然寄示」而得以披閱。[162]因為寶曇是史浩的禪客，張氏兄弟與寶曇相識而有詩唱和當是很自然之事。寶曇的〈答張以道〉一詩說：「阿兄書到梁，盡歲室懸磬。公無苦詩窮，我固待天定。扶持共竹語，寂寞掃花逕。須公說江湖，小雨狎鷗暝。蒔橘數百本，卜居東南崗。足書又足食，千里魚相忘。功名丈夫事，步武青雲鄉。綠髮早歸來，釣絲理滄浪。」[163]此詩除描述兩人作詩的情況之外，還提到自己種橘卜居，足書足食，閒適自在的生活。他的〈題張以道現庵新成〉說：「春風窗戶雨初乾，恰愛南湖一鏡寬。倒

156　元・戴表元，〈題徐可與詩卷〉，《剡源文集》卷 18，頁 3b。

157　樓鑰，〈書張武子詩集後〉，《攻媿集》卷 70，頁 15b。

158　同前註。

159　寶曇，〈送張漢卿左藏〉，《橘洲文集》卷 1，頁 67ab。

160　譬如，〈早飯菴中次張以道韻〉、〈次張以道韻〉、〈次韻答張以道茶谷閒步〉、〈庚戌歲旦次張以道韻〉、〈以道次韻因再和二首〉等等，分別見《南湖集》卷 4，頁 3；卷 1，頁 20b-21a、21b-22a；卷 5，頁 1a、19b。

161　史浩有〈次韻張漢卿夢庵十八詠〉及〈次韻張漢卿〉〈又次韻漢卿〉〈次韻漢卿謾賦〉及〈次韻戲酬張以道〉、〈走筆次韻張以道〉，都是與張氏兄弟唱和之作，見《鄮峰真隱漫錄》卷 4，頁 8ab；卷 2，頁 15ab。

162　史浩，〈題《南湖集》十二卷後〉，《南湖集》卷 10，頁 23a。

163　寶曇，〈答張以道〉，《橘洲文集》卷 2，頁 74b。

影絕憐飛觀近,鳴榔不入莫濤寒。吾伊聲斷聞鷗下,舴艋舟輕喚客難。題作現庵真現否,憑公為問約齋看。」[164]則是描寫張以道「現庵」之落成及其環境,還提及約齋張鎡。細味兩詩,可以看出寶曇與張良臣、堯臣兄弟及張鎡都是交情甚厚的詩友。

張良臣跟居簡之關係也很特殊,他們之間雖無唱和之記錄,但居簡曾作〈跋臥雲樓詩〉一文,表示張良臣曾於其府上出示其詩集求跋,他在客窗燈下讀完此集,為之驚歎不已,遂題曰:「晚唐之作武盡美矣,李杜韓柳際天濤瀾,注於五字七字,不滲涓滴,鏗鈞畏佳,盡掩眾作。或曰晚唐日新,唐風日不競,莫不謹而咻之。淳熙初,四明張武子續遺響,數十年間相應酬者,較奇薦麗,眠昔無愧。今出新篇逾百,客窗夜爇,昏花為之落幕;清警特殊絕,其尤者,吾不得而形容。退之〈招楊之罘〉云:『之罘南山來,文字得我驚。』今得新篇,不覺毛髮嚟痒。」[165]依此跋文看,張良臣數十年與人酬唱之詩集亦以「臥雲樓」為名,或者這只是其詩集的初名,其中當不乏與禪僧唱和之作。這冊詩集,後來大觀也曾披讀過,他還寫了一篇跋文,頗讚揚其匠意與鍊字:「中興文章人物,不減東都。雪竇振奇於作者間,用心獨苦。其匠意定體,如公輸之繩墨;其琢句鍊字,如玉人之璠璵。人願交之而不能,乃能周旋於宏智、自得二甘露門,而得受用。今觀此詩,有『未了此宗人白首』之句,亦可見矣。」[166]大觀是居簡的弟子,或許也因其師之關係得識張良臣並讀其詩。此跋文中述及張良臣周旋於宏智正覺與自得慧暉師徒間,及其「未了此宗人白首」之句,不外是指明他雖得「二甘露門」之教,但還歎未能深悟禪宗而已滿頭白髮了。元禪史家熙仲還說張良臣少時曾被宏智正覺收養。因為他原是大梁人,[167]少時父母挈之南來,遂住鄞縣。但二親俱喪,宏智

---

164 寶曇,〈題張以道現庵新成〉,《橘洲文集》卷4,頁85b。

165 居簡,〈跋臥雲樓詩〉,《北磵集》卷7,頁30b-31a。按:〈韓愈、孟郊鬥雞聯句〉有句云:「磔毛各嚟痒,怒癭爭碨磊。」當是居簡用語之來源。

166 大觀,〈跋張雪窗詩〉,《物初賸語》卷16,頁11b-12a。

167 按:張良臣之先世,說法不一,或說是「拱人」,或說是「關中人」,或說是「大梁人」,而熙仲說是「沔人」。袁桷在其《清容居士文集》稱他「大梁張武子」,茲暫採其說。

正覺收育而訓之，名登仕版。宏智沒後，良臣拜龕陳偈云：「每憶竟陵江水碧，重來南岳白雲深。話頭舉著渾依舊，松竹哀涼自古今。」[168]此事不見其他記載，未必可信。偈中有「重來南岳」之句，熙仲認爲是引唐陸羽（733-804）棄於竟陵江爲南岳思大和尙收養成長後而身達名顯之故事。其實，南岳慧思（515-577）早於陸羽有一百五十年以上之時間，自然不會有收養陸羽之事。竟陵江在湖北天門市，據說收養他的是竟陵龍蓋寺住持僧智積禪師。[169]張良臣若真作此偈，應是將鄞縣比作竟陵，天童比作南岳。或是他正遊竟陵，聞宏智示寂而作，竟把收養陸羽的智積禪師誤記成南岳慧思了。不管如何，張良臣是禪林所公認的善知識，與他交往的禪師不少。藏叟善珍的弟子元叟行端曾作〈跋宏智石窗自得張漢卿諸老墨跡〉，證明張良臣確曾與宏智、自得等禪師來往。其跋文曰：「據曲彔木，以鐵爐步自冒者，求一剛正如石窗，已不可得，況古淡如自得者乎？求一古淡如自得，已不可得，況典瞻麗密，光明俊偉如隰州古佛者乎？宗門號稱本色，尚皆看不上眼，副墨之子，洛誦之孫，求一軒豁磊落，深信吾法，如雪窗張左藏，何異鑽冰索火，壓沙討油哉！焚香三復，令人心意朗然。回視今諸方作望塵態於形勢之途者，何其陋耶。」[170]元叟行端出生較晚，自然沒見過張良臣，但他說雪窗張左藏「深信吾法」，反映了張良臣與大慧及宏智子孫交游「而得受用」之經歷，也認可了他爲法門中人之事實。

　　馮去非與張良臣都非名公巨卿，生平事跡史無詳述，他們雖與諸禪師頗有交往，但其互動之軌跡，基本上無年月可考，本書雖欲以年月繫之，亦感乏力。同樣地，多位文名和詩名籍甚而事跡不彰者，雖與禪師爲厚交而常相過從，但其互動年月也不可考。除此之外，南宋宗室王孫與六位禪師詩文相酬者甚多，而這些宗室王孫亦多信佛喜禪悅者，可惜其生平行事多不見於記載，雖可藉六僧之詩文

168　《歷朝釋氏資鑑》卷11，頁251b。

169　按：《唐才子傳》云：「陸羽，字鴻漸，不知所生。初竟陵禪師智積得嬰兒於水濱，育爲弟子。及長，恥從削髮，以易自筮，得『蹇之漸』曰：『鴻漸于陸，其羽可用爲儀，以爲姓名。』」見《唐才子傳》卷8，頁5ab。《新唐書》陸羽傳只說他是「復州竟陵人，不知所生。或言有僧得諸水濱畜之。」見《新唐書》卷196，頁5611。

170　《元叟行端禪師語錄》卷8，頁62b。

集鉤稽出一些事實，但其互動之時間實難考釋，欲繫以年月亦非易事，只能勉力為之，期無缺漏罷了。

　　元叟行端的〈跋宏智石窗自得張漢卿諸老墨跡〉和類似的題跋是其語錄中親撰文字的重要部分。六僧也寫類似的題跋，形成其詩文集及語錄文字的重要文類之一。與他們所寫的各體詩及唱和之作一樣，他們題跋的對象也含文士、法友和前輩禪僧及其文集、詩集、語錄及書畫。其中禪僧語錄雖未必完全，但大都存在，題跋的時間雖多不可考，但可依語錄完成的時間推算年月之大概。詩文集多半不傳或已經遺失，其詩文的寫作時間及題跋的年月可考者非常有限。耆宿的墨寶，多已不見於中土，但有部分因流傳日本而至今仍被保留而珍藏者。然而，其題跋既無年月，墨寶的產生時間也多無記錄，造成繫年之困難。這些都是筆者在撰寫此書所感到無力之處，雖是無法避免之障礙，但筆者還是盡量設法克服，可繫年之詩文則繫之，不可則割愛或存疑之。重要的是，六僧各自所寫的詩文及個人的行事，經統合紀年之後，許多分離的叢林事件，都顯示出其相互牽連之關係，而不少早已湮沒無聞的故事也出現了特有的意義，使本書確實兼顧到共時性（synchronic）與歷時性（diachronic）的歷史紀年之論述目標。

南宋六僧紀年錄本文

壹、編例

一、 本紀年錄以橘洲寶曇、北磵居簡、淮海元肇、藏叟善珍、物初大觀、無文道璨等六禪僧之詩文、行實及相涉之禪僧、官宦、士人之交游與互動為主軸。是共時性（synchronic）與歷時性（diachronic）歷史事件的統合紀年與論述。

二、 六僧之行事，若月日甚明，依時間之先後條列於前。若月日不詳，依人物長幼之序敘述於後，其他相關禪僧、士庶之行事，及叢林掌故亦然。

三、 六僧雖都是大慧系，但虎丘系之禪師及圓悟其他分支之法嗣，甚至洞宗宏智正覺以下法嗣，往往見於其著作中，與六位禪師之經歷，或直接或間接相關涉，其行事及與士人之互動亦兼錄之。

四、 主要資料來源為不同版本之六僧詩文集：寶曇《橘洲文集》，含十卷本及四卷本；居簡詩文集，含四庫本《北磵集》、五山本及清抄本《北磵文集》、清抄本及五山本《居簡詩集》、五山本《北磵和尚外集》；善珍詩文集《藏叟摘稾》之元祿十一年刻本及五山時期寫本；大觀《物初賸語》之五山本；道璨《無文印》之清抄本及五山本，并四庫本《柳塘外集》。

五、 除六僧詩文集外，並參校宋元明清各朝僧史、僧傳、語錄、年譜、佛寺志及禪僧札記，並與士人詩文集、方志、地理書等相互考訂，補其不足，正其謬誤。凡有編年敘事失序及紕謬者，均於按語中釐正說明。

六、 六僧之外，凡同時代禪僧亦為詩僧或文學僧者，其詩文、偈頌亦擇要選錄，著重於詩文、序跋之能顯示官吏、士、僧之交遊互動者為主。皇帝及親王召見禪師，擇其相關者記之。

七、 本書分成五卷，以寶曇、居簡、元肇、大觀及道璨之生年為各卷之始，以便

於查閱。善珍之生年與元肇較接近,不另闢一卷。紀年以寶曇出生前兩年之建炎元年為始,而以景炎二年善珍示寂之年為終。

八、 徵引古籍,以宋元著作為主,只列卷數於引文後,不列頁碼。未註明卷數者,皆僅有一卷。兩卷者以卷上、下註明,三卷者以卷上、中、下註明,超過三卷者,以數字註明。宋元以後古籍,除非於宋元記載有所增補,不另徵引。

九、 徵引當代書籍,皆置於註腳,皆列頁碼,有卷數者亦列卷數。凡以某某「和尚語錄」為名者,一律改為某某「禪師語錄」譬如,《松源崇岳禪師語錄》。

十、 本書除各朝年代雖以西歷紀元外,月、日仍用中曆,未換算成西曆。

十一、本書亦擇錄佛典相關之序跋,以見士大夫與佛教之互動。除有關禪宗典籍之序跋外,亦偶擇錄與華嚴、天台、淨土相關者。

十二、本書除標出六僧及直接、間接相關人物之生卒年外,並按其事跡先後,記其年歲。六僧首現時,以道號法名稱之,隨後或稱道號、或稱法名,依禪籍慣例和個人喜好選擇。

貳、本文

卷一、高宗建炎元年（1127）至孝宗隆興元年（1163）

高宗建炎元年丁未（1127）

◆ 十月十八日，宏智正覺就東林禪寺開堂（《宏智正覺禪師語錄》卷一）。

◆ 六僧中橘洲寶曇（1129-1197）之祖圓悟克勤（1063-1135）因宰相李綱（1083-1140）之表奏，住金山（《佛祖歷代通載》卷一九、二〇）。適高宗駕幸維陽，圓悟於十一月六日，在鎮江浮玉山受箚子召赴行朝。至十七日，朝見登對，遂奉勅住南康軍（今江西）雲居山真如院（《圓悟佛果克勤禪師語錄》卷六）。

高宗建炎二年戊申（1128）

◆ 正月，隆興府泐潭闍提惟照禪師卒，年四十五（《嘉泰普燈錄》卷五）。闍提惟照禪師是芙蓉道楷弟子，是道楷以為能「紹隆吾宗」者，出世後曾入三祖山，宣和四年壬寅，詔補圓通，棄去。復居泐潭，叢林號稱照闍提。是年正月卒。據說陸游之父陸宰（1088-1148）任淮西提舉常平日，曾至舒州之三祖山，所謂山谷者也。長老照闍提者適外出，陸宰留頌壁間曰：「芙蓉已入雙林寂，山谷今傳佛祖衣。千里客來何所遇，夜堂人靜雨霏霏。」惟照歸，作四頌和答。其一曰：「芙蓉已入雙林寂，掛角羚羊無氣息。立關撥轉異中來，借問時人何處覓。」其二曰：「山谷今傳佛祖衣，一回拈起一回疑。豐干饒舌可知也，引得寒山不肯歸。」其三曰：「千里客來何所遇，一念超然無去住。全身放下火中蓮，誰能更為無生路。」其四曰：「夜堂人靜雨霏霏，潤澤枯焦總不知。堪笑當年淨名老，對文殊語恰如癡。」（《家世舊聞》卷下）

◆ 五月，寂音惠洪示寂於同安，壽五十八，太尉郭天民奏賜椹服并「寶覺圓明」之號（《嘉泰普燈錄》卷七）。[1]

◆ 六月十三日，宏智正覺入江州能仁禪寺。數月後，自能仁謝事游雲居，時圓悟住山，會長蘆虛席，大眾必欲得師，圓悟與安定郡王趙令衿（生卒年不詳）力勉之，於九月十五日，入真州長蘆崇福禪寺（《宏智正覺禪師語錄》卷一）。按：趙令衿，字表之，號超然居士，襲安定郡王爵。《嘉泰普燈錄》（卷二三）說他「任南康，政成事簡」，但不詳是何等職位。《叢林盛事》說他「因事謫江西」，疑是因忤秦檜而被謫江西南康。《嘉泰普燈錄》又說他「多與禪衲遊，公堂間為摩詰丈室。適圓悟禪師奉旨來居甌阜，公欣然就其鑪錘，悟不少假。」又說他在紹興庚三十年冬，曾與內翰汪藻、參政李邴、侍郎曾開，同詣徑山謁大慧宗杲（1089-1163）禪師。但大慧年譜說是年大慧作祭超然居士表之文（《大慧普覺禪師年譜》），則入見大慧之時間應在初冬或稍早。

◆ 是年，史浩結婚，年二十三歲。後為寶曇之重要外護（見下文）。

高宗建炎三年己酉（1129）

◆ 橘洲寶曇出生，一歲。
按：寶曇，蜀之嘉定府龍游符文人。其自撰〈龕銘〉說：「幼始知學，從先生授五經，習為章句。自少多病，父母許以出家，遂投本郡德山院僧。」（《橘洲文集》卷一〇）

◆ 元日，圓悟克勤禪師在雲居，嘗曰：「隱士王梵志頌，『城外土饅頭，餡草在城裏。每人喫一箇，莫嫌沒滋味。』而黃魯直謂：『己且為土饅頭，當使誰食之？』由是東坡為易其後兩句：『預先著酒澆，使教有滋味。』然王梵

---

1 按：「椹服」，紫衣也。

志作前頌，殊有意思，但語差背，而東坡革後句，終未盡餘興。今足成四韻，不唯警世，亦以自警。『城外土饅頭，餡草在城裏。著群哭相送，入在土皮裏。次第作餡草，相送無窮已。以茲警世人，莫開眼瞌睡。』圜悟遂手寫以遺一書記，乃住萬年號村僧者是也。」（《雲臥紀談》卷一）是年，大慧宗杲在雲居山任首座（《大慧普覺禪師年譜》）。

◆ 春，三月三日文殊導禪師遇害，壽七十二歲（《僧寶正續傳》卷三）。無垢居士張九成（1092-1159）跋文殊導禪師法語曰：「夫愛生畏死，人之常情。惟至人悟其本不生，雖生而無所愛；達其未嘗滅，雖死而無所畏。故能臨死生禍患之際，而不移其所守。師其人乎！以師道德節義，足以教化叢林，垂範後世。」（《禪林寶訓》卷四）
按：文殊導禪師，宋《嘉泰普燈錄》（卷一六）、《僧寶正續傳》（卷三）及明代之《續傳燈錄》（卷二九），皆作文殊心道禪師。明代之《禪林寶訓音義》（卷一）、清代之《禪林寶訓合註》（卷四）及《禪林寶訓順硃》（卷四），皆作文殊正道禪師。明代之《補續高僧傳》（卷一〇）、《禪林寶訓音義》（卷一）作文殊正導禪師。茲從宋代的《禪林寶訓》。

◆ 四月旦，鄧州香嚴倚松如璧禪師（按：即饒節，1065-1129）書偈遺眾，無疾而逝，士庶致祭不輟。五月旦，奉全身塔于白崖之下，世壽六十五（《嘉泰普燈錄》卷一二）。
按：「如璧禪師，撫州臨川人。族饒氏，舊名節，字德操。業儒起家，自妙齡飽於學，優於才；工於搜抉，高於志節，深為人所知。然連蹇場屋不第，後走京師，以詩文鳴上庠，故一時名士皆與之遊。丞相曾布（1036-1107）聞其名，延為上客。」（《嘉泰普燈錄》卷一二）所撰詩詞集為《倚松集》，蓋號倚松道人也。《郡齋讀書志》錄《饒德操集》一卷，題曰：「右皇朝饒節，字德操，曾布之客也。性剛峻，晚與布論不合，因弃去，祝髮為浮屠，在襄漢間，聲望甚重。」（《郡齋讀書志》卷四下）。其友呂居仁（即呂本中，1084-1145）云：「饒德操與予家數相遇，相親如骨肉也。」又云：「自

為僧之後，詩更高妙，殆不可及。」可見如璧與呂居仁關係甚深。他曾作〈次韻答呂居仁〉，勸其專意學道曰：「向來相許濟時功，大似頻伽餉遠空。我已定交木上座，君猶求舊管城公。文章不療百年老，世事能排兩頰紅。好貸夜窗三十刻，胡牀跌坐究幡風。」（《紫微詩話》；《雲臥紀談》卷中）[2]其〈山居雜頌七首〉之四為《雲臥紀談》（卷下）所引，分別為：「禪堂茶退卷殘經，竹杖芒鞵信腳行。山盡路回人迹絕，竹雞時作兩三聲。」「石楠子熟雪微乾，曾向人家畫裏看。覿面似君君未領，問君何處有遮闌？」「幾被儒冠誤此身，偶然隨分作閑人。二時齋粥隨堂飽，長短高低一任君。」「律師持律笑禪寂，禪客參禪笑律拘。禪律二途俱不學，幾箇男兒是丈夫？」[3]都見於今存《倚松詩集》（卷二），唯若干字不同。許顗在《彥周詩話》說：「饒德操為僧，號倚松道人，名曰如璧。作詩有句法，苦學副其才情，不愧前輩。」觀其山居詩，可略窺其詩才。又按《墨莊漫錄》（卷五），「僧如璧〔璧〕，乃江西進士饒節次子也。少年嘗授書於曾子宣，論新法非是不合，乃祝髮更名。尤長於詩，嘗住數刹，士大夫多與之游。後改字德操。」其說誤饒節與如璧為父子兩人，不知何故？或說饒節與魏了翁（1178-1237）交游（《名公法喜志》卷四），實誤。因饒節是年卒時，魏了翁尚未出生。其實，「了翁」指陳瓘（1057-1124）。瓘字瑩中，號了翁，故有此誤。《梁溪漫志》〈二儒為僧〉條說：「近世儒者絕意聲利，飄然游方之外者有二人焉：饒節，字德操，臨川人，以文章著名。曾子宣丞相禮為上客，陳了翁諸公皆與之遊（《梁溪漫志》卷九）曾子宣即曾布（1036-1107），陳了翁即陳瓘。陳瓘曾有偈寄饒節云：「舊知饒措大，今日璧頭陀。為問安心法，禪儒較幾何？」

2 　按：「向來相許濟時功」一句，《雲臥紀談》作「向來浪說濟時功」。「兩頰紅」，《瀛奎律髓》作「雙頰紅」。見方回，《瀛奎律髓》卷47，頁76b。

3 　按：「茶退」，《雲臥紀談》作「茶散」；「隨堂飽」，《雲臥紀談》作「隨緣飽」；「禪寂」，《雲臥紀談》作「禪虛」。前三首為〈山居雜頌七首〉之第三、二、一首，順序與《雲臥紀談》所錄相反。第四首為〈山居雜頌七首〉之第六首。見《倚松詩集》卷2，頁37a-38a。又按：饒節原有《倚松集》十四卷，今僅存二卷。

（《雲臥紀談》卷下）雖意在揶揄，但末句實為宋代學者常有之問。饒節與下文之祖可，皆江西詩派詩人。[4]

◆ 秋，宏智正覺渡江至明州，欲泛海禮補陀觀音，道由天童山之景德寺。寺適闕主者，眾見師來，密以告郡。宏智微聞即遁去，大眾圍繞，通夕不得行，不得已而受請。未幾，虜人侵犯境內，諸寺皆謝遣雲游，師獨來者不拒。或以為不可，師喻之曰：「明日寇至，寺將一空。即今幸其尚為我有，可不與眾共之乎？」已而寇至，登塔嶺以望，若有所見，遂斂兵而退，秋毫無所犯，人皆歡服，以為神助（《宏智禪師廣錄》卷九，王伯庠撰〈勅諡宏智禪師行業記〉）。

按：「虜人」原文誤作「膚人」，當係誤植。南宋僧道融在其《叢林盛事》說：「建炎間，避虜，一笠過東浙，抵天童。適主者退席，師自舟中破曉入山，恰是天明時節。見松逕蕭森，月蒙烟靄，忽省向來夢中之句。及歸旦過，雖不言名字，而兄弟已有識者，曰：『此乃長蘆長老也，胡為至此？』密報主事，主事即申使府。府喜不自勝，蓋夜夢神人報云：『天童主人乃隰州古佛也。』即出帖，差官至旦過請之。師堅不肯，乃被旦過兄弟硬舁歸方丈。一住三十年，洞上之宗由茲大振。」另一南宋僧曇秀在其《人天寶鑑》（卷下）說：「宏智覺禪師，隰州人。未遊方時，預夢天童之境。嘗紀之曰：『松徑森森窈窕門，到時微月正黃昏。』建炎間謝事長蘆，訪真歇寶陀巖。及到天童，宛如昔夢。尋為州府敦請住山，師固辭，後為衲子肩至法坐，由是黽勉而受，居山三十年。」《佛祖歷代通載》（卷二〇）述其事云：「建炎三年，渡浙江至明州禮補陀，道由天童。適其闕主，眾見師來，密白郡帥。始辭而後從。未幾虜人犯境，僧徒迸散，公獨遲其來。虜至，登嶺以望，若有所見，遂斂兵而退。」

◆ 八月二十一日，杭州上天竺惠覺法師齊璧（1071-1129）入寂，壽五十九。石

4　參看黃啟方教授著《黃庭堅與江西詩派論集》，頁 345-351。

林葉夢得（1077-1148）銘其塔。略曰：「余政和初，葬先君於辨山，求方外士與之遊，得二人：體真大師思恭與師也。蓋其為人，警悟通敏，得於天資，妙達禪那；不役名相，出入孔老，更發其言。每正席，環座數百人，其辭如車下坂、水建瓴，不可捕詰。而性甚和，與物接，未嘗見喜慍色。」（《重編諸天傳》卷末；《釋門正統》卷六）

按：葉夢得與多位禪師游，見下文。

◆ 閏八月，圓悟克勤退雲居（《大慧普覺禪師年譜》）。明年歸蜀，太師王伯紹迎居昭覺，遂住成都昭覺寺（《僧寶正續傳》卷五；《佛祖歷代通載》卷二〇）。[5]

按：王伯紹身分不明，疑是建炎四年帥成都的王似（？-1135），他於建炎四年二月以徽猷閣直學士、知慶陽府兼陝西制置使知成都，於是年六月薨於治所。[6]應是知成都後招圓悟入居昭覺。王安中（1076-1134）有〈一落索——送王伯紹帥慶〉，「慶」即是指慶州或慶陽府，可推知王似與王伯紹為同一人，伯紹或為其字。

◆ 李綱作〈清湘西山寺無量壽塔〉詩云：「黃花翠竹真如性，大地山河清淨身。欲識今時無量壽，不知瞻禮是何人？」冬至後四日，又作〈冬至後四日脩供羅漢巖，因訪丹霞木老，成四絕句〉及〈葉夢得授龍圖同遊丹霞見和四絕句，再次前韻〉，時年四十七（《梁溪集》卷二三）。[7]

◆ 晁說之（1059-1129）卒，年七十一歲。

按：晁說之尚佛，關心淨土、禪、和天台教，與多位僧徒交游，尤喜天台教，傾心從事天台明智中立（1046-1114）。詩中可見其讀經、禪悅、欲為僧之意。譬如以下諸詩可見一斑：〈即事〉一詩有「拋盡圖書避俗塵，楞伽讀罷與誰

5　《僧寶正續傳》誤「太師」為「大師」。

6　李之亮，《宋川陝大郡守臣易替考》，頁24。

7　趙效宣，《李綱年譜長編》，頁131。

親」之句（《景迂生集》卷八）；[8]〈不眠〉一詩有：「孤客危冠不得眠，清燈古像共安禪」之句（《景迂生集》卷九）；〈避地〉一詩有「久欲為僧避世喧，況當寰海正飛飈」之句（《景迂生集》卷九）；〈致仕後寄白蓮然公〉一詩上半云：「僧衣換却朝衣盡，知悔知非恐不任。磬韻應憐持課罷，香銷當識坐禪深。」（《景迂生集》卷八）

◆ 李光五十二歲，是年二月二十五日，其四子孟珍生，一歲，為李光與繼配管氏所生。李光之子李孟傳與寶曇為方外游（見下文）。

高宗建炎四年庚戌（1130）

◆ 寶曇二歲。

◆ 二月三日，高宗車駕幸永嘉，有旨以林靈素故居為資福院，擇主之者。丞相呂頤浩以法師圓辯道琛應詔（《佛祖統紀》卷一六、四七）。
按：《佛祖統紀》（卷四七）說高宗幸永嘉於建炎四年二月乙亥（三日），又說建炎三年，但不繫月日（卷一六）。《釋門正統》（卷七）亦云：「三年，車駕幸永嘉，有旨以林靈素故居為資福院，擇主之者。呂丞相以〔圓辯道琛〕師應詔，改創之。」茲考《建炎以來朝野雜記甲集》，高宗於建炎「三年二月，渡江幸杭州。四月，進幸江寧。閏八月，復幸臨安。十二月，自明州幸海。四年正月，幸溫州。四月進幸越州。」[9]可見四年正月至四月間在溫州。

◆ 二月望日，慈受懷深（1077-1132）作〈擬寒山詩〉二十首（《慈受懷深禪師廣錄》卷三），復作序一篇，時年五十四歲。
按：序文不見於《慈受懷深禪師廣錄》，而見於《吳都法乘》（卷二二）。

8　按：同詩《嵩山文集》（卷八）作「避虜塵」。
9　李心傳，《建炎以來朝野雜記》（北京：中華書局點校本，2000）卷1，頁27。

◆ 十月，真歇清了禪師（1090-1151）客天封寺，受福唐雪峯請，十一月入院（《真歇清了禪師語錄》，〈塔銘〉）。

◆ 虎丘紹隆（1077-1136）從平江彰教移至虎丘雲巖禪寺（《嘉泰普燈錄》卷一四；《虎丘紹隆禪師語錄》，〈塔銘〉）。

◆ 史浩二十五歲。

高宗紹興元年辛亥（1131）

◆ 寶曇三歲。

◆ 六月十八日，李綱作〈南安巖均慶禪院轉輪藏記〉。八月五日，又作〈邵武軍泰寧縣瑞光巖丹霞禪院記〉，時年四十九歲。文中有云：「宣和初，余以左史論事，謫官沙陽。殿撰羅公方里，居相從甚厚，稱道師不容口，因寓書以偈頌相往來。迨建炎末，蒙恩歸自海上來居泰寧，始與師相識，嘗訪於巖間，為留宿，賦詩而後返。」（《梁溪集》卷一三三）是年，還作〈興國璨老浴室新成以伽陀見示，戲成三絕句〉、〈許崧老三友篇贈珪老〉、〈周元仲來自湖外，傳示崧老贈東林珪三友篇，讀之慨然，因次其韻〉等詩（《梁溪集》卷二八）。〈許崧老三友篇贈珪老〉有句云：「翛然竹林下，乃有幽人存。神交跡兩忘，高風嫋孤旛。慰我念友心，方外得所敦。空寂湛禪悅，中有詩清溫。」〈周元仲來自湖外〉有句云：「粲粲襄陵翁，大嶽九世孫。文章老益奇，於道見本原。」依閩人鄧肅（1091-1132）所作之〈太平興國堂頭璨公語錄〔序〕〉看，李綱詩題之「興國璨老」，即是「璨公」，亦即隱山了璨禪師，叢林號稱璨隱山。璨隱山得法於楊岐系的蔣山惠懃（1059-1117），語錄見於《續古尊宿語要》卷二。鄧肅和李綱為忘年交，[10]兩人都從了璨遊，故為其語錄作序。序中云：「其作字、吟詩，皆得遊戲三昧，而未嘗作意也。

---

10 王兆鵬，《鄧肅年譜》，在《兩宋詞人叢考》，頁243。

大丞相李公嘗訪師於栖雲，悅之，許為具眼人。遂結看經社，世人因以多師。嗚呼！師豈止具眼看經而巳耶。」所云「大丞相李公」，即是李綱。又云：「佛菩薩語流布人間凡五千四十八卷，而一祖西來，直指心源，不立文字，若佛若祖，孰少孰多，曰教曰禪，若此殊軌；殊不知佛菩薩語雖累億萬，亦未嘗輒立文字。而達摩直指心源，雖默無一語，而五千四十八卷巳在其中矣。太平堂頭璨公，頃從蔣山，何嘗得兔？昔住太平，本自亡錐。據師子座，作師子吼，未嘗為人世說毫釐法，四方學者皆腦門點地，拾其殘膏，而襲藏之。旦扣栟櫚居士鄧某，湖南之鴻儒，以序冠焉，居士曰：『嘻！此特其土苴耳，豈其真哉？』雖然，土苴之外，何者為真？一視而空，頭頭皆是，有語亦可，無語亦可；雷聲淵默，本自同時，孰為五千四十八卷？而孰為不立文字者乎？」（《栟櫚集》卷一五）

按：蔣山慧懃世稱佛鑑慧懃，舒州銅城人，五祖法演法嗣，與圓悟克勤、佛眼清遠為法演門下之叢林三傑。叢林又號惠懃為太平佛鑑，清遠為龍門佛眼（《禪林寶訓》卷一）。此慧懃非蘇軾〈錢塘勤上人詩集序〉所述之詩集作者錢塘惠勤（《蘇軾文集》卷一○）。蓋東坡之序云錢塘惠勤從歐陽修遊三十年，而歐陽修卒時，佛鑑才十四歲，不可能與歐陽修遊三十年。

◆ 真歇清了禪師自長蘆南遊，浮海至普陀山，結菴山椒，扁曰：「海岸孤絕禪林」，英秀多依之，郡請於朝，易律為禪。時年四十二歲（《補陀洛迦山傳》）。

◆ 大慧宗杲登仰山，邂逅東林珪禪師。一見相契，遂定楊岐宗（《大慧普覺禪師年譜》）。

按：東林珪禪師即是竹庵士珪（1092-1146），竹庵為其號。他曾住持褒禪、廬山東林，福州鼓山、溫州龍翔故又稱「褒禪珪」、「東林珪」、「鼓山珪」或「龍翔珪」（《嘉泰普燈錄》卷一六）。入鼓山是張浚帥七閩時所招（《僧寶正續傳》卷六）。《佛祖歷代通載》（卷二○）說大慧「入雲居之西，結庵于古雲門寺基，因以為名。閱二十年，辟地湖湘，轉仰山，邂逅竹庵珪禪師，相與還雲門。」又相與著頌古百餘篇，即後來《禪林寶訓》之原型（《禪

林寶訓音義》卷首），詳見下文。大慧有〈竹庵珪和尚讚〉曰：「讚歎竹菴
也是妙喜，罵詈竹菴也是妙喜。讚之、罵之各有所以。針膏肓於必死之時，
善說法要，罔涉離微，不起于座；而變荊棘林為梵釋龍天之宮，而無作無為，
神澄定靈，雪頂龐眉。良工幻出今，不許僧繇知；盧堂張挂今，梁寶公猶迷。
箇是天童老古錐，妙喜知音更有誰？」（《大慧普覺禪師語錄》卷一二）上
文李綱的〈許崧老三友篇贈珪老〉一詩題之「珪老」即是他。蓋是年在福州
鼓山白雲峯湧泉禪院任住持（《古尊宿語錄》卷三四）。

高宗紹興二年壬子（1132）

◆ 寶曇四歲。

◆ 正月，王銍曾作〈包山禪院記〉，敘慈受懷深「得洞庭包山廢院，欣然駐錫」
及其院之廢而復興事。懷深於建炎元年冬十月初八，曾作洞庭山觀音院〈圓
通殿記〉（《吳郡志》卷三四）。

◆ 四月二十日，慈受懷深示寂，壽五十六歲（《嘉泰普燈錄》卷九）。

◆ 七月十二日，李綱赴荊湖廣南宣撫使任，時年五十歲。次吉州時，作〈道盧
陵遊青原山謁保寧宗老一首〉云：「老病維摩臥七閩，欲邀瓶錫伴閒身。愧
無拂石眠雲分，來作輕裝緩帶人。小隊入山風嫋嫋，飛泉出寺石磷磷。煩師
更舉西來意，一點陽和萬物春。」（《梁溪集》卷二九）

◆ 初冬十日，長樂人鄭昂跋《景德傳燈錄》原本，跋文說其書係住湖州鐵觀音
院僧拱辰所撰（《景德傳燈錄》卷三）。
按：鄭昂，字尚明，號董山，福州長樂人（或說侯官、福唐人），祭酒鄭穆
之孫，崇寧元年舉首。善筆翰，嘗撰《書史》二十五卷、《春秋臣傳》三十
卷（《淳熙三山志》卷二七；《書史會要》卷六）；《玉海》卷四十；《徐
氏筆精》卷六）。呂本中有〈鄭昂用岑參太白胡僧歌韵作楞伽室老人歌寄杲

老〉一詩，顯見「楞伽室老人」為鄭昂自稱。詩中有句云：「聞道說禪通一線，為爾不識楞伽面。一生強項我所知，氣壓霜皮四十圍。世人未辨此真偽，敢向楞伽論是非。諸公固是舊所適，鄭聱從之新有得。欲將此意向楞伽，但道鵠烏同一色。」（《東萊詩集》卷一四）。鄭昂曾題偈十四處於〈宋李公麟畫羅漢圖〉中（《秘殿珠林》卷九）。又長樂張元幹（1091-1161）有〈次韻奉酬楞伽室老人歌寄懷雲門佛日，兼簡乾元珪公并叙鍾山二十年事，可謂趁韻也〉（《蘆川歸來集》卷一），其〈楞伽室老人歌〉當是酬鄭昂之作。張元幹號蘆川，又號真隱山人或蘆川老隱。與前詩題稱珪公之竹庵士珪、真歇清了等禪師為方外交，有〈奉送真歇禪師往住阿育山兼簡黃檗雲〔雪〕峰諸老〉（《蘆川歸來集》卷一）[11]、〈真歇老人退居東菴，予過雪峯特訪之，為留再宿仍賦兩詩〉、〈解嘲示真歇老人二首〉等詩致真歇清了（《蘆川歸來集》卷二），是年四十二歲。[12]其〈解嘲示真歇老人二首〉之一云：「不作市朝夢，生憎城郭居。前身真衲子，妄念入儒書。丘壑無疑老，軒裳久已疎。世人多大屋，爭笑賣吾廬。」

◆ 中橋居士吳敏（1089-1132？）於是年或其前撰真州長蘆真歇清了禪師《劫外錄》序。略云：「長蘆了禪師，芙蓉之孫，丹霞之子。得法於鉢盂峯上，以無所得而得；說法於一葦江邊，以無所說而說。雲行水止，從而問法者，常千七百人，以無所聞而聞。予嘗造其室，窅然、空然。溫伯雪子之忘言，淨名居士之杜口，予莫能知。且觀其抱美玉於空山，混銀河之秋月，視之不見，言之莫及。時時顧堂上之簾深，憐戶外之履滿。於是萬金良藥，湔腸易骨，斯須之閒，病者起走。人人輕安，得未嘗病。亦如雷雨既作，草木萌動，頃刻霽止，了無痕迹。天清物春，雨已無用。雖然，豈直如是而已哉。木鷄啼霜，石虎嘯雲；鳥鳴山幽，蟬噪林寂。世有望角知牛，聞嘶知馬者，其庶幾歷其藩乎。」（《真歇清了禪師語錄》卷首）

11　詩題之「雲峰」，疑為「雪峰」之誤。
12　王兆鵬等，《張元幹年譜》，在《兩宋詞人叢考》，頁384。

按：吳敏，真州人，靖康元年與蔡京、李邦彥、徐處仁等任宰相。紹興元年復觀文殿大學士，為廣西湖南宣撫使，卒於官（《宋史》卷三五二本傳）。《宋史》未詳述其卒年，而李心傳（1167-1244）《建炎以來繫年要錄》（卷六〇）則詳言曰：「〔紹興二年十一月〕甲申（二十七日），資政殿學士提舉臨安府洞霄宮吳敏薨。」熊克《中興小紀》（卷一四）又說：「〔紹興三年五月〕己未（二十四日），資政殿大學士吳敏卒。」若李心傳之說為是，吳敏不可能於紹興二年十一月二十七日後寫此序文。若熊克之說為是，則吳敏不可能於三年五月二十四之後寫此序文。換言之，現行「續藏經」本《劫外錄》將吳敏之序文繫於紹興二十八年，疑為後人所加。若此序文確為吳敏所作，時間當不會晚於紹興二年或三年。茲據釋慧達〈新校黑水城本《劫外錄》〉一文考述黑水城藏最古宋刻本《真歇長蘆了和尚劫外錄》之內容，[13]知該本《劫外錄》亦含吳敏序文，亦署名「中橋居士」，唯不記年月。是則，「紹興二十八年」確有可能為後人所誤加。

◆ 退晦居士范宗尹（1100-1136）撰〈天童覺和尚語錄序〉序中有云：「始余被罪南遷，泊舟廬山之下，與師一再邂逅耳，而相與之意，便如故人。去歲罷相東來，師過余於四明，余復訪之於山中，語累日益歡。嘗謂師曰：『學佛者期於了生死，誠可謂一大事矣。士大夫間，乃有酣飫聲色，馳騁勢利，而口舌瀾翻，說佛說祖，自以為有得。甚者，至以為譚笑之資，此何理也。余之有意於此事，而不敢自欺，他時真實處，辦得少許，方敢拈出，求師別識也。』師深肯此言，且教余以辦道之方，余信受焉。」（《宏智禪師廣錄》卷首）是知范宗尹於去年罷相之後，屢與宏智正覺相過從。

按：范宗尹字覺民，襄陽鄧城人，於前年（1130）拜相，年僅三十歲。後為秦檜所排擠，於去年罷相，知溫州，退居天台。

---

13 釋慧達，〈新校黑水城本《劫外錄》〉，《中華佛學學報》第六期（2002），頁 127-172。
　　按：「黑水城」本序文末多出「師語蓋上堂、法要、偈頌、機緣，凡若干篇」數字，為他本所無。

高宗紹興三年癸丑（1133）

◆ 寶曇五歲。

◆ 二月，龍圖閣直學士、左朝請郎、提舉江州太平觀耿延禧（？-1136）撰〈重開《宗門統要續集》序〉略云：「《大寶積經》云：『如來所演八萬四千法藏聲教，皆名為文，離諸一切言音文字理不可說，是名為義。』又云：『若諸經中文句廣博，能令眾生心意踊躍，名不了義。若有宣說文句及心皆同灰燼，是名了義。』《大涅槃經》云：『若人聞說大涅槃一字一句不作字相、不作句相、不作聞相、不作佛相、不作說相，如是義者，名無相相。』以是觀之，諸佛以無說說其來久矣。達磨西來，重為拈出，為其拘滯於教相也，則曰『教外別傳、不立文字』；為其委曲於情解也，則曰『直指人心，見性成佛』。是故答第一義諦曰廓然無聖，則憐其不契而渡江。慧可再拜，依位而立，則以為得髓而傳法，是豈與諸佛有異耶？蓋所謂當機覿面提，覿面當機，疾如石火電光，擬議即差，念起情生，斯為關鎖耳。故余嘗論之，如來老婆心切，乃曰正法眼藏，分付摩訶迦葉。臨濟丈夫氣概，乃曰正法眼藏向這瞎驢邊滅卻。是二老子同曲異調。若聞余是說，言語及心，皆同灰燼不作一字一句及諸名相，則如來禪、祖師禪，庶幾意領而神解乎。宗門統要首以西竺諸佛，繼以東震諸祖及前世宗匠所以指導後學，與後世作家所以抉剔前人者，合為一書，皆出乎文字而直指人心，學者不可不家有而日見之。豫章李氏鏤板以傳，兵火之餘，既已煙滅；莆陽天寧長老慧澤，既傳心宗，復明教意；知如來祖師禪等無有異，乃命刊行，以垂久遠，求余為序，以冠篇首。昔僧問巴陵祖意教意是同是別，陵云：『難〔雞？〕寒上樹，鴨寒下水。』又問三乘十二分教，則不疑如何是宗門中事。師云：『不是衲僧分上事。』『如何是衲僧分上事？』曰：『貪觀白浪，失卻手橈，若知此者，則三世諸佛無所說，歷代祖師未嘗傳。』統要徒集葛藤，居士戲加序引，可付之一笑而已矣。」（《宗門統要續集》卷首）

◆ 四月，東林士珪禪師自仰山來雲門訪大慧，遂居雲門。各作頌古一百一十篇。

按：士珪書頌古後云：「紹興癸丑四月，余過雲門菴，同妙喜度夏。山頂高寒，終日無一事，相從甚樂。妙喜曰：『昔白雲端師翁謝事圓通，約保寧勇禪師夏居白蓮峰，作頌古一百一十篇，有提盡古人未到處，從頭一一加針錐之語。吾二人今亦同夏於此，事跡相類，雖效顰無媿也。』遂取古公案一百一十則，各為之頌，更互酬酢，發明蘊奧。斟酌古人之深淺，譏訶近世之謬妄。不開知見戶牖，不涉語言蹊徑；各隨機緣，直指要津。庶有志參玄之士，可以洗心易慮於茲矣。」（《大慧普覺禪師年譜》）大慧是年四十五歲，士珪四十二歲。

◆ 四月，李綱作〈自天寧遷居城東報國寺〉云：「多病維摩祇一牀，徙居又復借僧房。荷花欲吐乍舒葉，荔子未丹先有香。皓月解尋朱戶入，南風偏傍北牕涼。吾年半百行休矣，萬事悠悠皆可忘。」（《梁溪集》卷三〇）李綱是年五十一歲，故云「吾年半百」。

◆ 六月朔旦，張守（1084-1145）作〈大陽明安禪師古錄序〉，自署東山居士（《毘陵集》卷一〇）。序文末略云：「真歇老人，出示古錄，一語一句，具真實法。雖非即此，可以傳授，亦非離此，而能證明。與近世師，繫風捕影，疑語後學者，異日道也。因書扁首，廣衍流布。所期學者，勿信口耳，不忽所易，不倦所難，端的不差，證無上道。」
按：大陽明安禪師即鄆州大陽山警延明安（943-1127）禪師，俗稱大陽警玄，北宋人，為洞山玄孫，梁山嫡子，投子義青（1032-1083）之師。

◆ 十一月旦日，右朝散郎、充徽猷閣待制、提舉江州太平觀、賜紫金魚袋韓駒（？-1135）作〈慈受懷深禪師語錄序〉。懷深住汴京大相國慧林禪剎，去年四月望入寂，壽五十六歲。韓駒之序有云：「古之教者，未始不以文字。至梁達磨，始不立文字，以教其徒。然謂之不立，則文字已彰，而況其餘乎！自達磨以來，凡為人師者，其徒往往私記其說，謂之語錄。蓋今禪說之在天下，無慮數千萬言，又安在其為不立哉？若知文字性空，說本無說，則雖數

千萬言，猶為不立也。」（《慈受懷深禪師語錄》卷首；《嘉泰普燈錄》卷九）

按：韓駒對禪與文字之看法，與鄧肅在〈太平興國堂頭璨公語錄序〉之見頗為類似。鄧肅之序有云：「佛菩薩語流布人間，凡五千四十八卷，而一祖西來，直指心源，不立文字，若佛若祖，孰少孰多，曰教曰禪，若此殊軌，殊不知佛菩薩語雖累億萬，亦未嘗輒立文字；而達摩直指心源，雖默無一語，而五千四十八卷，已在其中矣。」唯此文所撰時間不詳（《栟櫚集》卷一五）。

◆ 十二月二十，龍圖閣直學士、左朝奉大夫、知處州軍州事兼管內勸農使耿延禧撰〈《圓悟佛果禪師語錄》序〉，序中云：「予蚤事佛鑑，晚見老師。叩此一音，更無別調。學徒若平亦唱師家曲者，集師語要將以刊行，求為序篇，以冠卷首。若知此音，則圓悟老師功不浪施。若不知此音，而以語言文字求會解者，是人行邪道，不能見老師云。」（《圓悟佛果禪師語錄》卷首）

按：「佛鑑」指五祖法演座下之佛鑑惠懃，與克勤及佛眼清遠為五祖下之「二勤一遠」，叢林謂之「三傑」。耿延禧先事惠懃，再問道於克勤。同年，他也命護國景元（1094-1146）禪師出世處州仁壽寺，景元為克勤之法嗣（《僧寶正續傳》卷五）。

◆ 寶曇在其自作〈龕銘〉中說：「幼始知學，從先生授五經，習為章句。」因確切時間不詳，暫作此年。

◆ 吳津生，一歲，後為寶曇之友。

高宗紹興四年甲寅（1134）

◆ 寶曇六歲。

◆ 上元日，左朝奉大夫、充右文殿修撰、權發遣台州軍州事劉棐撰〈《景德傳燈錄》後序〉。序文末署名「等慈菴善男子、睢陽劉棐仲忱」（《景德傳燈

錄》卷三〇）。序中辯護語言文字之用云：「心法雖曰無形，然遍一切處。翠竹真如也，黃花般若也。蛙蚓發機，管絃傳心。乃至牆壁瓦礫，無非說法。故靈雲見桃花悟道，玄沙謂語燕深談實相。然則大地皆是悟門，孰非此道，況明心宗言句乎？況載明心宗文字乎？若二者於心果無與耶，薦福古何為閱雲門錄而省？黃龍心何為讀多福語而悟？蓋言詞相寂，文字性空，亦此道耳。若即言句文字，而見性相之空寂，是乃一超而直入也。」

◆ 春，大慧宗杲入閩，時年四十六歲（《羅湖野錄》卷上）。三月，至長樂，館于廣因寺，因遊雪峰；適雪峰建菩提會，雪峰真歇清了請為眾普說（《大慧普覺禪師年譜》）。

◆ 二月日，檢校少保、定國軍節度使、知樞密院事、南陽郡開國侯張浚撰〈圓悟佛果禪師語錄序〉，序中云：「予聞師常偃處一室，坐斷語言，轉無上法輪，不容擬議。揚眉開口，立便喪身；纔涉廉纖，老拳隨起。每舉到不與萬法為侶公案，已是拖泥帶水，落第二義。今乃欲裒集其平昔咳唾之音，鋪陳而揄揚之，師其聞而有不釋然者乎？雖然，師之不得已而有言，我知之矣。譬彼時雨，隨物濟潤，遐陬僻處，枯根蠹芽，若大若小，各各霑足；而太虛空本自無相，亦無有作。觀覽于斯者，宜得之言意之表。」（《圓悟佛果禪師語錄》卷首）[14]

◆ 二月朔，李綱撰〈雪峯真歇了禪師一掌錄序〉序中自稱「梁溪病叟」（《梁溪集》卷一三七）
按：是年二月，資政殿大學士、提舉臨安府洞霄宮李綱改觀文殿學士、荊湖廣南宣府使兼知潭州，於同年十一月罷（《建炎以來繫年要錄》卷五一、六一）。

---

14 「拖泥」，原作「挖泥」；「裒集」，原作「褒集」，皆改正。

◆ 秋，樞密折彥質（約 1080-1160）染疏親往牧庵法忠（1084-1149）所住南嶽
山洞，以勝業寺力挽開法，牧庵師嘉其勤渠，乃赴（《嘉泰普燈錄》卷一六）。
按：牧庵於宣和間入湘潭，住南嶽後洞，木食澗飲，侶虎豹猿狄二十年。折
彥質，雲中（今山西大同）人，號葆真居士，為宋麟府折家第七代名將，文
武兼備，與岳飛（1103-1142）為同時人。周必大有〈跋折彥質燕祉亭詩〉，
知其於紹興三年二月為長沙郡帥，並官至龍圖閣直學士（《周文忠公集》卷
一九）。他於紹興二年十一月己亥，以龍圖閣直學士為湖南安撫使兼知潭州，
代李綱之任。彥質任潭州知府至是年六月（《建炎以來繫年要錄》卷六一、
七七）。疑他親往牧庵難嶽居處在六月離潭州之前，不應在秋季離潭州之後。

◆ 九月晦日，闡提居士許顗（生卒年不詳）作〈《智證傳》後序〉。《智證傳》
為北宋僧惠洪（1071-1128）所作。許顗即許彥周，是《彥周詩話》之作者，
惠洪之摯友。其序文曰：「昔人有言，切忌說破。而此書挑刮示人，無復遺
意。吁！可怪也。罷參禪伯，以此書為文字教禪而見詆；新學後進，以此書
漏泄己解而見憎。孔子作《春秋》曰：『知我者其唯春秋乎！罪我者其唯春
秋乎！』嗟哉，猶未若此書有罪之者；而無知之者也。頃辛丑歲，余在長沙，
與覺範相從彌年。其人品問學，道業知識，皆超妙卓絕，過人遠甚。喜與賢
士大夫文人游，橫口所言，橫心所念，風馺雲騰，泉涌河決，不足喻其快也。
以此屢縈禍譴，略不介意。視一死不足以驚懼之者，守此以歿，不少變節。
大抵高者忌其異己，下者恥其不逮。阽於死亡，不足以償人意。暗黷百出，
而覺範無纖毫之失。奉戒清淨，世無知者。今此書復出於歿後，竊度此意，
蓋慈心仁勇，憫後生之無知，邪說之害道，犯昔人之所切忌，而詳言之者也。
寧使我得罪於先達，獲謗於後來，而必欲使汝曹聞之。於佛法中，與救鴿飼
虎等。於世法中，程嬰、公孫杵臼、貫高、田光之用心也。烏乎，賢哉。」

◆ 十一月廿二日，薌林居士向子諲（1085-1152）撰〈宏智禪師語錄後序〉（《宏
智禪師廣錄》卷三）
按：向子諲字伯恭，自號薌鄰居士，於靖康元年及建炎元年間任江淮制置發

運使，故序文開頭謂：「余頃將漕淮南」。他與大慧宗杲游，曾因臨池作「無熱軒」，索大慧題語，大慧作偈贈之，中云：「勇猛精進過量人，號曰薝林大居士。住無變易真實處，而常順行諸佛法。不作世間顛倒業，成辦出世勝方便。而能於此方便中，幻出難思諸境界。復於難思境界中。而現種種殊勝事。」（《大慧普覺禪師語錄》卷一一）

◆ 林適可司法創庵於福州洋嶼，延大慧宗杲居之；大慧始攻默照禪。閩士鄭昂，早聰銳，該洽三教，粗見尊宿，所至談禪自若。聞大慧力排默照為邪，忿氣可掬，一日持香來，聲色俱厲，引釋迦掩室及達磨魯祖面壁等語，與師辯白（《大慧普覺禪師年譜》）。

◆ 樓璩次子樓錫（與善）出生，年一歲。樓錫為樓鑰（1137-1213）之仲兄，後為寶曇之友。

高宗紹興五年乙卯（1135）

◆ 寶曇七歲。

◆ 七月，李光以顯謨閣直學士從湖州移守平江，適彰教寺虛席，延虎丘紹隆居之（《虎丘紹隆語錄》卷末〈塔銘〉）。

◆ 八月五日，圓悟克勤禪師示寂於成都之昭覺寺。他在建炎三年退江西雲居，後由太師王伯紹迎居昭覺而逝於斯（《嘉泰普燈錄》卷一一；《僧寶正續傳》卷五；《五燈會元》卷一九）。

◆ 是年，福州雪峰真歇清了退居寺之東庵（《真歇清了禪師語錄》卷上，宏智正覺撰〈崇先真歇了禪師塔銘〉），蘆川老隱張元幹作〈真歇老人退居東菴，予過雪峯特訪之，為留再宿仍賦兩詩〉。秋，元幹又作〈解嘲示真歇老人二首〉（《蘆川歸來集》卷二）致真歇清了。其年，真歇四十六歲，張元幹四

十五歲。

按：王兆鵬於其《張元幹年譜》謂：「然則真歇和尚何時入雪峰，尚需考察。」
他又依李綱〈雪峰真歇了禪師一掌錄序〉及張守〈大陽明安禪師古錄序〉說
真歇和尚於紹興三年六月已住雪峰，而紹興三、四年間在雪峰為住持。[15]茲據
宏智正覺所撰〈塔銘〉，真歇是於建炎四年（1230）十一月入雪峰，故《五
燈會元》說：「建炎末，游四明，主補陀、台之天封、閩之雪峰。」（《五
燈會元》卷一四）。紹興六年（1136）七月奉旨入明州主阿育王廣利寺。而
張守於紹興二年（1132）九月知福州，五年（1135）八月離任。王兆鵬說，
因張守所作之〈大陽明安禪師古錄序〉說「真歇老人出示《古錄》」，而序
文末署「紹興癸丑六月朔旦」，證明張守是紹興三年六月「在福州應真歇和
尚請託而作」，此說大致無誤。蓋真歇於建炎四年十一月入雪峰，則他於紹
興三年六月請張守寫〈古錄序〉時，自然在雪峰。故《雪峰志》卷五說真歇
於「建炎四年入閩，當山四載，退居東庵。」因為是建炎四年底入雪峰，從
明年算起四載，應是紹興四年底，正符五年退居東庵之說。他既於紹興六年
奉旨入育王，則《嘉泰普燈錄》（卷九）所謂：「紹興初，敕住育王」有誤。
又真歇住雪峰期間，連江李彌遜（1089-1153）曾訪之，作〈訪雪峰真歇禪師〉
云：「紅塵白髮不相投，來就僧房借板頭。大士法中龍象貴，老翁心外水雲
浮。長蘆江靜千山月，枯木巖寒一葉秋。別後相逢重着語，牧童橫笛倒騎牛。」
（《筠谿集》卷一五）

高宗紹興六年丙辰（1136）

◆ 寶曇八歲。

◆ 五月八日乙亥，平江虎丘隆禪師（1077-1136）入寂，年六十。建塔於山之陽，
凡住世六十年。左朝奉司農少卿徐林為撰塔銘，略云：「嗚呼！佛法有正派，
有旁枝。曹溪之世，衣止不傳。雖曰法源入海，汪洋大肆，而西土般若多羅

15　見王兆鵬，《兩宋詞人叢考》，頁391。

識記，特在馬駒。厥後五宗，惟臨濟一門出馬祖後，於今最盛。圓悟近代尊宿，宗眼超卓，才辯縱橫，若麟角獨立；而師又深入其室，是可嘉也。林謂道德之重，不待家諭戶曉而知；言白雲即知為端，言東山即知為演，言虎丘即知為師也。真能壽楊岐光明盛大之傳，而永臨濟於無窮者矣。不銘何以詒其後？」（《虎丘紹隆禪師語錄》卷末）

按：《嘉泰普燈錄》（卷一四）謂是年虎丘紹隆「感微疾，白眾曰：當以首座宗達承院事。請於郡，從之。乃書偈而逝，五月八日也。塔全軀於寺之西南隅，住世六十有五。」壽數較徐林之記載多五歲，疑誤。又，徐林為眾多與大慧宗杲來往之官宦，曾以敷文閣直學士左朝奉大夫提舉江州太平興國宮之身分為宗杲寫祭文（見下文）。

◆ 七月，四明阿育王山廣利席虛，奉旨請真歇清了，時真歇四十八歲。育王寺之曠敗未易料理，齋鼓不伐，晝突不黔，逋負幾二十萬，人悉為憂。真歇十月入寺，井邑林樊，喜聞其來；遠親近鄰，扶老攜幼，肩踵相摩，舳艫相銜（《真歇清了禪師語錄》，〈塔銘〉）。

◆ 八月癸丑（十八日），龍圖閣直學士、提舉江州太平觀耿延禧卒于溫州（《建炎以來繫年要錄》卷一百四）

按：紹興初，龍學耿延禧任括倉（處州）守，曾命此菴景元出世仁壽（《僧寶正續傳》卷五）。明代《大明高僧傳》（卷五）說「欲致開法南明，物色得元於台之報恩，迫其受命。」清《續燈正統》（卷二）依之，說：「乃致開法處州之南明。」

◆ 李光幼子李孟傳生，一歲，後為寶曇之友。

按：李孟傳是李光與其繼配管氏所生之次子，為李光五子之最幼者。孟傳之三女適宣撫使提幹潘友恭（恭叔），與潘畤（1126-1189）父子為姻親，故其後寶曇有〈送潘文叔兼簡李文授〉一詩，兼寄潘畤從子潘友文（文叔）與李孟傳。

高宗紹興七年丁巳（1137）

◆ 寶曇九歲。

◆ 正月七日，金人犯明州。南湖寺十六觀堂眾奔散，住持法師介然獨不去。金虜奄至，詞之曰：「不畏死耶？」介然曰：「貧道一生願力建此觀堂，今老矣，不忍舍去以求生也。」虜酋義之謂曰：「為我歸北地，作觀堂似此規制，遂逼師以行。」後人悲思，乃以去日為之忌。尊之曰定慧尊者，立像於觀堂之側（《佛祖統紀》卷一五）。

按：清彭希洙之《淨土聖賢錄》雖根據《佛祖統紀》述此事，但誤繫於建炎四年。

◆ 春，大慧宗杲從泉州赴臨安府尹呂頤浩（1071-1139）之命，主徑山法席，時年四十九歲（《大慧普覺禪師年譜》）。

按：大慧雖然是赴臨安府尹之命，但張浚在紹興四年入朝後即推薦大慧入徑山，而且請泉守劉子羽（1096-1146）催促他，故樓鑰說，大慧是在泉南應丞相魏公張浚命主徑山。而略掉呂頤浩疏請之事（《大慧普覺禪師年譜》；《攻媿集》卷五七，〈徑山興聖萬壽禪寺記〉；《徑山志》卷一、七）。七月二十一日，大慧於臨安府明慶院開堂（《大慧普覺禪師語錄》卷一；《釋氏稽古略》卷四）。

◆ 冬，北關妙行思淨律師順世，侍郎無垢居士張九成銘其塔（《武林西湖高僧事略》卷一）。

按：北關思淨，號喻彌陀，建藍院名妙行，故稱妙行思淨（《佛祖統紀》卷一五、二七）。

◆ 泉守寶文劉彥修（即劉子羽）請雪巢法一居延福（《嘉泰普燈錄》卷一〇；《五燈會元》卷一八）。

按：劉子羽，字彥修，於去年以集英殿修撰、徽猷閣待制知泉州（《建炎以

來繫年要錄》卷一〇四）。又，《嘉泰普燈錄》說雪巢法一是「**大師襄陽郡王李公遵勉之玄孫也**」，實有三誤。一、李遵勖（988-1038）之名誤為李遵勉；二、大師襄陽郡王另有其人；三、法一非李遵勖玄孫。其後宋元明之燈史如《五燈會元》、《續傳燈錄》等多種皆為其誤導。其實，《嘉泰普燈錄》是誤抄孫覿（1081-1169）的〈長蘆長老一公塔銘〉。〈塔銘〉說他是「**太師襄陽郡王李用和公之玄孫也。**」（《鴻慶居士集》卷三二）李用和（988-1050），字審禮，真宗李辰妃（後來之章懿太后）之弟。《嘉泰普燈錄》作者正受可能誤認他為李文和（李遵勖），故說成是李遵勖之玄孫。此外，李用和列位將相，卒後贈太師、中書令、隴西郡王，未曾有襄陽郡王之封，孫覿說「**太師襄陽郡王**」，疑另有所封？

◆ 真歇清了奉詔住建康蔣山（《真歇清了禪師語錄》，〈塔銘〉）。待制仇悆（？-1134）請其弟子開法補陀（《嘉泰普燈錄》卷一三）。

按：仇悆因抗金克復濠州有功，以淮西宣撫使加徽猷閣待制。紹興五年又以徽猷閣待制兼明州沿海制置使。於五年八月十五日到任，八年四月改知潭州，故是年仍在明州。

◆ 十一月十五日，樓鑰生，一歲，後以攻媿主人名，為寶曇及多位禪師之友。

高宗紹興八年戊午（1138）

◆ 寶曇十歲。

◆ 五月二十四日，葉夢得以資政殿大學士、左通議大夫除江南東路安撫制置大使兼知建康府、兼知行宮留守公事（《建炎以來紀年要錄》卷一一九），六月下旬到任之後，[16]隨即請月堂道昌（1090-1171）入蔣山太平興國寺為住持

16　《景定建康志》說葉夢得知建康是紹興八年六月二十六，是實際到任之時間。見《景定建康志》（成都：四川大學出版社，點校本，2007）卷1，頁9。參看王兆鵬，《葉夢得年譜》，收於氏著《南宋詞人年譜》（臺北：文津出版社，1994），頁238-240。

（《松隱集》卷三五，〈淨慈道昌禪師塔銘〉；《嘉泰普燈錄》卷一二）。
葉夢得時年六十二歲，月堂四十歲。

按：曹勛（1098-1174）〈塔銘〉說：「左丞葉公寓卞山，與師契厚，每魚鼓
相從，伊蒲共饌，說甚深法，約為方外忘形之交。繼公薦住平江瑞光，移穹
窿。」又說：「葉公帥建康時，蔣山新經戒爐，奏請師住此山。」然後說月
堂興復蔣山後，「稍倦應接，力避法席，回居卞山。葉公朝夕涉處，雖夢寐
間靡忘話。會因了公辭徑山，太守奉旨即請師繼之，屢辭不可。」可見葉夢
得在入建康前即識月堂。而月堂入平江瑞光也是由葉夢得推薦。曹勛說葉夢
得是奏請月堂居蔣山，這個奏請，應該是在他招請月堂之後，因為他完全有
招請非五山住持之權。也就是說，他可以先招人後再請旨。

◆ 二月晦日，張守作〈雪峰慧照禪師語錄序〉，序中云：「日昔聞丹霞淳，而
不及識，乃識其三子。師蓋嫡嗣也，次即了，住永嘉之龍翔。其季覺，住四
明之天童。一家三傑，皆為東南大導師。」（《毘陵集》卷一〇）

按：張守於紹興二年九月，以資政殿學士、左中大夫知福州府。[17]至紹興五年
八月召負赴行在。「預禪師紹興四年當山，凡七載」（《雪峰志》卷五）。
如果《雪峰志》無誤，則慧照應住持雪峰至紹興十年，而他請張守作序時，
仍在雪峰，而張守已入京。序中所說的「了」，即是真歇清了；「覺」是宏
智正覺。真歇在四年底退居雪峰東庵，慧照應即是來接其席的。

◆ 四月，溫之龍翔、興慶二院合額禪居，詔真歇清了禪師主之，真歇四月入院
（《真歇清了禪師語錄》卷上，宏智正覺撰〈崇先真歇了禪師塔銘〉）。

按：《歷朝釋氏資鑑》（卷一一）說，建炎四年有旨命真歇清了禪師，併江
心寺東側之禪寂禪寺及西側之普濟律寺為一寺，朝廷賜額龍翔興慶禪寺。事
實上，真歇入江心寺是在住福州雪峰、明州育王及金陵蔣山之後，不應在建
炎四年。其受詔時間當於是年二月底之前，四月入院。故張守於二月底所作

---

17 李之亮，《宋福建路郡守年表》，頁 19。

之〈《雪峰慧照禪師語錄》序〉，說他住永嘉之龍翔，係指他受詔之時間（《毘陵集》卷一〇）。

◆ 九月，宏智正覺被旨住臨安府靈隱寺，[18]將行，大眾悲號；有烏萬數，亦哀鳴隨師，踰數時乃散。十月，有旨再還天童，前後垂三十年，寺屋幾千間，無不新者（《宏智禪師廣錄》卷九，王伯庠撰〈勅諡宏智禪師行業記〉）。

按：《佛祖歷代通載》（卷二〇）亦有同樣記載，當是本王伯庠（1106-1173）所撰〈行業記〉，但只說「九月被旨住靈隱」，唯未將「九月」繫於此年。又將原文改為「將行，四眾號慕，百鳥哀鳴。」「有烏萬數」及「百鳥哀鳴」，只能當是誇張形容，不能視為實情。

◆ 十一月三日，李綱作〈佛印清禪師語錄序〉。晦日〔按：本月最後一日〕，又作〈送丹霞宗本遊徑山序〉，自署「梁溪拙翁」。前者有云：「余嘗觀佛祖以心傳心，無文字相，不得已而有言句，所以安心治病者，何其簡易也。去本既遠，派別支分。傳法者拈花摘葉，務為新奇，以相眩惑；學道者口習耳剽，遞相模倣，以為飽參。千差萬別，不勝其繁，而此道日益微矣。禪師語句，自胷襟流出，不事雕琢，而自然成文；不說義理，而自然契道。會歸有極，中邊皆甜，足以發明佛祖之深心，開導後人之正眼。」（《梁溪集》卷一五）

按：李綱亦說丹霞宗本居邵武之瑞光巖十餘年，是年欲赴徑山從大慧宗杲。

◆ 是年冬，李綱作〈冬日來觀鼓山新閣偶成古風三十韻〉一詩（《梁溪集》卷三二）。此「新閣」疑即鼓山住持士珪所建。士珪在鼓山之語錄，有「李丞相入山慶閣」之記載（《續古尊宿語要》卷六），或即指此。李綱早識士珪，他可能在靖康元年（1126）責授建昌軍（江西南城）時，即曾與士珪在東林相遇，他有〈戲贈東林珪老〉一詩，起句云：「我遊盧阜南山北，師住二林

---

18 按：「臨安府靈隱寺」，原作「鹽安府靈隱寺」，疑是誤刻。

東院西。」（《梁溪集》卷一八）在鼓山時，他與「珪老」往來甚洽，有〈絕句奉約珪禪師相過同食荔枝〉兩首，第一首結句云：「**幽人莫戀雪峯境，拄杖穿雲過我家**」，可見兩人交情之一斑（《梁溪集》卷三〇）。

◆ 大慧宗杲入徑山之第二年，眾將一千，皆諸方角立之士。大慧行首山令，起臨濟宗，憧憧往來，其門如市。學徒咨扣，日入玄奧；規繩不立，而法社肅如也。由是宗風大振，號臨濟再興。時給事馮濟川（馮楫）、無著道人妙總同坐夏山中，馮館不動軒，日只一食，長坐不臥（《大慧普覺禪師年譜》）。

◆ 高夔生，一歲，後為寶曇之友。

高宗紹興九年己未（1139）

◆ 寶曇十一歲。

◆ 十二月旦日，左朝奉大夫、新廣南東路轉運判官張銖序大洪淨巖禪師守遂所作《溈山警策註》（《溈山警策註》卷首）。

按：張銖，生平事跡不詳。紹興五年曾任祠部員外郎兼權太常少卿（《宋史》卷二八），荊湖北路提點刑獄公事（《建炎以來紀年要錄》卷八五、八八、九一）、知建州軍州事（《福建通志》卷二五）、靜江通判（《斐然集》卷一五）。「左朝奉大夫、新廣南東路轉運判官」為其作序時所署官銜，是亦曾任新廣南東路轉運判官。大洪山在湖北隨州，張銖在紹興五年（1135）任荊湖北路提點刑獄公事（《建炎以來紀年要錄》卷九〇、九一），而守遂亦於紹興五年應宣撫司之命居大洪（《補續高僧傳》卷九），兩人必因此而相識。

◆ 張浚（1097-1164）以資政殿大學士、左宣奉大夫、出任福建路安撫使兼知福州，撫七閩，請溈山善果禪師住鼓山，未至。改黃蘗，遷東西二禪（《僧寶正續傳》卷五）是年，張浚四十三歲，作蘇州〈虎丘雲巖寺藏記〉，係應住

持宗達去年之請而作。去年即紹興八年，[19]張浚謫居零陵，宗達自謂：「與紹隆同嗣法于圓悟禪師，實繼灑掃。」而紹隆常建立轉輪大藏，不幸先寂。宗達「不敢以勝事難集為解，夙夜究力，益勵精誠，再閱寒暑，工績俯就。」乃請張浚記其事。張浚之序略云：「余聞佛為一大事因緣故出現於世，種種警喻，發明空理，丁寧反復，務息塵勞，現大光明，饒益照耀，妙用神通，不可思議。古人指擿之，意病夫不知虛靜脩已，區區致恭以佞之也；又病夫落髮披緇之徒，易浸以溢，流宕南畝，其教可輕疵哉？將見斯藏之成，觀相增信，由信趨善，宿習退轉，真證圓通，孝悌和睦之心，油然而起，宜勤守護，用永其輕。」（《吳郡志》卷三二）

按：宗達已見上文。孫覿在其〈圓悟禪師真贊〉說：「余在京師時，嘗從師遊。僧宗達者，已能傳其學，衰然為高弟，今住平江虎邱雲巖院。一日過余，出師畫像請余為贊。」（《鴻慶居士集》卷三二）又在其〈圓悟禪師傳〉中說：「〔宗達〕得師法者，坐虎丘道場十五年，今將適黃檗，吳人惜其去而莫能留也。於是過余而別曰：『公最知師者，願得公文刻留山中，以備史官之採。』遂以余所見聞者，補而為傳，後有君子得以覽觀焉。」（《鴻慶居士集》卷四二）

高宗紹興十年庚申（1140）

◆ 寶曇十二歲。

◆ 正月十五日，李綱卒於福州，年五十八。嘗寄吳元中書謂：「竊謂二書聖人以之立教於中國，佛以之立教於西方，其揆一也。所以處世間者，所以出世間者，儒釋之術一也，夫何疑哉？神通妙用在運水搬柴中，坐脫立亡在著衣吃飯中，無上妙道在平常心中。」[20]

按：引文中之「二書」指《華嚴經》與《易經》。

19　按：記文誤紹興八年為紹熙八年，當為誤刻。

20　李綱，〈雷陽與吳元中書〉，《李綱全集》（長沙：岳麓書社王瑞明點校本，2004）卷 113，頁 1071。

◆ 春，禪僧信無言（生卒年不詳）數輩在徑山，以前後聞大慧老師語古道今，
聚而成編。福清禪師名真者，戲以《晉書・杜預傳》中「武庫」二字為名，
遂有《大慧宗門武庫》之稱（《雲臥紀談》卷下）。

◆ 冬，超然居士趙令衿與內翰汪藻（1079-1154）、參政李邴（1085-1146）、侍
郎曾開詣徑山謁大慧（《五燈會元》卷一九）。
　　按：曾開字天遊，曾幾兄，二人皆與禪師有往來。

◆ 張無垢九成應惟尚禪師弟子可觀之請，作鹽官縣薦福寺〈尚禪師塔記〉，以
九成與惟尚善之故。其記略云：「聖王之道，有非文字所能書，言語所能傳
者。是故，未有六經而堯舜為聖帝，禹稷皋夔為賢臣。學不到文字言語外，
而守章句、泥訓詁，欲以用天下國家，猶趨燕南征，適越北鄉，雖膏車秣馬，
風餐雨宿，徒自苦耳；於聖王之道漠如也。孔子指二三子以無行而不與之說；
孟子指齊宣以是心足以王之說，此豈可文字語言中求哉？豈唯吾儒？釋氏與
其徒說法凡四十九年，其為書五千四十八卷，不為不多矣，而臨絕之際，乃
拈華注目，傳正法眼藏於迦葉，彼前日科分派別，皆為無用。然文字語言不
可欺世，而迦葉之傳，易以罔人。惟天資高明不肯自昧者，乃可以真得末後
之學。」（《咸淳臨安志》卷八五）[21]

◆ 范成大（1126-1193）隨父在杭，居佛日山，始從佛日山慧舉禪師遊，時年十
五歲。[22]
　　按：佛日山在浙江杭縣皋亭山北，上有淨慧寺，或稱淨慧禪院，北宋明教契
嵩（1007-1072）曾受端明殿學士、禮部侍郎知杭州府蔡襄（1012-1067）之請
居此（《鐔津文集》卷一〇）。蔡襄於英宗治平二年（1065）知杭州，次年

21　按：此記不見於現存張九成之《橫浦集》。
22　于北山，《范成大年譜》（上海：上海古籍出版社，1987），頁14、275。

丁母憂。[23]契嵩當於此時受請，時年五十九歲，有〈受佛日山請先狀上蔡君謨侍郎〉及〈赴佛日山請起程申狀〉兩文（《鐔津文集》卷一〇）。

高宗紹興十一年辛酉（1141）

◆ 寶曇十三歲。

◆ 三月五日，秀人錢密序《黃龍四家錄》（《黃龍四家錄》卷首）。
按：錢密生平事跡不詳，其序文係應黃龍四世孫粵僧惠泉禪師之請而作。

◆ 五月，智涌了然示寂。八月，葬于東岡，壽六十五。前丞相范宗尹名其所居之堂。晁以道與之為方外交。

◆ 十一月五日，李光降為建寧軍節度使，藤州安置，時年六十四歲。長子孟博隨侍，時年二十九歲。

◆ 張九成奉勅居家持服，服滿別聽指揮。徑山主僧大慧宗杲因「神臂弓一發，千重關鎖一時開；吹毛劍一揮，萬劫疑情悉皆破」一語，為朝廷反戰者所議，追牒責衡州。其冬，大慧有詩曰：「十畝芳園旋結茅，芥菘挑盡到同蒿。聖恩未許還磨衲，且向堦前轉幾遭。」時年五十三歲（《大慧普覺禪師年譜》）。
按：《歷朝釋氏資鑒》誤繫大慧流放衡州於十三年（《歷朝釋氏資鑒》卷一一）。

◆ 李知微出生，一歲。後為寶曇之友。
按：李知微，字中甫，號恕齋，李光次子李孟堅之長子。從朱熹（1130-1200）遊，得其理趣。以李光之遺澤補通仕郎，銓中授從事郎，除明州定海縣尉，轉婺州知錄事參軍，知台州寧海縣，遷慶元通判，升知信州府，奉直大夫。

---

23 李之亮，《宋兩浙路郡守年表》，頁12。

寶曇之〈和李中甫知錄採蘭〉當是李知微從明州定海縣尉轉婺州知錄事參軍
（簡稱知錄）時所作，唯李知微何時任婺州知錄，時間不詳，寶曇此詩難以
繫年（《橘洲文集》卷一）。

紹興十二年壬戌（1142）

◆ 寶曇十四歲。

◆ 上元後，草堂善清（1057-1142）示微恙。晦日，出衣橐，唱儺，書偈遺眾。
日將偏西，傳言諸寮可罷且謁。逮夜漏盡，三問侍者，頗向曉否。未幾，泊
然而化。寺眾哀慕；火後，睛舌堅淨如故，舍利明瑩，大如珠顆。其徒合靈
骨，塔於其師晦堂祖心之側，壽八十六（《嘉泰普燈錄》卷六）。

◆ 七月晦日，智涌了然門人明祖與咸（？-1163）為其師所述《十不二門樞要》
作跋（《十不二門樞要》卷末）。智涌還著有《宗圓記》五卷、《釋南岳止
觀樞要》二卷、《虎溪集》八卷等。下文的覺雲智連亦其法嗣（《佛祖統紀》
卷一六）。

◆ 大慧居衡州廖季繹通直之西園，四方衲子雲委川會，贏糧景從，菴無以容來
學。是年五十四歲（《大慧普覺禪師年譜》）。
按：廖季繹號等觀居士，後任知縣。

◆ 葉夢得歸建康石林，作〈保寧寺輪藏記〉，記保寧寺住持懷祖復修其寺並建
輪藏之經過，文中謂：「余鎮建康時，見其始經營。後四年，余歸石林，祖
以書來告曰藏成矣，幸得記其本末」（《景定建康志》卷四六）所說的「後
四年」即此年。

紹興十三年癸亥（1143）

◆ 寶曇十五歲。

◆ 春三月，浙東安撫使樓炤（1088-1160）刪芟《善慧大士錄》八卷為四卷，以原書文繁語俚，而歲月復訛也（《善慧大士語錄》卷四）。

按：善慧大士即南朝蕭梁之傅翕（497-569），通稱傅大士。其語錄於唐代由樓穎編錄，稱《善慧大士語錄》，原為八卷，樓炤刪成四卷。樓炤（照）字仲暉，婺州永康（今浙江永康）人。政和五年進士，調大名府戶曹，累遷尚書考功員外郎。紹興間，歷左司員外郎兼權太常少卿、殿中侍御史、起居郎、中書舍人、給事中等。

◆ 三月，葉夢得以觀文殿大學士、左中大知福州，遣使者迎照堂了一（1092-1155）主黃檗道場，曰：「黃檗古道場，今世名緇，孰逾一公者？」飭使者具書幣以迎照堂。既至，闔境緇素奔走出迎，懽呼踊躍，聲振山谷（《鴻慶居士集》卷三二，〈徑山照堂一公塔銘〉）。

◆ 三月初十日，竹庵士珪題天童宏智正覺之〈六代祖師畫像贊〉云：「四明天童禪師，作〈六代祖師畫像贊〉，意真語妙，超佛越祖。明眼漢筆墨間，自別有孔竅；非世間文字章句之學，所能髣髴也。平日甚富，恨未盡見之耳。後學讀此贊，迺知大善知識寓妙意於此本。可忘乎？」（《宏智正覺禪師語錄》卷九）

◆ 李光六十六歲，在藤州。

紹興十四年甲子（1144）

◆ 寶曇十六歲。

◆ 四月乙巳，佛誕日，傳西天三藏法特賜寶覺圓通法濟大師法道撰〈《重開僧史略》序〉（《大宋僧史略》卷首）。

◆ 張浚之兄張昭遠徽猷請大慧作〈維摩讚〉，大慧是年五十六歲（《大慧普覺

禪師年譜》）。

◆ 李光六十七歲，原在藤州，十一月二十六日，改移瓊州安置。

紹興十五年乙丑（1145）

◆ 寶曇十七歲。

◆ 四月，真歇清了奉詔住徑山，五月入院。是年五十七歲。其時「僧踰千鉢，常住素薄，行丐以供。二十年二月以疾乞歸長蘆，二十一年勑建崇先顯孝禪院成，詔師主席。六月入院，暑行疾作。九月壬子，慈寧太后詣寺，師力疾開堂。垂箔聽法。問答提唱，一席光耀。賜金襴袈裟銀絹等物。」（《真歇清了禪師語錄》卷一）

◆ 三月二十八日，李光抵瓊州貶所，時年六十八歲。

◆ 史浩四十歲，登進士第。

紹興十六年丙寅（1146）

◆ 寶曇十八歲。

◆ 正月九日處州此菴景元請西堂應庵曇華（1103-1163）禪師為座元，繼集主事，付囑殆盡，示訓如常。俄而，握拳而逝，學者悲慕。茶毗後，得五色舍利。二月二日，塔于寺東劉阮洞前，壽五十三歲，應庵曇華四十四歲（《嘉泰普燈錄》卷一五）。

◆ 是年，住蘇州靈岩去一叟知訥序其所註《證道歌》（《證道歌註》卷首）。知訥為蘇州靈岩妙空佛海和尚。同年孟朔，右修職郎、特差蘇州南嶽梅汝能應其弟子慧然之請作〈靈岩註證道歌後序〉。

按：梅汝能，名不甚顯，只見於佛教史書。《佛祖統紀》（卷二八）說：「常熟人，仕至縣令，常有志淨業。夢僧授紙百幅，鑿破為二八字。以問東靈照師，師曰：『二八十六也，豈十六觀經之謂乎？』適一僧以經與之，忽不見。自是誦經念佛，取名為往生以見志。因邑中破山道生師，造丈六彌陀像，汝能施財百萬，為之救飾。設齋慶懺，殿前池中生雙頭白蓮一朵，其花百葉。當年冬，汝能無疾而終，未幾道生亦亡。」（《佛祖統紀》卷二七、二八；《證道歌註》卷末）。

◆ 草菴道因（1090-1167）退居明州城南草庵，以生平所得道妙，著《草庵錄》十卷，其言文而真，江湖誦之。時年五十七歲（《釋氏稽古略》卷四）。

按：草菴道因是天台明智中立（1046-1114）弟子，據說他「徧窺禪室」，對禪學有相當修養。三學法鄰，亦為明智高弟，號「鄰三學」，曾說他：「道行已成，玄旨高妙。參徹宗匠，深明禪學。達其利病，名播一時…」（《釋門正統》卷六）因是以其禪學之深悟，著《關正論》抨擊禪宗「槌提經論之弊」。[24]

◆ 李光在瓊州貶所，時年六十九歲。史浩四十一歲。

紹興十七年丁卯（1147）

◆ 寶曇十九歲。

◆ 孟冬十月二十三日，在瓊州之李光長子李孟博（1113-1147）卒。李孟博為李

---

24 參看筆者〈淨土詮釋傳統的宗門意識〉，收於筆者《因果、淨土與往生──透視中國佛教史上的幾個面相》第五章，頁177。關於「鄰三學」之身分，見同書第五章之「後記」。他是明智高弟慧照法鄰，因受四明守之命主三學寺，故稱「鄰三學」。除「後記」所引用之《大覺國師文集》、《釋門正統》及《佛祖統紀》外，《人天寶鑑》亦說：「高麗僧統義天，棄王位出家，問法中國，首至四明，郡將命延慶明智及三學法鄰二師為館伴。」見《人天寶鑑》卷上，頁123b。

孟傳（1136-1219）之長兄，是年三十五歲，為李光與原配黃氏所生之長子，
生於政和三年（1113），紹興五年汪應辰榜進士第三，授承事郎平江僉判。
李光謫藤州，孟博隨侍至貶所，後歸鄉，復來瓊州隨侍，竟卒於斯（《莊簡
集》卷五；《山陰天樂李氏宗譜》卷二四）。寶曇曾作〈跋李僉判觀音五藏〉，
傷其早逝而曰：「僉判君入儋崖侍公幾年，一夢竟不返，猶可哀也。」（《橘
洲文集》卷七）

◆ 大慧宗杲遷居衡陽西門外性空道人所築之廖氏山堂，時年五十九歲（《大慧
普覺禪師年譜》；《笑隱大訢禪師語錄》卷四）。

◆ 史浩四十二歲。

紹興十八年戊辰（1148）

◆ 寶曇二十歲。

◆ 三月，史浩偕鄱陽程休甫由沈家門泛舟風帆至補陀山，俄頃而至，詰旦詣潮
音洞，參禮觀音大士。心求靈應，物寂無所覩。炷香烹茗，但椀百浮花。晡
時再往，一僧指曰：「巖頂有寶，可以下瞰。」史浩扳援而上，顧瞻之際，
忽現瑞相，金光照耀，眉宇瞭然。程休甫所覩亦同，唯史浩更見雙齒如玉雪。
天將暮，有一長僧來訪，語史浩歷官至太師。時史浩以餘姚尉攝四明昌國鹽
監，年四十三歲（《寶慶四明志》卷二〇；《古今圖書集成神異典》釋教部
卷二）。
按：張淏《會稽續志》（卷七）說：「紹興十八年三月，史越王以餘姚尉攝
昌國鹽監，偕鄱陽程休甫泛海詣山，扣寶洞禮謁，無所覩，但感淪茗浮花…」[25]
《補陀洛迦山傳》（卷一）說此事在「三月望」。並在「金光照耀，眉目瞭
然」一語後云：「二人所見不異，惟浩更觀雙齒潔白如玉，於是慶快，用書

---

25 「鹽監」，原誤作「鹽建」。

於壁，庶幾來者觀此無疲，不以一見不見而遂已也。」是史浩入補陀禮觀音大士之時間應在此年。不過，物初大觀後來有〈觀音大士讚〉一篇，序文甚長，亦述史浩登補陀事，與四明志大致相同，唯云此事發生於紹興庚午（1150）春，亦即二年之後，應為誤說。大觀序文又說鄱陽洪邁（1123-1202）載此事於《夷堅辛志》中，然今本《夷堅志》不見其事（《物初賸語》卷八）。

◆ 秋，靈隱寺住持佛智端裕（1085-1150）於無示介諶（1080-1148）示寂後入育王任住持。佛智頗受高宗生母慈寧太后所重，在靈隱時，曾奉慈寧太后召入韋王第演法。後乞歸平江西華。是年，「育王遣使固邀，月餘始就。」（《嘉泰普燈錄》卷一四）

◆ 北峰宗印生，一歲。
按：北峰宗印為竹菴可觀法師弟子。寧宗素聞其名，召對便殿問佛法大旨，語簡理明。寧宗喜其說，錫賚甚渥，賜號慧行法師（《佛祖統紀》卷一六）。

◆ 寶曇友張鎡（1153-1235）之父張宗元年十八歲，登進士第，與朱熹、尤袤（1127-1194）為同年。
按：南宋有兩張宗元，一為張鎡之父，張俊之子，詳見下文。

◆ 高元之出生，一歲，後為寶曇之好友。

紹興十九年己巳（1149）

◆ 寶曇二十一歲。

◆ 牧庵法忠禪師（1084-1149）遷化，享壽六十六。牧庵曾著《正心論》十卷。據傳「每跨虎出游，儒釋望塵而拜。」（《嘉泰普燈錄》卷一六）給事馮檝（濟川）所撰開堂疏有句云：「佛眼磨頭悟法輪之常轉，死心室內持慧劍以相揮。」時謂為師之實錄（《佛祖歷代通載》卷二〇）。

◆ 柏庭善月出生，一歲（《物初賸語》卷二三）。

按：柏庭善月（1149-1241），四明定川人，初依草庵道因、牧菴有朋（1089-1168）於南湖。又依梓菴有倫於月波、月堂慧詢（1119-1179）於南湖。月堂示寂，竹菴可觀（1092-1182）繼席，命柏庭分座。與多位禪師交，後頗見重於淳熙朝宰相史浩及理宗朝宰相史彌遠（見下文）。史浩是年四十四歲，史彌遠尚未出生。

紹興二十年庚午（1150）

◆ 寶曇二十二歲。

◆ 六月，宗杲因自贊「身著維摩裳，頭裹龐公帽。資質似柔和，心中實躁暴。開口便罵人，不分青白皁。編管在衡陽，莫非口業報。永世不放還，方始合天道」為趨時者巧加誣訕，移梅州（今廣東），時年六十二歲。是年至二十五年間，曾作〈與友人無相居士尺牘〉，致無相居士鄧子立。[26] 鄧子立，生平事跡不詳，但他曾問道於大慧，去年大慧有〈示鄧子立直殿法語〉（《大慧普覺禪師年譜》），知他曾任過「直殿」。「直殿」是「直睿思殿」之簡稱，位僅次於直密閣，係宦官所帶職名。[27] 是知鄧子立為宦官。是年大慧又作〈跋周子充手書華嚴經〉（《大慧普覺禪師年譜》），周子充即周必大（1126-1204），號省齋居士，是年二十五歲，明年登進士第。

按：《歷朝釋氏資鑒》（卷一一）誤為紹興三十年。其他有關宗杲復僧籍、主育王、再主徑山之時間皆誤。明代之《禪林寶訓音義》（卷一）誤以是年十一月詔住明州阿育王寺。

◆ 中秋日，拙庵（又稱足庵）戒度寓三江蘭若，作《無量壽佛讚註》，並作〈注引〉（《無量壽佛讚註》卷首）

26　東京國立博館物藏大慧墨蹟。
27　《宋代官制辭典》，頁 155。

按：拙庵戒度為北宋南山律學及淨土學者靈芝元照之弟子。除此註之外，還於淳熙五年（1178）作《觀無量壽經扶新論》一卷，見下文。

◆ 十月十七夜，育王佛智端裕示寂，享壽六十六歲（《嘉泰普燈錄》卷一四）。遺書至報恩光孝禪院，住持瞎堂慧遠上堂云：「大道忘情絕去留，天倫何處覓蹤由。七星利劍當鋒按，八臂那吒輥繡毬。圓寂法兄佛智大禪師，祖域長城，法門巨棟。高標卓犖，隨方建立法幢〔幢？〕；水泄不通。在處□〔提？〕持宗眼。純鋼打就，生鐵鑄成。法中之王，僧中之寶。豈謂訃音忽至，捨我而去。敢問大眾，只如躐斷浮橋一句作麼生道？」（良久云）「合掌橫吹無孔笛，倒騎鐵馬上刀山。」（《瞎堂慧遠禪師語錄》卷一）

◆ 是年，應庵曇華在饒州報恩光孝寺，李浩（1116-1176）於此識之，故隆興元年為其作塔銘曰：「歲在庚午，始識師於番陽，十四年于今。」（《應庵曇華禪師語錄》卷一〇）是年李浩三十五歲，應庵四十八歲。
按：張栻（1133-1180）撰〈吏部侍郎李公墓銘〉說李浩於紹興十二年擢進士第後，先調饒州司戶參軍（《南軒集》卷三七），可能因在饒州多年而識曇華。《歷朝釋氏資鑑》（卷一一）說：「止信居士李侍郎浩，常閱《楞嚴》。謁應庵華祖師，不旬日而躋堂奧。以偈寄同僚康教授曰：『門有孫賓鋪，家存甘贄妻。夜眠還早起，誰悟復誰迷？』」[28]可見李浩號止信居士。「康教授」其實應是嚴教授，即下文之嚴康朝。

◆ 史浩四十五歲、陸游二十六歲、周必大二十五歲、朱熹二十一歲、樓鑰十四歲、葉適出生，一歲。

紹興二十一年辛未（1151）

◆ 寶曇二十三歲。

28　按：《歷朝釋氏資鑑》誤李浩為「季浩」，顯係誤刻。

◆ 正月十一日,高宗曰:「還俗僧圓覺宗杲撰〈聖者偈〉、〈妙喜禪〉,皆蓄祥謗讟之語,誕謾無禮,鼓惑軍民,此最害事,宜嚴行禁止。」(《宋會要輯稿》第二百冊,〈僧道一〉)

按:此事僧史皆不載,最先出現於熊克的《中興小紀》(卷三五):「紹興二十一年春正月癸未,宰執奏知廬州吳逵乞涵養淮南復業之民,未可起稅,乃詔下戶部,與展年數。上又曰:『還俗僧圓覺宗杲撰〈聖者偈〉、〈妙喜禪〉,皆蓄祥謗讟之語;誕謾無禮,鼓惑軍民,此最害事,宜禁止之。』歲在辛未。」與《四庫全書》本文集或其他史書一樣,宗杲之名都誤成「宗果」。

◆ 六月,真歇清了禪師住杭州皋亭山崇先寺,十月朔日(一日)示寂,越世六十有二(《真歇清了禪師語錄》卷末,〈崇先了禪師塔銘〉;《釋氏稽古略》卷四)。

按:宏智正覺所撰〈崇先了禪師塔銘〉說此年「丁卯十月朔旦,中使候問,從容而別。須臾,呼首座曰:『吾今行矣』,瞑目跏趺而逝。」(《真歇清了禪師語錄》卷末)此當為《南宋元明禪林僧寶傳》(卷二)之〈真歇了禪師傳〉所本。崇先寺為高宗母慈寧太后韋氏於杭州皋亭山建成,寺額曰崇先顯孝。真歇六月入院,暑行疾作。九月壬子(十五日),慈寧太后詣寺,真歇力疾開堂,太后垂箔聽法,問答提唱,一席光耀。賜金襴袈裟、銀絹等物。癸亥(二十六日)疾弗瘳,甲子(二十七日)宣醫,乃少間。慈寧宮賜錢修建水陸法會。十月丁卯(一日)朔旦中使候問,從容而別。須臾,呼首座曰:「吾今行矣。」瞑目跏趺而逝(《真歇清了禪師語錄》卷末)。《南宋元明禪林僧寶傳》(卷二)說:「慈寧太后建崇先寺居師,賜金襴、銀絹、法物,隆渥殊甚。師以為可以作歸休計,然未幾而寂。時紹興二十二年壬申十月朔日也。越世六十有二」,將真歇卒年延至明年,疑誤。慈寧太后後追諡為顯仁皇后。她好佛老應為事實(《宋史》卷二四三)。

◆ 佛海慧遠補三衢光孝。上文所說的內翰曾開居士與超然居士趙令衿訪之,問「善知識」義有省,說偈曰:「咄哉瞎驢,叢林妖孽。震地一聲,天機漏泄。

有人更問意如何，拈起拂子劈口截。」（《祖庭鉗鎚錄》卷二）

◆ 史浩四十六歲。

紹興二十二年壬申（1152）

◆ 寶曇二十四歲。

◆ 六月，應庵曇華在饒州東湖薦福禪院，該州州學教授嚴康朝為撰〈饒州東湖
薦福禪院語錄序〉云：「臨濟正宗，九傳而至佛果。虎丘嫡嗣，當代唯其應
庵。應庵以歷劫堅剛之心，見此道光明之本。天然師子吼，裂破野狐心。栗
棘金圈，不容情解；銅頭鐵額，也斷命根。要識應庵宗綱，莫向此紙上卜度。」
（《應庵曇華禪師語錄》卷二）。

◆ 福州帥府侍郎張宗元，招山堂洵禪師住寧德（在今福建）龜山（《歷朝釋氏
資鑑》卷一一）。
按：此張宗元非張鎡之父，見下文。

◆ 臨安守奉詔命擇僧智曇住持臨安府重建月輪山山壽寧院，重修六和塔。大檀
越和義郡王楊存中（1102-1166）率先眾力，出俸資助。又內臣董仲永
（1104-1165）居士「以家之器用衣物咸捨以供費，先造僧寮、庫司、水陸堂、
藏殿，安存新眾，俾來者有歸依祈求之地，以致中朝蓮社，聞風樂施；雲臻
霧集，雖遠在他路，亦荷擔而來。」（《松隱集》卷三〇）
按：曹勛所說的智曇，不聞於僧傳及僧史。臨安守是趙士彩。[29]居士董仲永是
內臣，字德之，因自號湛然居士，故曹勛以居士稱之。曹勛所作的〈董太尉
墓誌〉即是為董仲永所作。據曹勛說，他「自幼從學事佛，修種種功德，無
不感應。政和入仕，所經變故，皆全身遠禍，以重佛道書經之力。」又說他：

---

29 李之亮，《宋兩浙路郡守年表》，頁 27。

「遇仙佛道場必作嚴供而廻,手書佛經滿四大部,藏其他經呪,鏤板印施,莫可數計。」他又曾「創一淨坊在城東曰『因果院』,凡遺骸暴露,專用歸之;歲時齋設經呪,令僧追薦。里巷間不能營口腹,或不起疾,皆指董門為歸,公應之裕如,未始自德也。」[30]顯然是位虔誠的佛教徒。

◆ 妙峰之善生,一歲。

紹興二十三年癸酉（1153）

◆ 寶曇二十五歲。

◆ 春,朔日,左朝奉郎、新通判泰州軍州主管學事章倧（生卒年不詳）撰〈《慈明四家錄》序〉（《石霜楚圓語錄》卷首）。
按:章倧,建州浦城（今福建浦城）人,章惇（1035-1105）孫,葛勝仲（1072-1144）婿（《丹陽集》卷二四;《海陵集》卷二三）。

◆ 三月二日,張鎡出生,一歲。後多與方外游,寶曇為其好友之一。張鎡為循王張俊（1086-1154）之曾孫,其父張宗元於是年除右承議郎、知大宗正丞,年二十三歲（《建炎以來繫年要錄》卷一六四）。
按:張鎡詩之詩題〈宿治平院,長老善忍,自紹興癸酉四月住持,余是年三月生〉自言其出生年月（《南湖集》卷四）。其〈木蘭花慢—癸丑年生日〉一詞有句云:「年年三月二,是居士,始生朝。」（《南湖集》卷一〇）證明其為三月二日生。方回〈讀張功父《南湖集》序〉云:「南湖生於紹興癸酉,循忠烈王之曾孫。」（《桐江續集》卷八）

◆ 安撫龍學侍郎張宗元,致禮東山慧空（1096-1158）禪師,敦請開法郡之雪峯

---

30 關於董仲永之生平履歷,可參看何冠環,〈現存的三篇宋內臣墓誌銘〉,《中華文化研究所學報》第 52 期（2011）,頁 33-63。

（《福州雪峯慧空和尚語錄》卷末），是年慧空五十八歲。

按：南宋有兩張宗元，一為約齋居士張鎡之父，字會卿，是年二十三歲，歷官司農少卿、秘閣修撰，兩浙轉運副使，湖州知府敷文閣待制，會稽知府，皆在三十歲之後，不可能此時任安撫使及龍圖閣學士。《紹興十八年同年小錄》載其官銜為右宣議郎、直敷文閣。劉一止（1078-1160）作其妻〈宋故魏國太夫人向氏墓誌銘〉有謂：「**右承議郎、宗正丞張宗元其婿也。**」（《苕溪集》卷五〇）可見亦曾任右承議郎、宗正丞，皆其早年官職。另一張宗元字淵道，方城人，紹興十二年知靜江府（《粵西文載》卷六三）。即是韓元吉〈祕閣修撰鄭公墓誌銘〉中所說之「**龍圖閣直學士張宗元經略廣西**」者（《南澗甲乙稿》卷二〇）。此張宗元自紹興十九年（1149）以龍圖閣學士、左中大夫知福州，至是年四月移知洪州，[31]當為請東山慧空開法雪峰者。

◆ 冬十月三日，前瀘南帥、不動居士馮楫（濟川），預知十月三日報終，至日，令後廳置高座，見客如平時。至辰巳間，降堦望闕肅拜，請漕使攝郡事，著僧衣履，踞高座，囑諸官吏及道俗，各宜向道，扶持教門，建立法幢。遂拈拄杖，按膝蛻然而化。漕使請曰：「**安撫去住如此自由，何不留一頌，以表罕聞。**」公張目索筆，書曰：「**初三十一，中九下七。老人言盡，龜哥眼赤。**」復斂目，竟爾長往（《嘉泰普燈錄》卷二三）。

按：馮楫，遂寧（今四川）人，為叢林外護，有語錄、頌古行於世。曾從佛眼清遠禪師問道，並於宣和七年（1125）八月上休日，為《佛眼禪師語錄》作序（《古尊宿語錄》卷三四）。紹興七年（1137），除給事中，故禪史或稱馮給事。紹興中知涪州，官至敷文閣直學士。紹興八年（1138），隨僧作夏于徑山（見上文），因題《枯髏圖》曰：「**形骸在此，其人何在？乃知一靈，不屬皮袋。**」大慧見而謂之曰：「**公何作此見解耶？**」即和曰：「**只此形骸，即是其人。一靈皮袋，皮袋一靈。**」馮於是悚然悔謝（《羅湖野錄》卷下）。《嘉泰普燈錄》之記載未說明馮楫卒於何地。《人天寶鑑》（卷一）

31　李之亮，《宋福建路郡守年表》，頁 21-22。

載馮楫之卒期與《嘉泰普燈錄》略異，疑誤；但有記其卒地云：「紹興二十三年，公帥長沙。俄，報親知，期以七月三日報終。至日，令後廳設高坐，見客如平時。降階望闕肅拜。請漕使攝郡事，著僧衣履，踞高坐。囑諸官史〔吏〕及道俗，各宜進道，扶護教門。遂拈拄杖，按膝而化。」是知他卒於長沙。《佛祖統紀》（卷四七）亦云：「後以給事中出帥瀘南，率道俗作繫念會。及鎮長沙，於廳事設高座，著僧衣登座；謝官吏，橫拄杖於膝上而化。」是其卒地為長沙。茲考馮楫於紹興十三年（1143）九月由徽猷閣待制知邛州，改知瀘州，在瀘州至紹興十九年（1149）二月。[32]《嘉泰普燈錄》所載「出知邛州，移帥瀘南，所至宴晦無倦」，經歷略相符，唯無年月，又無帥長沙之記錄。《五燈會元》（卷二〇）則僅記「公後知邛州，所至宴晦無倦」，略掉知瀘州及長沙事，更為簡略。又李彌遜有〈跋濟川侍郎贈平老詩後〉云：「濟川方弱冠時，不學自悟。始求證於昭覺勤，今七十餘，精進不退，可謂聞而能脩，行解一如者。論其詩可知其人矣。」（《筠谿集》卷二十一）詩題中的「平老」，疑是下文所說的仗錫法平。而跋語說「今七十餘」，證明馮楫在七十餘歲以後卒。[33]

◆ 是年，史浩任溫州教授，與溫州江心龍翔寺之心聞曇賁（紹興朝）為方外交，時年四十八歲（《攻媿集》卷一一〇，〈瑞巖谷菴禪師塔銘〉）。

按：心聞曇賁（生卒年不詳）永嘉人，雖是臨濟黃龍派無示介諶（1080-1148）法嗣，但與大慧系之寶曇為好友。他曾住台州萬年寺及溫州江心寺。紹興二十三年（1153）史浩在溫州任教授時，與之為方外交（《補續高僧傳》卷一一）。其〈次韻賁長老〉，是與心聞唱和之作。詩云：「露地當年說白牛，反令後學莫能由。足行香陌無窮轍，家在清江欲盡頭。罣礙頓除猶是病，因緣未了且乘流。此山日夕浮桂氣，見則何煩蠟屐遊。」（《鄮峰真隱漫錄》卷四〇）心聞有偈頌甚多，見於《禪宗頌古聯珠通集》。遺著有《心聞和尚

---

32 李之亮，《宋川陝大郡守臣易替考》，頁 119。
33 《禪學大辭典》之〈禪宗史年表〉誤說他卒年四十七，不知何所本？見該書〈禪宗史年表〉頁 62。

語要》一卷傳世。他與陸游的老師曾幾（1084-1166）亦為方外友。曾幾自號「在家衲子」，是曾開之弟，也是下文與福州東山慧空長老有詩唱和之曾運使，諡號文清公。其長女婿為李光幼子李孟傳，是寶曇之友（見上文）。曾幾贊心聞像曰：「是心聞叟，寂然無聲。非心聞叟，儼然其形。視之非無，聽之非有。能如是觀，非心聞叟。」（《叢林盛事》卷下）

紹興二十四年甲戌（1154）

◆ 寶曇二十六歲。

◆ 夏六月，玉津比丘作〈《祖庭事苑》後序〉，述睦庵道人（北宋末）《祖庭事苑》經九頂澄公鏤板再梓之事（《祖庭事苑》卷末）。

◆ 中秋，比丘盡庵師鑒（生卒年不詳）作〈《祖庭事苑》跋〉，亦贊澄公再刊其書之志（《祖庭事苑》卷末）。

◆ 樓鑰之伯父樓璹（1090-1162）知揚州，有詩偈致心聞曇賁。
按：樓璹以繪製《耕織圖詩》四十五幅著名。

◆ 照堂了一被旨住徑山。他入徑山時，徑山「無一壟之地可耕，而學徒數千指。師入據方丈，檀施大集，不求而辦。」（《鴻慶居士集》卷三二，〈徑山照堂一公塔銘〉）。

◆ 史浩四十九歲。劉過出生，一歲，後為居簡之友。

紹興二十五年乙亥（1155）

◆ 寶曇二十七歲。

◆ 三月，徑山照堂了一示以微疾，退處明月堂。唱篋中衣供佛飯僧。翌日丁卯

（十四日）黎明，索筆書四句偈，投筆而逝，趺坐如生，俗壽六十四（《鴻慶居士集》卷三二，〈塔銘〉）。

◆ 十月望日，大慧弟子、江西湖隱堂釋子羅湖曉瑩序其所著《羅湖野錄》，其文云：「愚以倦遊，歸憩羅湖之上，杜門卻掃，不與世接。因追繹疇昔出處叢林，其所聞見前言往行，不為不多。或得於尊宿提唱，朋友談說；或得於斷碑殘碣，蠹簡陳編。歲月浸久，慮其湮墜，故不復料揀銓次，但以所得先後，會粹成編。命曰《羅湖野錄》。然世殊事異，正恐傳聞謬舛，適足浣穢先德，貽誚後來。姑私藏諸，以俟審訂。脫有博達之士，操董狐筆，著僧寶史，取而補之。土苴罅漏，不為無益云爾。」（《羅湖野錄》卷首）

◆ 十二月，宗杲蒙恩自便，准由廣東梅陽北還，時年六十七。為張縣尉普說曰：「在梅陽六年，受人供養，臨行，菴中所有動使之物，盡散與人。平昔所收些施利，悉用辦齋，遍請合郡僧道士庶，并見任官。」（《大慧普覺禪師年譜》）

◆ 史浩五十歲。秦檜（1091-1155）以老病乞致仕，未幾薨，享年六十五歲。

紹興二十六年丙子（1156）

◆ 寶曇二十八歲。

◆ 正月，宗杲離梅陽。三月十一日，於臨江軍新淦縣東山寺被旨復僧籍。十月，朝命住明州阿育王寺，參政魏良臣（1094-1162）請說法於能仁寺。十一月二十三日，又入明州報恩光孝寺開堂。時年六十八（《大慧普覺禪師年譜》；《大慧普覺禪師語錄》卷五、一七）。
按：《歷朝釋氏資鑒》（卷一一）誤繫於此事紹興三十、三十一年。《僧寶正續傳》（卷六）說「乙亥冬，蒙恩北還。明年春，復僧伽黎。尋領朝命，住明州。」「乙亥冬」即去年；「明年春」即是今年。《釋氏稽古略》（卷

四）說「十二月二十三日，詔住明州阿育王山廣利禪寺」，但不明是何年。又宋僧曇秀之《人天寶鑑》說：「紹興癸亥冬，大慧禪師蒙恩北還。時育王虛席，宏智和尚舉大慧主之。宏智前知其來多眾必匱食，預告知事多辦歲計，應香積合用者，悉倍置之，知事如所誡。明年大慧至育王。」紹興癸亥是紹興十三年，非大慧蒙恩北還之時間。故「癸亥冬」當是「乙亥冬」之誤。而「明年大慧至育王」之「明年」，即是年。張浚的〈大慧普覺禪師塔銘〉說大慧在衡州十年，徙梅州，又五年，「太上皇帝特恩放還。明年，復僧服。」茲考年譜，大慧於紹興十一年（1141）「追牒責衡州」；二十年（1150）「命移梅州」；二十五年（1155）十二月，「蒙恩自便」；二十六年離梅陽，同年三月十一日被旨復僧籍。可見張浚所說的「明年，復僧服」即此年。雖然如此，大慧真正入育王之時間是明年，故《明州阿育王山志》（卷八上）說：「次年丁丑，師年六十九歲，住育王。」

◆ 四月夏安居日，天童宏智正覺撰〈崇先真歇了禪師塔銘〉，形容其師如此：「師儀相頎長，初癯後腴。眉目疎秀，神宇靜深。舉動超遙，雲行鶴立。影響觸受，鑑淨谷虛。其量容機活，警敏用神。律身以嚴，不苟於行己；格言而簡，不倦于誨人。定慧圓明，道德昭著。一時賢士大夫，樂與之遊。諸方名德尊宿，難侔其盛。林僑社友，川趨海受。投爐鎚就刀尺，方圓長短，隨其宜也。善人信士，雲委山積。望威儀、聽教誨，見聞薰習，廣其勤也。以如幻三昧，遊戲世間；行平等慈，得自然智。導無前，而遜無後；有無外，而空無中。祖域之英標，僧林之傑出。嚴冬之日，破夜之月；洗寒之春，濯熱之秋。其慰人心也如此。」（《真歇了禪師語錄》卷一）。

◆ 松窗居士錢端禮（1109-1177）去郡三衢，遇應庵曇華禪師於諸途，遂「少留于白鶴寺，夜話終夕。而論辯從橫，如大川東注，袞袞莫知窮極，如駕輕車就熟路，周遊四方，而無留礙也。以是期此公必能振起楊岐一宗。後果遍住名山，所至雲衲歸重。」（《庵曇華禪師語錄》卷首，錢端禮序）

按：錢端禮，臨安府臨安人，為吳越王錢俶（929-988）六世孫，榮國公錢忱

（1083-1151）之子，官至參知政事兼權樞密院事，故禪史都稱「參政錢端禮」。他曾從護國此庵景元禪師發明己事，後於宗門旨趣，一一極之。又與簡堂行機（1113-1180）禪師往來（《嘉泰普燈錄》卷二三）。《宋史》不載他與應庵相遇事，亦不載與禪僧交游事。

◆ 李光由海南昌化北歸至郴州（今湖南東南），年七十九歲。冬，在郴州抄寫其幼子李孟傳所寄《華嚴經》第一卷，並作〈跋所書華嚴經第一卷〉，其文云：「紹興辛酉（1141）冬，予得罪南遷，幼子孟傳生纔六年，未能從行。今二十一歲矣。蒙恩近改郴江，一日書來，寄《華嚴經》一卷，曰：『鄉僧法久募士大夫如經之數各抄一卷』。自念八十之年，目昏手顫，字畫欹斜，貽笑同社，復憐其勤懇之意，不忍違之，晨起盥手焚香，日課纔三百字，凡十八日而畢。重惟此經所說華嚴重重世界，不可思議，而吾家長者所著《合論》發明至理，尤為簡妙。嗟乎！世人流轉，無量生死，昧其本心。如吾父子，隔闊既久，忘其面目，一旦相見，即日豁然；既知是父，歡喜悲涕，更無可疑。亦如善財童子，一念發心，頓無能所；自覺自悟，本來是佛，豈不了然哉？」（《莊簡集》卷一七）

◆ 史浩五十一歲。

紹興二十七年丁丑（1157）

◆ 寶曇二十九歲。

◆ 二月十日，劉一止撰〈《慧和尚四會語錄》序〉，自署太簡老人（《苕溪集》卷二四）。
　　按：此「慧和尚」為無傳居慧（1077-1151）。劉一止序文說他是「吳興人，俗姓吳。早歲習天台教，已而更復入叢林，從甘露長靈卓公得道。尋出世為人，閱四名剎，曰天聖、曰靈名山崇因、曰何山宣化、曰道場山護國。既示寂，門人道樞集四會演暢語句成編，俾信士刊行、散施，開悟後學。」（《苕

溪集》卷二四）又，劉一止也撰〈湖州報恩光孝禪寺新建觀音殿記〉（《苕溪集》卷二三），唯確切時間不詳。又，汪藻（1079-1154）撰〈何氏書堂記〉說：「余守吳興，得二禪老，曰慧林、曰居慧，使分居二山；慧居何山。數年，剪薙榛蕪，易其圮腐而一新之。于是，游道場者如入王侯之家，其隆樓傑閣，足以吞光景而納江湖。」（《浮溪集》卷一八）考汪藻於紹興元年（1131）十一月初三以龍圖閣直學士、朝散大夫赴湖州任，四年（1134）九月二十二日移撫州（《吳興志》），則無傳在何山應在此數年間。

◆ 三月丙寅，無垢居士張九成撰〈妙喜泉銘（有序）〉（《阿育王山志》卷四）按：《嘉泰普燈錄》（卷二三）謂是年秋，九成枉道訪大慧於育王，作〈妙喜泉記〉。妙喜泉係於去年大慧受請至育王時，命僧廣恭穿穴茲地為大池，鍬鋪一施，飛泉盆湧，知軍事秘監姜公見而異之，名曰妙喜。無垢居士為之銘曰：「心外無泉，泉外無心；心即泉，是泉即心。」是大慧入育王之時間應在是年初，三月之前。

◆ 寶曇入育王從大慧當在是年。其自撰〈龕銘〉謂從成都昭覺「挈包南來，從先大慧於育王、徑山。」（元祿本《橘洲文集》卷一〇）而大慧於前年冬，蒙恩北還，逢育王虛席，宏智正覺舉大慧主之，大慧果於今年至。未幾眾盈萬餘指，香積告匱，眾皆皇皇，大慧莫能措，宏智正覺遂以所積之物盡發助之，由是一眾咸受其濟。大慧詣謝曰：「非古佛安能有此力量？」大慧一日執宏智手曰：「吾二人偕〔皆〕老矣，爾唱我和，我唱爾和，一旦有先溘然者，則存者為主其事。」越歲，宏智告寂，大慧竟為主喪，不逾盟也。《人天寶鑑》（卷上）引《雪牕雜記》說大慧於紹興癸亥冬蒙恩北還，誤甚。紹興癸亥是紹興十三年（1143），當時大慧年五十五歲，在衡陽，不會「蒙恩北還」，已辨於上。

大慧入育王後，江湖海衲子輻湊育王，視大慧為天人師。有眾一千二百法席，至於食口弗給。有大慧高弟擇微者，眾推苦行，號「微高僧」，慨然而起曰：「吾事大慧，責居遐荒，逮茲去此十有七年，萬死一生，備償難棘。今龍天

歡喜，祖道中興，謂為緣化之倡。」乃帥同志二十輩，化八萬四千信士，各捐己帑，名「般若會」，裒爲求田供眾之資。時郡蔣貳卿、方公滋首爲之勸，遠近樂施，財帛雲委。未幾，大慧有旨移住徑山，其嗣大圓璞公繼之，乃令其徒彥平，就奉化東村請官「地海塗圩」而爲田；工傭浩博，以「般若會」所儲，用之不足。又請大慧衣鉢助之，合金十萬緡。施及三年，而大圓順寂。眾又以其嗣，住持普門從廓公繼之。時丞相岐國公湯思退（1117-1164）與大慧爲方外友，捨金協濟。又得無相大師靖公捐財，建造莊院，名「般若莊」（《補續高僧傳》卷一一；《阿育王山志》卷七）。

按：「蔣貳卿」、「方公滋」與「無相大師靖公」究係何人，恐已無考。大圓順寂之後，繼其席者實為慈航了朴。唯了朴上任不久，即為「有力者移居海下萬壽。」故《阿育王山志》所說「眾又以其嗣，住持普門從廓公繼之」，當不是繼其席之意，而是繼其開發圩田之努力。

是年夏至（至節）前一日，大慧於育王無異堂作〈無相居士像贊〉，[34]係應鄧子立之子鄧伯壽之請而作。文中云：「予與無相父子夙有法道因緣」。

◆ 仲夏十八日，沙門慧光錄舒州梵天琪和尚《註證道歌》，并作序於列岫軒（《證道歌註》卷首）。

◆ 秋九月，宏智正覺忽來鄞縣城中，謁郡僚及素所往來者。又至越上，謁帥守趙令詪（1099-1166）。[35]因遍詣諸檀越家，若與之別。十月七日還山，飯客如常。八日辰巳間，沐浴更衣，端坐告眾。顧侍者索筆作書，遺大慧禪師，屬以後事。又書偈曰：「夢幻空花，六十七年。白鳥煙沒，秋水天連。」擲筆而逝。龕留七日，顏貌如生。壽六十七（《宏智禪師廣錄》卷九，王伯庠撰〈行業記〉）。

按：周葵撰〈塔銘〉謂其圓寂時間在十一日。於秋九月壬申（十日）入四明，

---

34 日本奈良大和文華館藏大慧真蹟。
35 按：趙令詪之生卒年係根據李裕民，《宋人生卒行年考》，頁332。

又命舟至越，遍見常所往來者，若與之別。冬十月己亥（七日），還山飯客，笑語無異平昔。翼旦，作遺書與佛日杲禪師，且為徒書四句偈，投筆而逝。（《宏智覺禪師語錄》卷四）。《釋氏稽古略》（卷四）記載同。又，據說宏智沒後，寶曇之友雪窗張良臣拜龕陳偈云：「每憶竟陵江水碧，重來南岳白雲深。話頭舉著渾依舊，松竹哀涼自古今。」因為張良臣原為大梁人，幼隨父母來鄞，後雙親俱喪，為宏智收育而訓養之，名登仕版（《歷朝釋氏資鑑》卷一一）。又趙令誏於是年四月以左中奉大夫充秘閣修撰知越州，明年八月前離任。[36]故宏智見帥守趙令誏之說，當為可信。

◆ 十一月二十六日，徑山佛海智訥示寂，壽八十（《鴻慶居士集》卷三二，〈徑山妙空佛海大師塔銘〉》）。
按：孫覿（1081-1169）於靖康初守歷陽，被召過儀真（屬真州），與住天寧寺之智訥相識。其時，智訥在營一僧伽塔，高數百尺；又建一大輪藏，壯麗甲於淮海。孫覿歎曰：「公才吏用，不下澄觀。方時多故，而隱於浮屠中，可惜也。」終其生，與孫覿有「三十年之舊」（《鴻慶居士集》卷三二，〈徑山妙空佛海大師塔銘〉》）。

◆ 史浩五十二歲。張九成卒，壽六十八歲。

紹興二十八年戊寅（1158）

◆ 寶曇三十歲。

◆ 正月十日，宗杲於明州阿育王山廣利禪寺被旨再住徑山，望闕謝恩訖，拈勅黃示眾。二月十八日，就靈隱寺開堂，時年七十歲。隨即在徑山重建孚佑王殿及嚴像設，置東坡祠像於殿之右廡（《大慧普覺禪師年譜》、《大慧普覺禪師語錄》卷六）。寶曇〈龕銘〉說「從先大慧於育王、徑山」，應該是此

36　李之亮，《宋兩浙路郡守年表》，頁 71。

年入徑山。在徑山期間,寶曇所寫詩甚多,應包括以下數首:〈訪孤山林和靖梅塢陳迹〉、〈游參蓼泉懷東坡參蓼二老〉、〈觀潮行〉(《橘洲文集》卷一);〈渡錢塘二首〉(《橘洲文集》卷三)、其晚年又曾游西湖,亦寫〈九日西湖〉、〈與應兄之西湖二絕〉(《橘洲文集》卷二)等詩。前詩有「**試把黃花元自好,可憐白首不勝扶**」之句,後詩有「**它日西湖有此僧,年來怕見髮鬅鬙**」之句,可見都在晚年所寫,但時間不詳。

按:大慧入徑山後,育王由其法嗣大圓遵璞繼席。大圓於三年後順寂,由慈航了朴繼其席。是年,大慧示多人法語,含〈示鄧伯壽殿直法語〉。鄧伯壽見上文。去年之官銜為「閣使」。「閣使」設於唐,為宦官職,是東西上閣門使之簡稱,為武臣。[37]「孚佑王」是漢代閩越王郢之第三子,有勇力,號「白馬三郎」,因曾射中大鱓,土人因為立廟,祈禱輒應。紹定間增封「孚佑王」。年譜既說「重建」孚佑王殿,是徑山寺原已有是殿,因「**廚屋傾仆,蓋神龍欲師興建之始。**」(《大慧普覺禪師年譜》)是年九月,大慧還遣參徒之零陵求孚佑王殿記於丞相張浚。零陵在永州,屬宋湖南路(《方輿勝覽》卷二五),為張浚謫居之地。張浚於紹興二十年八月一日奉詔由連州移永州,(《宋會要輯稿》〈職官〉七六;《宋史》卷三○)為第二次謫居該地,時年六十二歲。至三十一年春,奉旨湖南路任便居住(《晦庵集》卷九五下,〈魏公張浚行狀〉)。

◆ 二月三日,高似孫出生,一歲。後為居簡之友。

按:高似孫,鄞縣人,字續古,號疏寮,四明望族高文虎(炳如,1134-1212)之子。高文虎為紹興三十年(1160)梁克家榜進士,高似孫為淳熙十一年(1184)衛涇榜進士(《南宋館閣續錄》卷八)。

◆ 春,雪巢法一禪師退席長蘆,歸天台萬年之觀音院,纔十日,忽示微疾。囑門人具龕釘內。至三月四日,書偈曰:「今年七十五,歸作庵中主。珍重觀

世音，泥她吞石虎。」入龕趺坐，別眾曰：「吾不能聽諸方來此寐語。」即自局鑰，有頃，主事令匠者啟龕，捫之，肉猶未冷。年七十五。八日，塔於觀音院之後。

◆ 三月十三日，雪峰東山慧空示寂於東庵，壽六十三（《雪峰慧空禪師語錄》卷末；《嘉泰普燈錄》（卷一〇）。

◆ 六月十八日，李光卒於蘄州，年八十二歲。
按：李光卒地說法不一，《宋史》作江州。朱熹所撰〈莊簡公墓誌〉作蘄州。《宋宰輔編年錄》及《會稽續志》與墓誌同（〈莊簡公墓誌〉見《山陰天樂李氏宗譜卷》二四）。

◆ 十一月初九日，左太中大夫、充敷文閣待制、知福州軍州事、提舉學事兼管內勸農使、充福建路安撫使、馬步軍都總管、歸安縣開國男、食邑三百戶。賜紫金魚袋沈調作〈楊居士《楞伽經纂》後序〉（《楞伽經纂》卷末）。
按：序文謂楊居士為福州長溪人，家于瀲浦。沈調于建炎間作邑長溪時，居士已去世三十餘年。沈調聞有是經纂，特趨瀲浦，謁其弟惇禮察院，得其所藏之本。楊惇禮言居士自少為學即有雋聲，一舉不第，便有遯世之意。去參諸方，深造禪理。既而結茅太姥之下，徧閱內典，獨於楞伽，自有所得，若夙緣所契，研窮咀味，凡數十年，乃作此論。

◆ 十二月十二日東掖山證悟法師圓智入寂，曹勛為撰〈天竺證悟智公塔銘〉，時年六十一歲（《松隱集》卷三五；《釋氏稽古略》卷四）。
按：曹勛之文或撰於是年，或撰於稍後。《釋門正統》（卷七）云：「節使曹勛記行業」，疑即指此塔銘。

紹興二十九年己卯（1159）

◆ 寶曇三十一歲

◆ 正月上元日，曹勛應淨慈寺住持佛智大師道容數次請求，撰寫〈淨慈創塑五百羅漢記〉。是年曹勛六十二歲。道容原在湖州，紹興初高宗幸淨慈，曾暫駐其地，左右推薦在湖州之佛智道容入寺為住持。蓋因建炎初，其寺遭回祿之災，至於「基址但存，緇褐蕭然，遂為荊榛之地。」當時之住山無興修之意，高宗巡幸其寺時，士大夫推薦道容，遂負起興復之責（《松隱集》卷三〇）。

按：是年六月四日，曹勛拜昭信軍節度使（《宋史》卷三七九）；《建炎以來紀年要錄》卷一八二）。

◆ 四月，宗杲再歸徑山。秋，因到育王，經由越上，與徐度（敦立）提刑再度相會。時年七十一歲，後作有〈示徐提刑〉（《大慧普覺禪師年譜》；《大慧普覺禪師語錄》卷二三）。

按：原文於徐提刑後有敦立二字，為徐度之字。徐度於是年四月二十六日移憲浙東，六月到任。是敦立為徐度之字。[38]徐度與其兄嘗問道於大慧之師圜悟，因而識大慧，故大慧於其書中說：「敦立道友，靖康中在夷門相會。是時春秋鼎盛，便知有此段大事因緣，可以脫離生死。與乃兄敦濟，時來扣問圜悟先師。但妙年身心，未能純一專志，理會簡事。別來忽地過了三十餘年，紹興己卯秋，予因到育王經由越上，時敦立提總憲綱，始獲再會，握手劇談。坐間只以此一段因緣為未了，更不及世間塵勞之事」云云。

◆ 四月朔，張九成序此菴淨禪師語錄（《續古尊宿語要》卷五）；未幾，病卒，年六十八。五月，大慧宗杲弔之於海昌，作文以祭，時年七十一歲（《大慧普覺禪師年譜》）。

◆ 陽羨周葵（1159-1174）撰〈宏智禪師妙光塔銘〉，距宏智正覺卒年（1157）兩年。時周葵任左朝請郎、直龍圖閣、知太平州軍州事、兼管內勸農營田使，

38　李之亮，《宋代路分長官通考》頁 1491。

年六十一歲。歷陽張孝祥（1132-1169）書此塔銘，時年二十八歲，任左宣教郎、試起居舍人、兼玉牒所檢討官、兼權中書舍人（《八瓊室金石補正》卷一一四）。

◆ 大休宗珏（1091-1162）經明州知府張俙（紹興朝人）之招，由雪竇入天童。入天童之後，「念太白名山實宏智之後，一遵規式，無所更改，道俗益嚮之。」（《攻媿集》卷一一〇，〈天童大休禪師塔銘〉）[39]

◆ 李光卒，年八十二歲。史浩五十四歲。韓淲生，一歲，隸籍上饒，後為居簡之友。

紹興三十年庚辰（1160）

◆ 寶曇三十二歲。

◆ 正月戊寅上元日，曹勛撰〈徑山羅漢記〉，時徑山住持為大慧宗杲。七月，又撰〈天竺薦福寺懺主遵式勅賜師號塔名記〉，時年六十三歲（《松隱集》卷三〇）。

◆ 秋，福州太平寺正言長老率諸禪同力，刊明教契嵩之《傳法正宗論》，板于福州開元寺大藏。住壽山廣應禪寺嗣祖佛燈大師法珊跋。教忠崇報禪寺住持嗣祖比丘道印校正（《傳法正宗論》卷首）。

十月二十日，毗陵無著道人妙總跋《羅湖野錄》，跋文中云：「妙總窮居村落，不聞叢林勝事久矣。比者江西瑩仲溫遠自雙徑來訪山舍，娓娓談前言往行，殊慰此懷。」（《羅湖野錄》卷末）

---

39 按：塔銘原文將「直閣」誤為「真閣」，「宏智」誤為「寵智」，顯為誤刻。

按：妙總（1095-1170），字無著，宋哲宗朝丞相蘇頌（1020-1101）之孫女。
曾登徑山參大慧而悟，大慧以偈印之。於紹興三十二年（1162）祝髮披緇。

◆ 八月二十日，大慧撰〈跋王日休龍舒淨土文〉，[40]（《龍舒淨土文》卷一○；
《大慧普覺禪師年譜》）。是年宗杲七十二歲。孝宗居建邸，親書「妙喜庵」
三字並製真讚賜宗杲。又以頌送鄧子立直殿還都下（《大慧普覺禪師年譜》）。
按：此跋於《龍舒淨土文》中，題為〈妙喜老人跋〉。《歷朝釋氏資鑒》於
此事之繫年有誤。

◆ 史浩五十五歲。樓璹卒，享年七十三。

紹興三十一年辛巳（1161）

◆ 寶曇三十三歲。

◆ 四月，宗杲謝事徑山，五月初一遂所請，知省李公伯和施錢重建明月堂為師
佚老之居，時年七十三歲。可能於謝事前作〈示顯德居士御帶黃公仲威入道
頌〉云：「空卻十方三世，去卻千非一是。目前炬赫光明，日用隨緣遊戲。」
又作〈題知省張公宗元隨分樓〉、〈董公德之假山跋〉。
按：此張公宗元疑非張鎡之父，而為張淵道。董公德之則為紹興朝任內都知
（內侍省左右班都知）之內臣董仲永。[41]大慧於二十七年丁丑（1157）曾作〈示
內都知董德之入道頌〉（《大慧普覺禪師年譜》）。

◆ 五月三日，張孝祥入昭亭訪應庵、如庵二禪師（《于湖集》卷六）。
按：張孝祥是年三十歲。依〈應庵退席蔣山來寄昭亭，萬壽三請不得已而去，
輒贈長句兼簡蘇州內翰尚書〉，應庵是在住蔣山之後，來寄宣州昭亭山。不

40　《大慧年譜》紹興三十年庚辰條說〈跋上日休龍舒淨土文〉，當為誤刻。
41　關於董仲永，見曹勛，〈董太尉墓誌〉，《松隱集》卷 36，頁 5a-10。何冠環，〈現
存三篇宋代內臣墓誌銘〉，《中國文化研究所學報》第 52 期（2011），頁 33-63。

久即應請入平江報恩光孝寺，該寺即是張孝祥所說之萬壽寺。故應庵在其七月初七日之〈答翔鳳山顯忠資福詮長老法嗣書〉謂：「吾謝鍾山，寓宣城昭亭。未幾，赴姑蘇光孝。方兩月，長老受鳳山之請，道由姑蘇，首來相見。道義不忘如此也。」該書是以平江光孝住持之身分所寫（《應庵曇華禪師語錄》卷九）。應庵在昭亭之時，張孝祥有贈詩數首，都言及昭亭。此外，翔鳳山顯忠資福寺在明州，詮長老即是應庵的嗣法門人、編寫《應庵曇華禪師語錄》的鳳山守詮。

◆ 九月，大慧之山東，歷陽張孝祥自宣城來致敬請法要，而別施衣盂，重建選佛堂（《大慧普覺禪師年譜》）。

◆ 十月旦，張孝祥應龍舒王日休之請，為其《龍舒淨土文》作序。序中云：「友人龍舒王虛中，端靜簡潔，博通群書；訓傳六經諸子數十萬言，一旦指之曰：『是皆業習，非究竟法，吾其西方之歸。』自是精進，惟佛惟念。年且六十，布衣蔬茹，重趼千里，以是教人，風雨寒暑弗皇恤。閒居日課千拜，夜分乃寢。面目奕奕有光，望之者信其為有道之士也。紹興辛巳秋，過家君於宣城，留兩月，始見其《淨土文》。…將求信道鋟木傳焉，諉余序其書，故為之題其端云。虛中名日休。十月旦，狀元歷陽張孝祥序。」（《于湖集》卷一五）是其與王日休會面之時間在八月。

◆ 史浩五十六歲。

紹興三十二年壬午（1162）

◆ 寶曇三十四歲。

◆ 大慧退居明月堂後，於是年二月之金陵謁丞相都督張浚，時年七十四歲。〈塔銘〉曰：「師雖方外士，義篤君親，每及時事，愛君憂時，見之詞氣。晚自徑山來秣陵見某，言先人不幸無後，某之責。願乞一給使，名籍公重，庶有

肯就者。某為惻然興歎，遂奏其族弟道源奉師親。」九月，孝宗即位，詔宗杲問道，適臥疾，特賜大慧禪師號，以為褒寵（《大慧普覺禪師年譜》）。

◆ 秋，國學進士龍舒王日休（1105-1173）作〈《大阿彌陀佛經》序〉（《大阿彌陀佛經》卷首）。

◆ 八月，大休宗珏（1091-1162）卒於天童，壽七十二（《攻媿集》卷一一○）。其虛席由應庵曇華補之。但應庵曇華住天童未及一年，於明年六月十三日遷寂（見下文）（《應庵和尚語錄》卷一○）。

◆ 九月底，大慧宗杲作〈祭榮侍郎文〉（《大慧普覺禪師年譜》）。榮侍郎為剛去世之榮薿（？-1162），亦即大慧語錄中之榮侍郎茂實。榮茂實，名榮薿，茂實為其字，又字茂世。儀真人，紹興中累官朝請大夫知襄陽。紹興二十六年，以右朝散大夫直祕閣知臨安府，調權戶部侍郎。故大慧以侍郎稱之。榮薿曾於生日時請大慧陞座說法，又曾問大慧佛之大事因緣，與大慧頗相契（《大慧普覺禪師語錄》卷五、三○）。大慧除作〈祭榮侍郎文〉外，還作〈榮侍郎畫像讚〉云：「謂渠似維摩耶？無佛病、法病。謂渠似龐公耶？有男婚、女嫁。超然透過兩翁，畢竟二邊俱化，夫是之謂榮二卿。袖手儼然，神情閑暇者也。」（《普覺宗杲禪師語錄》卷二）

◆ 是年，張孝祥之〈重入昭亭賦十二韻〉，表達他對應庵曇華及如庵用之懷念，可能作於此年，詩中云：「長懷昭亭山，積翠摩青天。下有千柱宮，突兀數百年。往者雪中游，羣峯玉回旋。飛閣出木末，下瞰春無邊。堂中二老人，龍象開法筵。炯炯月在空，浩浩海納川。應庵默無言，妙處心已傳。如庵說千偈，微辭諦真詮。」（《于湖集》卷三）是年張孝祥三十一歲。
按：如庵身分不詳。張孝祥於是年二月從建康赴撫州知府任時過宣城。約在五、六月間到撫州任。應庵曇華時年六十歲，張孝祥作〈應庵老偈二首〉曰：「應庵老子六十，我已新添一年。欲話元正啟祚，山僧約我茶邊。涉世須三

洗骨,憂時定九回腸。借我昭亭一榻,伴師掃地添香。」(《于湖集》卷二六)「昭亭」為敬亭山之古名,在安徽宣城,可見此時應庵曇華仍在宣城,但已經準備赴平江萬壽寺。

◆ 史浩五十七歲。

孝宗隆興元年癸未(1163)

◆ 寶曇三十五歲。

◆ 正月庚子(九日),史浩拜尚書右僕射同中書門下平章事兼樞密使,時年五十八歲(《宋史》卷三三)。史浩佚老於鄉,每與四明延慶講師覺雲智連(1089-1164)相過從,並問法要。覺雲曾訪宏智正覺於天童,同登千佛閣,兩人談「空中有相」與否,宏智大服覺雲之言。歎曰:「南湖之任非師而誰?」即薦覺雲於郡,領南湖延慶講席。「十年,講無虛日,而眾宇畢成。」逝於同年十二月十八日(《佛祖統紀》卷一六)。[42]

◆ 五月辛卯(一日),周必大遊徑山。其〈癸未歸廬陵日記〉載曰:「長老蘊袞來迓,同訪黃世永文昌從政,遂見杲禪師於明月堂。癸巳(三日),同世永出寺門,步至南塔峰,眼界可亞含暉,連日冒嵐氣,又陪杲禪師蔬食,遂作〈脾寒〉。甲午(四日),別杲老下山,杲令侍者了賢同世永送別無相寺,未時抵餘杭,小酌沈家,遂行。」(《文忠集》卷一六五)。[43]
按:是年周必大三十八歲。三月,以遷祔祈祠主管台州崇道觀。五月,至寧都省尚氏姊。六月,至吉州,寓居永和鎮本覺寺(《周益國文忠公年譜》)。

---

42 按:隆興元年十二月十八日,換算成西曆為次年元月十三日,故其卒年為西曆 1164 年。
43 按:四庫本《文忠集》誤「杲禪師」為「果禪師」,見《文忠集》卷 165,頁 8b。

◆ 六月初三日，龍圖閣直學士、左通議大夫大夫兼四明沿海制置使趙子瀟（1011-1166）到任，未幾，命石窗法恭（1102-1181）主報恩寺（《攻媿集》卷一一○）。

按：趙子瀟於是年六月初三日赴明州守任，年六十四歲，是其命法恭主報恩在六月之後。明年六月初八除知福州。[44]又趙子瀟入四明後不久，天童應庵曇華即示寂（見下）。依《叢林盛事》之說，應菴歸寂於天童，太守聞其風，命慈航了樸繼席。故慈航了樸之入主天童，實趙子瀟之力。

◆ 六月十三日，天童應庵曇華禪師遷寂，年六十一（《應庵和尚語錄》卷一○，〈塔銘〉；《佛祖歷代通載》卷二○；《釋氏稽古略》卷四）。當日，左承議郎太常丞兼權尚書吏部郎官李浩為撰塔銘，中云：「歲在庚午，始識師於番陽，十四年于今。」又以香茶之奠，作祭文一篇，略云：「走之於師，爰自相視而笑，授受兩忘。昔不為初學，今不為宿習；淮江異出不為阻，儒釋異容不為間。時從杖屨、日瞻槌拂不為親；曠紀彌年元字腳不通不為疏。生而咨叩不為敬；死不哭臨不為慢。善觀走於師者，於一奠焉，而觀之無餘蘊矣。尚享。」（《應庵曇華禪師語錄》卷一○，〈塔銘〉、《嘉泰普燈錄》卷一九）

按：應庵曇華於去年由蘇州入天童，補大休宗珏之虛席。張孝祥於是年三月末離撫州赴平江任，五月末抵平江（《吳郡志》卷一一）。在撫州時，知卍庵道顏（1094-1164）欲離東林還蜀，曾作〈請道顏住撫州報恩疏〉（《于湖集》卷二五），又有〈去年正月三日雪霽，入昭亭訪應庵、如庵二老，今年在臨川追懷昔游，用寄卍庵韻〉一詩，可見他與應庵、如庵及卍庵道顏之交游。赴平江前又作〈卍庵自東林欲還蜀某以報恩招之，大人賦詩勸請，再次韻〉一詩，首二句為：「憶携挂杖過東林，掣電犇雷聽法音。」（《于湖集》卷六）抵平江時，應庵已離蘇州，兩人未晤。故其〈用韻簡天童應庵〉一詩云：「敬亭松竹古叢林，二老風流舊賞音。樓閣長開太平象，鐘魚能洗祖師

---

44 李之亮，《宋兩浙路郡守年表》，頁 279。

心。別來黃鶴還千里，盟在白鷗當再尋。却憶西堂大言客，只今高坐海雲深。」
（《于湖集》卷六）此詩係用勸請卍庵入平江報恩寺之詩韻作，故只云「用
韻」。詩中之「二老」指應如庵及卍庵，或許是因兩人還在東林之故。「西
堂大言客」當是指應庵，可能是他曾入如庵之寺作客。不過如今他已經到靠
海的天童山了，故說「只今高坐海雲深。」又，李浩字德遠，號正信，稱正
信居士，已見上文。他幼閱首楞嚴經，如游舊國，志而不忘。《嘉泰普燈錄》
（卷二三）說他登第後，聞衢州明果寺應庵曇華禪師與大慧之道為二甘露門，
乃造明果，投誠入室云云。此說與李浩塔銘所謂「始識師於番陽」之語不符，
以曇華住衢州明果在饒州之先，鄱陽在饒州，既言「始識師於番陽」，怎又
有先「造明果，投誠入室」之說？李浩為陸游之好友，陸游於其〈松源禪師
塔銘〉中說：「亡友臨川李德遠浩，實聞道於應菴，蓋與密菴同參。李德遠
每與某談參問悟入時機緣言句，率常達旦。」（《渭南文集》卷四〇）又，
《嘉泰普燈錄》言李浩見曇華時，曇華搊其胸曰：「侍郎死後向甚麼處去？」
李浩駭然汗下。曇華喝出，李浩退參。不旬日，竟躋堂奧。以偈寄同參嚴康
朝教授曰：「門有孫儐鋪，家存甘贅妻。夜眠還早起，誰悟復誰迷。」上文
說李浩在紹興二十年庚午（1150）認識在饒州報恩光孝寺之曇華，當時應是
饒州司戶參軍。而嚴康朝教授曾於紹興二十二年壬申（1152）為應庵在饒州
薦福寺之語錄寫序，當時署銜為左宣教郎饒州州學教授。兩人在曇華下為「同
參」，應無疑問。但李浩於孝宗朝才拜吏部侍郎，而且是在乾道九年（1173）
知桂州靜江府之後，曇華在饒州之時或在其有生之年，都未見李浩拜侍郎。
怎會用「侍郎」之銜來稱李浩？疑是語錄編者守詮追述其語而改「居士」為
「侍郎」。

◆ 七月初三，曹勛撰〈崇先顯孝禪院記〉上石，時年六十六歲（《松隱集》卷
三〇）。

◆ 八月十日，大慧示寂於徑山明月堂，年七十五歲，詔以其堂為「妙喜庵」（《大
慧普覺禪師年譜》；《大慧普覺禪師語錄》卷六；《釋氏稽古略》卷四）。

敷文閣直學士左朝奉大夫提舉江州太平興國宮徐林撰有祭文,中有句云:「師寓衡陽,我遷南土。移書相問,欣然心許。歲在己卯,始覩慈顏。」「己卯」應是紹興二十九年（1159）,距此年不過四年。遺書至天台國清禪寺,住持瞎堂慧遠上堂云:「容路如天遠,情忘道義深。虛空無向背,何處覓家音?莫有知我師兄去處底衲僧麼?出來指看。」又云:「道大兮功不立,隔無兮方莫存。跨鼇頌兮歸巨海,挾月角兮出天門。乃是我徑山大慧法兄禪師,殊不念天倫義重,棣蕚情深。訃音忽來,捨我而去。嗚呼!正宗澹泊,前輩凋零。苦海漂流,慈舟傾覆。法門不幸,何痛如之。」[45]又驀然拈拄杖云:「大地毗嵐起,人天覺樹摧。白雲歸大壑,慘霧結成堆。淼淼江天門,聲聲喚不回。」復云:「智光當不夜,隨處作雲雷。」(《瞎堂慧遠禪師廣錄》卷一)。大禪了明奉詔住徑山(《增集續傳燈錄》卷六)。

◆ 詔徑山能仁禪院大慧禪師宗杲賜號普覺禪師,塔以「寶光」為額。先是,孝宗嘗賜宗杲御書「妙喜庵」以及御製贊誦。宗杲卒,其徒了賢等請以宗杲所居妙喜庵奉御書於閣上,乞賜師號、塔額,故有是命(《宋會要輯稿》〈道釋一之八〉)。

◆ 十月九日,雙槐居士鄭績致薄祭于大慧普覺禪師塔前,遂作五偈,以道追慕之情。關於雙槐居士鄭績,詳見下文。

◆ 十一月五日,陸游撰〈跋杲禪師蒙泉銘〉。〈蒙泉銘〉為宗杲為遂翁處良禪師所作。處良初為宗杲侍者,後從卍菴道顏為書記,「遊二師間,皆受記莂。餘事能文詞,善筆札,諸方翕稱良書記。」(《渭南文集》卷四〇)

◆ 十二月十八日,延慶覺雲講師智連化寂,樓鑰為作〈延慶覺雲講師塔銘〉,應其叔祖居士請也(《攻媿集》卷一一〇)。火浴得舍利,葬骨於崇法祖塔

---

45 原「棣蕚清深」,疑誤,改成「棣蕚情深」。

之旁（《佛祖統紀》卷一六）。

◆ 是年，寶曇或寫〈送黃給事帥湖南〉（《橘洲文集》卷一）。此黃給事疑為
是年知潭州的黃祖舜（1100-1165）。因為在寶曇生前幾位守湖南的黃姓知府
中，僅黃祖舜曾兼權給事中（《宋史》卷三八六）。唯黃祖舜除曾通判泉州
和知湖南外，仕宦經歷都在中央，與寶曇如何相識，無可查考，其詩中也看
不出端倪，只能假設他是寶曇贈詩之對象。
按：黃祖舜，字繼道，晚號篔溪宮人，福建福清平南里大壤人。宣和六年（1124）
進士，累遷權刑部侍郎。紹興三十一年（1161），任同知樞密院事兼權參知
政事。

◆ 寶曇友人張良臣舉進士，與樓鑰為同年。樓鑰〈書張武子詩集後〉云：「武
子〔張良臣〕拱人也，父避地南來，往返明、越，遂家於明。隆興初，與予
為同年。」（《攻媿集》卷七〇）

◆ 慈航了朴於應庵曇華遷寂後，四明州守趙子瀟（1101-1166）聞慈航了朴之風，
命了朴繼天童之席，一住二十二年（《叢林盛事》卷上）。了朴主天童二十
餘年，頗有建樹。樓鑰曾說：「後有慈航了朴，一坐亦二十年，起超諸有閣
於盧舍那閣之前，複道聯屬，至今巋然相望。又大築海塘，增益歲入，由是
天童不特為四明甲剎，東南數千里亦皆推為第一。…皇子魏惠憲王出鎮〔四
明〕，一見慈航，歡若平生。暇日來游，顧瞻山林，登玲瓏、坐宿鷺，或累
日不忍去，因圖以進于上。會稽郡王太師史文惠公，又從容奏請，遂有四大
字之賜，瑰奇絕特之觀，無以加矣。」《攻媿集》卷五七）
按：《叢林盛事》只說「應菴歸寂於天童，太守聞其風，命朴繼席。」未說
太守是誰。考應庵曇華在隆興元年（1163）遷寂時，四明的州守是趙子瀟，
趙子瀟於隆興元年元年六月三日到任，[46]而應庵於同年六月十三日遷寂。故命

---

46 李之亮，《宋兩浙郡守年表》，頁 279

慈航了朴繼應庵之席的是趙子瀟。皇子魏惠憲王是趙愷（1146-1180），為孝宗第二子。他在淳熙元年（1174）底被命鎮四明，守四明六年餘，而於淳熙七年（1180）卒於任上，年紀不過三十五歲。在四明期間，與育王住持妙智從廓、天童慈航了朴都有來往，還虛雪竇席，迎別峰寶印（1110-1191）為住持（見下文）。可以說是禪林之外護。他支持慈航了朴，還圖其形上孝宗，使孝宗對慈航了朴有所認識。其後，卸任宰相在四明著書的史浩又從旁奏請，孝宗才於淳熙五年（11178）賜天童「太白名山」之御書，這就是樓鑰所說的「四大字之賜」。

◆ 懶庵道樞或於是年詔住靈隱（《續傳燈錄》卷三三）。

◆ 樓鑰登進士第，年二十七歲（《宋史》卷三九五；《絜齋集》卷一一）。

◆ 張浚卒，得年六十八歲。
按：張浚與大慧宗杲關係甚深，是大慧塔銘之作者。除了大慧之外，他還為永道法師作塔銘。他號紫巖居士，大慧曾作謝紫巖居士偈云：「紫巖分惠建谿茗，妙喜答以青州衫。得人一牛還一馬，前三三與後三三。」（《大慧普覺禪師語錄》卷一一）顯示張浚贈大慧建溪的名茶。

卷二、孝宗隆興二年（1164）至孝宗淳熙十五年戊申（1188）

隆興二年甲申（1164）

◆ 北磵居簡出生，一歲；寶曇三十六歲。
按：居簡字敬叟，蜀潼川通泉龍氏子。世業儒，父文寶，母楊氏，生三子，師其次也。天資穎異，所業絕出，每見佛書必端坐默觀如夙習（《物初賸語》卷二四、〈北磵禪師行狀〉）。明僧所編的《續傳燈錄》（卷三五）說他是「蜀之潼川王氏子」，與大觀之說法有異，不知何所據？稍晚的《增集續傳燈錄》則說他是「潼川龍氏」，顯係根據大觀所撰行狀（見敘論）。

◆ 春，蔣山大禪了明（？-1165）禪師自蔣山奉詔住徑山，繼大慧法席《佛祖歷代通載》卷二〇）。了明為大慧法嗣（《雲臥紀談》卷上）。

按：「蔣山」，《雲臥紀談》誤作「莊山」。「蔣山」即是「鍾山」。據說漢末有秣陵尉蔣子文逐盜死事於此，吳大帝為立廟，封曰蔣侯。大帝祖諱鍾，因改為蔣山（《景定建康志》卷一七）。曉瑩之《雲臥紀談》（卷上）說：「徑山明禪師，紹興辛酉，隨侍大慧老師過衡陽。日化於市，以贍菴眾須，一繩為率。癸亥秋，辭往浙西持鉢，期明年上元回。」明禪師是大慧弟子大禪了明，在衡陽隨侍大慧三年，後入蔣山。《雲臥紀談》說大禪了明是隆興元年（1163）春由蔣山被旨住徑山，但隆興元年春，大慧還在徑山，雖已退居明月堂，但至八月才示寂。了明先奉詔來繼其席，但至此年初才赴任。此時已是了明之晚年，因他在蔣山時，張孝祥曾有〈蔣山明老贊〉云：「衡陽梅嶺，被本師打得背喝；鍾阜長蘆，上法座叫得地動。晚年雙徑，卻遇知音。因喫乳糖過多，併將漆桶打破。賀賀，識渠麼？十字街頭每相逢，百尺竿頭還蹉過。」「晚年雙徑，卻遇知音」之語，顯示了明入徑山時已在晚年（《于湖集》卷二六）。張孝祥於隆興二年二月兼都督江、淮軍馬參贊軍事，並兼知建康府。三月一日，又以左承議郎、充敷文閣待制知建康府事。[47]他遇大禪了明應在是年二月之後，寫〈蔣山明老贊〉也應在二、三月間。而了明入徑山繼大慧法席在是年此時也較合理。又，《佛祖綱目》（卷三八）說：「初宗杲謫衡州，州縣防送甚嚴，或以為禍在不測。明為荷枷以行，間關辛苦。未曾少息。既至貶所，衲子追隨，問道者，率不下二三百人。杲以齋粥不給，且慮禍，嘗勉之令去，明報不肯，以身任齋粥。每肩栲栳行乞，至晚，即數十人為之荷。米麵薪蔬，食用之屬，成列以歸。衲子雖多，無不具足。如是者十七年如一日。杲復僧及住育王，明嘗在庵下。…舉令出住舒州投子。遷住長蘆，衲子輻湊，叢林改觀。杲住徑山，明來供施及飯大眾。」可見了明跟隨大慧時間甚長，是大慧的忠實弟子。

---

47 《景定建康志》（成都：四川大學出版社，《宋元珍稀地方志叢刊》，2007）卷 14，頁 624；辛更儒，《張孝祥于湖先生年譜》，頁 140。

◆ 五月二十三日，卍庵道顏示寂於昭覺，壽七十一（《嘉泰普燈錄》卷一八）。
卍庵道顏曾住東林，與張孝祥有厚交（見上文）。寶曇參大慧宗杲後，曾從
學於卍庵。

◆ 十月十八日，趙伯圭（1119-1196）以敷文殿直學士、右奉議郎兼沿海制置使
知明州到任，至乾道二年十二月十八日。三年二月十四日丁母憂（《寶慶四
明志》卷一）。明年，於廣福水陸院建廣生堂，待制朱翌（1097-1167）記之
（《寶慶四明志》卷一一）。命僧處真度滄州閣後為堂，供佛作證（《乾道
四明圖經》卷九）。
按：此是趙伯圭首度鎮四明，朱翌在其記中說：「敷文閣直學士趙公伯圭守
四明，仁質慈厚，術智通練。府不生事，野不見吏。不外取、不費出。菽麥
既登，秋稼倍常。颶風駭浪不作，海行宿席展枕安；稚耋誦公撫我似邵父杜
母。乃復放生池於西湖，仰祝無疆聖壽。以廣福院奉香火眾寓客。月七日，
帥郡人挈水族合誦經，梵唄鐃鼓縱之湖；脫砧几鼎鑊，其樂宜如何？銜懷恩
施，口不能言耳。」（《至正四明續志》卷一一）

◆ 十一月既望，左奉議郎前提舉福建路市舶，拙齋林之奇（1112-1176）作〈《傳
法正宗記》題記〉，自署「晉安林之奇」。其題記云：「嵩明教之在釋氏，
扶持正宗，排斥異說，辭而闢之，咸有援據。所謂『障百川而東之，迴狂瀾
於既倒』者也。諸老出力，共廣此書。皆湜、籍輩用心也。隨喜之緣有大於
此者乎？」（《傳法正宗記》卷一）
按：林之奇，福州侯官人，世稱三山先生。紹興二十一年（1151）進士，累
官校書郎。著有《拙齋集》、《觀瀾集》等，皆已不傳。

◆ 史浩於去年一月拜右丞相，四月去位。是年閒居在四明家，生第三子史彌遠，
時年五十九歲。史彌遠出生，一歲。

孝宗乾道元年乙酉（1165）

◆ 居簡二歲、寶曇三十七歲。

◆ 樞密院編修官王質（1135-1189）或於是年作〈大慧禪師《正法眼藏》序〉，
序中云：「紹興二十七年，余在杭，遇大慧禪師于戶部侍郎榮公茂世之家。
余方年少氣壯，持先儒故事觝佛甚力。遇其徒，輒憎之，于是引卻，弗與語。
明年又遇于湖之東林，待之如故。又五年，師終于徑山，而《正法眼藏》先
行于世，時隆興元年也。又一年，余夜宿金山之方丈，不得寐，信手而抽几
案文書，得此閱之，至洪爐點雪，恍然非平時之境。竟夕危坐，如行曲徑斜
溪，蒙籠繚繞，忽林斷川明，曠然平原巨野之陳前也。眉目周張，莫知其何
以致此。將從之遊以所省咨之，則已無及顧，遺恨終不可釋。又一年，見語
錄數種，則淨智居士黃君文昌所纂者也。益浩歎長吁，恨一再遇師而不克親，
以至欲見而不可復得已矣。余生平無所甚恨，而此恨則與江河同流，無時而
極也。」（《雪山集》卷五）
按：王質字景文，號雪山。與張孝祥及榮茂世交好。故序文中「戶部侍郎榮
公茂世」，即其好友榮茂世，也就是上文所說的榮嶷。由於榮茂世與大慧關
係甚深，王質於其府上遇大慧，當不是偶然。紹興二十七年，王質二十三歲，
確實是「年少氣壯」。寫此序時，王質亦不過三十一歲，但對過去之觝佛已
後悔不已，對大慧之印象亦完全改觀。

◆ 是年至淳熙七年年，曾覿（1109-1180）先任權知閤門事（《宋會要輯稿》〈職
官〉五一），後任同知閤門事（《宋史》卷三三）。寶曇之〈曾知閤相宜堂〉
當作於此時。其詩云：

> 竹不解俗語，頗識天語香。經年北牕夢，十倍西湖凉。
> 隱几湖上人，恰恰脩竹長。有時共竹語，風雨撼一床。
> 屋閒恐飛去，著繡圍上方。念君愛以心，如愛竹在傍。
> 亦如夜深月，照我冰雪腸。閒官固自好，要地庸何傷？
> 約束萬卷書，提携雙錦囊。日邊有新宅，不種一畝桑。

　　朝回碧幢底，真上相宜堂。（《橘洲文集》卷一）

◆　史浩六十歲，史彌遠二歲。

孝宗乾道二年丙戌（1166）

◆　居簡三歲、寶曇三十八歲。

◆　正月吉旦，天童寺住山苾芻守詮撰〈《應菴曇華禪師語錄》後記〉云：「參
　　政大資相國錢公序于前，太傅和義郡王楊公，施財鏤其板。是皆牆塹宗門，
　　為法檀度。傾滄溟之量，溢般若之海，俾見聞獲益，迷悟超情。一念含虛，
　　三際悉平等。所謂成佛作祖大居士，誠哉是言。」（《應菴曇華禪師語錄》
　　卷一〇）
　　按：參政錢公指錢端禮，已見上文。其序曰：「道不可以言傳，不可以情解，
　　不可以識識。夫如是則應庵語錄，將何用哉？自昔古尊宿，未嘗有無言者。
　　如以黃葉止小兒啼，坐斷中邊，超脫三際，謂之參活句，非學語之流所能解
　　也。後世師法之，是之謂不朽。此應庵所以不得默默而住已。師頃掛錫天台
　　護國，為元布袋所稱賞，請為第一座，軒然如野鶴之出雞林。自是諸方聲名
　　籍甚。紹興丙子，余去郡三衢，乃遇諸途，少留于白鶴寺。夜話終夕，而論
　　辯從橫，如大川東注，衰衰莫知窮極；如駕輕車就熟路，周遊四方，而無留
　　礙也。以是期此公必能振起楊岐一宗，後果遍住名山，所至雲衲歸重。最後
　　天童法席尤盛，肩相摩、袂相屬，隨其根器，聞其法者，咸有所得。顯忠詮
　　又其嶄嶄出頭角者；既住鳳山，即編類師生平所說為一帙，以傳後學，厥志
　　可為勤矣。所謂從苗辯地，因語識人，則不可無此錄。然以正眼觀之，借使
　　如珠走盤，空花亂墜，猶未是見應庵道理。斯事實難商攉，有志之士，宜著
　　精彩，則師之話行也必矣。」[48]文中之「顯忠詮」即是顯忠守詮。

48　「默默而住」，原作「默默而但」，疑為誤刻。

◆ 春，李泳以其先君作大祥，至育王做佛事，訪其父之舊友普門擇微禪師，論
　及塗田首尾，及募緣甃砌大嶺之上塔磚路數千丈事。淳熙二年六月，李泳作
　〈上塔般若會碑〉記其事，時為脩職郎、前兩浙東路安撫司准備差遣（《阿
　育王山志》卷七）。
　按：李泳，字子永，號蘭澤，又號淡齋，廬陵人，與張孝祥相善。淳熙中嘗
　為溧水令，又為阬冶司幹官，與兄洪（子大）、漳（子清），弟浙（子秀）、
　泫（子召）著《李氏華萼集》（《宋詩紀事》卷五六；《玉照新志》卷四；
　《景定建康志》卷三〇）。「阬冶司幹官」之原名為「都大提點阬冶鑄錢司
　幹辦公事」，[49]亦可簡稱為提幹。辛棄疾（1140-1207）有〈水調頭歌——再
　用韻答李子永提幹〉一首，及〈小重山——席上和人韻送李子泳提幹〉即是
　致李泳者。

◆ 六月，左朝奉大夫侍御史王伯庠奉勅撰〈宏智禪師行業記〉（《宏智禪師廣
　錄》卷九）。

◆ 秋，淨慈寺闕主法，衲子荷包懇請月堂道昌（1090-1171）入住持座，乞月堂
　振之。臨安知府王炎（1115-1178）入其所住山禮請，遂不得辭（《嘉泰普燈
　錄》卷一二）。
　按：《嘉泰普燈錄》（卷一二）說紹興初月堂在閩中大吉，後徙秀峰龜山，
　方來萬指，詔移金陵蔣山，然後「奉旨擇徑山、靈隱。」又說：「庚辰冬，
　上表乞行度牒。辛巳春，蒙放行；是年退藏靈泉。乾道丙戌秋，適淨慈闕主
　法，衲子荷包懇師座，乞師振之。王公炎入山禮請，遂不得辭。」可見庚辰
　冬，也就是紹興三十年（1160）冬，他在靈隱，而入靈隱之前在徑山，唯入
　山時間皆不詳。又，王炎於乾道二年五月十一日知臨安府，[50]故道昌入淨慈應
　在五月下半旬之後。

49　龔延明，《宋代官制辭典》，頁495。
50　李之亮，《宋兩浙路郡守年表》，頁29。

◆ 十一月七日，和義郡王楊存中薨，享年六十五歲（《宋會要輯稿》，〈禮四一〉），寶曇作〈楊郡王挽詞二首〉。其一云：「智勇吾餘事，精誠死不刊。太山安鼎衛，寶貨發泉端。嫖姚俱前輩，汾陽老故官。麒麟功第一，須作古人看。」其二云：「乞得身閒日，仍煩臥護歸。將軍三尺箠，天子一戎衣。生死真談笑，功名愈發揮。西風卷丹旐，人淚濕斜暉。」（《橘洲文集》卷二）曹勛亦作〈楊和王挽章五首〉（《松隱集》卷三四）。

◆ 十二月六日，李浩以左朝請郎、直秘閣知台州，四年離任。[51]在台州期間，「以鴻福、萬年、薦善，請拙菴、伊菴、鐵菴三大老出世，一時龍象駢集。」（《叢林盛事》卷上）
按：原文說「李侍郎德邁守南台日」，誤李浩字德遠為「德邁」。

◆ 魏杞（1121-1184）自參知政事除佐證議大夫、右僕射、同平章事兼樞密使，明年罷相《宋史》卷二一三）。寶曇可能於是年或明年代人作〈上魏南夫丞相〉一詩。詩云：「浩如都會藏縠縠，靜若江漢捐濤瀾。公手不動安如山，人在廣莫行寬閒。昨朝齋戒謁帝還，精禱默際天人間。風雨燠寒吾臂端，此道不遠求諸難。異時談笑開斑斑，王門至今人扣關。翕然四海忘家艱，父歌母嬉兒團圝。深耕孰耰輸上官，倉廩府庫堆層巒。下窺王謝規墓慳，蜀山萬里逾人寰。桃李不識春風顏，殘膏自可蘇痺頑。真宰於我夫何癏，百身報以期啣環。」（《橘洲文集》卷一）

◆ 史浩六十一歲，史彌遠三歲。劉宰（1166-1239）生，一歲；趙希伶生，一歲，後皆與居簡為方外交。

孝宗乾道三年丁亥（1167）

◆ 居簡四歲、寶曇三十九歲。

---

51 李之亮，《宋兩浙路郡守年表》，頁419。

◆ 正月十四日，左通直郎陸游（1125-1210）作〈黃龍山崇恩禪院三門記〉，記升公建黃龍山崇恩禪院寺門事（《渭南文集》卷一七）。此升公疑即下文之寒巖道升。

◆ 四月十七日，明州延慶教寺法師草庵道因入滅，壽七十八。草菴有《教門草菴錄》十卷行世（《釋門正統》卷六）。又曾作《觀經輔正解》，批判湛然元照之《觀經新疏》，已見上文。

◆ 六月，張孝祥聞南昌僧信無言高風，力致之，使出世湘西鹿苑。信無言為大慧弟子，時在潭州龍牙山。至鹿苑後，張孝祥有〈贈鹿苑信公二首〉云：「詩卷隨身四十年，忙時參得竹篦禪。而今投老湖西寺，臥看湘江水拍天。」「句中有眼悟方知，悟處還同病著錐。一箇機關無兩用，鳥窠拈起布毛吹。」（《于湖集》卷一一）信無言和之，其一曰：「竹篦子話選當年，直下無私不是禪。既遇狀元真眼目，敢拈沈水向人天。」（《雲臥紀談》卷下）後澄翠庵月林師觀（1143-1217）禪師，於嘉定九年丙子（1216）十月中澣，曾書付天平方丈孤峯長老曰：「老僧四十年前，在潭州龍牙山見信無言和尚。逐日入室，與兄弟說話。入室罷，不下田使牛，便入園種菜。放作隨人，工瓦椀竹筯；生平一紙衣布袴而已，豈非文章之士？張安國迺天下狀元，尊敬之為師。今之長老，此風掃地，令人寒心。」（《月林師觀禪師語錄》卷末）[52]
按：信無言早以詩鳴於叢林，徐俯（1075-1141）、洪炎（1067-1133）品第其詩，謂「韻致高古，出廋權、癲可一頭地。」由是收名定價於二公，有《園夫集》傳世，徐俯易其名為《奇葩集》。「廋權」、「癲可」分別指禪僧善權與祖可，都是江西詩派詩僧。[53]朱熹也識信無言，稱他為「信老」。曾作〈過高臺携信老詩集夜讀上封方丈次敬夫韻〉，詩云：「十年聞說信無言，草草相逢又黯然。借得新詩連夜讀，要從苦淡識清妍。」（《晦庵集》卷五）張

---

52 按：「令人寒心」，原作「令人塞心」，疑為誤刻。
53 可參看黃啟方教授之《黃庭堅與江西詩派論集》，頁348-352。

孝祥於是年二月起知潭州，兼湖南安撫使，六月抵潭州，時年三十六歲。次年秋，徙知荊南府，兼荊湖北路安撫使。他贈信無言之詩，曉雲的《雲臥紀談》也有收錄，但略有小異。譬如，「忙時」作「忙中」，「還同病著錐」作「還應痛著錐」，「一箇機關」作「一箇身心」。孝祥在潭州期間，曾招金山寺別峰寶印禪師住大溈寺，事未諧。他有〈送慈曼如金山迎印老住大溈〉，即是為迎寶印而作，應寫於此年。其詩曰：「傳語金山山下龍，乞將上水一帆風。道人自有飛空錫，只載中泠十丈洪。」（《于湖集》卷一一）又曾以石霜招寒巖道升，道升兩辭之（見下文）。

◆ 七月，瞎堂慧遠應平江守沈介（德和，僧史作德龢）之請，入主虎丘道場（《嘉泰普燈錄》卷一五；《續傳燈錄》卷二八）。沈介為紹興八年（1138）進士，去年（1166）七月以顯謨閣學士、左朝請大夫，到平江任知府，三年四月離任（《吳郡志》卷一一）。

按：《嘉泰普登錄》未說入虎丘時間，只說尚書沈介守平江，以虎丘久廢，邀瞎堂振之。《續傳燈錄》（卷二八）則說乾道丁亥尚書沈德龢守平江，以虎丘大道場比不得人，力邀瞎堂主之。是瞎堂入虎丘是在沈介守平江之次年。

◆ 同月，台州守李浩侍郎與佛照德光論道相契，延佛照德光住鴻福（《文忠集》卷八○；《佛祖歷代通載》卷二○）。

按：佛照原在蔣山省應庵曇華，應庵稱賞不已，謂人曰：「光兄頓出我一頭地。」乃移書與李侍郎浩曰：「光兄一自徑山老叔印可，如虎插翅，留月餘而歸。大慧說偈，以頂相付師曰：『有德必有光，其光無間隔。名實要相稱，非青黃赤白。』」故李浩分符天台，與德光論道相契，遂請主鴻福。淳熙三年，奉詔入主靈隱寺（《佛祖歷代通載》卷二○）。

◆ 季夏七日，吳郡范成大書〈《無盡燈》後跋〉云：「念佛三昧，深廣微密。世但以音聲為佛事，此書既出，當有知津者。」（《樂邦文類》卷二）。是年范成大四十二歲，在平江，以去年除尚書吏部員外郎為言者論罷而領宮祠

返里之故。[54]

按：《無盡燈》為圓澄法師義和所著。圓澄居平江能仁，閱淨土傳錄，以華嚴部中未有顯揚念佛法門者，乃著《無盡燈》，以此經宗旨偏讚西方為念佛往生之法。乾道初住慧因，元年九月望，序其作，自署「臨安府慧因院，華嚴教觀義和序」（《樂邦文類》卷二；《佛祖統紀》卷二九）。

◆ 寶曇可能於是年前後作〈為陳天與大監〔諫〕壽〉，詩云：「太史筆端雲似畫，老人星外月如規。十分酷似梅花瘦，一點非關玉琯吹。諫草成山安用許，槐庭轉日未應遲。東風快便公須醉，莫問人間是幾時。」[55]此應是為陳良祐所作。陳良祐，字天與，婺州金華人（《宋史》卷三八八），於是年八月前任諫議大夫至乾道五年正月（《宋會要輯稿》〈職官〉七一、〈選舉〉一、〈食貨〉七〇）。[56]

◆ 史浩六十二歲、史彌遠四歲。

孝宗乾道四年戊子（1168）

◆ 居簡五歲、寶曇四十歲。

◆ 是年二月，王炎（1115-1178）賜出身簽書樞密院事（《續宋編年資治通鑑》卷九；《宋史全文》卷二五上），明年三月十九日，又以左中大夫參知政事兼同知樞密院事除四川宣撫使（《宋會要輯稿》，〈職官〉七八）。寶曇當在此期間作〈為王公明樞密壽〉一詩，詩云：「老子當年此日生，麒麟元在地中行。豈惟諤諤人爭忌，亦對堂堂目屢驚。持國尚卑千斛力，總戎曾作萬夫城。經綸不似書癡絕，堪與君王造太平。」（《橘洲文集》卷二）

---

54 于北山，《范成大年譜》（上海：上海古籍出版社，1987），頁94。

55 按：詩題之「大監」疑為「大諫」之誤，蓋陳良祐（天與）任諫議大夫，而未任國子監、將作監或軍器監等可稱為「大監」之職。

56 《宋史》誤「乾道」三年為「明道」三年。

按：王炎，字公明，安陽人，是年五十四歲。老子為傳說中人物，生日亦屬傳說，但唐玄宗開元三年（715），詔以二月十五日為老子誕辰日及玄元節。寶曇詩之第一句當指此日，而其詩題稱王樞密，則此詩當作於是年或明年二月十五日。

◆ 四月，史浩以觀文殿大學士、左通議大夫知紹興府，時年六十三歲（《會稽志》卷二）。「每召靈祕院僧智性與語，有大興造輒以付之性公，時年且七十，亦輒受命不辭。已而事皆井井有條理，邦之人始服魏公之知人，雖方外道人任之，亦能舉其事，如此又歎性公之不負所知也。」（《渭南文集》卷四〇）

按：智性即是陸游〈海淨大師塔銘〉之塔主。塔銘中說：「乾道中，史魏公以故相牧會稽」，所謂「乾道中」，即是年（《渭南文集》卷四〇）。

◆ 寶曇之友李孟堅（1116-1170）任提舉淮南東路常平茶鹽等事，明年八月十八日放罷（《宋會要輯稿》，〈職官〉七一），時年五十三歲。寶曇於是年或明年作〈送李提幹兼簡李知幾太博〉一詩，詩云：「伯仲天下士，慣識山中飢。幾年食君粟，一飯書百匙。謂此真飽否，此飽誰安之？伯氏昔在京，飯瘦崖書肥。至今方舟上，兒啼婦褰衣。仲氏亦遠來，裹糧復能幾？賣金買書冊，僕夫輟晨炊。安能問飢飽，自信了不疑。歲晚盍行道，西風頗勸歸。大賢事業定，試學摩腰圍。」（《橘洲文集》卷一）

按：李孟堅為李光與其原配黃氏所生之次子。從父謫嶺南，後竄陝州。孝宗隆興時召用，除知秀州，是年遷淮東提舉。寶曇詩中的「伯」、「仲」分別李孟博及李孟堅。孟博為孟堅之兄，李光之長子，從李光謫嶺南，卒於瓊州。

◆ 曹勛撰〈題親書《金剛經》後〉，時年七十一歲（《松隱集》卷三三）。

按：曹勛曾為寺院作不少記文，如〈淨慈創塑五百羅漢記〉、〈六和塔記——大宋臨安府重建月輪山壽寧院塔〉、〈徑山羅漢記〉、〈徑山續畫羅漢記〉、〈崇先顯孝禪院記〉、〈顯恩寺記〉、〈仙林寺記〉。他也為多位僧徒作塔

銘。譬如〈天竺薦福寺懺主遵式勅賜師號塔名記〉是為慈雲遵式作;〈天竺證悟智公塔銘〉是為台州東掖山圓智證悟(?-1159)法師作;〈淨慈道昌禪師塔銘〉是為月堂道昌作;〈華嚴塔銘〉是為臨安無際海印法師(1094-1148)所作。此外他又作輪藏記、僧田記等等,不一而足,部分已見上文,顯示他與寺院及僧徒關係甚為密切(《松隱集》卷三〇、卷三一、卷三五)。

◆ 日僧明庵榮西(1141-1215)第一次入宋,至明州登陸。與重源登天台,未幾,歸日。

◆ 王居安生,一歲,後與居簡為方外交。

孝宗乾道五年己丑(1169)

◆ 居簡六歲、寶曇四十一歲。

◆ 十月初五,趙伯圭以龍圖閣學士、右朝請郎兼沿海制置使知明州到任,淳熙元年。十一月初九日改除宮觀(《寶慶四明志》卷一)。
按:趙伯圭是秀安僖王趙子偁(?-1143)之子,孝宗胞兄,即下文之嗣秀王及滎陽郡王。他初居嘉禾,官職未登,家居零落。時誰菴粹禪師住秀州報恩,與趙伯圭交遊。凡有所疑,靡不應對。及孝宗即位,趙伯圭累開大藩,以諸方名剎多命粹主之。晚請何山為功德寺,亦命粹主之,特賜紫服(《叢林盛事》卷下)。

◆ 十一月二十二日,大慧弟子普慈蘊聞(生卒年不詳)於徑山奉召入對選德殿,孝宗問佛法,蘊聞以所學對。孝宗曰:「三教一也,但門戶不同。」又一歲,再造宣問,合旨,賜錢三千緡,號慧日禪師。(《宋會要輯稿》,〈道釋一之八〉)
按:普慈蘊聞為《徑山志》列為第二十三代住持。他是無等有才的法兄弟、《大慧普覺禪師語錄》之編者。南宋道融的《叢林盛事》(卷下)說他「乾

道間，奉詔尸雙徑，累詔入內，大悅龍顏，特賜慧日禪師。」。《聯燈會要》（卷一八）說他在乾道間被旨，住臨安雙徑。兩書所說的「乾道間」，應為是年六月無等有才卒後。蘊聞的《大慧普覺禪師語錄》序末自署「乾道七年三月□日，徑山能仁禪院住持慧日禪師（臣）蘊聞奏箚。」（《大慧普覺禪師語錄》卷首）證明他奉旨入徑山後，至少在乾道七年三月時還在徑山。

◆ 是年，寶曇作〈送傅道士兼呈吳明可給事〉，詩中有「**南昌史君有仙骨，我欲憑風一薰沐**」之句，疑「南昌史君」為「南昌使君」之誤，因吳明可即是吳津（1133-1196）之父吳芾（1104-1183），於是年守隆興府，故寶曇稱之為「南昌使君」（《橘洲文集》卷三）。

◆ 瞎堂慧遠奉敕居臨安崇先顯孝，明年被旨住靈隱（《嘉泰普燈錄》卷一五）。[57]

◆ 史浩六十四歲，長子史彌大登此年進士第。

孝宗乾道六年庚寅（1170）

◆ 居簡七歲、寶曇四十二歲。

◆ 閏五月，張栻以右承務郎、直秘閣權赴嚴州知州任，[58]時年三十八歲。寶曇有〈寄張欽夫知嚴州〉二首，當撰於此時。其一云：「未關西洛無宗旨，自是東家有故常。釋梵不為寧過計，江湖有道合相忘。交君一臂風千里，老我平生夢幾場。雲月煙林真杜口，何如弟子列成行？」其二云：「試與專城定著勳，何曾閑冷坐忘君？舊來雲夢元無際，此段風流獨有聞。世故自憐生仲達，人誰不念故將軍？等閑莫露鞭笞手，準擬羝羊或敗群。」
按：張栻字敬夫或敬甫，一字欽夫。寶曇皆以欽夫稱之。

---

57 按：《嘉泰普燈錄》誤乾道「己丑」為「乙丑」。
58 李之亮，《宋兩浙郡守年表》，頁 519。

◆ 六月，張孝祥卒，年三十八歲。七月十五日，寶曇之友李孟堅卒，年五十五歲。

◆ 十月，陸游入蜀，過公安二聖，見祖珠長老，得卍庵道顏書，作〈跋卍庵語〉（《渭南文集》卷二六），時年四十六歲。祖珠得法於卍庵。居簡後來亦作〈跋卍庵法語〉，唯不繫年月（《北磵集》卷七）。

按：荊州公安縣之二聖寺為荊南獨有之禪寺。川僧出峽或會掛錫於該寺，後來的癡絕道沖（1169-1250，遂州遂寧郡武信人）與環溪惟一（1202-1281，資州墨池人）都曾過此。陸游於去年授夔州通判，是年閏六月十八日自山陰啟行，九月十四日次公安，有記如下：「公安古所謂油口也，漢昭烈駐軍始更今名。規模氣象甚壯，兵火之後，民居多茅竹，然茅屋尤精緻可愛，井邑亦頗繁富。米斗六七十錢，知縣右儒林郎周謙孫來，湖州人。游二聖報恩光孝禪寺，「二聖」謂青葉髻如來、妻至德如來也。皆示鬼神力士之形，高二丈餘，陰威凜然可畏。正殿中為釋迦，右為青葉髻，號大聖；左為妻至德，號二聖，三像皆南面。予按藏經駒字函，娑羅浮殊童子成道，為青葉髻如來。青葉髻如來再出世，為樓至如來。則二如來本一身耳。」陸游於九月十五日又游二聖寺，有記如下：「晚攜家再游二聖寺眾寮，有維摩刻木像甚佳，云沙市工人所為也。方丈西有竹軒，頗佳。珠老說，五祖法演禪師初住四面山，了然獨處，凡二年，始有一道士來問道，乃請作知事。又三年，僧寶艮來，與道士朝夕參叩，皆得法。於是演公之道，寖為人知，而四方學者始稍有至者。雖其後門人之盛稱天下，然終身不過數十眾。珠聞此於其師卍菴顏禪師。荊州絕無禪林，惟二聖而已。」（《入蜀記》卷五）記中之「珠老」，即祖珠長老，號邌庵祖珠，正住持公安二聖（《嘉泰普燈錄》卷二一）。他是卍庵道顏之嗣法門人，故有卍庵道顏書，得以請陸游作跋語。陸游於十月二十七日抵夔州（《入蜀記》卷六）。

◆ 冬十月十五日，詔杭州皐亭山崇先顯孝禪院前住持禪師瞎堂慧遠住景德靈隱禪寺。瞎堂入崇先之前在虎丘（《釋氏稽古略》卷四）。他於十月二十一日

入靈隱，奉旨入對數次，孝宗還車駕幸靈隱來看他，可見聖眷之隆（《瞎堂慧遠禪師廣錄》卷二）。

按：依《瞎堂慧遠禪師廣錄》裏之奏對錄，瞎堂慧遠於七年「正月二十三日」賜坐選德殿，與孝宗有如下對話：「上問曰：『卿甚時來靈隱？』奏云：『去冬會慶節前一日，入寺掃灑。』」會慶節即是孝宗生日十月二十二日（《建炎以來朝野雜記》甲集卷一）。其前一日即是二十一日，是瞎堂入靈隱之日。《釋氏稽古略》（卷四）也載乾道七年二月二十三日，皇帝宣慧遠入對選德殿賜坐問道事、乾道八年春正月二十八日車駕幸靈隱寺事、及同年十月三十日特詔賜改瞎堂慧遠為佛海禪師事。八年正月二十八日車駕幸靈隱之奏對語及八年十月三十日奉旨賜改佛海禪師之謝表，亦均有載錄。據《續傳燈錄》（卷二八）謂，瞎堂在虎丘時，「接物無倦，法令整肅。適丁荒歉，雖齋粥不繼，而戶外之屨常滿。忘軀為法者集焉，道益顯著。」但在崇先時，「未幾，與主者不合，退居迎照菴。再奉詔住靈隱。」《釋氏稽古略》說「前住持」，當是因瞎堂已離崇先，退居迎照庵之故。

◆ 足菴智鑒由四明報恩退居小溪之彰聖寺（《攻媿集》卷一一〇）。

◆ 史浩六十五歲，乞祠，丁太夫人憂。

◆ 高翥、趙師秀出生，一歲，後皆為居簡之友。

乾道七年辛卯（1171）

◆ 居簡八歲、寶曇四十三歲。

◆ 正月上澣（二十日），淨慈月堂道昌禪師示寂，年八十二。曹勛撰〈淨慈道昌禪師塔銘〉（《松隱集》卷三五），瞎堂慧遠作〈為月堂和尚入壙〉，略云：「圓寂淨慈方丈月堂禪師和尚，早依圜悟，晚謁雪峯。挂古帆於大目谿頭，透清波於妙湛海底。累膺詔旨，徧坐名藍。截鐵斬釘，咬薑呷醋。五十

年弘持妙道，曲借傍提一平生。建立法幢，單拈獨掇。時節既至，得路便行。佛祖慧命，如塗足油；雲門正宗，如拆轆線。衲子英標，零落大道，破碎無聞。…」（《瞎堂慧遠禪師廣錄》卷四）佛智端裕（1085-1150）弟子水庵師一（1108-1177）來繼其席（《嘉泰普燈錄》卷一九）。

按：《淨慈寺志》列水庵為第十一代住持，而列月堂為第十七代住持，顯然失序。月堂道昌於乾道二年秋應臨安知府王炎（1115-1178）之請由靈隱入住淨慈，七年正月二十日卒（《嘉泰普燈錄》卷一二），由水庵師一補其席，不可能在水庵之後任淨慈的第十七代住持。又，《嘉泰普燈錄》（卷一二）說道昌「壽八十有三，臘六十有九」，與曹勛所撰〈塔銘〉異，此處採曹勛之說。陳垣《釋氏疑年錄》採《嘉泰普燈錄》之說，而注云：「《雲林寺志》三作年八十二」，而不採其說。經比對《雲林寺志》（卷三）之文與曹勛塔銘，知前者節錄後者，僅於文末說「松隱曹勛為之塔銘」。陳垣大概以為《雲林寺志》之文後出，故未採其說。

◆ 正月二十三日，靈隱瞎堂慧遠禪師入對選德殿（《瞎堂慧遠禪師廣錄》卷二、《佛祖統紀》卷四七、《佛祖歷代通載》卷二〇）。日僧覺阿、金慶入宋，至靈隱謁瞎堂。

◆ 三月，徑山能仁禪院住持慧日禪師蘊聞以奏箚進《大慧普覺禪師語錄》。箚首云：「竊以佛祖之道，雖非文字語言所及，而發揚流布，必有所假而後明。譬如以手指月，手之與月，初不相干，然知手之所指，則知月之所在。」（《大慧普覺禪師語錄》卷首）

按：慧日蘊聞為大慧法嗣，於乾道五年十一月二十二日於徑山奉召入對選德殿，已見上文。《徑山志》將他與下文之大慧法孫寓庵德潛分別列為徑山二十三代、二十四代住持。

◆ 六月望日，無礙居士南潤鄭興（德興）撰〈《護法論》元序〉（《護法論》卷末）。

按：筠溪居士李彌遜之兄李彌大（1080-1140）亦稱無礙居士，官至工部尚書。

◆ 滎陽郡王趙伯圭起足菴智鑒住瑞巖（《攻媿集》卷一一〇）。

◆ 石田法薰（1171-1245）生，一歲。

◆ 是年，曹勛為其功德寺作〈顯恩寺記〉，時年七十四歲（《松隱集》卷三一）。其〈跋功德寺賜額石刻〉當亦作於是年（《松隱集》卷三一）。

◆ 史浩六十六歲。

乾道八年壬辰（1172）

◆ 居簡九歲、寶曇四十四歲。

◆ 正月，福州東禪報恩光孝禪寺住持僧寓庵德潛題所刊《大慧語錄》經版云：「本寺承知府安撫大觀文公文備准御批，降《大慧禪師語錄》十冊，令置之名山大藏中，以永其傳。住持（臣）僧（德潛）謹刊為經板計三十卷，入于毘盧大藏，用廣流通。以此功德，恭為今上皇帝祝延聖壽無疆，仰願皇圖鞏固，鳳歷長新，佛日增輝，法輪常轉。乾道八年□日。住持（臣）僧（德潛）謹題。」（《大慧普覺禪師語錄》卷首）
按：寓庵德潛為大慧法嗣蒙庵思岳之弟子，為大慧法孫。「知府安撫大觀文公」當為陳俊卿（1113-1186），蓋陳俊卿於乾道六年六月以觀文殿大學士、左光祿大夫知福州，八年九月奉祠（《淳熙三山志》卷二二），史浩於十一月繼其任。

◆ 八月六日，孝宗有旨宣靈隱長老七日同官員僧道守門，內就觀堂齋。齋罷，赴觀堂前起居，孝宗賜坐、賜茶。復令慧遠禪師獨對觀堂東閣賜坐問道。十月三十日，賜靈隱慧遠佛海禪師號（《瞎堂慧遠禪師廣錄》卷二）。

按:《佛祖統紀》(卷四七)及《佛祖歷代通載》(卷二〇)均載此事云,孝宗召天竺訥法師、徑山寶印禪師、靈隱慧遠禪師及三教之士,集內觀堂賜齋。

◆ 十一月,史浩知福州(《宋史·孝宗本紀》、《鄮峰真隱漫錄》卷三六),時年六十七歲。以鼓山趣育王寺妙智禪師從廓歸閩,從廓因滎陽郡王趙伯圭之力挽而未行(《攻媿集》卷一一〇、《補續高僧傳》卷一一)。

◆ 嗣秀王趙伯圭再來鎮四明,請足菴智鑒住廣慧(《攻媿集》卷一一〇)。
按:趙伯圭於乾道五年以龍圖閣學士、右朝請郎兼沿海制置使知慶元府,十月初五到任,是年三月十三日再任,至淳熙元年十一月初九日任滿。故請足菴智鑒住廣慧當在三月十三日之後。十二月十七日,皇子魏惠憲王趙愷接任。[59] 其嗣秀王之封是在光宗朝,滎陽郡王之封則在孝宗淳熙朝。樓鑰寫足菴智鑒塔銘時,趙伯圭已封嗣秀王,故以嗣秀王稱之。

孝宗乾道九年癸巳(1173)

◆ 居簡十歲、寶曇四十五歲。

◆ 正月,孝宗召上竺若訥法師獨對選德殿賜座,問大士歷代靈跡及法華經旨。並詔令講《圓覺經》及《金剛經》之旨(《佛祖統紀》卷一七)。

◆ 春,太師越王史浩在東湖創寺於月波山,親製疏辭請覺雲智連為月波寺第一師。寺占東湖之勝,而智連以講才見稱於世,故一時名德,咸樂來依。史浩是年六十八歲,屢親講說,手書贊曰:「師教門義龍也,既為吾家師,又作此山主,願奉此地,長講天台宗教,長修水陸普度,上報君親,勿事改革。」既而奏於朝,賜覺雲「智海」之號(《佛祖統紀》卷一七)。

---

59 李之亮,《宋兩浙路郡守年表》,頁 279-280。

按：史浩於去年知福州，是年二月以崇信軍節度使、開府儀同三司判州事。九月奉祠歸四明。

◆ 四月二日有旨，宣瞎堂慧遠於四月八日入內觀堂齋。齋罷，同眾起居。孝宗問「結夏」與「觀行」之義（《瞎堂慧遠禪師廣錄》卷二）。

◆ 九月，史浩佚老於四明，自號真隱居士，每從南湖覺雲智連法師問法要，放補陀巖，結洞室以安觀音大士。奉德壽殿，書潮音洞以為額。首延覺雲高弟則約法師專講智者教（《佛祖統紀》卷四七）。又於是年過金山，覽梁武帝水陸儀軌之盛，謂報恩度世之道在是，乃於月波山創殿，設十界像，與名僧講究製儀文四卷，以四時修供，為普度大齋。俎豆之器，繁約折衷；讚唄之音，抑揚有節，鄉城諸剎，莫不視此為法（《瞎堂慧遠禪師廣錄》卷二；《佛祖統紀》卷四七）。

按：志磐曾論此事曰：「昔真隱史越王，嘗過金山，慕水陸齋法之盛，乃施田百畝，於月波山專建四時水陸，以為報天地君親之舉。且親製疏辭，刻石殿壁；撰集儀文，刊板於寺。既而，孝廟聞而嘉之，賜以水陸無礙道場。宸翰扁於殿，逮今百年修供惟謹。」（《佛祖統紀》卷三三）

◆ 季夏望日，曹勛作〈徑山續畫羅漢記〉，時住持為大慧弟子雪峰蘊聞，曹勛是年七十六歲（《松隱集》卷三〇）。

按：雪峰蘊聞或稱慧日蘊聞、普慈蘊聞。他於前年三月向孝宗進獻《大慧禪師語錄》。

◆ 趙庚夫生，一歲，後為居簡之友。

孝宗淳熙元年甲午（1174）

◆ 居簡十一歲、寶曇四十六歲。

◆ 二月二十一日，史浩在福州祈雨，其〈福州祈雨設水陸疏〉謂：「設水陸大齋之會，普申供養諸佛菩薩。莫不梵唄宣揚，花幔散墜。既設嘉餚珍果，又陳風馬金錢。演章句之甚深，變馨香之無盡。」（《鄮峯真隱漫錄》卷二三）史浩是年六十九歲，再乞祠。

◆ 二月，寶曇之友高燮（1138-1198）除直秘閣再任，時年三十七歲（《文忠集》卷六五）。
按：高燮於紹熙二年（1191）至四年（1193），以右文殿修撰出任明州守，寶曇或於此時與之相識，其後寫詩數首贈之。

◆ 四月初七日，孝宗有旨宣靈隱寺瞎堂慧遠禪師入內觀堂齋。齋罷賜茶（《佛祖統紀》卷四七）。

◆ 五月二十九日，瞎堂慧遠禪師得旨於三十日入內賜食，罷八棒鼓。正午，引見，起居罷，賜坐，論《圓覺經》（《瞎堂慧遠禪師廣錄》卷二）。

◆ 冬十一月，汪大猷（1120-1200）知隆興府，寶曇作〈送汪仲嘉尚書帥隆興兼簡王公明樞府〉，詩云：「又冬一月方歲除，適當公歸開府初。汝儺前驅土牛後，我天子律公吹噓。臂端槖籥元自如，與民歲年無負租。民癡望公不願餘，願公夕馬先朝車。高牙大纛如浴鳧，出沒千里來哺鶵。西山莫雨知有無，使君兩眼吞江湖。廬山老子霜鬢鬚，如世界闊造物爐。兩翁故人肯情疎，誠知握粟不可呼。待作二鳳鳴韶圖。」（《橘洲文集》卷一）[60]
按：汪大猷是北宋汪洙之孫，四明汪思溫（1077-1157）之子。據《尚友錄》云，汪洙字德溫，鄞人，九歲善賦詩。據說世傳《神童詩》中，多為汪洙所作。名句如「萬般皆下品，惟有讀書高」、「將相本無種，男兒當自強」、

---

60 按：元祿刻本「高牙大纛」之「牙」字不明，似「身」字。按：歐陽修〈相州晝錦堂記〉：「然則高牙大纛，不足為公榮；桓圭袞冕，不足為公貴。」

「遺子黃金寶，何如教一經」、「久旱逢甘雨，他鄉遇故知。洞房花燭夜，金榜題名時」等等，傳誦至今。然是否皆汪洙所作，並無證據。「久旱逢甘雨」一詩，見於洪邁《容齋四筆》（卷八）之〈得意失意詩〉一則，並未提及作者，且用字略異，有「他鄉見故知」及「金榜掛名時」之別。汪大猷之妹汪慧通（1110-1204）是樓鑰之母，故汪大猷為樓鑰之舅。王公明即是上文所說之王炎。是年汪大猷五十五歲，王炎六十歲。

◆ 寶曇撰〈別峰和尚住雪竇疏及茶榜〉（《橘洲文集》卷八）。以是年冬，皇太子魏惠憲王趙愷（1146-1180）被命鎮四明，十二月十七日到任（《寶慶四明志》卷一），遂虛雪竇法席，請別峰寶印主之，寶印「度不可辭，乃入東。凡住四年，樂其山林，有終老之意，而名益重，被敕住徑山，淳熙七年五月也。」（《渭南文集》卷四〇）寶曇之疏文曰：「住雪竇好，住翠峰好，老子當斷自胷中；為法來耶，為床坐耶，此行殆出人意表。無愧於東山直下四世，望之如西湖雪後諸峯。但得心同、道同、生處同；不論佛界、魔界、眾生界。某人聲飛吳越，價重岷峨。住海門國逾一十有二年，肆醜瀾口說八萬四千偈。如山岌岌，有陣堂堂。與其踞滄波而擾蛟龍，孰若依蕙帳而友猿鶴。眾念狗蘭之世，箕一現於優曇；計非師子之家，當盡攫其種類。歸來及早，慰我同門。」其榜文曰：「山中有喬木萬本，飛雪千丈，真故老之家；褐來為沽酒三升，無金二兩，肆秦人之禍。借東風之快便，薦北苑之新盃。喚起睁矇，為伊澡雪。恭惟某人，口香楚水，眼老吳雲。淪盡楊子江心之波，不作天下大溈之夢。痛掃除於諸病，雖噦欠亦生風。蟹眼一醱，笑捧爐之安用；羊腸百遶，戒覆車之在前。眷此輸誠，幸臨毋却。」（《橘洲文集》卷八）

◆ 趙愷又往育王，見其住持妙智從廓之風儀，目為僧中龍；又聞其機辯峻發，肅然加敬（《補續高僧傳》卷一一）。復往天童，見住山慈航了朴禪師，歡若平生。其後，暇日游天童，顧瞻山林；登玲瓏，坐宿鷺，或累日不忍去。因圖以進於孝宗。史浩當時已第一次卸任宰相之職，在四明著書，又從容奏請，遂有淳熙五年賜「太白名山」御書之事（《攻媿集》卷五七，〈天童山

千佛閣記〉）。

按：天童山有玲瓏岩及宿鷺亭（《天童寺志》卷一），故說「登玲瓏，坐宿
鷺」。

◆ 盧祖皋生，一歲。[61]後為居簡至友。

按：盧祖皋（1174-1224）字申之，一字次夔，號蒲江，永嘉人，為樓鑰外甥。
學有淵源，少負詩名，又善畫，以多才多藝稱。慶元五年（1199）中進士第
後，在吳中為時甚久，與居簡頗有唱和。曾為居簡作《壽木怪石》、《枯木
怪石》等畫。樂章甚工，字字可入律呂，浙人皆唱之。有《蒲江詞稾》一卷
行於世。嘗與永嘉四靈及其後江湖詩派的趙汝回（1189-？）、趙師秀
（1170-1220）、劉植（生卒年不詳）、趙汝迕（1214 進士）、陳昉（生卒年
不詳）、薛師石（1178-1228）等相倡和，其中多人與居簡為方外交（《中興
以來絕妙詞選》卷八）。

淳熙二年乙未（1175）

◆ 居簡十二歲、寶曇四十七歲。

◆ 是年四月八日瞎堂慧遠禪師得旨內觀堂，孝宗設御座於中正，宣同諸山引見。
起居罷，賜坐（《瞎堂慧遠禪師廣錄》卷二）。

◆ 四月十一日，皇太子魏王愷，往育王廣利禪寺「恭視御書」，遂獲瞻禮佛舍
利。自謂：「誠心一啟，不俄頃間，毫光發現，青紅交眩，變示不一。乃始
知佛大神通，歷千百之久，而靈像無乎不在，是足以驗前日傳聞之不妄也。
既覩此異，思欲信以傳信，默成一讚四章，章四句，用見皈依無盡之意。且
體塔製，鍍之以金，造成一座，奉安寶塔於其中。敢以讚語刻于塔之四旁，
庶乎保護尊仰永永無窮云。」

---

61 李裕民，《宋人生卒行年考》，頁 11-12。

按：趙愷所製「金塔」一座，係小型金塔，故能「奉安寶塔（阿育王山佛舍
利塔）之中」。他「默成一讚四章」，連〈供舍利金塔記〉一文，作於閏九
月（《阿育王山志》卷二、三）。

◆ 閏九月初九日，瞎堂慧遠奉聖旨宣赴東華門，殿使引入，賜晚食。選德殿獨
宣見，起居罷，上賜坐（《瞎堂慧遠禪師廣錄》卷二）。

◆ 十一月二十八日，孝宗遣供奉李裕文降香傳宣迎塔。五日塔至，孝宗素饌，
焚香瞻敬，未有所覩。屏左右再祈再禱，忽舍利塔尖上涌現，如月輪相。次
日孝宗又祈禱，舍利復現，寶塔兩角如水晶珠。是日，敕僧從廓入內問法，
賜「妙智禪師」之號。廿九日皇太子精誠祈禱，舍利現寶塔相輪第二層，纍
纍如水晶珠（《阿育王山志》卷二、三）。

◆ 臘八日，宋池州報恩光孝禪寺傳法寶鑑大師法應，自序其所編《禪宗頌古聯
珠集》，序中云：「雖佛祖不傳之妙，不可得而名言；初無字書，安有密語？
臨機直指，更不覆藏，徹見當人本來面目故。諸佛以一大事因緣出現於世，
譬喻言詞，說法開示，欲令眾生悟佛知見，豈徒然哉！」（《禪宗頌古聯珠
通集》卷首）

◆ 史浩七十歲，封永國公，在四明家著書。

淳熙三年丙申（1176）

◆ 居簡十三歲、寶曇四十八歲。

◆ 正月七日，孝宗於碧琳堂瞻敬去年所迎阿育王寺金塔，舍利現塔角，如淡金
珠。是日，書「妙勝之殿」四字，賜阿育王寺奉安，仍賜行者度牒五道、錢
萬緡；敕徐德榮與住持僧從廓奉塔還山。後從廓作〈阿育王山舍利寶塔記〉
（《阿育王山志》卷二、三）。樓鑰代丞相魏杞所撰之〈育王山妙智禪師塔

銘〉謂:「皇帝即位之十五年,有詔明州阿育王山廣利禪寺釋迦文佛舍利寶塔,詣行在所。住持僧從廓侍行。既至,命入禁中觀堂安奉,上御素膳,焚香瞻禮,親觀殊勝,遂召廓對碧琳堂。」(《攻媿集》卷一一〇)

◆ 正月十五日,靈隱寺佛海慧遠入寂,壽七十四歲。佛海慧遠即上文之瞎堂慧遠,他與多位士人交游,松窗居士錢端禮與之相過從,曾有贈詩。瞎堂亦有〈答松窗居士〉云:「萬機消爍眼頭空,一點不來誰與同?未問維摩先杜口,如何作得住山翁?」曾作「漁父詞」四首,其中之〈瞎堂自述〉云:「不向蘆花深處臥,移舟儘在波心過。得箇錦鱗如許大,無處貨,推蓬對月平分破。舞棹長歌聲遠播,江山心醉凝眸坐。賴有兒孫齊花柁。相應和,船頭撥轉還鄉那。」(《瞎堂慧遠禪師廣錄》卷四)除錢端禮外,瞎堂亦與葛郯(?-1181)游,瞎堂有〈葛通判〉詩偈一首云:「醯羅正眼塵中現,列祖玄機格外提。打鼓看來冤未雪,從來赤土畫團箕。」(《瞎堂慧遠禪師廣錄》卷四)

  按:葛郯字謙問,號信齋。丹陽葛勝仲(1072-1144)之孫,葛立方(?-1164)之子。葛立方後定居歸安(今浙江省吳興縣),遂為歸安人。紹興二十四年(1154)進士,乾道七年(1171)任常州通判,故瞎堂稱之為葛通判。此年十二月守臨川,故以叢林又稱之為知府葛郯。[62]他玩意禪悅,首謁無庵法全禪師求指南,無庵令究即心即佛,久無所契。後於佛海慧遠禪師處豁然省悟(《五燈會元》卷二〇),於淳熙五年為瞎堂語錄作後序(見下文)。淳熙八年(1181)卒,有《信齋詞》一卷傳世。

◆ 正月,寶曇之友李燾權修國史,三月為權禮部侍郎兼修國史,時年六十二歲(《南宋館閣書錄》卷八)。

---

62 《嘉泰普燈錄》卷23謂「淳熙六年守臨川」,《五燈會元》卷20亦同,其後僧史皆從之。時間之異可能是五年十二月奉旨守臨川,而六年到任之故。李之亮將其之撫州時間繫於淳熙四年,或嫌太早些。見《宋兩江郡守易替考》,頁492。

◆ 二月二十九日，孝宗召台州報恩德光禪師入住靈隱，補慧遠虛席，時年五十六歲。十一月初三，復召德光入對便殿（選德殿），至初七日傳旨且歸靈隱待賜師號（《佛照禪師奏對錄》；《佛祖統紀》卷四七；《釋氏稽古略》卷四）。周必大後記其事曰：「皇帝雅聞其名，淳熙三年春，詔開堂靈隱寺，遣中使賜〔金〕。是冬，召入觀堂，留五晝夜，數問佛法大旨。師數奏直截，上大悅，賜佛照禪師之號，贈以御頌。」（《文忠集》卷八〇，〈圓鑑塔銘〉）周必大是年五十一歲，借兵部尚書。

◆ 中秋節前，住台州紫籜道能作〈《瞎堂慧遠禪師廣錄》跋〉，道能為慧遠之法侄（《瞎堂慧遠禪師廣錄》卷末）。

◆ 八月，靈隱懶庵道樞示微疾，書偈而逝，塔于永安。

◆ 水庵師一自西湖淨慈謝事，作有偈一首曰：「六年灑掃皇都寺，瓦礫翻成釋梵宮。今日功成歸去也，杖頭八面起清風。」「六年灑掃皇都寺」一句，說明他在淨慈住六年。據說他離去時，士庶遮留不止，小舟至秀州之天寧寺。未幾示疾，別眾告終（《禪林寶訓》卷四）。
按：《嘉泰普燈錄》（卷一九）說水庵退淨慈後至秀州光孝寺，十二月二十四日示疾。又《禪林寶訓》將水庵離淨慈之時間繫於淳熙五年，亦即兩年後，不符「六年灑掃皇都寺」一語之說。

◆ 孝宗敕自得慧暉補淨慈寺水庵師一之席。時慧暉年已八十餘（《嘉泰普燈錄》卷一三；《叢林盛事》卷上）。

◆ 史浩七十一歲，仍在四明。鄭清之（1176-1251）出生，一歲。李浩卒，六十一歲。

淳熙四年丁酉（1177）

◆ 居簡十四歲、寶曇四十九歲。

◆ 上元後一日，睽堂法姪紫籜道能請姑蘇顏度書〈《睽堂慧遠禪師廣錄》序〉。
顏度於序中敘述與睽堂來往之經歷云：「自臨海歸，寓居閶門之西，距虎丘
纔三、四里。塵累擾擾，數月莫能踐約。一日凌晨訪之，師先在客館，若預
知而候司者。相視一笑，留而與之語。其言若驚雷掣電，震風凌雨。忽然青
天白日，川明山靜；蓋縱橫舒斂，繁簡險夷，高不可攀，深不可測。迺其得
於西來所傳者若是，未可以世間文字語言論也。其後與之往來，雖疏數無定，
見則未嘗不親歆，以至其沒焉。」（《睽堂慧遠禪師語錄》卷末）
按：顏度，字魯子，姑蘇昆山人。紹興間進士。為臨海令，有善政。孝宗嘗
謂顏度每出一言，不動如山，因以「如山」自號。與朱熹友善。累官監察御
史、工部侍郎、江東福建運副知湖州、江東京西運副，並以秘閣修撰提舉沖
佑觀。其序文末曰：「其徒道能錄其語來屬予為序，有不可辭」云云。其實
道能為睽堂法姪，非其門徒。

◆ 正月二十四日，孝宗特賜德光佛照禪師號（《佛照禪師奏對錄》）。
按：《佛祖統紀》謂賜號在去年。

◆ 季春望日，睽堂法姪、比丘或庵師體（1108-1179）作〈《睽堂慧遠禪師廣錄》
序〉（《睽堂慧遠禪師廣錄》卷首）。
按：或庵為睽堂法姪。睽堂在國清時，曾邀或庵分座授徒，衲子宗仰。後出
住吳門之覺報，徙澄照焦山（《嘉泰普燈錄》卷二〇）。

◆ 八月，孝宗召德光入對內殿，德光進《宗門直指》（《佛祖統紀》卷四七），
時年五十七歲。周必大後記其事曰：「明年（按：即是年）再對，晉《宗門
直指》，以都下勞應接，丐閒山林。」（《文忠集》卷六〇）

◆ 皇子魏惠憲王趙愷時鎮四明，又請足菴智鑒住香山（《攻媿集》卷一一〇）。

◆ 密庵咸傑（1118-1186）奉旨入住徑山。以文彩既彰，聲名上達，為孝宗召對選德殿問佛法大要（《密庵禪師語錄》）。

◆ 李燾之《續資治通鑑長編》成於是年，時年六十三。寶曇當於是年或稍後遇李燾而作〈賀李大著〉。詩云：「眉山縣前江可憐，昔人飲此俱成仙。只今獨數蘇與李，豈伊親濯玻璨川？功名事業天所靳，況復真宰持其權。先公用舍誠有道，不愁軻後真無傳。道山人物今第一，蒹葭玉樹猶依然。東南弱水三萬里，亦有跨鶴來翩襜。至人活國豈無術，丹砂烏喙堪同年。眾工可笑不解事，顛倒規矩求方圓。向來賁育嘗賈勇，彼豈有力能回天？公今已不負世學，盍先鷗鷺高騰騫？竊閒惜取董狐筆，父子相繼書凌煙。」（《橘洲文集》卷四）以詩中有「公今已不負世學」，又有「父子相繼書凌煙」之語，似為見《續資治通鑑長編》後而作。
按：李燾，眉州丹陵人，字子真，一字仁甫，號巽巖（岩）。乾道三年八月，以兵部員外郎兼國史院編修官。十二月，除禮部員外郎。五年四月，為少監並兼國史編修官。淳熙三年正月，權修國史。三月，為權禮部侍郎兼修國史（《南宋館閣書錄》卷八）。淳熙四年，成《續資治通鑑長編》。淳熙十年六月，以敷文閣直學士提舉佑神觀兼同修國史（《南宋館閣續錄》卷九）。寶曇當於淳熙四年後作〈賀李大著〉。寶曇詩題〈賀李大著〉後有小字云「巽巖之子字仁甫」，疑為後人所誤加，應讀為「巽巖字子真、仁甫」。

◆ 史浩七十二歲，召為侍讀。錢端禮卒，年六十九，樓鑰為撰〈行狀〉（《攻媿集》卷九二）。

淳熙五年戊戌（1178）

◆ 居簡十五歲、寶曇五十歲。

◆ 中春日，拙庵戒度於董溪華嶼湖足庵述《觀無量壽經扶新論》並作序（《觀無量壽經扶新論》卷首）。

按：拙庵戒度所述《觀無量壽經扶新論》係為其師靈芝〔湛然〕元照之《觀經新疏》辯護，反批草菴道因在《觀經輔正解》對其師新疏之批判。他後來還著有《觀無量壽經義疏正觀記》三卷，強化其師之見解，及對草菴道因之辯駁。[63]草菴道因見上文。

◆ 十月初二，孝宗召德光入對（《佛照禪師奏對錄》）。

◆ 十二月日，朝奉大夫新權知撫州軍州事葛郯撰〈《瞎堂慧遠禪師語錄》後序〉（《瞎堂慧遠禪師廣錄》卷末）。

◆ 季冬朔日，住雪峰比丘寒巖慧昇撰〈《福州雪峰東山和尚語錄》序〉云：「東山和尚，道高一世，俯視諸方。平居面目嚴冷，學者不可得而親近，或遭喝罵而出，此真善知識慈悲。慧昇嘗獲侍其藥誨，[64]臨寂之時，以其親刪語錄相受，皆斟酌古今，發揚蘊奧。禪衲競編，[65]烏焉成馬；念欲鏤正，以廣其傳，今始符所願，亦季子掛劍之義矣。於戲！真正法眼，不類常流。大慧老人，每以東山為稱，今信道者，咸生敬仰。乃知南陽之鐘，不待扣而鳴也。」（《雪峰慧空禪師語錄》卷首）。
按：東山和尚為東山慧空，草堂善清（1057-1142）法嗣，已見上文。他開法於福州雪峰，屬臨濟黃龍派，叢林呼為空東山。據道融說：「空善作語句，有《東山外集》行于世」（《叢林盛事》卷下）。此序非原文全璧，可以《雪峰東山和尚外集》卷首之序為證。該序與此序大致相同，但於「道高一世」前，有「以百千三昧置於毫端，縱橫變態，得從上佛祖不傳之妙。凡一言一句，叢林爭以傳頌。侍郎曾公，謂其深密伽陀妙天下，乃信然。而其（道高一世…）」等語。又於「親刪語錄相受」之後，有「尚有偈語書贊不入錄者」

63 參看筆者〈淨土詮釋傳統中的宗門意識〉，《因果、淨土與往生——透視中國佛教史上的幾個面相》第五章，頁 206-233。
64 「藥誨」，〈《雪峰東山和尚外集》序〉作「誨藥」。
65 「競編」，原作「竟編」，依〈《雪峰東山和尚外集》序〉改。

一句。前段之「侍郎曾公」乃茶山居士曾幾（1084-1166），係陸游之師。他有〈空公長老一出即住雪峯書來以建茗為寄長句奉呈空公時以筆硯作佛事也〉一詩云：「此公出世使人驚，道眼看來邵未曾。政爾雪峯千百眾，澹然雲水一孤僧。不妨詩筆作佛事，已用茗甌傳祖燈。我老尚堪行腳在，因風為寄古崖藤。」（《茶山集》卷五）又嘗寄詩給慧空云：「江西句法空公得，一向逃禪挽不回。深密伽陀妙天下，無人知道派中來。」（《羅湖野錄》卷下）其第三句即是序中所引。《雪峰東山和尚外集》含慧空與「曾運使」之和詩，此「曾運使」即是曾幾，蓋曾幾曾於紹興五年（1135）至六年（1136）任廣西轉運副使，又於紹興十年（1140）至十二年（1142）再任。[66]除了前引詩之外，曾幾還有〈次雪峯空老韻二首〉及〈贈空上人〉，都是與慧空唱和之作。由其與慧空之唱和，可見兩人關係之密切。寒巖慧昇為慧空法嗣，或云與寒巖道昇為同一人，[67]亦即下文周必大〈寒巖升禪師塔銘〉之道升。但周文說道升在淳熙丙申（1176）已歿，何能於是年作此序？茲依《補續高僧傳》（卷一一）之記載，「道升，建安吳氏子。父早世，事母以孝聞，母沒，遂至長樂，見佛智裕公，入其室，言下頓悟，自是機鋒迅發，人不敢嬰。佛智移靈隱，升為首座，還里結菴於大王峯下，名曰寒巖。未幾，泉守延以名剎，學者雲集。李敦老帥閩，問諸山佛智之嗣傑出者，僉以師對，遂住支提山。鄧成材帥豫章，以師志在山林，自泉之承天，延置黃龍。後帥未知師，師欲去；適潭帥張安國以石霜來招，師兩謝之，行次西山，而沈持要自漕遷帥閩，師退院牒，極力挽留，以泐潭處之。史丞相帥福，命師主鼓山。凡六住大剎，皆宰官士夫推擁逼迫，不得已應之。」《補續高僧傳》只說其卒年壽六十九，停三日神色如生，葬於香爐峯下。《鼓山志》（卷四）則云：「道升，建寧

---

66 李之亮，《宋代路分長官通考》，頁 1128-1129。按：曾幾任廣西運副之時間，仍待詳考。蓋李之亮之繫年有點亂，他根據陸游的〈曾文清公墓誌銘〉及《茗溪集》卷 46，紹興五年之〈曾幾廣西運副制〉而繫於紹興五年，但又根據〈曾文清公墓誌銘〉再繫於紹興十一年。又引《東萊年譜》說：「紹興七年，外王父曾文清公幾為廣西轉運使」，而未辨「轉運使」一衡之當否，令人無所適從。此處暫採其說。

67 《中國佛教經論序跋記集》頁 788 之慧昇小傳。

人，姓吳氏。參佛智裕於育王，得其法。」又說：「淳熙三年四月十六日示寂，全身塔於本山香爐峯之下。」《鼓山志》記其傳略係引自《續傳燈錄》，但今本《續傳燈錄》並無示寂年月之記載。雖然如此，其示寂年月與周必大之記載合。疑慧昇非道昇或道升，而與道升為兩人。又，《補續高僧傳》所說「潭帥張安國」是張孝祥，於乾道三年（1167）二月知潭州兼湖南安撫使，至四年（1168）秋徙知荊南府兼湖北路安撫使。[68]「史丞相」是史浩，於乾道八年（1172）至淳熙元年（1174）知福州。

◆ 是年，周必大作〈寒巖升禪師塔銘〉，應寒巖道升之門人本高之請而作。道升與陸游善，周必大文中說：「故人山陰陸務觀，儒釋並通，於世少許可，獨與僧道升游，敬愛之如師友。」又說：「淳熙丙申，升既沒，其得法弟子本高、本妙聯務觀平日往來詩書為大軸，且以同郡人鄭德輿行狀，及師語錄，來屬予銘其塔。予未嘗學佛，懵不知語錄為何等語也。二士徒以務觀之故，相守經年不去，予愧其勤，乃為次第其說。」同年，又作〈靈隱佛海禪師遠公塔銘〉係應佛海慧遠之弟國清曉林之請而作，文中云：「某始識師於虎丘，晚乃見之靈隱，愛其辯而有宗，峻而能通，故樂與之語。」（《文忠集》卷四〇）周必大是年五十三歲，十二月除禮部尚書兼翰林學士。[69]

◆ 孝宗御書「太白名山」賜天童景德寺，時住山為慈航了朴禪師（《佛祖統紀》卷四七；《寶慶四明志》卷一三；《嘉靖寧波府志》卷一八）。
　按：慈航了朴住天童二十年，「起超諸有閣於盧舍那閣之前，複道聯屬，至今巋然相望。又大築海塘，增益歲入，由是天童不特為四明甲剎，東南數千里亦皆推為第一。」（《攻媿集》卷五七）

◆ 月波講寺建於是年，有月波樓，史浩請額（《嘉靖寧波府志》卷一八）。

68　辛更儒，《張孝祥于胡先生年譜》，頁 198-223。
69　沈治宏，〈周必大年譜簡編〉，《宋代文化研究》第三輯（成都：四川大學宋代文化研究資料中心，1993），頁 293。

◆ 谷菴景蒙（1124-1187）禪師奉旨由象山智門禪寺移住瑞巖（《攻媿集》卷一一〇）。

◆ 史浩再拜右丞相，時年七十三歲，急於進賢，如朱熹、呂祖謙（1137-1181）、張栻、曾逢輩皆薦召之，惟張栻不至。史浩在相位七月即罷（胡宗楙《張宣公年譜》、《紫陽朱夫子年譜》）。

◆ 薛師石（1178-1228）出生，一歲，後為居簡好友。真德秀（1178-1235）出生，一歲，後與居簡有往來。

淳熙六年己亥（1179）

◆ 居簡十六歲、寶曇五十一歲。

◆ 二至三月間，范成大賦詩贈平江雲巖寺詩僧慧舉，有〈贈舉書記歸雲丘〉三首，其一云：「一枕清風四十霜，孤生無處話淒涼。相看只有龐眉客，還在雲丘舊草堂。」其二云：「四股澗松雷斧碎，十圍巖桂燒痕枯。不知堦下跳珠處，舊竹春來有筍無。」其三云：「青山面目想依依，水石風林入夢思。白髮蒼顏心故在，只如當日看山時。」（《石湖詩集》卷二〇）
按：樓鑰與慧舉亦有交往，他曾撰〈跋雲丘草堂慧舉詩集〉云：「余頃歲游雲巖，有詩牌挂壁上，拂塵讀之，云：『朝見雲從巖上飛，暮見雲歸巖下宿。朝朝暮暮雲來去，屋老僧移幾翻覆。夕陽流水空亂山，巖前芳草年年綠。』愛其清甚，視其名，則僧舉也。曰：『非季若乎？』僧曰：『此今之廬山老慧舉也。』後得其詩編號《雲丘草堂集》；及與呂東萊紫微公、雪谿王性之、後湖蘇養直、徐師川、朱希真諸公游，最後尤為范石湖所知。」（《攻媿集》卷七三）。樓鑰所說的「諸公」，先後為呂本中（1084-1145）、王銍（約 1083-1140）[70]、蘇庠（1065-1117）、徐俯（1078-1141）及朱敦儒

---

70 王銍生卒年不詳，此處暫從李裕民，《宋人生卒行年考》，頁 22。

（1081-1159）。[71] 其實，慧舉原在杭州佛日山淨慧禪寺，已見上文。他早與范成大相交，范成大還有〈送舉老歸廬山〉及〈次韻舉老見嘲未歸石湖〉等詩（《石湖詩集》卷二二），皆可證明兩人之交往。可惜慧舉之《雲丘草堂集》已佚失。另外，樓鑰所說的「諸公」，與多位禪師交游。蘇庠頗尊佛教，與叢林關係甚深。他曾為蜀僧祖秀所著的《歐陽文忠公外傳》寫序，大讚祖秀之言論風旨，尤其欣賞他〈讚東坡像〉之語。祖秀之讚語云：「漢之司馬、楊、王。唐之太白、子昂。是五君子者，皆生乎蜀郡，未若夫子而有耿光。夫子之詩，抗衡者，其唯子美；夫子之文，並軫者，其唯子長。賦亦賢於屈賈；字乃健於鍾王。此夫子之絕技，蓋至道之秕糠。夫子之道，是為后稷、伊尹；可以致其君於堯、湯。時議將加之於鈇鉞，而夫子尤諷於典章。海表之遷，如還故鄉。信蜀郡之五傑者，莫得窺夫子之垣墻。」（《雲臥紀談》卷一）蘇庠有弟為僧，名祖可，本名蘇序，字正平，時號癩可，已見上文。祖可作詩多佳句，徐俯與之交往甚密，頗愛其詩，曾作〈畫虎行〉，末章云：「憶昔余頑少小時，先生教誦荊公詩。即今耆舊無新語，尚有廬山病可師。」（《韻語陽秋》卷四）[72] 王銍曾與之為詩社，常與之唱和。朱敦儒曾任浙東提刑，致仕居嘉禾，周必大說他「詩詞獨步一世」（《二老堂詩話》）。

◆ 三月九日，陸游在提舉福建常平茶鹽公事任內，[73] 撰〈跋佛智與升老書〉於建安雙清堂，是年五十五歲。佛智即佛智端裕（1085-1150），升老為其法子寒巖道升，建寧人，曾主福州延福寺，已見上文。陸游贊佛智書曰：「議論卓超，非世儒所及」，而為之「三復歎仰」（《渭南文集》卷二六；《阿育王山志》卷九）。

◆ 四月二十二日，皇子魏王趙愷作〈《六學僧傳》跋〉，跋文中云：「余於外

71　關於徐俯生年，從黃啟方，《黃庭堅與江西詩派論集》，頁 465。

72　關於祖可之生平事跡及宋人對其詩之評價，參看上引黃啟方，《黃庭堅與江西詩派論集》，頁 348-352。

73　《陸游年譜》，頁 179-190。

典，雖未深了，公餘稍休，未嘗不以圓覺為應世法門。比因取此集閱之，其
敘述入道之由，標指契理之妙，敷倡宗旨，誘掖後學，所以異於吾儒之教者
幾希。惜非善本，訛舛既多，磨滅滋甚。遂載加讎校，命工鏤板，用廣其傳，
庶有補於將來云。」（《新修科分六學僧傳》卷首）

◆ 五月二十五日，陸游撰〈持老語錄序〉，序中說：「予先君會稽公知之最深。
予時甫數歲，侍先君旁，無旬月不見師。」又說：「後又徙居雪竇、護聖二
山，年德益高，如徑山杲公輩，皆以丈人行尊事之。」（《渭南文集》卷一
四）陸游以其先君故，不敢辭作序之請。
按：陸游之父陸宰，與佛教有不解之緣。據說建炎之亂，他避地東陽山中三
年，山中人懷思不忘，因建有祠堂，在安福寺。陸宰之歸也，嘗有詩云：「前
身疑是此山僧，猿鶴相逢亦有情。珍重嶺頭風與月，百年常記老夫名。」（《家
世舊聞》卷下）

◆ 冬十一月，蓮社居士張掄（生卒年不詳）撰〈《禪宗頌古聯珠》序〉（《禪
宗頌古聯珠通集》卷首）。其官銜為寧武軍承宣使、提舉隆興府玉隆萬壽宮、
武功郡開國侯。序中有語云：「〔法應〕以予夙慕宗乘，樂推法施，請為序
引，不獲固辭。」

◆ 元肇法兄大川普濟生，一歲。

◆ 張端義生，一歲，後為居簡之友。張栻卒，年四十八。

淳熙七年庚子（1180）

◆ 居簡十七歲、寶曇五十二歲。

◆ 是年二月，判明州魏王趙愷卒（《寶慶四明志》卷一），起范成大代之。范
成大於是年三月二十一日以中奉大夫兼沿海制置使赴慶元知府任（《寶慶四

明志》卷一），年五十五歲。移足菴智鑒主四明報恩寺、請石窗法恭主雪竇
（《攻媿集》卷一一〇）。

按：善珍後來有〈題范石湖淳熙中出守帖〉或即針對范成大此時所寫之疏帖
而作。其詩云：「淳熙天子課農桑，黃閣鴻儒館郡章。文物昇平今已遠，斷
篇流落入僧房。」（《藏叟摘稾》卷上）此詩很可能是善珍在咸淳四年（1268）
入育王後所作。所謂「斷篇流落入僧房」，或指其請疏而言，流於四明報恩
及雪竇，故善珍得以觀之。

◆ 季春，妙智從廓拂衣歸其烏石山笑月庵，杜門不與世接。俄示微疾，八月四
日呼左右付以後事，澡浴趺坐，書偈曰：「掣斷黃金鎖，鑿碎玉樓鐘。騰身
大虛外，半夜日輪紅。」擲筆而逝，壽六十二（《攻媿集》卷一一〇）。

◆ 四月二十九日，佛照德光進箚，乞歸明州阿育王山廣利寺，奉聖旨依准，入
住育王，時年六十歲。五月三十日，孝宗召便殿賜座（《佛照禪師奏對錄》、
《佛祖統紀》卷四七）。

按：佛照德光先見大慧宗杲於育王，後隨大慧入徑山。乾道三年丁亥（1167），
以侍郎李浩延入天台鴻福，又遷天寧。淳熙三年（1176），詔住靈隱。七年，
育王虛席，露章乞老，得請東歸，紹熙四年改住徑山。《佛祖歷代通載》（卷
二〇）說：「紹熙改元，孝宗御重華宮召見，奏對逾時。四年，被旨住徑山。」
容易讓人誤以為是孝宗之旨，其實是光宗之旨。又《南宋元明禪林僧寶傳》
（卷五）說育王虛席，詔笑翁妙堪（1177-1248）補德光之席，疑誤。因是年
笑翁才十九歲，尚未出世，不可能奉旨入育王。

◆ 五月，別峰寶印奉敕住徑山。七月，至行在，孝宗降中使召入禁中，以老病
足蹇，賜肩輿于東華門外，賜食於觀堂，引對選德殿，特賜坐，勞問良渥（《渭
南文集》卷四〇）。

按：南宋有兩位寶印禪師，一為楚明寶印，一為別峰寶印。前者俗姓張，後
者俗姓李。都活躍於孝宗朝。《佛祖統紀》（卷四七）云：「孝宗召明州雪

寶寶印禪師入見問道，應對稱旨，詔住徑山。」是指別峰寶印。明‧朱時恩的《佛祖綱目》（卷三八）有段關於楚明寶印之敘述，說他是「嘉州李氏子」，又說他「出世住雪竇。淳熙七年，孝宗召明入對⋯大悅，賜號寶印，即日詔住徑山。」此實為別峰寶印之經歷，與楚明寶印無關。清人紀蔭編的《宗統編年》（卷二四）說：「明初參圓悟祖，次謁徑山杲，後依華藏民而徹悟。住雪竇，召對。⋯上大悅，賜號寶印，即日詔住徑山。」完全襲《佛祖綱目》之誤。

◆ 六月二十四日，密庵咸傑禪師在徑山受請入主靈隱（《密庵禪師語錄》）。

◆ 十一月三日，德光復被旨召對便殿，孝宗問佛法大意，御書聖語、御製頌，及御賜「妙勝之殿」四大字以賜之，為育王釋迦舍利殿頭；錫號佛照禪師，放還山（《佛祖統紀》卷四七；《寶慶四明志》卷一三）。周必大記其事曰：「七年夏，上用仁宗待大覺禪師懷璉故事，亦以育王處之。逮移御重華，趣令入觀，漏下十刻乃退。」（《文忠集》卷八〇）

◆ 柏庭善月，初主東湖辯利寺（《物初賸語》卷二三；《佛祖統紀》卷一八）。

◆ 朝廷有旨以鄞縣美祿坊子城西南一百一十步之都酒務賜史浩，即後之寶奎精舍。是年史浩七十五歲。

淳熙八年辛丑（1181）

◆ 居簡十八歲、寶曇五十三歲。

◆ 閏三月，朱熹離南康軍之任。離任之前，朱熹率弟子多人由廬山山南遊至山北，訪濂溪書堂，並膜拜濂溪遺像。同行者有天台僧志南。志南號南指堂，是天台國清寺僧，字明老。他是會稽人，善屬文，工書法，是南宋有名的詩僧，與詩人韓淲有交往，有《指堂集》詩卷傳世。與朱熹頗相過從，從朱熹

遊廬山濂溪書堂時，同於其光風霽月亭留字。朱熹賞識其詩，曾有〈與南老索寒山子詩書〉一詩，中有「熹悚息啟上國清南公禪師方丈」等字，對志南頗為禮敬，故元肇說他「常為朱晦菴所敬」（《淮海外集》卷下）。朱熹跋其卷云：「〔志〕南詩清麗有餘，格力閑暇，無蔬筍氣。如云：『沾衣欲濕杏花雨，吹面不寒楊柳風』，每深愛之。」蓋其〈舟次〉一絕句云：「古木陰中繫短篷，杖藜扶我過橋東。沾衣欲濕杏花雨，吹面不寒楊柳風。」（《晦庵集》卷八四；《娛書堂詩話》）朱熹也曾向志南索其校刊刻成的寒山詩集；志南的寒山詩集刻本成於宋孝宗淳熙十六年（1189）。

按：朱熹於五年八月差知南康軍，六年三月赴任，八年三月提舉常平茶鹽待次。閏三月，去郡東歸。八月，差提舉浙東常平茶鹽。其與弟子及志南游廬山當在是年閏三月前之兩、三月。

◆ 季春，范成大於三月二十一除端明殿學士知建康府，年五十六歲，有〈贈佛照禪師〉詩數首，贈佛照德光。佛照題曰：「辛丑季春，范成大來官金陵，訪育王山，覽山川之壯麗，書此詩相贈，秋八月，將之刻石。」（《碑文拓本》）

按：此碑已早佚，碑文拓本現仍存日本京都東福寺。或謂是范成大於五十四歲所寫，但揆諸佛照題語，應是五十六歲，其詩應於離四明赴金陵前訪育王所寫。

◆ 是年夏安居日，四明龍山足庵戒度述《靈芝觀經義疏正觀記》並作序，時寓南湖之戒壇寺（《觀無量壽經義疏正觀記》卷首）。

◆ 六月戊辰（二十三日），史浩薦薛叔似（1141-1221）、楊簡（1141-1226）、陸九淵（1139-1193）、陳謙、葉適（1150-1223）、袁爕（1144-1224）、趙善譽等十五人，詔都堂審察，時年七十四歲（《宋史》卷三五）。

◆ 八月，史浩罷侍讀，辭歸。可能於是年虛月波寺，延柏庭善月任住持，時年

善月七十六歲。

◆ 八月十三日，瑞岩石窗法恭逝於此年，壽八十。法恭曾主瑞岩、雪竇，魏王每加敬禮，欲訪於山中，辭曰：「路遠而險，徒勞民耳。」丞相魏杞晚歲與之尤厚，嘗嘆曰：「石窗，空門中御史也。」緇流以為名言。樓鑰少時即與石窗遊，以石窗之從姑歸其叔祖之故。石窗既卒，樓鑰作〈瑞巖石憁禪師塔銘〉，文中云：「余非學佛者，然竊謂桑門之法有三，曰律、曰教、曰禪。學者當先習律，以檢其身；次聽教，以廣其業；然後參禪，以求直指人心，見性成佛。一聞千悟，世出世間法，則為全人矣。況是三者本無異途，苟能貫通，何所不可？惟師天姿勁挺，持律嚴甚，而禪教並行，直以古德自期；愛身如冰玉，終老不衰。三主大剎，起居寢食，無一日不與眾共。不務緣飾，無他嗜好，自號石窗叟。峭直骨骾，未嘗借人以詞色。見有道者，雖坐下版，必力加提引，成就名譽，郡命公定，師署不容私。或以賂得，叱之不貸，至白郡將汰遣之。」（《攻媿集》卷一一〇）

◆ 寶曇之友張鎡任臨安通判，時年二十九歲。曾作詩千篇贈陸游，故陸游作〈謝張時可通判贈詩篇〉，有「投我千篇皆傑作」之句。[74]

◆ 寶曇之友高夔四十五歲，守江陵至明年。

◆ 寶曇之友資州李石（知幾）可能卒於此年。他生於大觀二年（1108），死於是年，享年七十四歲。

◆ 此山師壽生，一歲。

---

[74] 錢仲聯，《劍南詩稿校注》卷 13，頁 1056；于北山，《陸游年譜》頁 207。按：張鎡原字「時可」，因慕郭祥正（字功甫）而改。

◆ 史浩七十六歲，史彌遠十八歲。

淳熙九年壬寅（1182）

◆ 居簡十九歲、寶曇五十四歲。

◆ 十月十一日，佛照德光奉聖旨召對問道，便殿起居（《佛照禪師奏對錄》、《古尊宿語錄》卷四八）。

◆ 十二月十七日，樓鑰之父樓璩（1107-1182）卒，享年七十六。[75] 史浩為撰墓誌銘，時年七十七歲，樓鑰四十六歲，史彌遠十九歲。

淳熙十年癸卯（1183）

◆ 居簡二十歲、寶曇五十五歲。

◆ 居簡得疾，幾殆。日者謂宜披緇，父母難於割愛，其姑勉之曰：「是子敏慧，且耽釋典，俾紹釋種，誠宜。」其嫂趙氏尤縱臾，乃依邑之廣福院圓澄師。圓澄度弟子二人，居簡為其一，病庵居正為其二，亦飽學遊歷，出世有聲（《物初賸語》卷二四，〈行狀〉）。

◆ 二月乙未，徑山興聖萬壽禪寺西閣成，孝宗以御註《圓覺經》賜別峰寶印刊行。別峰進頌，皇情大悅，宣對稱旨，賜號慧辯禪師。賜閣名曰「圓覺之閣」。寶印入山陰請陸游為作記，陸游於十一月十四日作〈圓覺閣記〉，結銜「朝奉大夫主管成都府玉局觀」（《佛祖統紀》卷四七；《歷朝釋氏資鑑》卷一一；《徑山志》卷七，《渭南文集》卷一八、四〇）。後別峰寶印門人築庵

---

75 唐燮軍、孫旭紅，〈四明樓氏族人行跡繫年〉，在《兩宋四明樓氏的盛衰浮沈及其家族文化》，頁209。

於徑山北以待其歸。冬，光宗在東宮，書「別峰」二大字榜其庵（《渭南文集》卷四〇）。陸游是年五十九歲。

按：是年陸游奉祠在鄉，[76]雖於去年五月後除朝奉大夫主管成都府玉局觀，但尚未赴任，故寶印得以請他作記。或說是年春季陸游「多與方外人士」接觸，其中包括「平老」。[77]此平老即是下文所說的法平。但法平多半時間都在四明，故說陸游於是年寫〈仗錫平老具舟車迎前天衣印老，印悉迎還，策杖訪之，作二絕句奉送兼簡平〉，[78]則是說法平來越州天衣寺，而陸游去天衣訪他，並作絕句送之，此亦不無可能。不過，錢仲聯氏說作於去年（淳熙九年）春夏間，[79]不知何據？此外，陸游另有致法平詩數首，分別為〈寄仗錫平老借用其聽琴詩韻〉及〈仗錫平老自都城回見訪索怡雲堂詩〉，當作於何時？錢仲聯氏說前一首仍於去年（淳熙九年）春夏間，作於山陰，而後一首作於明年（淳熙十一年）冬，亦不知何據？[80]

◆ 三月，臣寮上言，「國家優禮元勳大臣近貴戚里，聽陳乞守墳寺額，蓋謂自造屋宇，自置田產，欲以資薦祖父，因與之額。故大觀降旨，不許近臣指射有額寺院充守墳功德。及紹興新書不許指射有額寺院，著在令甲。凡勳臣戚里，有功德院，止是賜額，蠲免科敷之類，聽從本家請僧住持，初非以國家有額寺院與之。邇年士夫一登政府，便萌規利，指射名剎，改充功德，侵奪田產，如置一莊。子弟無狀，多受庸僧財賄，用為住持。米鹽薪炭隨時供納，以一寺而養一家，其為汙辱祖宗多矣。況宰執之家，所在為多，若人占數寺，則國家名剎，所餘無幾。官中一有科需，則必均諸人戶，豈不重為民害？臣愚欲望睿旨申嚴舊制，應指占勅額寺院，並與追正。仍從官司請僧，庶以杜

76　《陸游年譜》，頁 213-219。

77　《陸游年譜》，頁 220。

78　同前註。

79　錢仲聯，《劍南詩稿校注》卷 14，頁 1154。

80　錢仲聯，《劍南詩稿校注》卷 14，頁 1128；卷 17，頁 1303。

絕私家交通寺院賄貨之弊。制可,勅指占有額寺院充守墳功德者,並與追正。」
(《古今圖書集成釋教部》卷四)。

◆ 四月望日,蓮社居士張掄應敬菴黃汝霖之請為禪人祖詠所著之《大慧普覺禪
師年譜》作序(《大慧普覺禪師年譜》卷首)。

◆ 五月四日,寶曇之友樓錫(1134-1183)卒,享年五十(《攻媿集》卷八五,
〈先兄嚴州行狀〉)。寶曇作〈樓與善寺丞挽詩二首〉,其一云:「半世功
名在,誰為磊落人?上方憐我直,公亦愛吾身。一笑知天近,頻年厭馬塵。
把麾江上去,得與客星鄰。」其二云:「翰墨今詞伯,規模古吏師。哭親聲
未斷,拊枕夢何之。白首侵書幌,青燈耿繐帷。傷心故園路,雲物不勝悲。」
(《橘洲文集》卷三)
按:樓與善即是樓錫,樓璩之次子。其兄樓鑰(1132-1263),弟樓鑰,三人
少時同學於鄉先生李若訥。樓鑰嘗言:「二兄愛鑰厚,期待尤遠。硯席相從,
有師友之義。」(《攻媿集》卷一〇五)「哭親聲未斷,拊枕夢何之」一句,
是因為樓璩於去年去世之故(《攻媿集》卷八五)。樓與善之死,史浩亦作
〈樓與善使君挽辭〉二首,頗稱其才。其一云:「游夏淵源鮑謝才,聲名雖
泯思無涯。人間一葉靈芝落,地下千年玉葉埋。彭澤素琴塵自滿,茂陵遺藁
志全乖。惜君多少凌雲氣,挂劍青松祇愴懷。」其二云:「壯年方喜脫塵埃,
便把州麾上釣臺。冰鑑已明消健訟,民膏不取卻餘財。官箴信爾無遺恨,家
學端知有自來。欲識邦人思愷悌,水聲山色亦興哀。」(《鄮峰真隱漫錄》
卷五)又袁燮(1144-1224)所作〈樓鑰行狀〉謂樓錫卒於「十月三旬」(《絜
齋集》卷一一),恐是官方公布之時間,與確切時間有距離。

◆ 七月十五解制後五日,傴糸真懶子晦翁悟明,於江心潛光室成《聯燈會要》
一書。自序云:「然前所謂不立文字,直指人心,見性成佛,此一絡索,得
非文字語言乎?若作文字語言會,未具衲僧眼在;不作文字語言會,亦未具
衲僧眼在。畢竟如何,英俊道流,試請從頭定當看。」(《聯燈會要》卷首)

◆ 八月二十二日，史浩以少師保寧軍節度使充醴泉觀使魯國公除太保，改封魏國公致仕，年七十八歲（《宋會要輯稿》〈職官〉一》；《宋史》三九八）。史彌遠二十歲。致仕後之第五年生日，寶曇撰〈為史魏公壽〉（見下文）。

◆ 寶曇可能於是年十月後撰〈題光孝蠲賦賜田碑陰〉。因其文謂：「崇寧中，有詔天下郡國刱崇寧萬壽禪寺，仍賜田十頃。政和改曰：『天寧萬壽』，為天子萬年也。紹興太上皇帝特賜睿旨，即天寧萬壽改賜『報恩光孝』，用嚴永祐神游，昭聖孝也。屬四方多事，賜田蠲賦如故，間遇郡可否而固自若也。隆興改元，皇帝即位之三載，命今少保滎陽郡王為沿海制置使守明州。政清訟平，盡免賜田之賦。淳熙皇子魏王開府，亦如之。後五年，滎陽家嗣今制帥殿撰來鎮是邦。莅政之初，問法有無，首與蠲放。於虖！後先可以觀政也。政有本末，有小大，唯學者能盡知之。古之人學古入官學所以為政也。政關天地，繫社稷，董生靈之命而休息之。山川鬼神草木禽獸莫不賓服，故政所以為道也。道即周公、魯公父子相與受者。至漢蕭曹之治，齊民有清淨之歌，亦或近之。今殿撰以寬厚致廣平，得滎陽之體而行吾之志，將見其報政而羽儀於天朝不遠矣。某敬以三牒，刻諸琬琰，永為山中無盡藏云。」（《橘洲文集》卷七）

按：文中之「今少保滎陽郡王」為上文之趙伯圭，於隆興二年十月鎮明州，故「皇帝改元之三載」應為「二載」之誤。乾道三年三月，趙伯圭丁母憂，去職。五年十月再除，至淳熙元年。「淳熙皇子魏王開府」指淳熙元年十二月，魏王趙愷繼趙伯圭之後任明州守。趙愷鎮明州至淳熙七年，薨於任內。「後五年滎陽家嗣今制帥殿撰來鎮是邦」一語之「今制帥」指的是趙伯圭之長子趙師夔（1136-1196），故為「家嗣」。他於淳熙十一年（1184）十月以秘閣修撰來知明州，正好是趙愷後之第五年。唯秘閣修撰簡稱「秘撰」，與簡稱「殿撰」之集賢殿修撰等略異，寶曇稱「殿撰」，恐是因不詳其官職之故。

◆ 仲冬二十九日中夜，雪竇自得慧暉沐浴書偈而逝，窆全身於中峰，號雙塔。

世壽八十七（《嘉泰普燈錄》卷一三）。

按：《淨慈慧暉禪師語錄》（卷六）錄有紹興二十九年除月十五日住瑞巖比丘石窗法恭撰〈淨慈自得慧暉塔銘〉。略云慧暉是「金州安城人也，俗姓王氏子也。」又說「後得歸天童而受淨慈之請，二月二十五日入院，乃當紹興二十五年，同二十六年七月十九日退院。師為僧六十八年，此中出世一十二年，七十歲即遷化。師看閱經論書籍一十二萬卷也，人無知其所以。玉田居士、聰林居士、祐普居士等皆是大守輩也，師出世時共作佐贊。」此與《嘉泰語錄》所記大殊，不知何所本，不取其說。又石窗法恭已於兩年前示寂，疑此塔銘非法恭所作。[81]

◆ 季冬朔日，住雷峯此丘慧昇作〈《雪峰慧空禪師語錄》序〉（《雪峰慧空禪師語錄》卷首）。

◆ 釋曉瑩於是年或稍後作《感山雲臥紀談》，其致徑山遯菴信無言書云：「…至淳熙戊戌冬，以徒弟隸名感山小寺而徙居焉。…歲在癸卯，徒弟遽歿。遂自任其灑掃之責。」又云：「祖詠住越之興善已數年，在臨安時，綴集大慧始末，作年譜一冊，不肯上徑山與前輩看詳，急於刊行，亦多踈脫。愚於是答其書，糾其年譜之謬。」可見《紀談》及其自撰敘，成於《大慧年譜》之後，而曉瑩對祖詠《大慧年譜》頗有意見。

◆ 寶曇之友吳芾卒，年八十歲。

按：吳芾，字明可，台州仙居人。樓鑰為台州通判時，曾拜見吳芾，自云：「一見辱知獎良厚，因得與諸子游，今識其家四世矣。」（《攻媿集》卷一○八，〈朝請大夫吳公幷碩人姚氏墓誌銘〉）其長子吳津，見下文。次子任鄞丞，為四明史氏之婿。樓鑰之第三子娶其女，遂與之為親家。寶曇與吳氏

---

81 《淨慈慧暉禪師語錄》所錄〈塔銘〉作者是「洪恭」，陳垣於其《釋氏疑年錄》早辯為「法恭」之誤。

父子皆有交往。曾作〈送傅道士兼呈吳明可給事〉，已見上文。史浩亦作〈吳明可閣學挽辭〉，當在是年（《鄮峰真隱漫錄》卷五）。

◆ 范成大因病退歸故里平江石湖，此後十年隱居於斯，其間與慧舉、範老、壽老及蒙庵元聰（1136-1209）等為方外交。他的〈次韻舉老見嘲未歸石湖〉（《石湖詩集》卷二二）及〈謝範老問病〉與〈二偈呈似壽老〉（《石湖詩集》卷二三）應作於這段退隱時間。

按：據衛涇說，范成大與元聰為厚交，曾欲請住平江承天寺，元聰曰：「願從公杖屨行，不願承天也。」范成大每對人說元聰「墨名而儒行」。他請元聰住平江承天應在是年及其後十年間，也就是五十八歲至六十八歲之間。衛涇因范成大之故，遂與元聰交，元聰於嘉定二年示寂，他還寫了〈徑山蒙菴佛智禪師塔銘〉（《後樂集》卷一八）。

◆ 陳貴誼出生，一歲，後與善珍及雙杉中元為方外交。

淳熙十一年甲辰（1184）

◆ 居簡二十一歲、寶曇五十六歲。

◆ 居簡薙染，其師圓澄語之曰：「爾胡滯於此？盍南詢乎？即束包下三峽，見別峰印、塗毒策於徑山。」（《物初賸語》卷二四，〈行狀〉）

按：是年，塗毒策（1117-1192）六十八歲，他於淳熙十五年戊申（1188）冬住徑山，年七十二歲，故《叢林公論》說「塗毒晚年被旨主盟徑山」（《嘉泰普燈錄》卷一三；《叢林公論》卷上）。居簡應於二十五歲或稍後入徑山，見下文。

◆ 是年春正月，松源崇岳（1139-1209）禪師出世平江澄照，唱密菴之道（《運菴普巖禪師語錄》）。

◆ 二月六日，史浩為其四子史彌堅成婚，撰〈彌堅成婚日狀〉（《鄮峯真隱漫錄》卷二八）。時史浩七十九歲，史彌遠二十一歲，史彌堅歲數不詳（司馬述《燭湖集》原序）。寶曇可能於是年認識孫應時（1154-1206），故其後與孫頗有唱和。孫應時是年三十一歲。寶曇之〈和孫季和游東湖韻〉當寫於此年，蓋東湖即東錢湖，為史氏兄弟所居之處。孫應時既講道於此，自會游湖賦詩。寶曇詩云：「春風如少年，白首仍當歸。無端故園雨，更不留芳菲。啼鳥倦晴晝，綠陰却餘暉。行尋脩竹寺，僧老青山圍。兒童慣看客，汛手來開扉。白日轉雙轂，吾心無所依。同來二三友，目亦掣電飛。憑高下不測，從我其無違。」（《橘洲文集》卷二）

◆ 夏，混源曇密（1121-1189）禪師奉詔居淨慈（《嘉泰普燈錄》卷二一），十二月初十，奉聖旨就本寺開堂。程珌（116-1242）所撰的〈淨慈山重建報恩光孝禪寺記〉說「曇密法進，寶殿經營。」（《洺水集》卷七）

◆ 冬十一月八日，四明僧法平攜兩詩訪臨安通判張鎡，張鎡作〈甲辰仲冬八日，元衡攜兩詩過訪。及歸，次韻酬送；後篇兼寄張武子〉酬之，時年三十二歲（《南湖集》卷八）。
按：法平字元衡，嘉禾人。初參妙喜師為書記，後居天童時號平書記，又號怡雲野人。他工詩能文，有詩卷傳世，頗受孫覿（1081-1169）、朱希真（1081-1159）所許可。曾受請住象山延壽院，復自四明蘆山移仗錫（《寶慶四明志》卷九），繼寶曇之後住持仗錫（《橘洲文集》卷一〇）。袁桷有〈題雪竇平禪師詩卷〉一文，其語云：「大梁張武子來吾鄉，始正唐律。由是禪林悉守其法。雖頌古詠物，情切婉潤，足以追配牧之、商隱。怡雲師蓋一時與之從游，近朱近墨，豈虛語哉。由今而論，獨僧詩猶能守格律，而吾徒一切直致，恬然不事修飾，觀此足以泚顙。龜石寺號小院，然多出名輩。怡雲師之漸摩灌溉於是乎見。」（《清容居士集》卷五〇）是知法平亦曾住雪竇。法平與多位士人游，為史浩、陸游、李孟傳、張良臣、張鎡、樓鑰及自號頤庵居士之劉應時（生卒年不詳）等人之方外交。樓鑰曾有〈戲贈怡雲平老〉

一首云：「深山中拔出閒身，鬧市裏尋得靜處。相逢了白話三通，那個是末後一句？不因聞所聞而來，不為見所見而去。嶺上白雲君自怡，何時許得同龕住？」（《攻媿集》卷八一）劉應時有〈懷怡雲平老三首〉，其一云：「江湖夢斷十年餘，尚記寒窗誦子虛。回首扶春堂下路，別來風月果何如？」其二云：「晚陰分暝與幽窗，心旆搖搖不可降。隱几正為邱壑夢，半為樓櫓過滄江。」其三云：「柔桑已密吳蠶老，簾幕低垂燕子飛。想見石欄斜點筆，海雲深重濕山衣。」（《頤庵居士集》卷下）又有〈酬平上人〉云：「比鄰雞犬寂無聞，煙際微風起夕曛。腸斷梅飄千樹玉，眼寒麥浪一溪雲。拙於生計無如我，老矣情親獨有君。佇立茅簷一搔首，扶春夢月與誰分。〔平有夢月、扶春二亭〕」（《頤庵居士集》卷下）

法平亦為寶曇之好友，與寶曇相頗有唱和。寶曇曾有〈次平元衡菖蒲〉云：「秖許春水細有聲，不容燈焰惱黃昏。是為白石清泉伴，乞與蒲團便垛根。細如毛髮綠毵毵，寂寞無人共歲寒。萬壑千巖風雨面，却宜六月坐中看。」（《橘洲文集》卷二）又有〈留姜山怡雲見訪二絕并呈李磐庵文授〉云：「怡雲未至有人傳，一笑伽梨落半肩。夢裏亦知為此客，起來歡喜不成眠。」「天遣今年到五夫，還如雪後望西湖。磐菴老子今詩伯，紅葉盈庭許屢書。」唯不知此二詩年月（《橘洲文集》卷二）。張鎡詩題之張武子即張良臣，武子為其字，又字漢卿。樓鑰說他「閒居好與諸禪游，佛日、宏智皆入其室。」（《攻媿集》卷七〇）周必大亦說他「家於四明，篤學好古，擢龍興進士第，日從魏南夫、史直翁二丞相遊。仕宦二十餘年，他人朱紫，君困青衫；他人鍾鼎，君樂簞瓢。方二公薦士如林，君芒鞵藤杖，日與高僧逸人往來蓮社問，不復以名官為意。淳熙末，始管庫行都。」（《文忠集》卷五四）居簡亦為其方外友，曾為其詩作跋（見下文）。張鎡詩之一云：「每將幽事當功名，唯欠能詩竹裏僧。遽寫此篇為疏引，菴成來往豈無憑？」其二云：「合處疇能證不疑，吾宗神秀歲寒姿。無書寄便今猶懶，說似應須倩老師。」（《南湖集》卷八）

居簡後來曾作〈平元衡畫象〉云：「杜綉口錦心於枯木寒灰，發枯木寒灰為霽月光風。采筆生春，血吻嘻空。搭冬瓜印子，則有宏智、大休；賞鴟尾遺

音，則有雪齋、放翁。尚餘火柴頭上一點火種，付與報恩嫡子混庵壽公。」（《北磵和尚外集》）

◆ 十一月，魏杞卒，年六十四歲。寶曇撰〈魏南夫丞相挽詩二首〉弔之。其一云：「未必山東相，能留塞北聲。一身扶國是，九鼎重吾盟。水鏡人材地，風流月旦評。早收霖雨去，屋角看春耕。」其二云：「青雲紆郡綬，白首費符移。即墨仍飛語，翁歸不受私。凋零唯舌在，汗漫付心期。手種堂前柳，東風學畫眉。」（《橘洲文集》卷三）樓鑰亦代王之道（1093-1169）作〈祭魏丞相〉，中云：「晚居碧溪，不渝東山之志。潭潭之居，固已因其舊，而山林日涉，隨其高下，蓋天作地藏，以為公宴居之計。益覽載籍，出入釋老；觸物而咏，遇客則醉。其雍容蕭散，野老爭席，風流醖藉，有晉宋之風度，則又其餘事也。」（《攻媿集》卷八四）

◆ 雪竇虛席，足菴智鑒勉為起廢，一住八載。雪竇寺前，泉出山之兩腋，智鑒鑿田為池，匯二流於中，四面皆樹棠梨，春月花開相映如錦鏡（《攻媿集》卷一一〇）。

◆ 密庵咸傑請旨歸老于天童。在是年之前，他於淳熙四年（1177）奉旨住徑山，孝宗曾召對選德殿，問佛法大要。淳熙七年（1180）自徑山遷靈隱，孝宗親灑宸翰。詢以法要，又遣侍臣以《圓覺經》中「四病」為問，咸傑皆以實語對，孝宗亦喜而厚遇之。是年歸老于天童，兩年後卒於天童。他在世時，約齋張鎡嘗在其處參學，而卒後又為他經理後事，並為他的語錄作序（《密庵禪師語錄》，葛邲撰〈密庵禪師塔銘〉；張鎡，〈語錄序〉）。

◆ 史浩於四明家鄉御賜西湖一曲並白金萬兩建真隱園，欲「日游息其間，四海名下士、方外知識，時款吾居，與之共譚名理。」又作〈真隱園銘〉，記皇太子題「四明洞天」而促使其完成園林之建（《鄮峰真隱漫錄》卷四十、四十二）。

按：史浩〈真隱園銘〉云：「已而際會龍飛，兩承相乏，丐閒得請，今上皇帝燕餞內殿，親灑宸章，光其歸路。賜西湖一曲，以成其志。斥白金萬兩，以竟其役。而皇太子又大書四明洞天，并以珠玉妙作為贐。」（《鄮峰真隱漫錄》卷四十）此「西湖」是對「東湖」（東錢湖）而言，亦即月湖。其〈建新第奉安四明山王并謝遺塵先生神像文〉略云：「去歲秋八月，得請東歸。今儲皇賜以『四明洞天』四字，始有意於為圖，揭是扁榜作為林泉，以彷彿四明之真境，日游息其間，四海名下士，方外知識，時款吾居，與之共譚名理；且約不以腥穢涴吾勝地。今將落成，命工塑四明山王與先生之像，以奉安焉，庶幾英靈時一至，止以壽我此山。」（《鄮峰真隱漫錄》四十二）「去秋八月」史浩致仕歸里，故曰「東歸」，而所為林泉，實在西湖。謝遺塵者，唐末有道之士，嘗隱于四明南雷山之樊謝。史浩約在是年或稍後作〈與東湖壽老〉，其詩云：「乞得西湖養病身，小園真隱謾頤真。已將竹院舍幽客，更築鄉畦招可人。茗盌晝看花墜影，吟牕夜與月為隣。清涼境界天家予，自是全無一點塵。」（《鄮峰真隱漫錄》卷五）此詩與前兩文先後呼應，說他已住入真隱園。詩中所云住其所捨竹院之「幽客」應即是寶曇。因寶曇也是「壽老」之友，故有是語。此「壽老」是住在東湖寶奎的壽居仁（《鄮峰真隱漫錄》卷三二、四〇），與寶曇有詩唱和。寶曇之〈嘗拉壽居仁訪青山性老，是日小舟抗斷港，進退不能，幾至興盡。薄莫叩關，少慰寂寥之嘆。居仁有詩，次韻以謝〉及〈題壽居仁遠浦歸帆〉二詩（《橘洲文集》卷四），可以證明兩人關係匪淺。

◆ 史浩延餘姚孫應時講道東湖，史彌遠與弟史彌堅兄弟皆從之。

◆ 寶曇之友高夔守揚州，年四十七歲。其友高似孫與謝直登進士第，高似孫年二十七歲。另一友人史學家李燾卒，年七十歲。

淳熙十二年乙巳（1185）
◆ 居簡二十二歲、寶曇五十七歲。

◆ 正月，寶曇之友高夔加秘閣修撰，年四十八歲。

◆ 寶曇之友潘畤六十歲，提點湖南刑獄，進一秩，帥潭州。[82]是年其次子潘友恭（恭叔）往潭州省侍，寶曇作〈送潘恭叔提幹往潭州省侍〉一首，詩云：「父子湖海心，歲月易波蕩。長沙固羈難，不在九天上。風塵護衣簀，花柳謝屏障。車行無多乘，雷動有餘壯。闌風吾故游，弱水恨新泒。詩書飽丘壑，翁事來獻狀。入門視顏閒，一笑挾繒纊。官他鳧鴈深，洗盞發家釀。人生果何樂，此樂天所況。故山在何許，夢寐或東嚮。公如問云何，報我今跌碭。」（《橘洲文集》卷二）

◆ 佛光法照出生，一歲。

◆ 史浩八十歲、史彌遠二十二歲。

淳熙十三年丙午（1186）

◆ 居簡二十三歲、寶曇五十八歲。

◆ 正月辛卯（十二日），史浩長、次子史彌大、彌正之乳母戴氏卒；史浩是年八十一歲。次年，寶曇代史彌正撰壙志（《橘洲文集》卷一〇）。

◆ 四月初吉，淡齋李泳作〈《大慧普覺禪師宗門武庫》序〉（「續藏經」本《大慧普覺禪師宗門武庫》卷首）。

◆ 五月十三日，陸游撰〈能仁寺捨田記〉，記承節郎河東薛純一捨其山陰田千一百畝入紹興大能仁禪寺，寺之住持僧子昕請陸游撰次本末為記（《渭南文

---

82 按：潘畤先以湖南提刑帥潭州，再以潭州守知廣州。見李之亮，《宋兩湖大郡守臣易替考》，頁 260，引嘉靖重修《武岡州志》卷一九；《宋兩廣大郡守臣易替考》，頁 28-29。

集》卷一八）。是年陸游除嚴州，赴行在，並館於張鎡園中。七月赴嚴州任之前，有明州之行，仗錫法平出山來迎（《劍南詩稿》卷一八）。[83]陸游又遊史浩之四明洞天，並作詩記之，故史浩有〈次韻務觀遊四明洞天〉一詩。末有「多謝故人迂五馬，清談剔盡幾銀缸」之句。「五馬」用指太守之車駕，顯見陸游是以未上任的嚴州太守身分來訪史浩之真隱觀的。樓鑰此時亦在四明，可能與法平來往，有〈答杖錫平老〉云：「老我平生不願餘，歸來但欲賦閒居。灌園自足供朝膳，日奉夫人御版輿。」（《攻媿集》卷九）或作於是年，時陸游六十二歲，樓鑰五十歲，史浩八十一歲。

◆ 六月十二日，密庵咸傑禪師趺坐而逝，年六十九。訃音至夔府臥龍山咸平禪院，住持破菴祖先（1136-1211）上堂云：「客從南方來，報我天童老。撞破太虛空，全身入荒艸。而今子細思量，令人哭不成哭、笑不成笑。寥寥目斷千峯曉。」（《破菴祖先禪師語錄》）正議大夫、刑部尚書侍讀、兼太子詹事、廣陵郡開國侯、食邑一千戶葛邲為撰塔銘，文中謂：「約齋居士張鎡常參學於師，師亡，復經紀其後事。」又說「邲劾官中都，與師相見或道話終日，亹亹忘倦。別去數以書相聞，臨寂又以書為別。」（《密庵禪師語錄》卷末）葛邲（1135-？）是年五十二歲，四年後除參知政事。紹熙四年（1193），陞右丞相。未幾，任左丞相。密庵卒後，無用淨全（1137-1207）繼其天童之席。淨全原在通州狼山，是王厚之（1131-1204）、尤袤（1127-1194）、及錢象祖（1145-1211）之方外友。錢象祖號止庵居士，守金陵日（1199），曾舉無用主保寧寺。他自己專修淨土，創止菴高僧寮，為延僧談道之所（《吳都法乘》卷五上之下；〈天童無用淨全禪師塔銘〉）。[84]

◆ 六月二十四日，寶曇之友潘畤，奉詔以潭州守知廣州，時年六十一歲。淳熙

---

83 《陸游年譜》，頁 234、239。《劍南詩稿校注》卷 18，頁 1383。錢仲聯說此詩作於是年夏，是因陸游在七月初三日赴嚴州之任，而在此之前曾遊明州也。

84 錢象祖之〈天童無用淨全禪師塔銘〉僅見於《吳都法乘》（臺北：丹青圖書公司，《中國佛寺志彙刊本》，第三輯 1985）。

十四年（1187）離任（《宋會要輯稿》卷六二；《晦庵先生朱文公文集》卷九四；《宋史翼》卷二〇）。寶曇應在潘時守廣州時作〈和潘經略廣州峽山五首〉。其一云：「是身猶孤雲，夢入巖下寺。天如護蒼江，山故插厚地。一舟巫峽來，八月新雨霽。烟鬟十二外，野花或垂髻。」其二云：「雲山最佳處，猿鳥無缺供。人影墮清鏡，花氣來晴峰。苔蘚上佛壁，兔絲蔓寒松。何年發天閟，當在浩劫中。」其三云：「月林愛山日，竹杖青鞋俱。而今碧油合，見山當緒餘。瘴癘霜雪後，桃李春風徒。吾方友造物，虐燄空焚如。」其四云：「髮白面鼃咵，平生舞魚龍。落月照屋除，髣髴見此翁。白日幾黃壤，世方定雌雄。斯文在九牧，吾道非天窮。」其五云：「自公湘中去，鴈斷致書寡。今年從默齋，五字聞太雅。青燈話疇昔，白首問茅價。十里五里間，水竹肯輕舍。」（《橘洲文集》卷二）

◆ 十二月十四日，岳飛之孫岳甫（1137-1204）以朝奉郎兼主管沿海制置司公事知慶元府事（《寶慶四明續志》卷一五；《會稽續志》卷二），召四明名剎如育王、天童等寺之十六位主寺僧同議，選出禪師名宏者為小淨慈寺住持（《至正四明續志》卷一一，沈煥〈淨慈寺記〉；《定川遺書》卷一）。岳甫於十六年三月二十七日離任。據寶曇說，他曾應岳甫之請，在西湖求棋士蘇丈一語，而有「碁說」一文之作，當作於岳甫鎮慶元兩年餘之間。
按：「小淨慈」是慶元府顯應山淨慈禪寺。後來偃溪廣聞（1189-1263）曾主此寺。岳甫是岳飛之孫，似好棋藝。寶曇之文稱「吏部岳侯」，是因岳甫曾於淳熙十六年官吏部尚書之故。

◆ 寶曇友張良臣卒於是年。其弟張堯臣於十五年後裒集其詩文請周必大作序。
按：寶曇與張良臣及張堯臣兄弟相友善，與兩人時相唱和。張良臣字子武，又字漢卿。寶曇有〈送張漢卿左藏〉云：「溪間曾語離，夜雨忽悲壯。俄頃山月明，照我蓬背上。欹枕念此行，變化或萬狀。江湖大圓鏡，有此白鳥樣。公言早崛奇，平處謝陂障。劃巖如行師，百萬未可傍。疇昔粲可間，發此無盡藏。我飢寒欲死，甘露挾繒纊。目視飛鴻卑，未易蒙此睨。西風束書至，

闔戶問亡恙。吾事公所知，它人雜嘲謗。」（《橘洲文集》卷一）張堯臣字以道，與其兄張良臣都是約齋張鎡之好友。張堯臣還曾經與張鎡為鄰，並推介張鎡之詩集予史浩，史浩因而知張鎡，後為《南湖集》題跋語。寶曇之〈答張以道〉一詩即是與張堯臣酬答之作。詩云：「阿兄書到梁，盡歲室懸磬。公無苦詩窮，我固待天定。扶持共竹語，寂寞掃花逕。須公說江湖，小雨狎鷗暝。蔣橘數百本，卜居東南崗。足書又足食，千里魚相忘。功名丈夫事，步武青雲鄉。綠髮早歸來，釣絲理滄浪。」（《橘洲文集》卷二）又有〈題張以道現庵新成〉云：「春風窗戶雨初乾，恰愛南湖一鏡寬。倒影絕憐飛觀近，鳴榔不入莫濤寒。吾伊聲斷聞鷗下，舴艋舟輕喚客難。題作現庵真現否，憑公為問約齋看。」（《橘洲文集》卷四）詩裏提及約齋，即是因約齋張鎡與張以道為暱友之故。兩詩之作，時間不詳，當是張堯臣訪四明之時。寶曇與張鎡之關係，已見上文。他還有〈張約齋生日〉云：「何年麒麟飛上天，下視平地為秦川。九關虎豹不敢却，為作南渡中興年。扶持斯文一鳴世，金鐘大鏞方在懸。百年人物有如此，舊山喬木今依然。人言廣平心鐵石，梅花作賦猶清便。爭如萬象落吾手，顛倒捃拾無留妍。曉窗沉水旋和墨，雜花落紙如雲煙。問渠少室果何事，一笑粲發成真傳。春風正墮散花手，亦有舞雪相回旋。願公道眼皎如日，我欲以壽東家禪。」（《橘洲文集》卷四）張鎡是年三十四歲，其生日是三月二日，但此詩所作年代不詳，當離是年不會太久，因寶曇於十年後即歿。

◆ 史彌遠二十三歲，明年舉進士。

淳熙十四年丁未（1187）

◆ 居簡二十四歲、寶曇五十九歲。

◆ 二月，寶曇之友高翥進右文殿修撰，再入幕府，年五十歲。

◆ 六月戊寅，陸游作〈良禪師塔銘〉，記遂翁處良之籍里、師承及行業（《渭

南文集》卷四〇）。

◆ 秋，張鎡自臨安通守以疾丐祠，捐其故廬為東寺，時年三十五歲（《南湖集》
卷七）。七月七日，張鎡撰〈捨宅誓願疏文〉。此文碑石仍在，文見錄於「知
不足齋」本《南湖集》之〈附錄中〉，[85]最足見其奉佛之誠。其文云：「**右鎡
一心歸命本師釋迦牟尼佛、當來下生彌勒尊佛、西方極樂世界阿彌陀佛，十
方法界諸佛、諸大菩薩、緣覺、聲聞、大梵天王、帝釋尊天、四大天王、韋
陀尊天、守護正法、天龍八部、大權聖眾、五嶽四瀆、名山大川、祠廟神祇，
伏望不離真際，普賜證明。鎡恭以欲導羣迷，必闡揚於佛道；將興遺教，宜
建立於僧坊。勝福難思，契經具載。鎡生佛滅後，值法住時；幸發無上心，
願學第一義。念真乘難逢於曠劫，思慧命嘗續於未來；助行欲妙於莊嚴，隨
力當施於利益。深心所在，至願方陳。閻浮乃眾生選佛之場，震旦多大乘得
道之器。教法東漸而獨此為盛，祖師西來而其傳不窮。由是，眾多之伽藍，
徧我清淨之國土，或據名山勝地，或居赤縣神州；皆古德之所興，實檀那之
自創。伏遇主上體佛心而治天下，崇祖道而護宗門。惟錢塘駐蹕之方，乃寰
宇觀光之地。昔相國曾聞十禪之建，今在所未見一剎之隆。如來演教於王城，
蓋居精舍；宗師接人於鬧市，可乏叢林？都民膠擾，而罕聞說法之音；衲子
往來，而彌有息肩之處。慨斯闕典，久矣經懷。昨倦處於舊廬，遂更謀於別
業。圍得百畝，地占一隅。幽當北郭之鄰，秀踞南湖之上。雖混京塵，而有
山林之趣；雖在人境，而無車馬之諠。爰翦荊榛，式營棟宇。勞一心而經始，
歷二歲而落成。念勝處可做精藍，而薄德豈宜於大廈。故棲身之尚賴，姑假
舍而寓居。浮生自歎於艱虞，幻質累縈於疾疢。求佛祖之加被，祈天龍之護
持。增長善根，銷除宿業。年得踰於知命，運獲度於多災。必法尊經，變穢
方而成淨域；定依前哲，捨居宅而為梵宮。用分常產之田，永作香廚之供。
願主席者，皆有道行；使挂錫者，咸悟心源。為東方立光明幢，與末世灑甘
露雨。插草不離於當念，布金何借於他緣？言弗苟陳，誓無終悔。鎡竊慮事**

有多障，時不待人。先期或至於報終，異議恐分於身後。宗族長幼，朋友親
姻，或稱亂命之難從，或謂名教之有害。引屆到嗜芰之說，誚王旦削髮之言。
壞我良因，奪我素志。以至恃勢力而求指占，由賄賂而請住持。輒汙招提，
妄談般若。是出佛身之血，是斷正法之輪。死當墮於阿鼻，生亟遭於奇禍。
特將此誓，痛警若人。俾革一時之狂心，勿受歷劫之極苦。蓋念起立塔廟、
飯食沙門，流通大事之緣，成就圓機之善。恭願皇圖鞏固，睿算增延。期永
措於兵刑，庶宏持於像教。上薦祖先父母，次及知識冤親。八難三塗，四生
九類，悉資薰而獲益，總解脫以超輪。廣此願心，周乎法界。作菩提之妙行，
為淨業之正音。佛國俱空，畢竟首登於極樂；法身非有，不妨面奉於彌陀。
普與有情，同成此道。謹疏。淳熙十四年，歲次丙午，七月初七日，大乘菩
薩戒弟子，承事郎、直秘閣、新權通判臨安府軍事，兼管內勸農事，張鎡疏。」
《南湖集》〈附錄中〉
按：文末「淳熙十四年，歲次丙午」為「歲次丁未」之誤，否則應為「淳熙
十三年」。

◆ 張鎡於七月以疾丐祠，捐其故廬為東寺，十月一日開爐日，亦即啟寮房暖爐
之日，史浩至竹院，見寶曇正作詩勉張鎡，亦戲筆擬作，示寶曇發一笑，時
史浩八十二歲。後數日史浩作〈跋張功父詩〉，即是當時所作而擲去者（《鄮
峰真隱漫錄》卷三六）。寶曇亦作〈和張寺簿功父得祠〉及〈又和丐祠未報〉。
前者云：「碧海鯨魚快一逢，不為夜雨泣秋蟲。神交已極天人際，玉立仍餘
國士風。故壘山川成舊恨，今年桃李着新功。卻應袖取經綸手，留待君王復
沛豐。」後者云：「黃金羈勒鬧天閒，何似春山首藿閒。白接羅邊餘甕蟻，
烏皮几外即塵闤。龍蛇大澤公真是，虎豹重門孰可攀。示不忘君還有道，臥
聽人語趁朝班。」（《橘洲文集》卷四）
按：是年，張鎡三十五歲，其所作得祠與丐祠詩不見於現存《南湖集》中。
又據《歷朝釋氏資鑑》（卷一〇），寶曇先為史浩「延住杖錫」，而史浩「後
造竹院居之。」由於熙仲之語過於簡略，易令人誤以為寶曇住杖錫後不久即
入竹院；其實不然。茲據史浩〈竹院上梁文〉（《鄮峰真隱漫錄》卷三九），

有「頃將三昧手，久住四明山」之句，知他住四明杖錫山時間甚長。又有「捫
參歷井而言旋蜀道，汎梗飄萍而復至浙東」之句，知他住杖錫後，曾攀登山
勢高聳而難行的蜀道歸鄉奔喪，又如飄萍般地再來浙東。又有「不居曹相之
正堂，聊住謝公之別墅。爰開竹院，暫憩雲蹤；宜有長謠，用揚佳致。」知
史浩正好有個別墅，於是遂造竹院以居之。是年史浩至竹院，見寶曇作詩致
張鎡，應在造竹院之後的若干年。

◆ 寶曇又作和張鎡詩二首，其〈又和自官舍夢歸南湖〉云：「夢中身世亦間關，
覺後戀知去不難。陶令歸來猶有酒，子雲老去不邊官。時供採擷花千樹，醉
共團欒竹萬竿。想見春風更啼鳥，沉香庭院不勝寒。」其〈又和歸南湖喜成〉
云：「吏退文書苦未醒，湖光醺面適全輕。風從北戶來披拂，鵲傍南枝管送
迎。許我杖藜來宿昔，觀公詩律自前生。藝蘭九畹辛夷百，續取離騷更老成。」
（《橘洲文集》卷四）[86]此二和詩是和張鎡之〈官舍夢歸南湖〉及〈歸南湖喜
成〉，二詩皆可見於《南湖集》中。寶曇和詩都是繼〈和張寺簿功父得祠〉
一詩而寫，故都有「又」字，疑都是作於此年。張鎡之〈官舍夢歸南湖〉云：
「林野相望不隔關，夢魂徑到豈為難。恍如天上飛升客，忘却人間走俗官。
嵩桂直通籠鶴檻，水蕻斜倚釣魚竿。覺來不忍輕開眼，窗外芭蕉戰曉寒。」
其〈歸南湖喜成〉云：「路轉斜橋似夢醒，擁衾搖兀亦身輕。知期岸鵲如相
語，匼笑鄰翁欲闖迎。見處青山還委麼，遮回居士太嶔生。矮籬半路寒氂樹，
新種渾如舊種成。」（《南湖集》卷六）
又張鎡之〈雨中憶曇少雲奉寄〉，疑亦作於此年。詩云：「天意今年不惜涼，
雨聲秋後忿淋浪。單衣已覺生絺薄，細字初便短燭光。畫餅功名孤塞路，守
株身世老江鄉。吾儕政要無人識，黃葉深林氣味長。」（《南湖集》卷六）

◆ 寶曇應張鎡所作之〈山堂記〉，當亦在此年。蓋據張鎡說：「淳熙丁未秋，
余捨所居為梵剎，爰命桂隱堂館橋池諸名，各賦小詩，總八十餘首。」又說：

---

86 「杖藜」，原誤作「杖梨」。

「東寺為報上言先之地，西宅為安身攜幼之所，南湖則管領風月，北園則娛燕賓親。亦菴，晨居植福，以資淨業也；約齋，晝處觀書，以助老學也。…」其北園中有「桂隱」，為「諸處總名，今揭樓下。」（《武林舊事》卷一〇）他的〈桂隱紀詠〉就有〈山堂〉一首云：「誰無數椽屋，蓋成多是俗。如此亂山中，非關松石竹。」（《南湖集》卷七）又有〈山堂紀實〉一詩，末兩句云：「堂前新展假山詩，約齋老子堂中住。」（《南湖集》卷三）「約齋」正是張鎡之號（約齋居士），也是其讀書之處（《武林舊事》卷一〇）。故寶曇之文以「桂隱在平地，而南湖綠繞其中」為起句，而文中亦謂：「約齋早以詩鳴，其輝光發越之初，如春山之有草木華滋也。逮水落石出，如秋山突兀見於林表也。」（《橘洲文集》卷六）

按：張鎡喜吟又好坐禪，其〈曲廊〉一詩有句云：「二六時辰真快樂，坐禪纔罷即行吟。」（《南湖集》卷五）其〈燈夕〉一詩有句云：「贏得安禪心似水，碧琉璃照佛龕旁。」（《南湖集》卷五）其〈夜宿華藏寺〉有句云：「世緣即是棲禪境，居士何嘗別見聞。」（《南湖集》卷六）故寶曇之〈又和病中遣懷〉一詩特別指出其好吟之結果云：「聞公多病正緣詩，酷似梅花太瘦時。故憶主人鷗夫近，尚留賓客鶴歸遲。把麈定復追蘇子，鼓瑟無因見孺悲。已辦扁舟輕似葉，明年真到習家池。」（《橘洲文集》卷四）張鎡還有數首詩都是環繞著「山堂」為題者，如〈春分後一日山堂述事〉，有「每到山堂懶作詩，今朝詩興覺偏宜」之句（《南湖集》卷五）。又有〈山堂晚興〉、〈湖南午坐雨作歸山堂共成四絕句〉、〈山堂〉等（《南湖集》卷五、八、九）。

又，張鎡除與寶曇相交之外，還與方外多人交游相酬唱。如朴翁義銛即是其一，有〈次韻酬銛上人二首〉，一云：「修客衣襜如，喔咿守閫傍。閉閉掩耳避，令人憶柴桑。銛乎問水濱，其道尊空王。坐來蒼蔔林，不聞有別香。」其二云：「孰知苾蒭流，而能建安作。燈檠味雋永，曾不帶葵藿。已撞禪月鐘，請振普化鐸。從伊啞羊呼，高厚中沃若。」（《南湖集》卷二）又與某綽上人游，似亦為詩僧，有〈送綽上人歸後菴〉云：「春風吹倒人，禪師出山來。相陪坐幾月，口邊生塵埃。夏風吹長樹，禪師歸山去。為嫌城裏熱，

再三留不住。學詩無後先,到此如狂顛。有問是誰格,且疑三十年。」(《南湖集》卷二)

◆ 是年,胡榘以監比較務攝象山縣令,寶曇之〈和胡仲方攝縣喜雨三首〉,當作於此時。其一云:「雨入黃梅故弄晴,群龍須我一投誠。此無盡藏君為主,大貝明珠我得傾。」其二云:「群農已作觸藩羊,人語車聲日夜忙。膚寸出雲從北海,十分好句屬南昌。」其三云:「罷琴聽我一言田,民物如苗吏草然。中有豐年無限意,何須矯首問雲天?」由於有「雨入黃梅」及「群農已作」之語,指出農夫已經播種,而逢雨入黃梅,則此詩應在黃梅時節或稍後作。

按:「監比較務」是「監酒官」之一,初行於南宋紹興元年,其併於都酒務中。[87]

◆ 七月二十九日,劉克莊出生,一歲。其父彌正三十一歲,其母林氏二十七歲,為彌正之續配。克莊後與藏叟善珍為方外交。

◆ 十月十七日,台州瑞巖谷菴景蒙禪師示寂,壽六十四。景蒙為心聞曇賁法嗣,原為史浩延譽住明州智門,一住七年,寺以寖興。淳熙五年奉旨住台州瑞巖,前後十夏,道俗傾嚮。樓鑰是年任台州通判,曾草疏請景蒙赴郡,未幾時而訃聞至。史浩寄書請樓鑰為之撰塔銘,樓鑰撰〈瑞巖谷菴禪師塔銘〉(《攻媿集》卷一一〇)。

◆ 十一月,寶曇代史彌正為其乳母戴氏作壙志,有〈乳母戴氏墓志銘代史待制〉一文(《橘洲文集》卷一〇)。

◆ 是年,日僧明庵榮西再次入宋,來天台萬年參虛庵懷敞(生卒年不詳),建

---

87 苗書梅,〈兩宋時期明州地方官僚體制研究——以監當官為中心的考察〉,《高知大學學術研究報告人文科學編》第 55 卷(2006 年 12 月)。

天台萬年寺山門，兩廡仍開大池，香積有釜，極深廣（《攻媿集》卷五七；
《天台方外志》卷四）。

◆ 是年，史彌遠二十四歲。王居安二十歲，俱登王容榜進士第。陸游六十三歲、
周必大六十二歲、尤袤六十一歲、朱熹五十八歲、葉適三十八歲、戴復古二
十一歲、趙庚夫十五歲、鄭清之十二歲。

淳熙十五年戊申（1188）

◆ 居簡二十五歲、寶曇六十歲。

◆ 八月，寶曇之友高夔帥淮西，年五十一。

◆ 九月初六，史浩八十三歲生日，寶曇作〈為史魏公壽〉，詩云：「自公山中
去，五醉黃金花。光明照屋廬，母子雙鬢華。口不名一錢，意將飯胡麻。天
人豈不趨，用舍各有差。胷中五色石，無補山水涯。譬如九鼎重，以國不以
家。寄聲謝東海，多多壽流霞。明年鳳池日，相近當無譁。」（《橘洲文集》
卷一）
按：「黃金花」指菊花。李白〈憶崔郎中宗之游南陽遺吾孔子撫琴之潸然感
舊〉一詩有句云：「時過菊潭上，縱酒無休歌。泛此黃金花，頹然清歌發。」
（《李太白集》卷二三）古人於重陽節有賞菊及飲菊花酒以延年之習俗。唐
王勃有「九日重陽節，開門有菊花。不知來送酒，若箇是陶家」之詩，可以
為證（《全唐詩》卷五六）。[88]史浩之生日距重陽日只三日，菊花早開，云「五
醉黃金花」是因他致仕至今已五年。

◆ 重陽日，住鍾山雲庵祖慶（？-1196））作〈《大慧普覺禪師語錄》序〉（《普
覺宗杲禪師語錄》卷首）。

---

88 王勃，〈九日〉。

◆ 是年仲冬初，寶曇作〈四明章聖如來像記〉（《橘洲文集》卷五）。

◆ 仲冬，十一月九日，約齋張鎡應蘇州靈巖住持笑庵了悟之請，為其師密庵咸傑作〈密庵禪師語錄序〉，張鎡是年三十六歲。其序文略曰：「老師一見應菴，便明大法；破沙盆語，盛播叢林。」又說：「七鎮名山，道滿天下；一時龍象。盡出鉗鎚。」（《密菴禪師語錄》卷首）其後不久，任刑尚書之葛邲亦應其弟子慧光之請撰〈塔銘〉，文中謂：「約齋居士張鎡，常參學於師。師亡，復經紀其後事。其他嗣法者數十輩，而了悟、崇岳尤傑然者也。邲效官中都，與師相見，或道話終日，亹亹忘倦。別去，數以書相聞。臨寂，又以書為別。既葬。參學弟子慧光以塔銘為請。辭之，請益堅，乃為之銘。」（《密菴禪師語錄》卷末）

按：葛邲於淳熙十三年（1186）任刑部尚書。紹熙元年（1190）授參知政事。其寫塔銘時之署銜是「正議大夫、刑部尚書、侍讀兼太子詹事、廣陵郡開國侯食邑一千戶」，可見應在張鎡作語錄序之後撰，或於是年，或於明年，或於後年任參政之前。

◆ 十一月二十九日，杭之鹽官開福寺圓滿閣成，居簡作〈杭州鹽官縣開福寺圓滿閣記〉，說：「淳熙十五年十一月二十九日，杭之鹽官開福寺圓滿閣成。橫陳半空，俯瞰百尺，莊嚴像設，如紫金山；廣博宏麗，如白銀闕。檐楹飛動，闌楯衡直，意匠出巧，如經所說。」（《北磵集》卷二）

◆ 十二月望，混源曇密書偈入寂，壽六十九（《嘉泰普燈錄》卷二一）。

◆ 是年張鎡嘗宿鄞縣治平院，作五律〈宿治平院，長老善忍，自紹興癸酉四月住持，余是年三月生〉。其詩云：「治平前代寺，幽勝占唐昌。我始生彌月，師初踞上方。百年雖未半，三紀獨偏忙。一事尤堪哂，相隨兩鬢蒼。」（《南湖集》卷四）

◆ 是年李光幼子李孟傳任四明象山縣令，當於此時識寶曇。而寶曇之〈題李磐庵西潛圖〉、〈贈李磐菴文授〉、〈題磐庵作玻璃窗二首〉、及〈留姜山怡雲見訪二絕并呈李磐庵文授〉等詩或皆作於此年。後者之一云：「怡雲未至有人傳，一笑伽梨落半肩。夢裏亦知為此客，起來歡喜不成眠。」其二云：「天遣今年到五夫，還如雪後望西湖。磐菴老子今詩伯，紅葉盈庭許屢書。」（《橘洲文集》卷二）

按：以上四詩題之李磐庵即是李孟傳，是李光與其繼配管氏所生二子之幼者。時年五十三歲，已頗有詩名，故稱「磐菴老子今詩伯」，當非虛譽。「怡雲」指僧法平。寶曇還有〈和李磐庵雨中見寄〉，是首和詩，是他與李孟傳以詩唱和之明證（《橘洲文集》卷四）。

◆ 冬，臨安守趙不流奏請無錫華藏塗毒智策（1117-1192）禪師補徑山，孝宗素聞師名，制曰可。是年，塗毒策七十二歲，居簡應於是年或稍後入徑山參塗毒策（《攻媿集》卷一一〇，〈徑山涂毒禪師塔銘〉；《嘉泰普燈錄》卷一三）。

◆ 季冬，越山晦巖智昭（生卒年不詳）裒集五宗機語之要，成《人天眼目》一書。自序謂：「予遊方時，所至盡誠咨扣尊宿五宗綱要。其間件目，往往亦有所未知者。因慨念既據師位，而綱宗語句，尚不知其名，況旨訣乎？將何以啟迪後昆，剔抉疑膜邪？於是有意於綱要，幾二十年矣。或見於遺編，或得於斷碣，或聞尊宿稱提，或獲老衲垂頌，凡是五宗綱要者，即筆而藏諸。雖成巨軸，第未暇詳定。晚抵天台萬年山寺，始償其志。編次類列，分為五宗，名之曰人天眼目。其辭皆一依前輩所作，弗敢增損。然是集也，乃從上諸大老利物施為，既非予胸臆之論，俾行於世，有何誚焉。若其執拂柄據師位者，外是則無以辯驗邪正也。有識博聞者，必垂印可。」（《人天眼目》卷首）

按：晦巖智昭，叢林稱「昭晦巖」，浙翁如琰之法嗣，為元肇之師兄。其《人天眼目》為叢林衲子所傳抄，而至人有其書，舛差蕪雜。「徒珍藏如左券，

魚魯之殊差之不理。」大觀曾蒐集諸抄本，加以校正，刊成定本（見下文）。

◆ 史浩八十三歲、明年進太師。史彌遠二十五歲。

◆ 葉適四十一歲，任江陵府知府兼湖北安撫使，因「無吏責，讀佛屠書盡千卷，於其義類，粗若該涉。」（《水心文集》卷二九）

◆ 馮去非（1188-1265）生，一歲。後與居簡、元肇、大觀、道璨都成為好友。

卷三、淳熙十六年己酉（1189）至慶元六年庚申（1200）

淳熙十六年己酉（1189）

◆ 淮海元肇生，一歲。居簡二十六歲、寶曇六十一歲。
按：淮海元肇，通川靜海潘氏子。母朱氏，「一夕夢僧梵相厖厚者至其家，因有娠。生而異俗，至能食時，自卻葷蔌。垂髫見佛像必拜，見僧必合掌。入俗授書，過目成誦，邑之利和寺妙觀，其溪〔諸〕父也，語其二親曰：是子也，生而有異，殆亦凤種，盍俾出家，毋徒汩汩塵俗間為也，二親以為然。」（《物初膡語》卷二四，行狀）

◆ 三月初吉，淡齋李泳應淨慈晦翁悟明（生卒年不詳）之請作〈《聯燈會要》序〉，序中稱悟明為真懶明老（《聯燈會要》卷首）。[89]

◆ 寶曇或於是年春天離四明至台州。去台州途中曾寫〈丹丘道中〉，詩云：「綠遶溝塍水正肥，誰家深樹有黃鸝。只知夜雨扶犁日，豈識春風便面時。白髮歸來須早計，黃金散盡未全癡。孤雲又得無心力，故國它山總不疑。」入台州後，曾寫〈送瑞巖行者慶誠求僧序〉一文，及〈丹丘春夜感懷〉一詩，詩

---

89 按：「續藏經」本《聯燈會要》作「淡齊」李泳，顯誤。

云：「雨歇花梢月正明，一川渾是杜鵑聲。此身漂泊知何處，蝶與莊周夢不成。」（《橘洲文集》卷四）

◆ 按：《叢林盛事》（卷下）說：「然曇賦性坦率，不事拘撿。在竹院日，復以酒事遭太守林侍郎追至。出對與之曰：『酒曇過界，住無為而無所不為。』蓋曇曾住無為故也。而曇卒不能對，復為林流過丹丘。二年回寶奎。」疑出稗販之說，以因「酒事」而遭流放，又流放地為有「海陸之饒」的丹丘（台州），不甚合理。不過寶曇赴丹丘應為事實，因他在紹熙二年曾應通守李直柔之請寫〈台州白塔寺三目觀音記〉。

◆ 季春，芋魁巖主宗惠為其友者庵惠彬之《叢林公論》作敘，首數句云：「鐘鼓非樂之本，而器不可去；論議非道之本，而言不可亡。苟存器而忘本，樂之所以遁也。立言而忘本，道之所以喪也。然而，去器無以聞九韶之樂，亡言無以顯一貫之道。唯調器以中和，樂之成也；話言以大公，道之明矣。」（《叢林公論》卷首）。
按：者庵惠彬為蘇州南蕩人，宗惠視之為其「端友」。

◆ 中秋，史浩作〈題《南湖集》十二卷後〉，自署鄮峯真隱史浩（《南湖集》卷一〇）。又作〈跋修法師《釋氏通紀》〉，時年八十四歲（《鄮峰真隱漫錄》卷三六）。

◆ 十一月二十四日，陸游撰〈明州育王山買田記〉，敘佛照德光以大宗師自靈隱歸老育王，以孝宗先前詔見所賜金錢，及大臣、長者、居士修供之物買田事。記中謂佛照德光遣僧義銛（生卒年不詳）求記，陸游方備史官，不敢辭而作。時結銜為「朝議大夫、尚書禮部郎中、兼實錄院檢討官」（《渭南文集》卷一九）。

◆ 寶曇或於是年作〈送張漢卿左藏〉一詩，詩中云：「我饑寒欲死，甘露扶繒

纘。目視飛鴻卑,未易蒙此眂。西風束書至,闔戶問亡恙。吾事公所知,它人雜嘲謗。」(《橘洲文集》卷一)此為謝張良臣周濟其生活而寫。周必大說張良臣於淳熙末始管庫行,應即是任左藏之時間(《文忠集》卷五四),故寶曇之詩,應作於是年或稍後。

按:是年,寶曇之友樓鑰五十三歲。樓鑰為張良臣之同年,兩人年齡應差不多,故張良臣可能亦五十餘歲。

◆ 寶曇之友潘時卒,得年六十四歲。寶曇作〈祭潘經略〉一文,其文云:

> 斯文故家,金玉一節。至先君子,伯仲奇傑。譬諸火傳,公益發越。
> 是故靈物,誠哉不欺。如室中劍,其光陸離。彼不求售,而入自知。
> 有探其源,我自問學。吾不釋梵,亦不伊洛。顧行何如?期至先覺。
> 衣繡持斧,颷馳電旋。鐫鑿大吏,如烹小鮮。五羊洞庭,白波黏天。
> 公至之日,民物安堵。海蠻洞蜑,亦為吾護。視地險夷,不私喜怒。
> 尺一之詔,待公有為。大君賢相,新舊一時。勢不可挽,去如鶂飛。
> 歸來鏡中,白髮無幾。春風故園,花鳥驚喜。親朋更酌,草草罍洗。
> 亦有鼓吹,絃歌舞雩。亦有俎豆,左琴右書。鍾玉陶謝,頗廢枝梧。
> 聲高華嵩,身屬夢寐。云胡正人,天不慭遺。遂使貪夫,饕餮一世。
> 曇也下士,弟兄受知。取我故書,月林細窺。拊手謂我,光明可期。
> 姜山幾年,着腳戶外。無何渺瀰,竟墮苦海。報慈之招,公意有在。
> 使者三却,暑無色辭。白金緘封,惠我茅茨。歲晚一飽,心知所私。
> 豈無它人,翩覆雲雨。我恨不能,代公死所。青燈緦幃,何日晤語。
> 涕泗橫膺,終身別離。八極曠蕩,魂無不知。矢詞以奠,公乎一歸。

(《橘洲文集》卷七)

按:朱熹說潘時享年六十三。又說其妻為李光之幼女李孟琰,實出李光之繼配管氏,故為李光幼子李孟傳之胞妹。而李孟傳之三女適潘時之次子潘友恭(恭叔),兩家關係甚深,都與寶曇來往。又潘時之女潘友松嫁太常寺主簿

史彌遠（《晦庵集》卷九四，〈直顯謨閣潘公墓誌銘〉），則李、史兩家亦有親戚關係。史彌遠是年二十六歲，三年後二十九歲時任太常寺主簿，可能於是時與潘友松結婚。

◆ 孝宗遜位於皇太子，退養重華宮稱壽皇。召慧光若訥法師入內殿問道；注《金剛般若經》。書成，孝宗積日披覽（《佛祖統紀》卷一七、四七）。
按：慧光若訥於淳熙初曾任左街僧錄。九年，召對選德殿問大士歷代靈迹及法華經旨。十一年，在上竺，任左街僧錄。旋退處興福，特授兩街都僧錄。孝宗退養重華宮時，已識慧光多年（《佛祖統紀》卷一七、四七）。

◆ 寶曇之友張鎡直秘閣。《密庵禪師語錄》有〈約齋張直閣畫師頂相請讚〉，易使人誤以為他在任直秘閣期間畫其師密庵咸傑禪師頂相，請密庵作讚語。其實密庵已示寂三年。是畫頂相請讚時間應在更早，唯時間不詳。密庵語云：「挨開不二門，千聖須卻步。直下便承當，略通一線路。佛也不奈何，誰敢當頭道。道著頭角生，一點黑如皂。盡情分付約齊大居士，一等人間任揚播。」（《密庵禪師語錄》）

◆ 虛庵懷敞（生卒年不詳）由天台萬年寺來四明主天童，其徒日僧明庵榮西隨之。虛庵既入天童，遂使天童百廢俱舉，追跡宏智正覺及慈航了朴。他又改建千佛閣，摹畫甚廣，以其徒日本僧榮西所送百圍之木改建。至紹熙四年（1193）之季秋，歷三載始就。梵宇宏麗，遂甲東南（《攻媿集》卷五七）。榮西於紹熙二年（1191）學成歸國（《元亨釋書》卷二）。
按：《元亨釋書》說淳熙之末虛庵移天童，榮西亦行，補助多矣。紹熙二年（1191）秋辭懷敞歸日。懷敞有〈與榮西〉一詩，或作於此年。詩云：「不露鋒鋩意已彰，揚眉早墮識情鄉。著衣吃飯自成現，打瓦鑽龜空着忙。若信師姑元女子，無疑日本即南唐。一天月色澄江上，底意分明不覆藏。」（《鄰交徵書》初篇卷二）

◆ 江湖派詩人趙汝回生，後為元肇之好友，元肇有〈寄趙東閣〉一詩云：「與
君生己酉，年月日時中；除卻吟相似，其它事不同。夢寒春草綠，天闊暮江
空。見面知何處，東華踏軟紅。」（《淮海挐音》卷上）

◆ 寶曇之友高夔守盧州，年五十二歲。史嵩之（1189-1257）生，一歲。[90]

光宗紹熙元年庚戌（1190）
◆ 元肇二歲、居簡二十七歲、寶曇六十二歲。

◆ 是年春，約齋張鎡任宣義郎、直祕閣。請於朝，以城東北新宅一區，效前賢
捨為佛寺，仍割田六十頃有奇贍其徒，以伸歸美報上之志。光宗賜額廣壽慧
雲禪寺。張鎡是年三十八歲，既得請，乃一意崇飾，徹堂為殿，凡佛事之未
備者悉力經營，土木堅好，金碧煥發，儼然叢林，請破菴祖先（1136-1211）
為其寺開山住持。破菴為蜀人，為應菴曇華之法嗣，為松源崇岳之昆季（《南
湖集・附錄中》；史浩撰〈廣壽慧雲禪寺之記〉；《兩浙金石錄》卷一〇；
《增集續傳燈錄》卷二）。
按：《宋會要輯稿》（〈釋道二〉之一五）說，是年「五月四日，直祕閣張
鎡言，乞以臨安府艮山門裏所居屋，捨為十方禪寺。仍捨鎮江府本家莊田六
千三百餘畝，供贍〔贍〕僧徒。禮部太常寺擬慶〔廣〕壽慈雲禪寺為額，從
之。」此應是同件事，《輯稿》之文雖有錯字但內容稍詳。是年，張鎡曾作
〈庚戌歲旦次張以道韻〉（《南湖集》卷五）。而其〈重九前一日領客登城
即席次張以道韻〉，疑亦作於是年（《南湖集》卷五），可見張以道在杭州
與四明之間。

◆ 四月結制日，雲庵祖慶作〈《大慧普覺禪師語錄》跋〉（《普覺宗杲禪師語

---

90 關於史嵩之的正確生卒年，見魏峰、鄭嘉勵，〈新出史嵩之壙志、趙氏壙志考釋〉，
《浙江社會科學》2012 年第 10 期，頁 142-148。

錄》卷末）。

◆ 秋九月，松源崇岳董饒之薦福（《運菴普巖禪師語錄》）。隨後，天目文禮
（1167-1250）來參，蒙印可（《增集續傳燈錄》卷三）。癡絕道沖亦造其廬，
以歲飢不受（《續傳燈錄》卷三六；《癡絕道沖禪師語錄》卷二，自作〈龕
銘〉）。

◆ 十一月，別峰寶印往見徑山住持智策告別，取幅紙大書曰：「十二月七日夜
雞鳴時」，如期而化。是月十四日葬於別峰之西崗，壽八十二（《渭南文集》
卷四〇）。

◆ 十一月初八，孝宗召育王佛照德光，賜坐問道於重華宮（《佛照禪師奏對錄》；
《寶慶四明志》卷十三）。

◆ 史浩八十五歲，與沈煥、汪思溫及汪大猷父子在四明設義田，史彌遠捐楮券
附益之，時年史彌遠二十七歲，授大理司直。

◆ 寶曇之友高夔知贛州，年五十三歲，明年離任。

◆ 居簡之友劉宰二十四歲，登進士第。另一友陳卓（立道，1166-1251）二十五
歲，亦登進士第。

紹熙二年辛亥（1191）

◆ 元肇三歲、居簡二十八歲、寶曇六十三歲。

◆ 是年四月，寶曇作〈石橋記〉，為記去年冬十二月，其弟石橋可宣完成天台
山石橋之建而作（《橘洲文集》卷五），說明寶曇此時在台州。重陽日，作
〈雪竇普門莊記〉，記雪竇莊田之完成，固因比丘蘊信之努力，「實住持雪

蕃瑾公勸發之，足蕃鑒公捐法施振成之，雪林彥公克終之，太師魏國史公本
末護持之。」（《橘洲文集》卷五）可見此記在返四明後作。

按：石橋可宣與寶曇一樣，都是蜀人，是寶曇及別峰寶印師弟，與寶曇為同
氣。時人謂「禪與印、詩與曇相頡頏。」說明他也善詩（《增集續傳燈錄》
卷六）。又，太師魏國史公即是史浩，是年八十六歲。史浩於前年由魏國公
進太師（《宋史》卷三六）。

◆ 十二月二十九日，寶曇之友高夔以右文殿修撰赴明州守之任，時年五十四歲，
至紹熙四年（1193）正月，改除邊郡（《宋會要輯稿》卷七三）。
按：《寶慶四明志》說高夔於明年十二月初八改除邊郡。

◆ 寶曇應於是年作〈台州白塔寺三目觀音記〉敘台州通判李直柔繼其祖父來倅
台州，而白塔寺僧告以舊寺記未刊，遂命寶曇再記之事（《橘洲文集》卷五）。
按：寶曇記中之李直柔祖父為李景淵，於宣和二年先任台州通判，後於宣和
三、四年間陞郡守。記中之郡守趙公，為趙資道（《嘉定赤城志》卷九）。
記中說李直柔於李景淵任通判後七十二年繼其祖倅台州，請寶曇重寫寺記，
正為是年。

◆ 沈煥卒，年五十三歲。史浩作〈祭沈叔晦國錄〉（《鄮峰真隱漫錄》卷四三）。
朱熹、楊簡各有祭文。孫應時有〈哭沈叔晦詩〉。袁燮撰〈通判沈公行狀〉
（《定川遺書》附錄）

◆ 日僧明庵榮西學成，嗣法於虛庵懷敞，受道號「明庵」，歸日（《元亨釋書》
卷二）。

紹熙三年壬子（1192）

◆ 元肇四歲、居簡二十九歲、寶曇六十四歲。

◆ 三月三日,陸游作〈重修天封寺記〉,係應天台天封寺住持慧明禪師之請而作,以記其寺之興廢。文中謂:「〔淳熙〕四年,予屏居鏡湖上,〔慧〕明來訪予,談道之餘,縱言及文辭,卓然儁偉,非凡子所及,方是時知其能文而不知其有才。」結銜為「中奉大夫、提舉建寧府武夷山冲佑觀、山陰縣開國男、食邑三百戶」(《渭南文集》卷一五)。

◆ 夏,癡絕道沖出峽,坐夏於公安二聖。時松源倡密庵之道於饒之薦福,舉雲居首座曹源道生(?-1198)補西湖妙果之席,癡絕遂投誠而住(《癡絕道沖禪師語錄》卷二)。

◆ 是年七月休夏日,寶曇作〈惠安院復十方禪院記〉。記中說住持性公先從大慧遊,晚嗣別峰印公,即別峰寶印(1109-1190)。而「昔與余同門,今猶子也」。又性公名宗性,蜀之遂寧人,住山至此三年,求寶曇作記文誌其興復之經過。記中又說「惠安為古禪苑,中更甲乙,人自齟齬於其間。故郡侯吏部岳公為聞諸朝,復還舊物。」(《橘洲文集》卷五)此是說郡侯吏部岳公助惠安院改復十方禪院。惠安院建於晉天福中,「中更甲乙」,指改成甲乙律院。岳公即是上文之岳甫。他於淳熙十六年(1189)任吏部尚書,故寶曇稱吏部岳公。「復還舊物」指岳甫又將它改回十方禪院也。
按:別峰寶印與石橋可宣為密印安民法嗣,密印與大慧為同輩,故寶印與寶曇同輩,性公既為密印之法嗣,遂為寶曇之猶子。又,三月三日,別峰宗印法孫宗愿走山陰鏡湖,請陸游銘別峰寶印之塔,陸游與寶印「交最久,嘗相約還蜀,結卯青衣喚魚潭上」,自覺「今雖老病,義不可辭」,為之撰〈別峰禪師塔銘〉。文中說寶印得法弟子中有宗性,當即寶曇〈惠安院復十方禪院記〉中所說之性公(《渭南文集》卷四〇)。寶曇〈焦山延壽堂記〉一文中的「朴菴性公」,亦即是此人(《橘洲文集》卷五)。

◆ 秋七月,徑山塗毒智策示疾,至二十七辰初,說偈而逝。八月二日,塔全身於徑山東麓,壽七十六。陸游哭以詩云:「岌岌龍門萬仞傾,翩翩隻履又西

行。塵侵白拂繩牀冷，露滴青松卵塔成。遙想再來非四入，尚應相見話三生。放翁火欠修行力，未免人間愴別情。」（《歷朝釋氏資鑑》卷一一；《劍南詩稿》卷二五）樓鑰為之作塔銘（《攻媿集》卷一一〇），又作〈涂毒策老贊〉云：「涂毒已化，一絲不掛。誰模其形，強為描畫。是見佛便呵，見祖便罵者。我銘其塔，已成話霸。更要注腳，我則不暇。為此老從來顛蹶，不知今在何許，而精爽猶為可怕也。」（《攻媿集》卷八一）。未幾，大休宗玨及足庵智鑒示寂，樓鑰又為為二禪師作塔銘（《攻媿集》卷一一〇），見下文。

◆ 寶曇可能於是年作〈為高芝大卿壽〉，詩云：

> 江南江北梅雨村，山東山西將相門。謝天為產此英傑，一洗瘴霧中黃昏。斯文縈縈古都會，象犀珠玉如雲屯。富商巨賈不易售，獨許王謝窺藩垣。周家草木本忠厚，幾遭雨橫春風顛。試將尺箠付其手，定御六轡馳幽燕。天回地轉誠有日，小屈皁蓋仍朱輪。風流太守民父母，向來獄市多平反。圓扉寂寞度晴晝，鼠輩亦復環諸孫。太平無象此其象，巫覡畫鼓當華軒。黃金百鎰錦千兩，半以壽客餘歌罇。功名富貴兩成就，我亦雞犬隨騰騫。[91]（《橘洲文集》卷一）

又作〈上明州高守喜雨〉云：「靜倚爐薰聽雨聲，使君念慮在蒼生。十分喚起群龍睡，千里如同一手耕。新綠溝塍鳴布穀，亂紅庭院著流鶯。禁林莫訝歸來晚，待我豐年酒一行。」（《橘洲文集》卷三）。此「高守」即高燮。高燮於去年十二月二十九日知明州，兼沿海制置司事。是年十二月初八或明年正月十四改除邊郡（《寶慶四明志》卷一；《宋會要輯稿卷》七三）。

按：高燮曾攜母卜居於九江，致仕後，築室山堂日與賓客對諸峯飲酒賦詩。「間輿疾從山僧遊，或累旬忘返，意甚樂焉。」（《文忠集》卷六五，〈淮

---

91 「皁蓋」即「皂蓋」，原文作「早蓋」，當為誤刻。

西帥高君夔神道碑〉）

◆ 八月十六日，足菴智鑒示寂於雪竇寺東庵，壽八十八。樓鑰素與之相厚，為
之作塔銘，文中有云：「余不習釋氏學，然聞古德相與傳授之際，多藉導師
有以啟發之。惟師根器過絕人，自誓不悟不為僧，則識趣已不凡，操心如鐵
石，視身猶土芥，又有人所不能及者。」（《攻媿集》卷一一〇）又，樓鑰
嘗自謂「足菴住雪竇數年，與余素厚。紹熙三年，余官後省，忽得足菴垂絕
之書，專以先師大休塔銘為祝。大休師自號也，余幼欽師之名，而不忍違足
菴之祝，為之銘⋯」是知足菴去世之前，曾請樓鑰為其師大休宗珏寫塔銘，
樓鑰為作〈天童大休禪師塔銘〉（《攻媿集》卷一一〇）。智鑒既亡，史浩
記之以文，有曰：「了悟圓通，如觀音大士；隨機化俗，如善導和尚。人不
以為過也。師生於淮南，而化緣獨在四明。屢易法席，名震江湖而終不越境。
字號足菴，人以古佛稱之，惟師可以無愧云。」（《攻媿集》卷五七、一一
〇）

◆ 八月底或稍後，寶曇作〈雪林彥和尚塔銘〉。彥和尚名僧彥，卒於八月二十
日，壽七十一歲。寶曇為其友。
按：塔銘說僧彥「圓寂於紹興壬子八月二十日」。但紹興壬子是紹興二年
（1132），其時寶曇方四歲，不可能為其友，又為之寫塔銘。可見紹興應為
紹熙之誤。佛教史傳常誤紹熙為紹興，此為其例。

◆ 十二月十六日，佛照德光奉旨移住徑山（《佛照禪師奏對錄》）於明年正月
二十六日入住。故周必大記曰：「紹熙四年，改蒞徑山，師力辭。孝宗曰：
『欲時相見耳。』」（《文忠集》卷八〇）陸游有〈送佛照光老赴徑山〉一
詩云：「大覺住育王，拗折拄杖強到底；佛照住育王，挑得鉢囊隨詔起。從
來宗門話，只要句不死。說同說異菴外人，若是吾宗寧有此。日日風雨今日
晴，萬里春光入帝城。傳宣江上走中使，開堂座下羅公卿。御香靄靄雲共布，
法音浩浩潮收聲。報恩一句作麼道，常遣山林見太平。」（《劍南詩稿》卷

二七）

按：德光入徑山之前，在育王住十二年（1180-1192）。居簡當在其間離徑山
塗毒策後，入育王見德光，但確切時間不詳。今考塗毒策是 1188 年入徑山，
1192 年入寂，故居簡入育王應在 1188 年塗毒入徑山至示寂間之四年。〈行狀〉
說自居簡入育王之後，即蒙德光印可，「自是往來其門十五餘年」。「十五
餘年」應是約數。德光於是年入徑山後，於嘉泰三年（1203）示寂，在徑山
約十年，則居簡在育王時間應是四年左右，其餘約十年之時間都在徑山。待
德光乞老育王，居簡再入育王，遂有十五餘年之數。

◆ 史彌遠二十九歲，遷太常寺主簿，可能於是年娶潘時之女潘友松。史浩是年
八十七歲。

紹熙四年癸丑（1193）

◆ 元肇五歲、居簡三十歲、寶曇六十五歲。

◆ 是年正月二十六日，德光入住徑山興聖萬壽禪寺（《文忠集》卷八○，〈圓
鑑塔銘〉）。二月十九日，壽皇孝宗召佛照德光對重華宮，苑門宣引（《古
尊宿語錄》卷四八《佛照禪師奏對錄》；《寶慶四明志》卷一三）。居簡在
德光社中，遇飽參碩德如用覺圓、覺無象、觀性空、印鐵牛與印空叟，都與
之為忘年交。而洪西山、淵清叟、銛朴翁及空聖予輩，年齒相若者，皆敬畏
之（《物初賸語》卷二四，〈行狀〉）。

按：《寶慶四明志》（卷九）說：「紹興四年改泚徑山，光力辭，孝宗曰：
『欲時相見耳。』」誤紹熙為紹興。《佛照禪師奏對錄》說去年十二月十六
日德光奉旨住徑山，應是因徑山塗毒策於七月示寂之故。《釋氏稽古略》及
周必大說是年正月改泚徑山，為實際赴任之時。明僧明河所編的《補續高僧
傳》（卷一○）說：「紹熙改元，孝宗御重華宮，稱壽皇。而徑山命下，師
力辭。壽皇曰：『欲頻相見耳，何以辭為？』」此記錄易使人誤以為德光入
徑山是紹熙元年之事。從上引周必大之描述看，可知雖然是光宗下旨，未嘗

不是孝宗之旨意。換句話說光宗之詔命，其實是已退位而燕御重華宮的太上皇之旨意。又，居簡之忘年交如用覺圓和覺無象，身分不明。其年齒相若者如洪西山、淵清叟與空聖予之身分亦不詳。其餘依序為：東禪性空智觀、靈隱鐵牛宗印、育王空叟宗印、朴翁義銛。

◆ 暮春，姜夔（1155-1221）同朴翁義銛登臥龍山，遊蘭亭，有〈同朴翁登臥龍山〉、〈次朴翁遊蘭亭韵〉等詩。[92]是年姜夔三十九歲。

按：夏承燾《姜白石繫年》說是年春姜夔客紹興，「與張鑑、葛天民同游。陪張平甫游禹廟，同朴翁登臥龍山，次朴翁〈游蘭亭韻〉、〈越中仕女游春〉、〈項里苕梅〉、〈蕭山〉諸詩，皆當於此時作。」[93]

◆ 五月，雪竇智融示寂，壽八十。智融又號老牛智融，樓鑰作〈書老牛智融事〉，略云智融善詩畫，「作詩不多，語意清絕，字畫亦無俗韻。」（《攻媿集》卷七九）寶曇有〈題老融鬥牛圖〉，時間不詳，其詞云：「牛鬥不可近，近則和爾觸。摩撫不動搖，愧此老穀觫。慰我有生意，憐渠無怒心。伊誰為證據，斷崖楓樹林。」（《橘洲文集》卷三）

按：此詩「愧此老穀觫」一句，顯然得自黃庭堅之〈題竹石木牛〉一詩中的「御此老穀觫」一句。庭堅詩云：「野次小崢嶸，幽篁相倚綠。阿童三尺箠，御此老穀觫。石吾甚愛之，勿遺牛礪角！牛礪角尚可，牛鬥殘我竹。」（《山谷詩集注》卷九》）

◆ 十二月十日，寶曇作〈道人朱氏法華淨業〉。係應四明（？）羅睺羅道場起信堂比丘某之請，為薛君之室道人朱氏所作。朱氏法名如一，即欽承〔宗〕皇后淵聖中宮兩世之姪（《橘洲文集》卷一〇）。

按：「淵聖」是欽宗，其皇后姓朱。此朱道人是其兩世之姪，則是姪孫，仍

---

92 陳思，《白石道人年譜》，頁 170、182。
93 夏承燾，《姜白石繫年》，頁 435。

從朱姓。卒於是年，年三十七。

◆ 十二月十二日後，四明郡守何澹（1146-1219）以南湖虛席，親裁疏勸請柏庭善月領南湖延慶寺（《佛祖統紀》卷一八）。

按：物初大觀亦說四明南湖虛席，制府命諸山公舉，得柏庭善月，府帥何澹喜甚，為制疏請住，十三年如一日。但將此事繫於紹熙二年（《物初賸語》卷二三）。其實，何澹於紹熙四年（1193）才以煥章閣學士、太中大夫兼沿海制置司公事。當年十二月十二日到任，慶元元年（1195）六月離任，故善月入南湖當在四年；大觀不是將紹熙四年誤為二年，即是將府帥張冠李戴。《佛祖統紀》（卷一八）說「紹興二年，郡率何公澹以南湖虛席，親裁疏勸請。」紹興二年何澹尚未出生，故「紹興」顯為「紹熙」之誤。但改為紹熙二年，仍誤。

◆ 史彌遠三十歲，遷太社令。史浩八十八歲，二月丙申，寫〈送壽居仁序〉（《鄮峰真隱漫錄》卷三二）。壽居仁為寶曇之法友，兩人頗有唱和。寶曇曾作〈嘗拉壽居仁訪青山性老，是日小舟抗斷港，進退不能，幾至興盡。薄暮，叩關少慰寂寥之嘆，居仁有詩，次韻以謝〉，詩云：「秪知春在浴鳧行，杯水才堪一芥航。拊髀最宜歌欸乃，倚舷唯聽夢悠颺。已愁落日低千嶂，欻見清風閟一堂。抵掌劇談吾浪語，君如網目有條綱。」（《橘洲文集》卷四）又作〈題壽居仁遠浦歸帆〉，詩云：「築室江南欲盡頭，故將沙尾繫行舟。如何落日蒼茫外，一幅西風去不收。」（《橘洲文集》卷四）

◆ 居簡和元肇之友人高之問於是年登陳亮榜進士。

◆ 葉適四十五歲。林希逸生，一歲。寶曇之友高夔五十六歲，是年回守廬州，明年離任。

紹熙五年甲寅（1194）

◆ 藏叟善珍生一歲、元肇六歲、居簡三十一歲、寶曇六十六歲。

按：善珍，泉南溫陵安縣呂氏子（《續傳燈錄》卷三五）。《增集續傳燈錄》（卷二）說善珍生於紹興甲寅（1134）十月十二日，將其生年提早一甲子，誤甚，是佛教史傳誤「紹熙」為「紹興」之又一例，《續燈正統》正之，本書敘論已經說明。

◆ 是年三月，寶曇作跋柳宗元〈東海若〉一文。其寄「吳知府」詩數首同韻詩，或都作於是年或前後。吳津（1133-1196）是湖山居士吳芾（1104-1183）之長子，字仲登。據其親家樓鑰說，他「乾道五年進士乙科，充兩浙東路安撫司幹辦公事，改宣教郎知處州麗水縣，監行在都進奏院，為親求補外，添差通判紹興府。淳熙九年賜五品服，十年繼丁內外艱，執喪哀甚，倚廬增慕，靈芝產于楣，人嗟其孝感，紀以詩文。服除，權發遣江陰軍，未上。改主管建寧府武夷山沖佑觀，尋知廣德軍，以足疾丐歸，改興化軍。」（《攻媿集》卷一〇八）寶曇與吳津為知交，雖吳津在建寧、廣德軍、興化軍，但兩人仍屢屢唱和。因吳津於是年知興化軍，故其知廣德軍當在其前，並在淳熙十四年服除之後。[94] 寶曇之〈答吳知府仲登見招三絕〉云：「一夜溪西喚客船，黎明十里走平川。塵泥未辦湖山腳，更要長齋古佛前。」「渡水穿雲已借書，蠅頭一日五千餘。東家居士應憐我，白首那堪又徙居。」「未暇雲山聖處行，茲游已復慰平生。故林猿狄吾知識，木落霜枯也不爭。」（《橘洲文集》卷三）三詩皆是婉拒吳知府見招之作。〈寄吳知府〉云：「夢中時一到湖山，酷愛山雲似我閑。儘有新詩題葉滿，豈無流水逐人還。經年晏坐追摩詰，盡日提携欠小蠻。白首著書成過計，何時椽筆為鋤刪。」結句「白首著書成過計，何時椽筆為鋤刪。」是期待吳津為他刪訂詩集。〈用前韻寄吳知府〉云：「知有堂堂在故山，忘機未許白鷗閑。洗心義易窺三聖，盥手楞嚴辯八還。賸著林花供笑粲，喚回春夢付縴蠻。聞公已是詩成集，一字千金豈易刪。」結句「聞公已是詩成集，一字千金豈易刪？」透露了吳津此時也完成其詩集，

---

94 他在淳熙十年丁內外艱，若依三年服喪之慣例，應在十三年或十四年服除。

非自己所能置一詞。〈用前韻謝吳知府〉云：「聞道江南庾子山，新詩脫手意長閑。未嘗臨鏡嗟遲暮，更約何人共往還。我有茅茨依橘柚，自憐風雨竄荊蠻。悲歡怨懟三千首，乞與無思為一刪。」結句「悲歡怨懟三千首，乞與無思為一刪」仍表示遜謝未能為吳津刪訂三千首詩。〈用前韻寄吳知府廣德歸〉「好風吹夢到祠山，造物乾忙我自閑。五日頌聲今故在，一春詩債共誰還？鼠肝蟲臂窺前輩，蝸角蠅頭戰百蠻。遙指行雲為公說，由來此語不須刪。」結句「遙指行雲為公說，由來此語不須刪。」仍強調其詩造語皆工，無須刪訂（《橘洲文集》卷二）。

◆ 四月，史浩薨於家，年八十九歲，諡文惠，追封為會稽郡王。寶曇有詩五首挽之，其一云：「抱負元驚世，飛騰正及辰。眼空天下士，坐穩日邊身。器業真王佐，詞章動帝宸。錦衣雙白髮，母子即天人。」其二：「在昔功名會，凌煙有老臣。幾人扶日月，一角見麒麟。共泣中原淚，寧為去國賓。西風幾黃壤，松栢獨輪囷。」其三：「一語回天力，終年困五丁。時方相司馬，吾不愧元齡。遞奏逾金石，斯文粲日星。幡然霖雨手，猶帶御爐馨。」其四：「十載江湖上，三從北闕歸。宮花欹帽側，玉帶重腰圍。屬客黃金盡，凌空寶墨飛。夜堂燈火冷，猶下讀書幃。」其五：「為帝先驅日，非吾舊學誰。玉京真可樂，夜壑不勝悲。墓木行人拜，庭蘭造物知。臨風三慟哭，天亦為低垂。」（《橘洲文集》卷三）

寶曇又作〈祭史魏公〉文云：「惟公以道德忠孝之資，受社稷安危之寄。致父子於堯舜，委成功於天地。壽考百年，是為報施。房元齡有征遼之卹，魏鄭公啟正觀之治。世雖後先，心則不異。草德順班師之詔，神予其衷；論符離必敗之師，吾寧去位。汲汲將母，皇皇治第。煙雨層簷，六見蒼翠。孤雲無心，與世軒輊。三命倦藩，揮毛復至；上方圖回，人所娭忌。再相司馬，一定國是。君目齎歌，金石聲氣。古今維垣，一人而已。決志投老，以全其天。藝圃舍後，種松檻前。坐待伏苓，身輕鶴便。未病三日，有人夢焉。星冠繡衣，竟從此僊。邦國殄瘁，泰山其顛。云誰之思，有淚及泉。昔與仲弟，辱公愛憐。在門下士，識公最先。早以道合，心期石堅。世益凋落，情隨日

遍。公今古人，我亦白顛。一慟永訣，公無棄捐。」（《橘洲文集》卷七）又作〈代護聖祭史魏公〉文曰：「惟公結三朝之主知，正一代之師席。建萬八千歲之基，鍾二十四考之實。堂堂乎，公稽古之力，眷我靈山，益見疇昔，從黃蘗以論心，笑平原之縛律。草木何幸，均蒙斯澤。受恩之地，終始全璧。夫人不言，言必有獲。公今云亡，論報無日。一香以奠，涕淚橫臆。」（《橘洲文集》卷七）「護聖」應指大梅山護聖院，在鄞縣東南七十里。五代梁貞元時期大梅法常於此誅茅結庵而成名藍（《寶慶四明志》卷一三）。樓鑰亦作〈史文惠王挽詞〉弔之。

◆ 亞愚紹嵩出生，一歲。周弼生，一歲。後與詩僧永頤、覺新、惠嵩、妙通及文學僧居簡、元肇為方外之友。史彌遠三十一歲。高似孫三十七歲，是年之前授紹興府會稽主簿。[95]

寧宗慶元元年乙卯（1195）

◆ 善珍二歲、元肇七歲、居簡三十二歲、寶曇六十七歲。

◆ 春，佛照德光再三懇請還育王，詔許之。居簡再來四明育王依佛照德光。其〈拙庵老人退徑山歸玉几〉當作於此時（《北磵和尚外集》）。時佛照德光雖還育王，然已歸老東庵，時年七十五歲。周必大記曰：「慶元元年，許還育王，歸老東庵，盡鬻錫賚物直數萬緡置田，歲增穀五千斛助常住費。」（《文忠集》卷八〇，〈圓鑑塔銘〉；《寶慶四明志》卷九）秀巖師瑞（？-1223）接其育王之席，命居簡掌記室，空叟宗印分座。據說師瑞於「嘉泰六年蛻院居西塔，時拙庵居東塔，四方訪道者，交武于其父子間。」（《寶慶四明志》卷九）但「嘉泰」無六年，而德光示寂於嘉泰三年三月，故師瑞居西塔時間應在嘉泰三年三月之前。樓昉曾銘其塔曰：「惟臨濟之道宏矣，六傳至楊歧

---

95 樓鑰《攻媿集》有〈除給事中舉高似孫自代狀〉，文中稱高似孫為「文林郎紹興府會稽主簿高似孫」。茲按樓鑰除給事中時間在紹熙五年，是該年之前高似孫在會稽主簿任上。

而始分。楊歧四傳至佛日而始大。至拙庵而愈盛，而瑞繼之。三百年間，楊歧正脈流通布護，拙庵與瑞之功為多云。」（《寶慶四明志》卷九）師瑞在育王時，兩序皆德光所命老龍象也（《物初賸語》卷二四），法席人物之盛，為東南第一。覺無象、康太平、淵清叟、琰湘翁、權孤雲、崧少林輩皆在焉。無準師範（1178-1249）亦來依（《無準和尚奏對錄》）。居簡應與這些「龍象」相熟，他曾作〈送權孤雲為母歸鄉〉，或作於是年，或其後。詩云：「不距千峰萬峰頂，謾勞半座分雙徑。情知覆水不容收，再向鄮峰提此令。大器晚成天所托，不怕者些全爛卻。俯視群飛已刺天，未反掌間仍撲落。試從列祖圖中看，古注與誰同一眼。濁港渡頭無姓兒，睦州城西老擔版。」（《北磵和尚外集》）

按：覺無象、康太平、淵清叟等人身分不詳。琰湘翁為浙翁如琰，權孤雲為孤雲權，崧少林為少林妙崧（？-1221）。或說退谷「得旨，住明之育王。時佛照居東庵，父子相從之樂，昔未有也。」（《枯崖漫錄》卷三）。陸游之〈退谷雲禪師塔銘〉說：「會育王虛席，朝命師補其處。時佛照方居東菴，父子日相從，發明臨濟正宗，學者雲集。會有魔事，師即捨眾退居香山。」後之《補續高僧傳》（卷一一）即全採陸游之文。如此看來，應該是因秀巖師瑞住持在先，因任期不長，即為退谷義雲（1149-1206）遞補。而退谷似乎也任期不長，是因為有「魔事」之故。此「魔事」根據陸游之說明如下：「師之在育王也，將新僧堂，而陰陽家以為法所禁，將不利於主人。師奮不顧，排眾說力為之，堂成，而魔果作，遂去。」（《渭南文集》卷四〇）退谷義雲因「魔事」而退離育王，與下文癡絕道沖因「魔事」而退離靈隱相類似，雖然「魔事」的原委未必相同。《明州阿育王山續寺志》列佛照德光為二十四代、秀巖師瑞為二十五代、退谷義雲為二十六代，其世代或可質疑，但順序應該是正確的。此外，佛照離徑山歸育王後，徑山住持由雲庵祖慶接任。祖慶原在鍾山，是金陵帥劉珙（1122-1178）招入的。劉珙於淳熙二年（1176）以資政殿大學士、中大夫知建康府事，當即招祖慶入鍾山。《叢林盛事》（卷下）說祖慶在鍾山一住二十年，於慶元初，佛照歸育王，「慶遂繼踵」。「慶元初」即是年。祖慶在徑山「二年而沒」。《徑山志》（卷二）說他在「十

月二十三日示寂」，雖未說明何年，當為明年。

◆ 三月八日孫應時赴常熟任知縣，有〈三月八日挈家赴官常熟〉一詩云：「又別吾廬去，從今復幾回。官情真漫爾，世路亦悠哉。事業魚千里，文章水一杯。公田定難必，早擬賦歸來。」（《燭湖集》卷一七）寶曇有〈送孫季和知縣赴常熟〉一詩，當作於此時。詩云：「援琴不怕春風顛，已許桃李同嫣然。今人政自無此手，昔也子賤今琴川。爭名固淺丈夫事，公益走避如雲煙。共惟聖學本心授，不敬莫大中無傳。吾行敢後天下士，百年人物猶拳拳。風流往往入詩筍，經濟一一歸民編。板輿扶上醉鄉日，竹溪便喚姑蘇船。誰云弱水不可到，政成我是蓬萊仙。」（《橘洲文集》卷四）
按：孫應時〈復趙觀文書〉說：「乙卯春，偶叨改秩，無近闕近地，冒昧就常熟一年之次。去夏之初，到官亦既一年且三閱月。」（《燭湖集》卷八）乙卯即是此年，至明年六月初，共一年三月，則此書應作於慶元三年。

◆ 是年五月八日前後，寶曇作〈送樓尚書攻媿〉一詩云：「九關何為視荒荒，鵷鷺不汝為津梁。剛風一上九萬里，我豈無因來帝旁。君看玉皇香案上，臣有抹月批雲章。春秋自與易表裏，九師三傳俱亡羊。人言夫子身九尺，我謂椽筆聊相當。斯文豈不妙一世，如御琴瑟思更張。太夫人今八十六，百拜上賜千秋觴。朱旛皁蓋映華髮，皷舞萬籟為笙簧。如聞民病思藥石，可忍歲飢無稻粱。行行不待勤報政，會有詔書來未央。」[96]（《橘洲文集》卷四）
按：詩中之「太夫人」是樓鑰之母汪慧通，已見於上文。她生於大觀四年（1110），五月八日，至是年八十六歲。可見寶曇詩作於是年汪慧通生日前後。而樓鑰生於紹興七年（1137）十一月十五日，是年五十九歲，明年六十歲。故明年寶曇有〈樓尚書生日〔字大防〕〉詩贈之。據樓鑰說，其母「奉佛素謹，甫三旬，已閱大藏經，取龍龕手鑑以正奇字。」又說其祖母「越國

96　筆者《一味禪與江湖詩》誤作此詩於〈樓尚書生日（字大防）〉一詩後二十六年作，特此訂正。

嘗再誦及半」，而其母「又與二舅補之。近年猶作梵唄，時舉因果以示人。晨餐以前，無非佛事，寒暑如一。」可見汪慧通為虔誠佛教徒（《攻媿集》卷八五）。[97]

◆ 退谷義雲，約在是年或明年入淨慈。據陸游（1125-1210）說，他入淨慈之時，都邑為之聳動，而在淨慈數年期間，退谷「一日，領眾持鉢畿邑。是夕，寺災無遺宇。比師歸，獨三門巋然在瓦礫中。師不動容曰：『成壞相尋，亦豈有常。今日之壞，安知不為四眾作福之地哉。』天子聞之，出內庫金以賜，自重臣貴戚以下，傾槖輦金，惟恐居後。未期年，廣殿邃廡，崇閣傑閣，蓋愈於前日矣。於是，上為親御翰墨，書『慧日閣』三大字賜之。」陸游又說：「師在淨慈，遭火患滌地皆盡，度非金錢累億萬，且假以歲月，必不能成。師談笑盡復舊觀。」（《渭南文集》卷四〇，〈退谷雲禪師塔銘〉）可見退谷義雲在淨慈期間，相當活躍，對淨慈重建更新之志，上達天聽，寧宗及其重臣亦為之聲援。其獻力與功績頗著，故程珌說：「嘉泰之四，埃于鬱攸。退谷義雲，載吼龍蚪。傑閣層空，天畫雲浮。河沙真諦，輒賜龍樓。」（《洺水集》卷七，〈淨慈山重建報恩光孝禪寺記〉）證明義雲在嘉泰四年前後還任淨慈住持。清僧自融描述他說：「慶元間，詔雲居淨慈，杖履渡江；同禪徒數十，皆敝衣楚楚，意貌翛然。武林吏佐併紳士迎於途，私相慰諭，易其華服，而尊禮如一佛出世焉。既主淨慈，規制畫一，與育王時無異，惟提唱綱宗，以為供養。」（《南宋元明禪林僧寶傳》卷六）

◆ 蒙庵元聰因福建帥詹體仁（1143-1206）之請，入主雪峰。詹體仁會諸禪探籌，一探而得師名，遂以聞于朝（《後樂集》卷一八，〈塔銘〉）。
按：詹體仁於是年除直龍圖閣知福州（《水心文集》卷一五，〈墓誌銘〉）。

◆ 六月，居簡之友張鎡遭彈劾，罷司農寺主簿。時年四十三歲。

---

97 關於汪慧通，可參看筆者《泗州大聖與松雪道人》第三章，頁 197。

◆ 孟珙（1195-1246）生，一歲。

慶元二年丙辰（1196）

◆ 善珍三歲、元肇八歲、居簡三十三歲、寶曇六十八歲。

◆ 四月八日浴佛日，雷庵正受（1147-1209）完成《楞伽經集注》，並作〈楞伽經集注閣筆記〉（《楞伽經集註》卷末）正受之作《楞伽經集注》，乃杭州敬庵居士武德郎黃汝霖之鼓舞而為。

按：雷庵正受在此之前曾集《嘉泰普燈錄》三十卷，陸游曾為作序，見下文。黃汝霖為靜照顯德居士黃仲威之子，妙德居士黃彥節（節夫）之姪孫。黃仲威、黃彥節皆與大慧交，為其法嗣。黃仲威在高宗朝任御帶（帶御器械），黃彥節在孝宗居建邸時任內都監。大慧曾作〈示顯德居士御帶黃公仲入道頌〉，時年七十二歲（《大慧普覺禪師語錄》）。

◆ 五月五日端陽節，吳興人竹齋沈瀛（1160 進士）作〈《集註楞伽阿跋多羅寶經》序〉，時任朝議大夫新淮東安撫司參議。《集註楞伽阿跋多羅寶經》即雷庵正受所編之《楞伽經集注》（《楞伽經集註》卷首）。

◆ 八月四日，寶曇友吳津卒，年六十四歲。寶曇作〈吳知府挽詩三首〉弔之。其一云：「妙年聲落落，晚歲陳堂堂。政出諸公右，吾寧一老傍。園林春婉娩，墳土淚淒涼。孝友無餘事，新詩入錦囊。」其二云：「小試牛刀在，長驅馬足遲。此生空抱負，真宰孰維持。道並湖山重，民深雨露思。何當十圍腹，重作北窗期。」其三云：「千里頻年別，人來數寄書。舊題紅葉處，猶記白頭初。薤露危如此，庭蘭賦有餘。摩挲東望眼，歸泣向吾廬。」（《橘洲文集》卷四）

按：寶曇與吳津頗有唱和，已見於上文。仲登年十五即以詞賦魁鄉校，故寶曇詩有「妙年聲落落」之句。他曾於乾道五年（1169）充兩浙東路安撫司幹辦公事，可能因此認識寶曇。紹熙五年（1194）至是年，他知興化軍，於八

月四日終於家，年六十四歲。寶曇稱他「吳知府」，自是因他知興化軍之故。樓鑰稱他「為文平淡，援筆成詩，蔚有父風。合詩文十五卷藏于家。」又，吳津長孫女適樓鑰第四子樓治，聯姻時任承奉郎監西京中嶽廟，故與樓鑰又親上加親（《攻媿集》卷一〇八）。樓鑰是年六十歲。

◆ 秋，天童寺千佛閣落成，樓鑰作〈天童山千佛閣記〉（《攻媿集》卷五七）。

◆ 十月二十三日，徑山住持雲庵祖慶示寂。祖慶原在鍾山，曾為法安和道謙所編的《普覺宗杲禪師語錄》寫篇短序云：「祖慶嘗欲焚前錄，俾學者自悟西來直指，不滯文字語言。今復鏤此板，何也？」並自署「淳熙戊申重陽日住鐘〔鍾〕山小師祖慶」（《普覺宗杲禪師語錄》卷首）。後來又寫了篇跋文說：「祖慶親炙先師之日最久，敢不奉承道、印法兄之用心，鏤版刊行，以廣其傳，庶幾見者聞者，同悟真如。佛之慧命，永永不絕。古語云：『自未得度先度人者，菩薩；發心學者當有以亮（祖慶）附麗阿難之本意。』紹熙元年四月結制日，（祖慶）謹跋。」（《普覺宗杲禪師語錄》卷末）

◆ 十一月十五日或其前，寶曇作〈樓尚書生日〔字大防〕〉一詩，賀樓鑰六十歲生日。詩之首數句云：「歲行丁巳生公年，一周甲子初回旋。壺中日月自長久，我身曾作蓬萊仙。霓旌何為下南國，伊傳事業須林泉。腹中抱負五色石，晴窗撫弄供磨沿。古今成敗幾頭緒，酒澆不下仍橫咽。援琴一鼓天地靜，萬象起舞加清圓。新詩往往到紅葉，門前流水人爭傳。世間樂事唯我有，錦衣鶴髮同驩然。天公有意誰得解，功名自古俱華顛。鹽梅霖雨入吾手，母子共醉春風前。」（《橘洲文集》卷四）
按：樓鑰生於紹興七年（1137），至是年正好一甲子。因奉祠歸里在家，故寶曇得以獻詩。又樓鑰出生於紹興七年十一月十五日，故寶曇之詩當作於十一月十五日或稍前。

◆ 臘月，姜夔作〈丙辰臘與俞商卿、銛朴翁同寓新安溪莊舍，得臘花韻甚二首〉

（《白石道人歌曲》卷二）。

按：詩題中之俞商卿為俞灝（1146-1231），杭州人，自號青松居士。銛朴翁為朴翁義銛。姜夔與朴翁義銛交情甚篤，其集中有〈夏日寄朴翁朴翁時在靈隱〉、〈次朴翁遊蘭亭韵〉、〈乍涼寄朴翁〉、〈壽朴翁〉、〈武康丞宅同朴翁詠牽牛〉、〈朴翁悼牽牛甚奇余亦作〉、〈同朴翁登臥龍山〉及〈同朴翁過淨林廣福院〉等詩，都可見其與義銛之唱和之勤。他還有〈慶宮春〉一闋，前有長序，述雪中詣梁溪，道經吳松事，可為此詩註腳。其序云：「紹熙辛亥除夕，予別石湖歸吳興，雪後夜過垂虹，嘗賦詩云：『笠澤茫茫雁影微，玉峰重疊雲衣。長橋寂寞春寒夜，只有詩人一舸歸。』後五年冬，復與俞商卿、張平甫、銛朴翁自封禺同載，詣梁溪，道經吳松。山寒天迴，雪浪四合，中夕相呼步垂虹，星斗下垂，錯雜漁火，朔吹凜凜，庖酒不能支。朴翁以衾自纏，猶相與行吟，因賦此闋，蓋過旬，塗薰乃定。朴翁咎予無益，然意所耽，不能自已也。平甫、商卿、朴皆工於詩，所出奇詭，予亦強追逐之。此行既歸，各得五十餘解。」（《白石道人歌曲》卷三）所謂「五年冬」，即此年冬。同遊之人，除俞灝、義銛外，還有張平甫，實為約齋張鎡之弟張鑒。是年姜夔三十二歲。[98]姜夔嘗依倚張鑒之門，十年相處，情甚骨肉（《齊東野語》卷一二，〈姜堯章自敘〉）。又，梁溪指的是張鑒的「梁溪莊園」。

◆ 寶曇有〈送史同叔赴宮教〉云：「便催絳帳入王扉，肯落先公第二機。一鶚未嘗憑薦口，諸生今始識摳衣。寬如北海何妨醉，清似西湖不解肥。但得家聲振金玉，萬釘何必問腰圍。」（《橘洲文集》卷三）

按：史同叔即史彌遠，時年三十三歲，由大理司直，改諸王宮大小教授，故寶曇詩題曰「赴宮教」。

◆ 是年，居簡作〈送柴生謁東嘉呂守序〉云：「慶元丙辰予在鷲之小嶺，有偉衣冠來謁者曰：『我漢太尉棘蒲侯裔也。』」中云復見東嘉呂守於鄞山，呂

98　《白石道人年譜》，頁 188-189。

欲緇其衣求益於居簡，是此年居簡當在靈隱（《北磵集》卷五）。

◆ 居簡又作〈褒能寺記〉。褒能寺在雪川，由僧彥康始建，僧普明續成，歷時九年。普明請居簡作記，述其經營結構之難（《北磵集》卷四）。

◆ 愚谷元智生，一歲（《竹溪鬳齋十一稿續集》卷二一）。

◆ 吳潛（1196-1262）生，一歲。正月，趙汝愚卒，五十七歲。十二月，朱熹落職，六十八歲。

慶元三年丁巳（1197）

◆ 善珍四歲、元肇九歲、居簡三十四歲。寶曇歿，時年六十九歲。

◆ 是年春，寶曇或作〈次韻孫季和知縣游西湖〉，為致孫應時之詩。詩云：「何人熨冰紈，弄趁春畫晴。東風有底急，不容縠紋平。堤回柳陰直，鷗鷺時合并。無端擢謳發，驚飛度微明。山固以畫勝，湖應以詩鳴。雲烟小潤色，草木同欣榮。憶昔二妙俱，中有五字城。打門看脩竹，拄杖時一橫。鱗差幾飛觀，幽花亦多情。老眼眩金碧，何年費經營。應憐處士家，鶴亦大瘦生。臨風一長嘯，荒田絕人耕。」（《橘洲文集》卷四）
按：孫季和是燭湖居士孫應時，餘姚人，為史浩所賞識，延為其子之師，故與寶曇相識。他從去年四月至慶元五年（1199）六月任平江常熟知縣（《姑蘇志》卷二三、二四、二六、二八），寶曇以詩致賀，又有和其西湖詩，都以「春風」起句，故皆在春天作。季和游西湖詩韻腳與寶曇詩同，故寶曇當是次韻其詩而作。季和原詩〈趙唐卿邀游西湖即席賦十二韻〉云：「春風客皇州，積雨不得晴。倚樓望西湖，想見煙水平。芳時諒難負，勝侶欣來并。杖藜一蕭散，喚船弄空明。浮雲為我開，好鳥為我鳴。青山次第出，桃李正鮮榮。華屋何煌煌，縹緲連重城。都人競時節，酒舫各斜橫。而我得舒眺，緬然起深情。風景自千古，擾擾何所營。大鈞實愛物，無使可憐生。堯民保

同樂，吾其獲歸耕。」（《燭湖集》卷一四）由於有「春風客皇州」之句，此詩及寶曇和詩之西湖是指杭州西湖。其他寶曇詩之西湖多半是指鄞縣月湖。鄞縣原有日、月二湖，皆源於四明山。一自它山堰經仲夏堰入於南門，一自大雷經廣德湖入於西門瀦為二湖。在城西南隅、南隅曰日湖，又曰細湖，又曰小江湖，又曰競渡湖。久湮僅如汙澤，獨西隅存焉，曰月湖，又曰西湖（《寶慶四明志》卷四）。

◆ 四月二十六日，寶曇自作〈龕記〉辭世，末云：「余即寶曇，字少雲，俗許氏。蜀之嘉定府龍游符文人。沒於慶元三年四月二十六日。」並自謂：「臨行不能饒舌，終之以言曰：『放下便穩』。」其〈辭世頌〉曰：「平生灑灑落落，末後哆咄唎唎。殷勤覓一把火，莫叫辜負澄波。」（《橘洲文集》卷一○）

◆ 六月五日，松源崇岳禪師被旨由虎丘入住靈隱，時已五十九歲，叢林以其「老而贖」，呼為「老贖翁」（《枯崖漫錄》卷中）。居靈隱六年，「道盛行，得法者眾，師席為一時冠。」（《渭南文集》卷四○；《松源崇岳語錄》卷二、三）。此期間，來參者甚眾，包括北磵居簡、笑翁妙堪、癡絕道沖及石田法薰等。居簡入靈隱之前或離靈隱之後，曾策杖江西訪諸祖遺跡，並赴羅湖見曉瑩。曉瑩與居簡議論，大奇之，以大慧居洋嶼庵竹篦付之，居簡辭受之（《物初賸語》卷二四，〈行狀〉）。其〈感山讀《羅湖野錄》呈雲臥庵主（二）〉當作於此時。其一云：「住山活計一般無，不數朣朧照乘珠。試探篋中何所有，珠回玉轉一羅湖。」[99]其二云：「管城饒舌析玄微，一字何曾療得飢。文彩既彰非得已。知音未舉要先知。」（《北磵和尚外集》）妙堪亦來參松源，不契（《釋氏稽古略》卷四；《續傳燈錄》卷三四、三六；《補續高僧傳》卷一一；《石田法薰語錄》卷四）。松源在靈隱，門庭孤峻，癡絕道沖八閱月而後得歸堂（《枯崖漫錄》卷下）。

99　按：原詩題及詩均作「蘿湖」，此處改為「羅湖」。

按：〈行狀〉說曉瑩以大慧洋嶼庵竹篦付居簡，居簡「巽燕」。「巽」是「遜」之意，有「退讓」之意。也就是居簡婉拒曉瑩之贈。〈行狀〉又說居簡入靈隱見松源岳、息庵觀，觀復命掌記，似乎松源先命其掌記室，待松源謝事，息庵達觀繼其席，仍命居簡掌記室。又癡絕入靈隱，或說在松源會中九個月日，方得挂搭（《禪林備用清規》卷八）。

◆ 夏，徑山寺闕住持，有旨以命僧蒙庵元聰主之。蒙庵元聰由福建雪峰被旨入徑山，在徑山時間可能不短，因為據衛涇（1159-1226）說他在徑山之後數年，「寺燬於火。不二年，元聰新之，視舊觀有加。寺既復，蒙庵引去，寧宗復以住持命之，且為御書寺額，及『蒙庵』二字賜之」並賜號曰「佛智禪師」（《後樂集》卷一八，〈徑山蒙菴佛智禪師塔銘〉）。
按：蒙庵元聰入雪峰已見上文。衛涇是孝宗淳熙朝狀元，號後樂居士。

◆ 仲秋日，古月道融作完《叢林盛事》二卷，並序其書（《叢林盛事》卷首）。

◆ 九月壬子，陸游撰〈《佛照禪師語錄》序〉（《渭南文集》卷一四）。時陸游在山陰，年七十三歲。[100]重九日，又作〈跋釋氏通紀〉（《渭南文集》卷二八）。

◆ 寶曇作〈跋高端叔詩序〉，係為高元之（1148-1203）的詩集《茶甘甲乙稿》作。跋文曰：「詩之道廢久矣，吾何取於斯。雖然，推原人情，摸寫物態，無詩不可。凡吾喜怒憤懣，無聊不平，與夫天地山川、烟雲風月、星辰霜露之變，蟲魚草木、珠璣華實之富，莫不畢見於斯。其間雖工拙不同，而古今取捨亦異。自建安七子涉唐李杜，至起於吾國作者數人，其音醇，其氣和，不獨紓憂娛悲，馴致其學亦可至於道，是亦詩人之遺意。高君端叔，克苦而務深沉者也。其學粹於春秋，又能以其餘發為律詩。方其思慮營度，若將交

---

100 《陸游年譜》，頁346。

臂於造物之域，危坐傴僂，口吻聲鳴益悲。及其既成，光怪殆欲發現。如是
累歲，幾三百餘篇。君年五十，余不知加以數年，其富當如何也；恨無前輩
為之印證。余非學者，聞前輩論詩如此，嘗謂君言矣。君喜而使錄之，以為
茶甘集後序。」（《橘洲文集》卷六）

按：高元之生於紹興十八年（1148），至是年正好五十歲。寶曇之跋文說「君
年五十」，故繫此文於此年。序中說「其學粹於春秋」，是因為高元之以治
春秋著名，與高閌（息齋，生卒年不詳）是四明春秋學的「二高」。全謝山
頗讚揚之，認為「端叔之書之博，過於息齋」，而感嘆「端叔之經學如此，
而厄於青衫以老。」（《鮚埼亭集外編》卷二三）

◆ 是年，平江資壽寺永豐莊成，居簡日後入平江慧日寺，曾為之作〈資壽寺永
豐莊記〉（《北磵集》卷五）。

◆ 姜夔作〈武康丞宅同朴翁詠牽牛〉、〈朴翁悼牽牛甚奇余亦作〉，[101]皆與朴
翁義銛來往之作。

◆ 史彌遠三十四歲，九年後為寶曇《大光明藏》作序，蓋因寶曇弟石橋可宣
而得閱覽其書。

◆ 葉適四十八歲，其門人吳子良出生，一歲。劉震孫（1197-1268）出生，一歲。
後皆為居簡與元肇之友。

慶元四年戊午（1198）

◆ 善珍五歲、元肇十歲、居簡三十五歲。

◆ 八月十四日，居簡友高夔卒於家，享年六十一歲，周必大撰〈淮西高君夔神

---

101 《白石道人年譜》，頁202。

道碑〉。

◆ 中秋日，顯謨閣直學士太中大夫提舉江州太平興國宮樓鑰為石芝宗曉
（1151-1214）之《法華經顯應錄》作序，序中云：「鄉僧宗曉，朝夕誦習〔法
華經〕，嘗刺血書之。又集古今簡策之言，凡一百五十事，遂成巨編，皆有
依據。將版行于世，以助流通。一日，訪其所居，蕭然自適。與之語，貫穿
教秉。問何以不出領眾，曰非所敢當也。因出此書求余為序。」[102]（《法華
經顯應錄》卷首）是年樓鑰六十二歲。
按：宗曉於是年仲春初吉完成《法華經顯應錄》並序其書，時年四十八歲（《法華
經顯應錄》卷一）。

◆ 寶曇之友張鎡自司農寺丞任上與宮觀，年四十六歲。

◆ 西巖了慧（1198-1262）生，一歲。

◆ 葉適五十歲，奉祠家居。江萬里、李曾伯、趙崇嶓皆生於是年，各一歲。

慶元五年己未（1199）

◆ 善珍六歲、元肇十一歲、居簡三十六歲。

◆ 居簡之友盧祖皋登進士第，年二十六歲。在此之前，曾落第，與在杭州靈隱
寺之居簡結為方外友。居簡有〈盧次夔下第〉一詩為之打抱不平，詩云：「得
失見君心，令人恨滿膺。諸賢品華玉，四字獨蒼蠅。留取攙前步，來居向上
層。趁將春未去，載酒嘯吟明。」（《北磵詩集》卷五）

102　按：「續藏經」本序文與《攻媿集》所載，文字略有出入。如：「誦習」之後有「書
　　寫」二字；「凡一百五十事」作「凡二百餘事」。

◆ 五月初，日僧俊芿（1166-1227）入宋，時年三十四歲。在宋十二年，據日本史料之說，與南宋士大夫分多人交往，包括錢象祖、史彌遠、樓昉及楊簡。[103] 唯除楊簡外，無中國史料可稽。[104]

◆ 十月，高似孫除秘書省校書郎，年四十二歲（《南宋館閣續錄》卷八；《宋會要輯稿》〈選舉二二〉）。

◆ 冬，徑山龍王殿災，精廬佛宇一夕而燼，住持僧元聰治故而復新之。
按：此事見吳詠所撰〈徑山禪寺重建記〉（《徑山志》卷七）。

◆ 雙杉中元之友陳貴誼（1183-1234）擢進士乙科，時年十七歲。

◆ 華藏逯菴宗演跋道融所作之《叢林盛事》。其文云：「予昔首眾於五峰，時古月融禪師實典賓職。既叨同事，日數從遊，為山間水邊之樂。續以業緣，來居青山，逾十年矣。一日，翩然過我。坐間娓娓談前言往行，頗清老懷。徐出《叢林盛事》一編，皆命世宗師與賢士大夫酬酢更唱之語，誠可以警後學而補宗教，大率與先師武庫相類。殆將鋟梓以惠後世，其利豈不博哉。因援筆以題于後。」（《叢林盛事》卷末）

◆ 錢象祖於去年十二月二十七日知金陵府事，明年十一月提舉江州太平興國宮。其間，曾舉無用淨全主金陵保寧寺，並就近問道（《吳都法乘》卷五上之上，〈天童無用淨全禪師塔銘〉；《歷朝釋氏資鑑》卷一一）。淨全為下文笑翁妙堪之師，無文道璨之師祖。

---

103 信瑞，《泉涌寺不可棄法師傳》，《大日本佛教全書》第 115 冊，頁 524-525。

104 參看定源撰，〈日僧俊芿與南宋文人士大夫的交往〉，《臺大佛學研究》22 期（2011），頁 32-57。

慶元六年庚申（1200）

◆ 善珍七歲、元肇十二歲、居簡三十七歲。

◆ 夏四月，陸游作〈泰州報恩光孝禪寺最吉祥殿碑〉，係應寺之長老德範遣其
書記蜀僧祖興之求而作，時年七十六歲（《渭南文集》卷一六）。五月，又
作〈跋南堂語〉於龜堂。七月，又作〈跋注心賦〉（《渭南文集》卷二八）。

◆ 中元日，敷文閣學士、宣奉大夫致仕汪大猷作〈《樂邦文類》序〉，序中云：
「余未嘗讀佛書，初無心佞佛。惟是『諸惡莫作，眾善奉行』之戒，不敢須
臾去心；佛之本意似不出此。」又云：「比丘宗曉，留心教典，類成此書。
其大藏經論，古今儒釋所著，無非西方淨土教門。或闡揚奧義，以警未達；
或明示顯應，以誘方來。至於長行短偈，片言隻字，無一不備，其善用身心
可尚矣。一日，持以示余，且有請曰：『某留心於此有年，將以刊板，化一
為多，廣示學者。儻得一言冠其首，使人起信起修，則某克苦編鏤，不為枉
矣。』余取其書讀之，諸家所示，頗有深趣，真可以發明往生大旨，啟迪人
之善心。徐復究其理，蓋人固有之性，本自明白。無始迷妄，不貪則恡。緣
此病根，是生眾苦。若令離苦惱而獲安隱，當以是而對治之。譬如神醫用藥，
病根既去，則本體如初。又如明鏡受塵，揩摩有力，則本明如舊。夫如是，
則此書真復性還元之策，豈可寢之哉。」（《樂邦文類》卷首）

◆ 七月廿三日，雪菴從謹（1177-1200）卒於天童，享壽八十四歲。他初住儀真
靈巖，後遷天童（《續燈存稿》卷一）。

◆ 十月十五日，南湖柏庭善月作〈《樂邦文類》後序〉（《樂邦文類》卷五）
按：宗曉亦自作序，唯其序未繫年月。序中云：「宗曉侵尋晚景，悟世非堅
深。…況愚忝篹僧倫，敢急思修之路乎？由是囊括諸經，網羅眾製，伏而讀
之，意圖良導。雖微辭奧旨，未易窺測，然研味有年，粗亦識其梗概。重念
隋珠和璧為天下之至寶，苟韞匵而藏諸，則人孰得而共之。遂於假日，即其

所得次而編之。始於經咒，終乎詩詞。凡十有四門，總二百二十餘首，析為五卷，目曰《樂邦文類》。蓋倣儒家柳宗直《西漢文類》之作也。其有集之不盡，當有與吾同志者續焉時。」（《樂邦文類》卷首）雖說「侵尋晚景」，是年宗曉才五十歲。又，柳宗直字正夫，唐柳宗元（773-819）從父弟，善操觚牘，得師法甚備，作《西漢文類》，柳宗元曾為之作序。

◆ 樓鑰見其伯父贈寶曇之友心聞曇賁之偈，有恍若隔世之感，時年六十四歲作〈次韻伯父與心聞偈〉云：「**法器何妨待晚成，一朝點鐵便成金。搠開鼻孔力無限，坐斷舌頭功更深。揚子江頭言在耳，靈山會上笑傳心。自憐鈍置無香氣，四十年來只似今。**」（《攻媿集》卷八一）

按：樓鑰之伯父即是上文的樓璹，據傳卒於紹興三十二年（1162）。[105]其〈與心聞賁偈〉作於紹興二十四年帥維陽時（《攻媿集》卷八一）。[106]

◆ 太虛德雲生，一歲。

◆ 朱熹卒，年七十一歲。陸游作〈祭朱元晦侍講文〉祭之（《渭南文集》卷二八）。

卷四、嘉泰元年辛酉（1201）至嘉定五年壬申（1212）

嘉泰元年辛酉（1201）

◆ 物初大觀出生，一歲。善珍八歲、元肇十三歲、居簡三十八歲。

按：大觀於六月初十生，鄞縣橫溪陸氏子（《續傳燈錄》卷三五）。

---

105 唐燮軍、孫旭虹，〈四明樓氏族人行迹繫年〉，在氏著《四明樓氏家族的興衰浮沈及其家族文化》（杭州：浙江大學出版社，2012），頁197。

106 樓璹於紹興二十四年以漕使兼知揚州，至紹興二十六年回四日放罷。見李之亮，《宋兩淮大郡守臣易替考》，頁31。

◆ 是年，元肇禮通川靜海邑之利和寺妙觀為師（《物初賸語》卷二四，〈行狀〉）。

◆ 夏，徑山興聖萬壽禪寺重建完成，樓鑰撰〈徑山興聖萬壽禪寺記〉，述其興建始末（《攻媿集》卷五七）。

◆ 八月十七日，斷橋妙倫生，一歲。

◆ 十二月，寶曇之友張堯臣於其兄張良臣卒後十五年，裒集其兄古賦四篇、古律詩數百首號《雪窗集》，介友人曾三異（1146-1236）請周必大為序，周於序中說：「堯臣亦工詩，殆所謂二難者。」（《文忠集》卷五四）
按：居簡或於是年十二月前作〈跋臥雲樓詩〉，讚張良臣之作，可能因張良臣之詩尚未裒集成書，故不稱《雪窗集》，雖然如此，亦有「逾百篇」之多。居簡之文云：「晚唐之作，武盡美矣。李杜韓柳，際天濤瀾，注於五字七字，不滲涓滴，鏗鏘畏佳，盡掩眾作。或曰：『晚唐日新，唐風日不競。』莫不譁而咻之。淳熙初，四明張武子續遺響，數十年間，相應酬者，較奇蔦麗，眠昔無愧。今出新篇逾百，客窗夜縶，昏花為之落蔕，清警特殊絕，其尤者吾不得而形容。退之招楊之罘云：『之罘南山來，文字得我驚。』今得新篇，不覺毛髮喋痒。」（《北磵集》卷七）大觀是年才一歲，自然不知張良臣之作，但後來喜讀詩文，亦曾閱良臣之詩，曾作〈跋張雪窗詩〉，唯不詳何時作。跋語云：「中興文章人物，不減東都。雪窗振奇於作者間，用心獨苦。其匠意定體，如公輸之繩墨；其琢句鍊字，如玉人之璠璵。人願交之而不能，乃能周旋於宏智、自得二甘露門而得受用。今觀此詩，有『未了此宗人白首』之句，亦可見矣。」（《物初賸語》卷一六）

◆ 寶曇之友張鎡除太府寺丞，年四十九歲。

嘉泰二年壬戌（1202）

◆ 大觀二歲、善珍九歲、元肇十四歲、居簡三十九歲。

◆ 秋，八月四日，靈隱寺松源崇岳禪師入寂，得年七十一（《渭南文集》卷四
○，〈松源禪師塔銘〉；《佛祖歷代通載》卷二○；《釋氏稽古略》卷四）。
笑庵了悟應於是年入靈隱繼其席。松源臨示寂前，以所傳白雲端禪師法衣、
頂相授與其弟子運菴普巖（1156-1226）。運菴師却衣受像，倩破菴祖先師叔
請贊，江湖伏其識。運菴之兄喬仲創菴于四明，即運菴也，請師居之。居簡
時在靈隱，為製勸請疏（《運菴普巖禪師語錄》卷末〈行實〉）。居簡之〈送
巖運菴歸四明──松源以法衣、頂相授，巖却衣受像，倩破菴贊〉當亦作於
此時。因運菴為四明人，故曰「歸四明」。詩曰：「大庾嶺頭提不起，盧老
蒙山俱失利。後人不解革前非，遞相欺誑真兒戲。老巖不負靈山記，颺下金
襴如弊屣。直饒滅却不傳底，爭似莫遭渠鈍置。破庵一語如雷霆，聾者有耳
那得聞。若謂不聞越情量，磋過堂堂大人相。」（《北磵和尚外集》）
按：「續藏經」本《松源崇岳禪師語錄》卷末所附陸游撰塔銘，誤「嘉泰四
年」為「嘉定四年」。而《枯崖漫錄》（卷中）說：「後源赴法華招，又以
靈隱力舉自代。」是指力舉笑庵了悟。但所言「源赴法華招」一事，不見於
陸游所撰塔銘。陸游僅說松源上章乞罷靈隱住持事後，退居東庵，不久屬疾，
書偈，跏趺而寂。

◆ 中秋後一日，石芝宗曉作〈四明與矩法師書敘〉（《四明尊者教行錄》卷五）
臘月既望，成《四明尊者教行錄》，並序其書（《四明尊者教行錄》卷首）。

◆ 洪咨夔（1176-1236）舉進士，年二十七歲，後為元肇之友。

嘉泰三年癸亥（1203）
◆ 大觀四歲、善珍十歲、元肇十五歲、居簡四十歲。

◆ 上元日，雷庵正受據惠洪《首楞嚴經合論》釐論入經，刪補成《大佛頂首楞
嚴經合論》，並序。序中云：「故寂音之論作，豈得已哉？觀其以智照三
昧區分派別，振發大義於詆闢之間，無施不可，雖生遠筆削，復何以加？或

謂論非見諦，菩薩莫能為之，是安知寂音果非見諦者耶？」（《大佛頂首楞嚴經合論》卷首）同日，姜夔訪可全長老之淨林廣福院，觀沈傳師碑，隆茂宗畫齋，後與全長老，朴翁義銛及自聞永聰（1161-1225）酌龍井而歸，有詩記其事，時姜夔四十五歲。[107]

按：自聞永聰或稱金山永聰，杭之於潛人。八歲依縣東資福寺行居服僧伽梨，後還家塾授五經。十五從父游徑山，慕別峰機辨警拔。以為人天龍象，遂學於其門。別峰器之。後至育王、天童，當拙庵密庵全盛時，往來兩翁間十餘年。後游閩越、江東、西湖南北，凡遇名流，反復博約，雍容婉辭，盡底蘊乃已。出世台之淨慧，徙金陵保寧、蔣山，轉金山（《增集續傳燈錄》卷一）。居簡曾為其撰塔銘，當為《增集續傳燈錄》所本，見下文。

◆ 仲春，宗曉編成《寶雲振祖集》，並序其書（《寶雲振祖集》卷首）。

◆ 是年，居簡自靈隱出世，入台州般若寺，瓣香供拙庵。三月二十八，居簡代江湖同參作〈祭佛照禪師〉文，以德光於二十日示寂故。

◆ 是年三月二十日，育王佛照德光入寂，壽八十三。周必大作〈圜鑑塔銘〉，文中云佛照德光「常日佛經有大報恩七篇，謂釋子當由孝以極其業，乃即水陸堂東偏設位，歲時祀其祖云。」（《文忠集》卷八〇；《佛祖歷代通載》卷二〇）

按：周必大說佛照德光於紹熙四年由育王改蒞徑山，但力辭不赴，孝宗堅請而行。慶元元年又許還育王，歸老東庵，故其示寂時在育王。《釋氏稽古略》（卷四）說淳熙七年（1180）六月五日，詔德光住明州阿育王山廣利寺，至光宗紹熙四年（1190）正月二十六日，遷住臨安府徑山興聖萬壽寺，寧宗嘉泰三年入寂。此似說德光於徑山入寂。茲從周必大之說。《寶慶四明志》（卷

107　《白石道人年譜》，頁 216、223。

九）說佛照德光於嘉定三年三月十三日，示寂，賜諡普慧宗覺大禪師，塔名
圓鑑，丞相周益公必大為之銘。顯然誤「嘉泰」為「嘉定」。

◆ 重九日，松源崇岳法弟、住黃龍山比丘一翁慶如（生卒年不詳）作〈《松源
崇岳禪師語錄》序〉，略云：「松源和尚示徒云：『明明向汝道，開口不在
舌頭上，賊贓已露。』學者不解，勒絕其命根；返記剩語，殆成巨秩。攜入
龍峯，請為編次。予竊諦觀破砂盆遭其凌戛，痛的的地處，克由回耐，雖欲
掩藏之，而不可得。然家醜外揚三十年後，當必有為雪此屈者。嘉泰三季癸
亥重九日，住黃龍山法弟比丘慶如謹書。」（《松源崇岳禪師語錄》卷首）
按：一翁慶如，福建長樂人。曾住蔣山，晚年退隱南昌西山（《增集續傳燈
錄》卷二）。

◆ 九月十四日，鹽亭藏經殿造成，居簡作〈鹽亭藏經記〉（《北磵集》卷四）。

◆ 十月，回菴譙令憲（1155-1222）序《松源崇岳禪師語錄》曰：「宗師提唱，
各有語錄，叢林故事也。或曰釋迦掩室於摩竭，淨名杜口於毗耶。祖師西來，
單傳直指，果何取於言語文字之間？嗟乎，道一而已，或語或嘿，何間焉？
宗門諸大老，說法如雲如雨，後之學者，因其言而有省者多矣。且以近事觀
之，『多福一叢竹』，是寶覺之悟門也；『東山水上行』，是妙喜之悟門也。
玄沙之語，靈源變得之而悟；汾陽之語，甘露滅得之而悟。機緣感發，箭鋒
相直，又奚有語嘿之異哉？松源禪師道眼孤高，具正知見。一蓋去就，為諸
方重輕者三十年矣。師既歿，其嗣惠足會稡其平生之言，黃龍一翁禪師又撮
取其玄要集為一編。予嘗諦觀，自顛至末，無非提持佛祖向上之機，為人至
深切也。予久從師遊，其為人天恣純篤，造詣端實；接引後學，一以本分見
成公案，未嘗以詞色假借衲子。蓋專意於荷法而已。嗚呼！佛道陵夷，得密
菴之髓，以壽楊岐正脈，非師其誰歟？或問曰：『禪師千言萬句，莫祇是發
明箇破砂盆消息麼？』咄！無孔鐵槌！」（《松源崇岳禪師語錄》卷首）介
石智朋有〈題譙菴──譙令憲見松源〉一頌曰：「歷觀嘉泰與開禧，禪苑宗壇

更有誰？脩竹蒼松凜寒色，一如問道冷泉時。」（《介石智朋禪師語錄》）[108]
按：回菴譙令憲，字景源（一作元），臨安（今浙江杭州）人。孝宗淳熙十
一年（1184）進士，授仙游尉。歷知錢塘衡山縣。寧宗慶元五年（1199），
主管官告院。嘉泰元年（1201），除司農寺主簿（《宋會要輯稿》〈選舉二
一之八〉），遷太府寺丞，出知江州。開禧元年（1205），以都官員外郎兼
國史院編修，實錄院檢討。三年，為軍器少監（《南宋館閣續錄》卷九）。
嘉定三年（1210），知婺州，遷提點浙東刑獄兼提舉常平。八年，提點江東
刑獄。九年，以秘書修撰奉祠。十四年，起為福建轉運判官。十五年卒，年
六十八。事見《西山文集》卷四十四〈譙殿撰墓誌銘〉。他顯然與介石智朋
及居簡亦相交。序中云：「予久從師遊」，可見是參松源之士人之一。「黃
龍一翁禪師」，即是上文的一翁慶如。

◆ 十月二十九日，陸游作〈智者寺興造記〉，實應金華智者寺住持仲玘之請而
作。智者寺在婺州金華山，原名智者廣福禪寺（《渭南文集》卷二〇）。陸
游與仲玘之間亦有書札來往，不見於《渭南文集》中，但清人翁方綱（1733-1818）
之〈陸放翁與玘上人八劄石本三首〉，有此一說。[109]該三詩見於翁氏《復初
齋文集》卷三二。詩題下有作者字注云：「在金華智者寺碑陰」。[110]其詩之
第二首之首句云：「自言投老欲依僧」，似在轉述陸游八劄中之意，與陸游
「釋老似而非」之一貫立場不符。陸游此二詩可以為證：〈讀易〉一詩云：
「羸軀抱疾時時劇，白髮乘衰日日增。淨掃東窗讀周易，笑人投老欲依僧。」
（《劍南詩稿》卷三三）〈夏日〉五首之一有句云：「三千界內人人錯，七
十年来念念非。投老萬緣俱掃盡，從今僧亦不須依。」（《劍南詩稿》卷三
七）

◆ 臘月八日，汲郡孟猷（1156-1217）作〈《松源崇岳禪師語錄》後序〉，序中

---

108 「嗟乎」，原作「差乎」，茲改正。
109 沈津，《翁方綱年譜》（臺北：中研院文哲所，2002），頁 240。
110 翁方綱，《復初齋詩集》（上海：上海古籍出版社，2002）卷 32，頁 12。

云：「松源於予有交游之舊」又云：「予見松源無恙時，樂稱參學弟子光睦
與大純惠足。今惠足以其師語錄來求序，因為紀其師得道之本末。」（《松
源崇岳禪師語錄》卷首）

◆ 閏十二月二十一日，居簡之友王居安罷司農丞之職，歸台州黃巖舊里，時年
三十六歲。江湖詩派詩人劉過（1154-1206）、姜夔各有〈送王簡卿歸天台二
首〉贈之。姜夔詩有「迎風吹白髮，送客向黃巖」之句（《天台續集》卷五、
《江湖小集》卷三七）。居簡亦有詩贈之，〈送方岩下黃巖曲江阻風幾溺〉
二首分別云：「天雲卷礧車，橫波起濤頭。拔木如剪葉，況復一葉舟。鄉來
不鳴條，醞藉仍風流。今也賈餘勇，浩蕩驥前修。」[111]又「萬籟忽自作，蕭
蕭夜何其。悠然一寸闌，雪袞濤山飛。飛廉爾何事，狡獪取巧施。古井湛弗
搖，鼓盪終奚為。」（《北磵詩集》卷一）
按：黃巖在台州南六十里，而居簡此時在報恩光孝寺，在台州東南一里（《赤
城志》卷一、二七），故詩題說「下黃巖」。

◆ 是年斷橋妙倫出生，一歲。

◆ 寶曇好友高元之卒，年五十六歲。

嘉泰四年甲子（1204）

◆ 大觀四歲、善珍十一歲、元肇十六歲、居簡四十一歲。

◆ 春旦，宗曉成《樂邦遺稿》，並序其書，謂乃續其《樂邦文類》之作（《樂

---

111 此詩中的「鄉來」，其實是「嚮來」之意；「鄉」，古同「嚮」。筆者原以為是「卿」
之誤植，在《一味禪與江湖詩》中之解讀有誤。其實此詩全在描寫風暴之劇烈及破
壞力，僅第二首之末句，寫古井之不受影響。似有以風暴來形容韓侂冑黨對王居安
的打壓，造成他罷官歸里。但他如同清澈的古井一樣，並不因此而動搖其志，所以
韓黨的打壓對他也是無濟於事的。

邦遺稿》卷首）。

◆ 二月庚申（二十三日），陸游撰〈嚴州重修南山報恩光孝寺記〉（《渭南文集》卷一九）。三月，又撰〈《普燈錄》序〉，即是今傳《嘉泰普燈錄》之陸游序文。其時陸游所署官銜為太中大夫、充寶謨閣待制致仕、山陰縣開國子食邑五百戶、賜紫金魚袋（《渭南文集》卷一五），年八十歲。陸游之序，表達他對文字語言與禪之關係，值得注意。其文云：「粵自曠大劫來，至神應迹開示天人，未有不以文字語言相授者，今《七佛偈》是其一也。至於中夏，則三十萬年之前，包犧氏作，已畫八卦，造書契矣。釋迦之興，固亦無異。今一大藏教，可謂富矣，乃獨於最後，舉華示其上足弟子迦葉，迦葉欣然一笑，不立文字，不形言語，謂之正法眼藏。師舉華而傳，弟子一笑而受，既書之木葉旁行之間矣，亦未見其與古聖異也。豈謂之文而非文，謂之言而非言邪？昔有《景德傳燈》三十卷者，蓋非文之文，非言之言也。此門一開，繼者相望，其尤傑立者，《續燈》、《廣燈》二書也；然皆草創簡略，自為區別，雖聖君賢臣之事，有不能具載者，獨旁見間出於諸祖章中，識者以為恨。吳僧正受，始著《普燈》，凡十有七年，成三十卷。前日之恨，毫髮無遺矣。而尤為光明崇顯者，我祖宗之明詔睿藻，裒集周悉，一一皆有據依，足以傳示萬世，寶為大訓，其有功於釋門最大。方且上之御府，副在名山，而又以其副示某，俾得紀述梗槩於後。某自隆興距嘉泰，五備史官，今雖告老，待盡山澤，猶於祖宗遺事，思以塵露之微，仰足山海，[112]不自知其力之不逮也。」（《渭南文集》卷一五）
按：今「續藏經」本《嘉泰普燈錄》亦錄其文於卷末，但其文不全，且文末之嘉泰四年誤植為「嘉泰四十」。

◆ 柏庭善月退隱四明衍慶精舍，十載未出（《佛祖統紀》卷一八）。

112　按：《嘉泰普燈錄》卷末所錄陸游序文作「求足山海」。

◆ 周必大卒，得年七十九歲。

開禧元年乙丑（1205）

◆ 大觀五歲、善珍十二歲、元肇十七歲、居簡四十二歲。

◆ 是年季秋旦，居簡書〈跋大參樓攻媿論征僑帖〉於四明鄞山三錫堂。

◆ 仲冬，雪竇住山德雲作〈明州雪竇明覺大師開堂語錄序〉。

◆ 居簡在台州般若寺，與水心葉適相過從，水心作〈奉酬般若長老詩〉云：「簡師詩句特驚人，六反掀騰不動身。說與東家好兒女，塗紅抹綠未禁春。」（《水心文集》卷八）[113]詩後有題曰：「新詩尤佳，三復媿嘆。然有一說，不敢不告：林下名作，將以垂遠，不可使千載之後，集中有生日詩。此意幸入思慮；何時共語，少慰孤寂？」（《北磵詩集》扉頁）
按：大觀說居簡入台州報恩光孝寺後，雖英衲爭附叢林，忽勇退歸靈隱，而靈隱之眾遂請居第一座。「竹巖錢德載分教永嘉，拉遊雁蕩，名勝納交，尤見重於水心葉公，贈詩有『六反掀騰不動身』之句。」是居簡與葉適來往時是在永嘉。以葉適時正丁憂在家之故。《歷朝釋氏資鑑》（卷一一）繫此詩於明年，但明年初，葉適奉召入行在。

◆ 居簡之友王居安知莆田興化軍。時年三十八歲。

◆ 史彌遠四十二歲，授司封郎官，兼國史館編修、實錄檢討，遷秘書少監，遷起居郎。

---

113 參看周夢江，《葉適年譜》，頁118。

開禧二年丙寅（1206）

◆ 大觀六歲、善珍十三歲、元肇十八歲、居簡四十三歲。

◆ 善珍依郡之崇福寺南和尚出家落髮（《續傳燈錄》卷三五）。

◆ 仲春既望，居簡自鄮還西湖，解逅二、三子於冷泉之上，扣其所從來，乃知其為天台者也。在般若寺經三年火種刀耕，於此年因州命，入報恩光孝寺。實因故人蓬山聰讓之，而州守迫而後從。
按：報恩光孝寺自乾道九年火後，佛照德光及僧有權曾踵新之。淳熙三年，錢端禮參政建僧堂，十年，其孫丞相錢象祖建佛殿，寺始復舊觀（《赤城志》卷二七）。居簡奉州命入此寺，是年州守有葉簽、鄭鑒及趙筠夫。不悉何人請他住報恩光孝。不過，葉簽去年六月即知台州，必知居簡治般若寺之成績，有可能是葉簽促居簡入報恩光孝。

◆ 六月，淨慈報恩光孝寺退谷義雲卒，世壽五十八歲，陸游作〈退谷雲禪師塔銘〉（《渭南文集》卷四〇）。

◆ 十月，寶曇之友張鎡遭彈劾，落奉議郎、直煥章閣，主管建寧府武夷山沖佑觀之職，罷宮觀。

居簡之友，龍洲道人劉過客死昆山，年五十三歲。死後葬崑山山寺下。居簡後作〈劉改之葬昆山山寺下邑人不知葬處〉，其詩云：「凌煙不著老風騷，劍汸深雲鐵未消。獨欠張華眸子碧，寒芒千丈夜迢迢。酒酹墳頭土易乾，何如黃鶴斷磯船。會看朝雪蕭蔔綠，喚起長鯨快吸川。」（《北磵詩集》卷九）據近代學者羅振常（1875-1942）《訂補懷賢錄》所載元人殷奎（1331-1376）〈復劉改之先生墓事狀〉云：「崑山慧聚寺東齋之岡，實故宋劉先生之墓在焉。先生諱過，字改之，廬陵人也。…始，故人潘友文尹崑山，先生來客其所，遂娶婦而家焉。既卒，而友文為真州，以私錢三十萬屬其友人具凡葬事，

值其友死，不克葬。後七年，縣主簿趙希袾迺為買山，卒葬之。」明人王鏊《姑蘇志》（卷三四）云：「劉過墓在崑山縣馬鞍山。嘉定五年（1212）令潘友文、簿趙希袾葬之。」[114]

按：潘友文（文叔）為寶曇之友。居簡說不知葬處，可能是因其死後不克葬，而既葬之後，葬處所知之人不多故。

◆ 史彌遠四十三歲，兼資善直講，封鄞縣男，兼權刑部侍郎。

開禧三年丁卯（1207）

◆ 大觀七歲、藏叟善珍十四歲、淮海元肇十九歲、居簡四十四歲。

◆ 六月，居簡之友王居安應召入秘閣任秘書丞。七月，遷著作郎兼考功郎官，並兼國史邊修官，實錄院檢討官。十一月，擢為左司諫，時年三十九歲。

◆ 六月二十九日，道璨之師祖無用淨全示寂於天童，得年七十一歲。錢象祖為撰塔銘，略云守會稽時，淨全杖錫與之相見。「公退之暇，猶得共說無生。」（《寶慶會稽續志》卷六；《吳都法乘》卷五上之下；《天童寺志》卷八）

按：錢象祖於去年八月知紹興府，是年二月初召赴行在。故淨全示寂時，錢象祖已入朝，並於四月除參知政事，十一月兼樞密院事，十二月除右相兼樞秘使。撰塔銘之時，已拜副相。

◆ 是年季秋二十六日，雁蕩飛泉寺豁菴講師（1149-1207）靜悟示寂，年五十九歲。居簡作〈雁蕩飛泉寺豁菴講師塔銘〉略謂：「是為豁菴，聰說總持。兩種不壞之藏，道德所重，雖隱而彰。吾知夫異代而同心者，墮泪於鴈山之陽。」（《北磵集》卷一〇；《補續高僧傳》卷三）又作〈厭蕩飛泉寺豁菴耳齒不

---

114 鄧廣銘，《辛稼軒年譜》（上海：上海古籍出版社，1997）亦論及劉過葬事，見該書頁 158-159。

壞贊〔并序〕〉，其序云：「潼川北磵既銘谿菴之塔，甘泉上首文虎，復以闍維後所得耳齒求著語。」其贊語云：「齒白齊密，淨如珂雪。至剛必折，烈火不熱。獲配所生清淨耳，細聽火焰縱橫說。嚙鏃當鋒兮，執嬰迅機；自性反聞兮，惟心自知。兩種不壞兮，特為怪奇；卓然獨存者，或相背馳。吾知此老權其變，不是區區較真贋。示其小者在人間，為對比丘增上慢。」（《北磵和尚外集》卷下）

◆ 十一月三日，韓侂胄（1152-1207）早朝時為史彌遠秘遣之兵擁至玉津園，用鐵鞭中韓陰乃死。寶曇之友張鎡、禮部侍郎衛涇、居簡之友王居安等皆預其謀。十七日，張鎡於司農少卿任上追兩官，送廣德軍居住，年五十五歲。十二月一日，王居安自起居郎兼崇政殿說書任上降一官，坐私附鄧友龍，並與張鎡狎昵。年四十歲（《四朝聞見錄》丙集〈虎符〉條；《宋會要輯稿》，〈職官〉七三之三九）。史彌遠改禮部侍郎，兼同修國史，實錄院修撰，仍兼刑部侍郎。韓侂胄誅後，遷禮部尚書，拜同知樞密院事，兼太子賓客，進封伯，年四十四歲，

◆ 是年，元肇薙髮受具，其師妙觀使之入教觀家，非其志（《物初賸語》卷二四，〈淮海禪師行狀〉）。

◆ 姜夔作〈與葛天民哦詩禮塔〉，時年五十歲。葛天民，字無懷，即上文之義銛，為其薙髮為僧後之法名。此時已返初服，不再為僧，名葛天民。[115]

嘉定元年戊辰（1208）

◆ 大觀八歲、善珍十五歲、元肇二十歲、居簡四十五歲。

◆ 仲春，寶曇之友通州狼山凌雲叟釋曇觀編集《橘洲文集》十卷刊行於世。有

---

115 《白石道人年譜》，頁247。

跋文一篇云：「橘洲詩文高妙簡古，有作者之風。予少年誦之，實深致慕，自是片言隻字，率訪尋之，久而成編，不敢自閟，敬命工鋟版，以廣其傳，是亦徐君掛劍之意也。嘉定改元仲春，住通州狼山凌雲叟曇觀謹書。」（元祿十一年本《橘洲文集》卷首）

◆ 孟夏，居簡撰〈護國元此菴碑陰〉（《北磵集》卷一〇）。

按：護國元即是上文之此菴景元，圓悟克勤之法嗣，因為晚年主永嘉護國廣恩禪院，故名護國元。居簡此文說：「此菴大導師正三峯之席，分座提唱，屬之於應菴大士。示寂時，二三子方畏，知閟未露文采，故應菴受以死託，凡火化穴藏之役，舉無遺力。」又說：「嘉定紀元孟夏既望，大丞相止菴致師第三世宜獨禪師于五峯雙磵之濱，復正三峯之席。未幾，師之藏已一新于宜獨之手，亦既完好，議者以應菴為知言。」文中之大丞相止菴，指錢象祖。錢象祖號止菴居士，於是年十月自右丞相除特進左丞相兼樞密使、太子賓客，與史彌遠並相。應菴為應菴曇華，曾於紹興五年（1135）至浙東，住景元所主之連雲，相從十餘年，與分座說法，為景元之知己。

◆ 夏五月庚申（二十二日），陸游撰〈靈祕院營造記〉，文中謂：「僧海淨大師智性，築屋設供以待遊僧，名接待院，久而寖成，始徙廢寺故額，名之海淨。」（《渭南文集》卷二一）

◆ 重陽後五日，居簡跋錢竹巖（德載）詩集《竹巖拾藁》於丹丘般若精舍。文中說：「時括蒼太守安僖諸孫希明，欲刊諸郡齋，於是擇其警拔者，得三之二，合二百五十餘，名曰《竹巖拾藁》」（《北磵集》卷七）。所說之太守是安僖秀王趙伯圭之孫趙希明（生卒年不詳），為太祖九世孫，於是年任處州守，明年六月卸任。

◆ 秋九月丙辰（十九日），陸游作〈《天童無用禪師語錄》序〉（《渭南文集》卷一五）。

◆ 十一月二十八日，《嘉泰普燈錄》作者雷庵正受示寂，年八十三歲。其受法弟子武德郎敬庵黃汝霖於四年後（嘉定四年）為作〈行業記〉（《嘉泰普燈錄》卷首）。

◆ 十二月，居簡作〈菩提簡宗師傳〉，述菩提宗師師簡行實。師簡十二日入寂，居簡作此傳，傳末贊曰：「經律論三，一戒定慧。昧夫擊小彈偏，以頓歸漸者，罔不流於諍論。簡以律部自任，而博約諸宗之所同異，故其成就者如此。」（《北磵集》卷五）

◆ 居簡當於是年作〈送永嘉黃上舍〉一文，文中云：「嘉定初，予居丹丘巾子山下寺。」（《北磵集》卷五）
按：丹丘為台州之古稱，居簡在台州時間甚長，與多位士人交游。其中以陸坦、錢德載最為厚交，與兩人唱和之詩甚多。其〈盤隱陸別駕樓居〉一詩，當作於在台州之時，其詩有句云：「隔江便是越州山，無雨無晴儘好看。不妨臥樓高百尺，妨它終日倚闌干。」可以為證（《北磵詩集》卷一）。
居簡可能於此年寫〈跋常熟長錢竹巖詩集〉。

◆ 臘月望日，寓竺峯凝翠軒沙門士衡作《天台九祖傳》，並序其書（《天台九祖傳》卷首）。

◆ 善珍自是年起至嘉定末三十一歲間，與古樵道侃（侃古樵）結為至友。據善珍說他此時年少，而侃古樵已壯年。其〈祭侃古樵塔〉謂：「嘉定之間，公壯我少。意氣盡同，豈但同調。眾誇蠅聲，而出蚓竅。一唱十和，撫掌稱妙。公獨雄渾，間見奇峭。如行空麟，如追風驃。擁絮曦簷，煬袍夜燎。俄聚忽散，人事難料。遙睇吳雲，夐絕聞徼。每得尺書，恍陪色笑。龍鍾出嶺，隻影自弔。回思歲月，真過野燒。僂指舊游，半墮縹渺。叫公不應，一燈誰紹？銖香後時，幸毋我誚。飛錫何之？山深猨嘯。」「龍鍾出嶺，隻影自弔」之語，顯示善珍七十餘歲出雪峰至育王時，侃古樵已死。大觀也有祭侃古樵之

文，可見他與侃古樵也是至友。其文曰：

> 石橋之門，龍象餘幾？執世其家，云古樵耳。
> 授受親密，波瀾演迤。有所不用，用之必偉。
> 東西諳歷，文經武緯。百聽不作，作之必美。
> 實浮於名，王公欽遲。挽之瑞世，曇花粲蘂。
> 琴川何麓，井井綱紀。鳳臺鍾阜，金陵再至。
> 上栢披榛，金碧錯峙。五處提持，燁燁煒煒。
> 緊予孤陋，忝聯昆季。敲磕宗猷，琢磨道誼。
> 患也予卹，惰也予起。日勝日貧，入泥入水。
> 江湖相忘，各徇緣徙。愛我念我，續續尺鯉。
> 尚記脩門，合簪碧址。雪夜擎燈，暖爐棐几。
> 對壘忘倦，笑語亹亹。一別兩年，影落海涘。
> 訃音轉聞，杳隔千里。嗟嗟古樵，止於是矣。
> 化城之燈，疇將續矣。人物眇然，將誰望矣。
> 黍稷不陳，饋缺糠粃。吁嗟奈何，付之一喟。
> 亡耶存耶，月透清沚。（《物初賸語》卷二一）

除了祭文之外，大觀還撰有〈古樵住蔣山山門疏〉（《物初賸語》卷一九）及〈古樵住慧日山門疏—與老人交承〉（《物初賸語》卷一八）兩疏，指出侃古樵曾住金陵蔣山，並繼居簡之後住平江慧日寺。前疏有「**定中側耳，副制聞金湯遴選**」之句，說明是江南東路安撫制置使建康知府的召命。後疏有「**既丹山文采難藏，從偃里波瀾便闊**」之聯，顯示大觀在稱讚他的文采。

◆ 史彌遠四十五歲，遷樞密院事，進奉化郡侯，又進丞相兼樞密院使。是年，丁母憂。

◆ 葉適五十九歲，落職歸永嘉城郊水心村居住。元肇之友上官渙酉第進士（《淮

海外集》卷下）。

◆ 居簡之友張自明（誠子）舉進士。張自明後為居簡文集作序，詳見下文。

嘉定二年己巳（1209）

◆ 大觀九歲、善珍十六歲、元肇二十一歲、居簡四十六歲。

◆ 善珍遊方至杭，受具足戒（《續傳燈錄》卷三五）。

◆ 是年正月初八，杭州圓明寺慧通大師示寂，其徒謁居簡于北山之東硼請銘，居簡為作〈圓明寺慧通大師塔銘〉。銘曰：「才難之嘆尚矣，有才具者，昧于因果；明因果者，不曉世緣。善乎，鄭禹功之為言。狥歟慧通，不墮兩邊，不昧正因，而與世相周旋。即瓦礫煨爐，而開覩史夜摩之天。既息幻景，西歸翩然。有窣堵波，深鎖雲烟，樹此新鑴，庶乎岸遷谷變兮，尚有考焉。」（《北硼集》卷一〇）
按：鄭禹功即是上文雙槐居士鄭績（紹興朝人）。鄭績生平事跡不詳，大慧宗杲曾作〈雙槐居士鄭參議畫像讚〉（《大慧禪師禪宗雜毒海》卷下）。「參議」是「都督府參議軍事」的簡稱，證明他曾任此職。大慧示寂後不久，鄭績曾作五偈以道追慕之情。《釋氏稽古略》（卷四），根據《嘉泰普燈錄》之記載述佛鑑惠懃法嗣守珣（1064-1134）於紹興初住湖州何山天寧，號佛燈禪師，通判雙槐居士鄭績及待制養空居士潘良貴（1094-1150）深有扣明焉。茲考《嘉泰普燈錄》（卷二三）潘良貴字義榮，年四十，回心祖闈。所至挂鉢，隨眾參扣。後依佛燈守珣禪師有省。《嘉泰普燈錄》（卷一六）則載紹興四年甲寅（1134），佛燈解制退天寧之席，曾語謂雙槐居士鄭績曰：「十月八日是佛鑑忌，則吾時至矣。」

◆ 是年春，居簡陟天台華頂石梁，訪國清，憩佛隴。又「瞰書記巖、臨焚薰池、憩釋籤巖，周覽江山，徘徊不忍去。」並應住山人普應之請紀其事，以俟僧

史大手筆（《北磵集》卷二）。未幾作〈釋籤巖記〉（《北磵集》卷三）。又與括蒼張少良相遇於丹丘巾峰之陽，作〈送張少良序〉贈之（《北磵集》卷五）。

◆ 居簡又作〈酬水心葉待制見寄宿覺菴記并詩〉，當在是年二月獲水心贈詩後。按：是年葉適六十歲，居水心村。二月寫〈宿覺庵記〉，略云：「〔宿覺庵〕所居山，延袤十里，有江月松風之勝。依而寺者十數，余家亦在其下。苦疾痼，非人事酬答不妄出。」亦有詩一首，當寫於同時（《葉適文集》卷九、七）。[116]

◆ 五月十四日，湖隱道濟逝于淨慈，年六十歲，居簡作〈湖隱方圓叟舍利銘〔濟顛〕〉。銘曰：「璧不碎，孰委擲，疏星繁星爛如日；鮫不泣，誰汎瀾，大珠小珠俱走盤。」（《北磵集》卷一○）
按：濟顛名道濟，或曰湖隱、方圓叟，為北宋名外護駙馬都尉李遵勖之遠孫，散聖之流也。死後邦人分舍利藏于雙巖之下。

◆ 八月四日，松源崇岳禪師寂於靈隱，得年七十一（《渭南文集》卷四○；《松源崇岳禪師語錄》卷下；《石溪心月禪師語錄》卷下）。奉全身塔於北高峰之原，塔成，陸游為撰塔銘，文中說他游方謝事，居鏡湖上。「年過八十，病臥一榻。得〔侍者道數求塔銘〕書，不覺起立曰：『亡友臨川李德遠浩，實聞道於應庵。蓋與密庵同參。德遠每與游談參問悟入時機緣言句，率常達旦。今讀師語，峻峭嶕崪，下臨雲雨，如五千仞之華山；蹴天駕空，駭心眩目，如錢塘海門之濤；虎豹股栗，屋瓦震墮，如漢軍昆陽之戰。追思德遠所言，然後知師為臨濟正宗應庵、密庵之真子孫也。』」（《松源崇岳禪師語錄》卷下）
按：李德遠即李浩，見上文。又陸游之塔銘說：「塔成之四年，香山遣其侍

---

116 又參看周夢江，《葉適年譜》，頁 134。

者道孚以銘屬某，某方謝事居鏡湖上年過八十…」云云，有問題。疑「四年」為「四月」之誤刻。由於陸游卒於是年十二月二十九日，年八十五歲，[117]距八月四日有四月餘，應在此時作塔銘。若言「四年」，則為死後作塔銘，誤甚。

◆ 秋後五日，住持道場山沙門定隆作〈《〔湖州〕吳山端禪師語錄》序〉於鐵觀音東堂（《吳山端禪師語錄》卷首）。又，左朝奉大夫兵部侍郎賜紫金魚袋劉誼亦作序，唯未繫年月。朝請郎新權知江陰軍兼管勸農事、賜緋魚袋林旙則撰〈宋故安閑和尚端師墓誌〉，亦未繫年月（《吳山淨端禪師語錄》卷末），但都在北宋。

按：淨端（1031-1104）為北宋僧，自號安閑和尚，叢林稱吳山端、端師子、端獅子或西余端。北宋詞人劉燾（1071？-1131？）曾為之作〈端禪師行業記〉（《吳山淨端禪師語錄》卷末）定隆之序說他「多與賢士大夫遊戲，為偈頌，有若戲謔，詳味久之，極有深旨。示寂百餘年，微言奧旨，膾炙人口。法孫比丘師皎，得其平日與士大夫酬唱，并襍著述，輯一冊，開板流通，以惠後世，其志可嘉。謁余正其訛舛，義不可辭。觀者茍於語言文字外，見師子奮迅，則師皎上人，不虛刊此錄也。」

◆ 仲冬三日，柏庭善月作《楞伽通義》並序其書（《楞伽經通義》卷首）。

◆ 十一月十五日，徑山蒙庵元聰示寂，壽七十四。衛涇作〈徑山蒙庵佛智禪師塔銘〉（《後樂集》卷一八）。元聰任徑山住持約有二十三年左右，曾經引去，但寧宗復以住持命之，且為御書寺額，及「蒙庵」二字賜之，並賜號曰「佛智禪師」。

◆ 十二月二十九日，陸游卒，年八十五歲。

---

117 陸游之卒年月日，見于北山，《陸游年譜》（上海：中華書局，1961），頁 460-461。

◆ 劉克莊入仕，年三十三歲。史彌遠四十六歲，起復右丞相，兼樞密使、太子
少師。

嘉定三年庚午（1210）

◆ 大觀十歲、善珍十七歲、元肇二十二歲、居簡四十七歲。

◆ 二月，居簡之友王居安以工部侍郎知隆興府，督補峒寇有功，時年四十三歲。
居簡先作〈送方巖出師平峒寇〉二首，其一云：「草木猶知舊姓名，妖狐折
膽在先聲。嚮來筆下三千字，今日胸中十萬兵。直把文章為小技，橫遮江漢
隱長城。油幢坐嘯袪鋒鏑，六合清風白羽生。」[118]其二云：「漠漠江城度柳
花，江南春事又天涯。綠抽秧穎秋占稼，碧凝檀雲晚未銜。風動十連咸目化，
夜嚴千竈靜無譁。書生只事毛錐子，試把輕裘緩帶誇。」後作〈方岩侍郎江
西破賊歸〉二首，其一云：「大廈難將一木支，駕言孺子託心期。絕憐十八
灘頭樹，不管安危管別離。」其二云：「左蠡揚瀾草葑湖，軸轤啣尾礙前驅。
葦航摺疊多餘地，潛伏騫騰在卷舒。」（《北磵詩集》卷三、二）王居安旋
改守襄陽。[119]居簡後作〈方巖侍郎江西破賊歸〉贈之。

◆ 是年冬，居簡再至杭州鹽官開福寺圓滿閣，可能此年作〈杭州鹽官開福寺圓
滿閣記〉。中云：「嘉定庚午冬，予再至是樓，闔門開入已還閉，見所未見，
恍如夢居。內宮聆四辯之音，又若池涌；浮圖瞻滿月之好，莫不心死意消，
平生狹陋之地，蕩然無復畦畛。」其末有偈云：「報化非真佛，依真立報化。
法身亦非真，真佛安在哉。一月在空虛，皎皎千江同。溟渤與蹄涔，圓缺隨
所印。影與光為二，二俱從月生。若謂一即二，未免墮諸數。重門開樓閣，
所見與心會。如一蹄涔中，具此圓滿輪。作如是觀已，反觀即忘我。我以忘

118　原詩作「鄉來」，疑為「嚮來」之誤。
119　《南宋制撫年表》，頁 457。

我故，不壞世間相。世間成壞相，亦與報化等。離相而求真，與真長相違。」（《北磵集》卷二）

◆ 居簡作〈迓回菴譙卿持節東浙〉（《北磵集》卷三），以譙令憲於今年遷提點浙東刑獄兼提舉常平（見上文）。[120]

◆ 少林妙崧，出主淨慈，未幾謝事。程珌說是因「小嫌」而去，其間有八年時間，住牒四傳，嘉定十四年（1221），淨慈虛席，又被旨再任淨持住持（《洺水集》卷七，〈淨慈山重建報恩光孝禪寺記〉；《淨慈寺志》卷八）。

按：程珌說「嘉定庚午，起禪老崧」，「嘉定庚午」即是年。但妙崧入淨慈不久即因「小嫌」而去。去後八年，又於嘉定十四年再住淨慈，可見他離淨慈時間應是嘉定六年（1213）。程珌又說，他再入淨慈續建羅漢殿及大雄殿，至其完工，前後計二十年，這應該是連退谷義雲興建的時間一起算，否則完工之年當為紹定二年（1229），怎能說是再入淨慈未及一年，即峻其工？《淨慈寺志》所謂「嘉定三年以尚書省牒四推，出主淨慈，未幾即謝事。後十二年辛巳，復以淨慈虛席詔師，住持凡二十年」云云，把他再度入淨慈之住牒四傳，誤成首次入淨慈之情況，又說他當住持前後二十年，顯然誤解程珌之記文。

◆ 寶曇師弟石橋可宣獲知於丞相史彌遠，奉旨入徑山為住持，顯然是史彌遠推舉所致（《徑山志》卷七，楊汝明〈雙溪化城接待寺記〉；《佛祖綱目》卷三九；《增集續傳燈錄》卷六）。石橋入徑山係接繼蒙庵元聰之席。他入徑山之後，創化城接待寺於雙溪之上，郎官眉山楊汝明於七年後訪之，作〈雙溪化城接待寺記〉，證明石橋在徑山至少有七年之久。

按：《徑山志》所說之丞相魯國公即史彌遠，是年四十七歲。他於紹定六年（1233）七十歲時封魯國公，於當年十月薨。《佛祖綱目》說石橋在「嘉定

---

120 李之亮，《宋代路分長官通考》，頁 1501

庚午，詔住徑山」，正好是此年，接蒙叟元聰之席。但《佛祖綱目》未說他入徑山是史彌遠之推舉。《增集續傳燈錄》則說：「嘉定丁亥獲知丞相魯國，俾居徑山。」「丞相魯國」即是史彌遠，因為《增集續傳燈錄》是追述其事，故以丞相魯國稱之。不過，《增集續傳燈錄》把石橋入徑山之時間說成是嘉定丁亥，但嘉定無丁亥年，只有丁丑年和乙亥年，分別是嘉定十年（1217）及八年（1215），不可能是石橋入徑山之時間，因為石橋繼蒙庵之後接任住持，不會在蒙庵卒後之八年或六年。《徑山志》（卷二）亦襲其誤。史彌遠又曾舉佛光法照住雲間延慶寺，但時間不詳（《續佛祖統紀》卷一）。

◆ 中元，樓鑰作〈南山律師贊〉云：「日禪日教，無非為人。惟茲律儀，尤切于身。仰止南山，與佛無間。人天師尊，不容贊歎。」及〈靈芝律師贊〉云：「南山既遠，教道中微。化身再來，是為靈芝。持律益嚴，護法甚勞。靈芝之風，南山相高。」並於其後作跋語謂：「佛法自天竺流入震旦久矣，而四海之外奉之尤謹。今有日本國僧俊芿，慕南山靈芝之法，航海求師，首畫二師之像，求余為贊。芿公恪守律嚴，究觀諸書，既得其說，欲歸以淑諸人。余非學佛者，吾儒曲禮三千，散亡多矣。然見于日用者，如入公門而鞠躬，上東階而右足，雖造次不可廢也。詩曰：『我心匪石，不可轉也；我心匪席，不可卷也。威儀棣棣，不可選也。』此非律之說乎？歸矣，使律之一宗盛行于東海之東，于以補教化之所不及，其為利益豈有窮哉。」（《攻媿集》卷八一）

按：此兩律師贊在《攻媿集》內不繫年，其原跡并畫像原本據傳仍存於京都泉涌寺，且都署「嘉定三季中元四明樓鑰作贊」等字。[121]據虎関師鍊《元亨釋書》（卷一三），二像原為山陰朴翁義銛所寫，請樓鑰述贊之後，并其所著《不可剎那無此君》一篇贈求法日僧俊芿。或疑義銛不以畫名，畫像恐非

---

121 定源，〈日僧俊芿與南宋文人士大夫的交往〉，《臺大佛學研究》22 期（2011），頁 32-57。

其所作，而實為俊芿所作；且樓鑰跋語，未說義銛所寫，而逕謂俊芿「首畫」，可以為證。[122]疑虎関師錬聽聞有差而誤記。

嘉定四年辛未（1211）

◆ 大觀十一歲、善珍十八歲、元肇二十三歲、居簡四十八歲。

◆ 元日，雷庵正受授法弟子武德郎敬庵居士黃汝霖撰〈雷庵正受禪師行業〉（《嘉泰普燈錄總目錄》卷首）文中云：「慶元之初，泛雪過都，憩湖上之壽星院。翛然返關，邀與世接。愚時獲摳衣，即進請益。竊謂達磨西來，直指人心，見性成佛，不立文字。及傳二祖，付《楞伽》四卷，以印佛心，非文字而何？願袪其惑。師開示善巧，疑情冰釋。因言，是經蘊奧，讀者尚不能句，請為詮辨，以幸來學，當為鋟梓。」

◆ 閏月望，柏庭善月作《金剛般若經會解》並序其書（《金剛經會解》卷首）。又作後序，序其書自草創至完成之艱難（《金剛經會解》卷末），時年六十三歲。

◆ 六月九日，徑山破菴祖先端坐而化，壽七十六。遺囑欲弃骨山下，徑山住持石橋可宣禪師為建塔於凌霄峰別峰塔之右（《破菴祖先禪師語錄》卷末，〈行狀〉）。

◆ 元肇之友程公許（？-1251）及方萬里舉進士第。

◆ 錢象祖薨於天台里第，年六十七歲（《佛祖統紀》卷四八）。北磵居簡時在天台，親見其事。其後作〈南翔寺九品觀堂記〉一文曰：「嘉定四年仲春之季，昭文錢公象祖易簀之際，吾猶及見之。佛聲未斷，怡然垂訣，天香天樂，

122　同前註。

隱隱戶牖。其聲其臭，皆非常聞。是時，諸孤擗踴號慟，荒迷懷怳，不暇知聞。予時承丹丘報恩之乏，與三峰大長老蒙宜獨在焉。」（《北磵集》卷二）按：《續佛祖統紀》說北峰宗印順寂於下天竺寺，其徒佛光法照振錫東還，丞相錢象祖作高僧堂以延之。但宗印是於兩年後之嘉定六年順寂，年六十六歲。其時錢象祖已死，疑法照最遲在此年已離下天竺。《增集續傳燈錄》（卷一）略謂錢象祖於嘉定二年閏二月薨於「天台里茅」，既錯置時間，又誤「里第」為「里茅」。

◆ 十二月，張鎡以得罪史彌遠，於奉議郎任上追毀出身以來文字，送象州（今廣西）羈管，時年五十九歲（《宋會要輯稿》，〈職官〉七三之四五）。

◆ 文珦出生，一歲。
按：《四庫提要》說他生於嘉定三年辛未，但嘉定三年為庚午。據其詩自序謂：「趙東閣長余二十二歲」。趙東閣即趙汝回，與元肇同庚，都生於淳熙十六年（1189），以此推算，可知文珦生於此年，而非嘉定三年。又依其詩序，「馮深居長余二十三歲」，「周汶陽長余一十七歲」（《潛山集》卷三），則是年馮去非二十四歲，周弼十八歲。

嘉定五年壬申（1212）
◆ 大觀十二歲、善珍十九歲、元肇二十四歲、居簡四十九歲。

◆ 元日，住平江破菴祖先法姪福臻道嚴跋《破菴語錄》（《破菴祖先禪師語錄》卷末）。孟夏，浩齋居士楊子謨（1153-1226）作〈《破菴語錄》序〉，[123]是年六十歲。序中云：「予雖未識師顏，而書問往來，商訂是事。千里同風，固若符契。」（《破菴祖先禪師語錄》卷首）五月日，住鎮江府昭慶禪寺嗣法宗性編次〈破菴行狀〉。

123　按：楊子謨之「謨」字，缺載於「續藏經」本《破菴祖先語錄》之序文，茲補入。

按：楊子謨字伯昌，蜀潼川人，學者稱浩齋先生而不名。以秘閣修撰致仕，
講學於雲山書院，與諸生敷陳論孟學庸大義，不輕著述，有文集曰《浩齋退
藁》凡四十卷。見魏了翁《鶴山集》卷五五，〈楊伯昌浩齋集序〉；卷七四
〈中大夫秘閣修撰致仕楊公墓誌銘〉。

◆ 七月二十七日，天童山息菴達觀示寂，壽七十五。居簡作〈天童山息菴禪師
塔銘〉。銘曰：「佛智冡嗣，圓悟靈機，後之跨竈，水菴崛奇。不，則不足
與有為；水菴勝幢，隻手可支，鼎力在腕，危而不持。不，則不足與無為。
無為之為，中下罔知。然則飪猫之葢，翻墨之衣，孰重孰輕，孰是孰非？」
（《北磵集》卷一〇）[124]

◆ 秋，亞愚紹嵩自穆湖買船，由鄱陽九江之巴河，往來數月，每遇景感懷，因
集句作《漁父詞》，時年十九（《漁父詞》自序）。

◆ 季秋，永嘉陳原父侍仲氏解四明定海少府之組，借榻於北磵數月，是此時居
簡在靈隱，作〈陳原父詩集序〉（《北磵集》卷五）。
按：此陳原父生平事跡不詳，但他是永嘉人，非紹興朝的莆田人陳原父（陳
貫）。

◆ 冬十月，居簡之友盱江張自明與季弟自本遊建昌紫霄觀，作〈遊紫霄觀記〉，
自署「迪功郎前江陵府司戶參軍盱江張自明」。
按：張自明入宜州（今廣西），以教授攝宜州事應在是年之後，李之亮說從
嘉定二年至五年，疑誤。[125]

◆ 是年，居簡應在台州，作〈有虎〉一詩，注云：「嘉定五年台州有虎入城」。

---

124 按：《北磵文集》本於「圓悟」二字後無「靈機」二字。
125 李之亮，《宋兩廣大郡守臣易替考》，頁 366-367。

又作會稽〈戒珠寺重修臥佛殿記〉（《北磵集》卷二）。

◆ 約齋居士張鎡於此年請天目文禮開法臨安慧雲寺（《武林梵志》卷一；《續傳燈錄》卷三六）。是年張鎡六十歲，文禮四十六歲。

卷五、嘉定六年癸酉（1213）至景炎二年丁丑（1277）

嘉定六年癸酉（1213）

◆ 無文道璨出生一歲、大觀十三歲、善珍二十歲、元肇二十五歲、居簡五十歲。

◆ 四月十八日，樓鑰卒，年七十七。袁燮作〈行狀〉（《絜齋集》卷一一），又作〈樓參政挽詞〉（《葉適文集》卷八）。
按：袁燮之〈樓公行狀〉說樓鑰於嘉定六年四月己丑薨，實四月十八日。[126]

◆ 秋，柏庭善月再入南湖延慶寺，為郡將陳卿之請（《佛祖統紀》卷一八）。
按：大觀所撰〈柏庭僧錄塔銘〉說「府帥陳大卿以南湖挽其出，辭不獲。」（《物初賸語》卷二三）但是年四明知府為程覃，陳大卿不詳為何人。「郡將陳卿」之說，亦有疑義，若非州守，似無權力可招柏庭。

◆ 是年十一月，居簡或作〈湖州寶雲彬文仲淨業記〉（《北磵集》卷二）。居簡以疾辭真德秀東林之招。時真德秀出任江南東路轉運副使，虛東林以招居簡（《物初賸語》卷二四）。華亭興聖寺大悲閣興復，居簡可能於是年作〈興聖寺大悲閣記〉，文末繫之以辭曰：「泠泠兮載熏，炎炎兮廩而。山移兮數莫移，玉石兮俱焚。玉兮溫，其錢之信由衛而敬。信既孚，所敬者盡。載飾

---

126 按：或說卒於是年四月二十四日，不知何據？見余國隆，〈樓鑰年譜及其行誼〉（新竹：清華大學歷史研究所碩士論文，1990），頁 128。

兮載完，光奮夜兮斗寒。碧瓦兮層甍，複道兮雲齊。納月兮璇題，煥金碧兮陸離。同盟兮安之，俟如瑩兮一變。」（《北磵集》卷三）

◆ 十二月八日，天竺北峯宗印講師入寂（《佛祖歷代通載》卷二〇）。

◆ 道璨兄叔量七歲。父陶躍之，豫章進士。母吳氏，生於淳熙十五年戊申（1188）歿於咸淳丙寅（1266）。

◆ 道璨師妙堪三十七歲，其友張即之（1186-1266）二十八歲。

◆ 真德秀或於是年除江南東路轉運副使，時年三十六歲。九年十二月十二日離任。此期間，曾德秀虛東林招居簡，居簡以疾辭（《物初賸語》卷二四）。
按：明僧文琇之《增集續傳燈錄》（卷一）從大觀之說。明僧通問之《續燈存稿》（卷一）則云：「以東林雲居力致之，師高臥不起。」未說「以疾辭」。

嘉定七年甲戌（1214）

◆ 道璨二歲、大觀十四歲、善珍二十一歲、元肇二十六歲、居簡五十一歲。

◆ 是年孟夏，居簡作嘉興府〈澱山會靈廟記〉，述知縣李伯壽命主簿陸呈禱雨而應事。文末有歌云：「湖山兮蒼蒼，湖底兮天決決。樓觀兮淩空虛，突兀兮金銀鐺。舳艫兮轉輸，秔稌兮繞湖。不知幾千萬兮，寄豐凶兮慘舒。煙冥冥兮雲淡，風蕭蕭兮葭葭。貝闕兮襲玄窅，物不疵癘兮民不顬。頷煥兮榜題，雨露兮新滋。神之靈兮聽之。」（《北磵集》卷二）

◆ 立秋前二日，居簡之友旴江張自明（誠子）遊宜州清秀山（《粵西叢載》卷二）。

◆ 八月二十日，四明石芝宗曉示疾，索紙書偈曰：「清淨本來不動，六根四大

紛飛。掃却雲霞霧露，一輪秋月光輝。」旋卒，闍維於寺之南，齒牙不壞，舍利甚夥，年六十四（《佛祖統紀》卷一八）。

◆ 閏九月，石田法薰領平江府高峰禪院為住持（《石田法薰禪師語錄》卷一）。

◆ 居簡〈辯才鐘〉一詩序云：「嘉定丙戌春再至」，然嘉定無丙戌年，疑為是年甲戌之誤。

◆ 是年，居簡之友趙汝迕登進士第。元肇之友趙汝回登進士第。趙汝回為葉適之門人。

◆ 居簡之友高似孫五十七歲，應剡令史安之之請作《剡錄》。史安之為史彌正之四子。

◆ 笑翁妙堪出世，州守程覃帖請首任明州妙勝寺住持，時年三十八歲（《物初賸語》卷二四，〈笑翁禪師行狀〉）。
   按：程覃於去年二月二十三日赴明州知府任，明年（1215）五月二十五日離任。[127]

◆ 史彌遠五十一歲。

嘉定八年乙亥（1215）

◆ 道璨三歲、大觀十五歲、善珍二十二歲、元肇二十七歲、居簡五十二歲。

◆ 正月二十一日，石田法薰入平江楓橋普明禪寺（《石田法薰禪師語錄》卷一）。

---

127 程覃守明州時間見《宋兩浙路郡守年表》，頁 286。

◆ 居簡作〈送譙回菴作江東憲〉（《北磵集》卷三），以是年譙令憲提點江東刑獄故（《西山文集》卷四四）。[128]

◆ 居簡與常熟長竹巖錢德載自西湖來姑蘇，借榻承天，問藥於可文。後寫〈承天寺僧堂記〉云：「予與常熟長竹巖錢德載自西湖來姑蘇，借榻承天，問藥於可文」，「居無何而文蛻，竹巖亦死」，則錢竹岩死於此年或稍後（《北磵集》卷二）。居簡有〈祭錢竹巖〉一文云：「於戲竹巖，其死欲期。謬我不敏，乃今始知。嗟嗟諸孤，不我告為。豈不念我，休戚以之。彼不知者，謂之何其。匪謗則讒，匪譖譖則擠。匪誕則謾，匪畏則欺。竹巖曰嘻，恣若所為。恢乎有容，空洞十圍。吾游四方，交天下奇。惟古所是，惟今所非。廉姿孤標，其殆庶幾。乃于度外，悠然不疑。前年之官，流金欲西。約我必偕，我病不支。蠱料及此，雖病輒隨。殮不及眠，葬不我期。雖不我期，悠悠我思。於戲竹巖，昭昭在茲！」（《北磵集》卷一〇）居簡又賦詩二首，題曰〈泣錢長官竹岩〉，其一云：「十年同約故園歸，指點雲西鳳矞奇。錦繡環山懷舊俗，琅玕披腹吐新詩。更無人悼淹翔屈，只有天為慷慨知。令尹子文三已矣，悠然喜慍不曾移。」其二云：「掉鞅英躔並雋游，大巫皇恤小巫羞。未將所學酬知己，先與他人作忌囚。譖舌不中投虎兕，絡頭長恨死驊騮。山林獨有男兒淚，可是無情涕泗流。」（《北磵詩集》卷六）

◆ 夏旱，寧宗遣使迎上天竺寺觀音大士像入明慶宮，車駕親幸致拜，命主僧柏庭善月禱雨。善月禱雨有應，朝注暮洽，皇情大悅，特補左街僧錄（《佛祖統紀》卷一八）。

◆ 是年居簡可能寫杭州〈大雄寺記〉，記中謂「嘉定八年夏大旱，港斷潢絕者數月。」又謂：「…故併書之以授愛堂，俾告來者。愛堂雅善予，如湛其名。」可見湛愛堂之名號為愛堂如湛。居簡並說他「嘗主黃檗十二祖大道場。」文

---

128 李之亮，《宋代路分長官通考》，頁 1602-1603。

末有題辭曰：「幢剎之興，存乎其人。其人伊何，駕大願輪。南渡以來，寺滿山谷。願輪不馳，器滿則覆。惟我大雄，一燈相尋。百襪策勳，逮于雲礽。厥惟艱哉，如此其久。豈不務速，務以不朽。龍蟄于山，實寄豐凶。緊爾正直，相吾鼓鐘。」（《北磵集》卷二）

按：大雄寺在「行在所直北四十里」，可見在杭州。居簡時在杭州，得以為此寺之興造寫記。

◆ 秋，居簡「謝丹丘報恩光孝事，隱居飛來之陰。」姑蘇承天能仁革律為禪，住持湛愛堂遣侍僧志福持疏來請作水陸堂記（《北磵集》卷二）。

◆ 禪僧覺菴夢真或生於是年，一歲。夢真為《籟鳴集》及《籟鳴續集》之作者。其於景炎元年（1276）所寫之〈長至感懷〉一詩，有「過曆頻推六十三，又逢陽向晝邊還」句，可逆推知其生年或在是年（《籟鳴續集》）。[129]

嘉定九年丙子（1216）

◆ 道璨四歲、大觀十六歲、善珍二十三歲，元肇二十八歲、居簡五十三歲。

◆ 孟夏，居簡作〈常熟縣大慈寺鐘樓記〉，述常熟大慈寺鐘樓於是年三月之建成之經過。秋，又作〈南翔寺九品觀堂記〉，述天台南翔寺九品觀堂之落成，及錢象祖之淨土信仰（《北磵集》卷三、卷二）。

按：孫應時所修之《琴川志》（卷一〇、一三）收入〈常熟縣大慈寺鐘樓記〉一文。

◆ 六月，史彌遠為寶曇之《大光明藏》作序，自署沖虛道人，時年五十三歲。寶曇於慶元三年丁巳（1197）歿世，已見上文。序文曰：「橘洲老人，蜀英也。有奇才，能屬文；語輒驚人。一日忽棄所業，參上乘于諸方。後造妙喜

---

129 按：「過曆」通常指超過預計的享國年數，夢真或藉以自述。

室中，決了大事。犖軼絕塵，如空群之月題也。先父文魏王去玄鶴之鼎，一
見喜動眉睫。自是文交道契，相羊于東湖山水之間，煙雲沙鳥外，意甚適焉。
就南郭洲中央築淨院安之，以尚其賢。遶舍樹萬橘，因自號。每一過庭，聞
其講明，則心目通曉。當時兄弟亦樂從之，誨飭砥礪，冀時有所自立。於以
夙興夜寐，恐不能盡其術。洎僕入侍，其主仗錫已，嘗遣書來，曰氷崖絕壑
之地，無所用心，欲以平生所習，自先師傳法而至二十八世菩提達磨，迄于
震旦五祖師而下，具大眼目者，一一發明之，如史法也，命之曰《傳燈大光
明藏》。又得空、文二禪人相與討論，他日就緒，抱書以歸，先求印可。已
而，以母喪西邁。及再出關，未幾不起仗錫之席，即入三昧。後因其弟可宣
得覽其書，且讀且懷，而筆力簡古，謂正宗甚詳，皆鞭策後昆之法也。惜乎
世放，不成大全。吁嗟！橘洲老人生天地間，可謂不負於佛祖而負於時矣。
後之學佛者有能閱此，即飲倉公上池水，洞見佛祖肺肝。要見橘洲，則尚餘
三舍。僕作此說，政如張無盡所謂金剛王寶劍云耳。」[130]（《大光明藏》卷
首）

◆ 十月中澣，澄翠庵月林師觀禪師，曾書付天平方丈孤峯長老，言四十年前，
在潭州龍牙山見信無言和尚事（見上文）。

◆ 是年禪鑒法師示寂，居簡作〈禪鑒法師塔銘〉，銘曰：「台衡正傳，可默可
說，默固難窮，說亦不竭。二威之際，緘授而已。左黀荊黀，千偈翻水，後
世競辯。異夫所同，以其異同，倒戈自攻。緊爾禪鑒，以身代舌。四種三昧，
寂而非滅。既滅幻影，非幻者生。爰淑諸徒，繩繩以行。慈雲以西，梯嶺之
下。一燈長然，悶此塔戶。」禪鑒，名思義。

◆ 張自明在宜州，作〈龍溪書院圖記〉一文。龍溪書院為北宋文學家山谷道人
黃庭堅（1045-1145）謫宜州時講學之地，張自明以黃太史曾僦居於此，於去

---

130 按：「遺書」，原誤作「遺書」。

年即舊址建祠，名黃太史祠堂。又塑孔子、顏、仲像，創講堂，總名之曰龍溪祠堂（《粵西文載》卷二九）。

按：「顏、仲」指顏回、仲由（子路）。

嘉定十年丁丑（1217）

◆ 道璨五歲、大觀十七歲、善珍二十四歲、元肇二十九歲、居簡五十四歲。

按：《續傳燈錄》（卷三五）及《增集續傳燈錄》（卷二）誤以善珍示寂於此年五月二十一日，壽八十三。蓋將其生年誤為紹興四年（1134）之故。後來之僧傳及燈錄亦錯，已於〈敘論〉中詳述。《禪學大辭典》之〈禪宗史年表〉也將善珍卒年誤繫於是年，但說其得年八十四歲則無誤。

◆ 三月大川普濟入慶元府妙勝禪院（《大川普濟禪師語錄》）。

◆ 四月八日浴佛日，三山陳貴謙（益父）作〈敬讚月林觀禪師〉三首，其一云：「示現人間忍辱仙，單提獨弄祖師禪。生涯一鉢無安處，惟有聲名萬古傳。」其二云：「傳得西林夜半衣，解將鐵笛逆風吹。重重話墮全擔荷，青出於藍只自知。」其三云：「與師曾結宿生因，一笑吳門二十春。再見已忘標月指，無言可讚法王身。」

按：陳貴謙，福州福清人，嘉泰二年中博學宏詞科，賜同進士出身。歷官安慶知府、吏部郎中、廣東提刑。其弟陳貴誼（1183-1259），慶元五年進士，嘉泰元年，再舉中博學宏詞科。歷官中書舍人，參知政事兼同知樞密院事。兩人都富禪學。據《枯崖漫錄》之說，陳貴謙之「開悟」，由雙杉中元之啟發。雙杉曾答陳貴謙編宗鏡書云：「正欲詣台屏，恭致問訊。藻翰寵臨，伏審深入宗鏡三昧，辯才機用恣無畏。就揭所錄數板，聯珠貫璧，真擇乳鵝王眼腦，深用降歎。但恐日新之證，將棄舊習，於此去取或未一定。如欲啟發多聞強識，使知聖賢地位，不容以智力可挾。用此為致道之具，求無入非自得之妙，康時濟物，浩然無窮，是以用佛為真儒之効也。世有局於見聞者，主張門戶者，心是而口非之，不得其詳。意在愚人，而不知其自欺，真所謂

可憐憫者，觀此亦可意解也。室中三轉語，禪和子窮平生工夫；如應舉三場，文字相似，通日夜為之，猶恐未暇。豈是好趨難而捨易，棄彼而取此？蓋不專工體究，未到大休歇田地；徒成知見解會，障自己眼，倒行逆施。前輩有言，若真簡要打透此事，切不可看此錄。將來意識先行，未舉便會，更無可疑。失佛方便，則無入頭處。雖曰利之，其實為害。陳操尚書是個參禪樣子，對雲門教意尚自拈出；口欲言而詞喪，心欲緣而慮忘，被雲門一期籍沒了家財是也。今居士要為法施大檀越，須金圈栗棘鐵酸餡子用事，勿引人入草窠，反增其粘縛。如何？因筆忉怛，稍暇當請拄杖，以請多口之罪。」《枯崖漫錄》卷二）陳貴謙有〈答真侍郎德秀書〉云：「承下問禪門事，仰見虛懷樂善之意，顧淺陋何足以辱此。然敢不以管見陳白？所謂話頭合看與否，以某觀之，初無定說。若能一念無生，全體是佛，何處別有話頭？只緣多生習氣，背覺合塵，剎那之間，念念起滅，如猴猻拾栗相似。佛祖不得已，權設方便，令咬嚼一個無滋味話頭，意識有所不行，將蜜果換苦葫蘆。汝業識都無實義，亦如國家兵器不得已而用之。今時學者卻於話頭上強生穿鑿，或至逐個解說以當事業，遠之遠矣。來教謂誦佛之言、存佛之心、行佛之行，久之，須有得處。如此行履，固不失為一世之賢者，然禪門一著，又須見徹自己本地風光，方為究竟。此事雖人人本具，但為客塵妄想所覆，若不痛加煅煉，終不明淨。來教又謂，道若不在言語文字上，諸佛諸祖何謂留許多經論在世？經是佛言，禪是佛心，初無違背。但世人尋言逐句，沒溺教網，不知有自己一段光明，故達磨西來，不立文字，直指人心，見性成佛，謂之教外別傳。非是教外別有一個道理，只要明了此心，不著教相。今若只誦佛語，而不會歸自己，如人數他珍寶，自無半分文。又如破布裹珍珠，出門還漏却。縱使於中得少滋味，猶是法愛之見，非本分上事。」（《建州弘釋錄》卷二）

◆ 四月十三日，月林師觀示寂，年七十五歲。朝散大夫、知太平州軍州、兼管內觀農營田事陳貴謙撰〈月林觀禪師塔銘〉（《月林觀禪師語錄》卷末）。

◆ 十月望日，盱江張自明（誠子）為居簡文集作叙，略謂在太學時，「游南、

北山，得士於北磵；相羊林泉，吟美風月，足以消遣世慮。」又說，數年之後，「予時以特薦補官，不受，擢第太常，寓輦轂下。北磵以赤書相勞苦，寄新詩啟予，出語益峻偉。」又謂：「今年，予歸自嶺表，北磵游華亭，知予入長安，駕小舟看予於清河坊客舍，握手道契闊，十有三年如一日也。讀其文，宗密未知其伯仲；誦其詩，合參寥、覺範為一人，不能當也。雖然，北磵無學之宗也，文於何有，見之文者，似焉而已矣。」（《北磵集》卷首）同日，住平江承天鐵鞭元韶作〈《月林師觀禪師語錄》跋〉云：「月林禪師，叢林老作，聲譽四馳。七董名山，緇素欽敬。應機垂語，信手方圓。繩墨無拘，脫略窠臼。誠開口不在舌頭上，若向言中取則，紙上追求，要見月林，遠之遠矣。」（《月林師觀禪師語錄》卷末）

按：張自明，字誠子，號丹瑕（或丹霞），江西南城人（或說建昌人）。所作之序，為《北磵集》之原序。他是嘉定元年（1208）進士，與居簡原為布衣之交。此文中說「今年，予歸自嶺表」，而上文說他以「前江陵府司戶參軍」之身分於嘉定五年遊建昌，可見其官宜州教授，攝宜州事，並任知州，應在遊建昌之後至此年之間。居簡有長詩〈謝張丹霞序疏藁〉一首，謝張自明為其書作序，當作於是年。詩云：「裳織新雲錦，交尋舊布衣。荊蠻九鼎重，嶺海一官微。心事淵明是，天時伯玉非。談高方諤諤，調古獨巍巍。亦有蘭為佩，能無簡絕韋。濯纓東磵水，訪舊北山薇。老我家何在，顛風鷁退飛。襪頭常反著，車轍每殊歸。但覺烏仍好，端知驥可睎。草中同臭少，爨下賞音稀。煮字徒相餉，忘言另見譏。牛腰繁卷軸，蚌腹欠珠璣。重借言如史，輕因鼠發機。磊雲甘寂寞，華袞借光輝。雞肋初無取，雲斤不足揮。棲寬長卦榻，越好許敲扉。踵息寧乖眾，心聲願聽希。李雖嘲杜瘦，孟不與韓違。末路宜多助，孤軍佇解圍。載驅憝款段，忍負鏤金觿。」（《北磵詩集》卷一）

◆ 浙翁如琰應在是年前後入徑山，補石橋可宣之席，在徑山八年（《平齋文集》卷三一，〈佛心禪師塔銘〉）。元肇大約於此時入徑山參學於其座下，並為掌書記。

◆ 常翁如淨初次入主臨安淨慈寺。

嘉定十一年戊寅（1218）

◆ 道璨六歲、大觀十八歲、善珍二十五歲、元肇三十歲、居簡五十五歲。

◆ 上元日，三山陳貴謙撰〈《月林師觀禪師語錄》序〉，序中云：「月林禪師既沒於武康烏回山，其徒德秀宗月，裒語錄一編，屬余為序。余曰：『此老於無分別中，強生分別，又欲追而記之，何耶？』二子曰：『夫道不屬有言，不屬無言。有言無言，皆落邊見。學者誠知所謂終日言而未嘗言者，則此錄之作，於解黏去縛，不曰亡補。不然，醍醐上味，翻成毒藥，爭怪得老師？』余杜門僻處，思方外莫逆如月林者，不可多得。」（《月林師觀禪師語錄》卷首）

◆ 季秋九日，四明僧如潔於其碧雲菴得泉，居簡作〈玉泓銘〉述其事。銘曰：「堅方方，碧漪漪，雲生隔月，剪規鑿而得之，或稽或疑，然則是泉也，固在茲，固不在茲。」（《北磵集》卷六）

◆ 是年，通泉喜祥樓落成，居簡為之作〈喜祥樓記〉，文末繫之以辭曰：「雲生兮洲西，樓迥兮雲低。練繞兮屏開，橫翔兮水中。坻翼翼兮天四垂，駟晴虹兮跨淩煙。霏絢兮陽，精慘兮陰。機人歌吉祥，物無癘疪。豐潔兮盛粢，社酒兮淋漓，撫長江兮載醴。」（《北磵集》卷三）

◆ 無門慧開出世安吉州報國寺（《武林梵志》卷一〇；《增集續傳燈錄》卷二）。

◆ 妙堪四十二歲，張即之三十三歲。

嘉定十二年己卯（1219）

◆ 道璨七歲、大觀十九歲、善珍二十六歲、元肇三十一歲、居簡五十六歲。

◆ 二月，居簡之友趙庚夫（1163-1219）卒，年四十七歲。趙庚夫字仲白，號山中，寓居興化軍（今福建莆田），與劉克莊為至交。死後，劉克莊助理其葬事，並作〈趙仲白墓誌銘〉、〈挽趙仲白〉，時年三十三（《後村先生大全集》卷一四八、二）。居簡曾與趙庚夫唱和，〈酬趙山中〉為其一。詩云：「壺公雲雨上，秀整壓全吳。白眼嫌人俗，玄裳笑鶴癯。對吟酬蟋蟀，獨酌泛茱萸。待賦歸來後，商量覓鏡湖。」（《北磵詩集》卷四）詩中之「壺公」指莆田之壺公山，在趙庚夫之家鄉。

按：趙庚夫之妻顏靜華，自號雪窗居士，年三十四而寡。嘉熙二年（1238）卒，劉克莊作〈雪窗居士墓誌銘〉，謂：「余三十三而銘仲白，六十八而銘夫人。」又謂：「夫人于百家傳記至老佛之書多貫通，古今文章悉成誦，儒生精博者不能及。落筆辨麗，不費思索，自成文采。士大夫以翰墨自命者無以加也。」（《後村先生大全集》卷一五六）

◆ 四月，居簡作華亭〈普照寺重修西方前殿記〉，華亭普照寺重修之西方前殿於嘉定九年正月落成（《北磵集》卷二）。

◆ 五月二十日，癡絕道沖禪師由徑山第一座出世嘉興府報恩光孝禪寺。忠獻史衛王後以堂帖除蔣山。依趙若琚所撰行狀，「寶慶乙酉被堂帖，移蔣山。」是在六年之後（1225）才入蔣山。史彌遠時年五十六歲，獨相於寧宗朝。六年後，仍獨相（《癡絕道沖禪師語錄》卷上、卷下；《無文印》卷四）。

按：按《續傳燈錄》（卷三六）及《增集續傳燈錄》（卷三）之文皆抄自《無文印》，但文字有錯簡。《釋氏稽古略》（卷四）云：「嘉定十二年，由徑山首座出世嘉興天寧，嗣曹源生，遷蔣山。」未說史彌遠疏請事。道璨所作〈行狀〉說：「嘉定己卯，由徑山第一座應嘉禾光孝請，一香為曹源修末後供。時，是庵元、即庵覺，逢庵原、無相範、石溪月，皆在會中。道聞於朝，忠獻史衛王以堂帖除蔣山。」（《無文印》卷四）

◆ 秋，柏庭善月自上天竺拂衣東歸四明，偃息於城南祖關，郡以西山資教卑師

佚老（《佛祖統紀》卷一八）。居簡有〈送上天竺月光遠歸四明序〉，其文云：「四而喜，三而怒，眾狙也。加之以非常之寵而不喜，臨之以無故之辱而不怒，斯人耳。吾於月之東還也，以是二者酌其淺深，則曰：『曩來自東，今還自西，造化也。昔當其舒，今當其慘，喜怒何與？中山之拔，謗書已盈篋；其子可信，方織而投杼。事久論定，真毀譽者出。甚矣，才為妬媒，能為忌囮，彼以我為才能，不奪不屪，媒囮是徇；若幸顧我，何戚乎容，是豈知我浩乎中也？』則謂之曰：『我將駐若之轍於兩竺間，俾志衡台，問奇字刁刀，魚魯毋母，肓盲相承。』月曰：『噫！勿崇吾咎。含沙搖毒，中而未已；虛舟飄瓦，悠然不知彼有畢弋。又倚城社，羹分貝錦，以成文章；詩人嫉之，投畀豺虎，豺虎不食，其嫉彌甚。造化寬假，以華其歸。城南吾廬，有琴有書。自艾自懲，自卷自舒。飛光須臾，高山蒼蒼，流水湯湯。以遺其音，以思古人，以獲我心。』」（《北磵集》卷五）

按：柏庭善月，字光遠，四明定海人，頗受史浩及史彌遠父子所重。淳熙間，淳熙史浩曾虛月波以延之。紹定三年（1230）史彌遠薦請理宗再詔住上天竺。居簡與其弟子大觀皆與善月相善，善月於淳祐元年（1241）示寂，大觀曾應其弟子北海慧超之請為撰塔銘（《物初賸語》卷二三）。

◆ 十月十六日，居簡題〈達首座索生祭文〉云：「嘉定十二良月十六，靈隱達老宿致雪竇老融所作觳觫索生祭，乃具函牛之鼎，奏庖丁之技。然東溪之菜，煮北磵之水，肆其大嚼。盡身前懼，慰別後思。贅疣其生可嘆，歸根其亡誕，詒膠擾乎合離，又奚以為？是道也，謂公不知，謂余不知，嗚呼其誰知？」（《北磵集》卷一〇）

◆ 臘月（嘉平月），前進士趙孟何序《希叟紹曇禪師語錄》，有語曰：「江湖以余嘗親近師于瑞巖，俾於篇端托不朽。」（《希叟紹曇禪師語錄》卷首）

按：趙孟何（生卒年不詳），字漢弼，鄞縣人。咸淳七年進士。其兄趙孟傳，字巖起，累官沿海制置使兼知慶元府。

◆ 寶曇之友李孟傳卒，年八十四歲。其三女適潘友恭（恭叔）。潘友恭與其父潘時亦皆為寶曇之友（《山陰天樂李氏宗譜》卷二四）。

◆ 居簡之友盧祖皋主管刑工部架閣文字，時年四十六歲。[131]

嘉定十三年庚辰（1220）

◆ 道璨八歲、大觀二十歲、善珍二十七歲、元肇三十二歲、居簡五十七歲。

◆ 正月人日，居簡瞻禮白衣大士像於永嘉楚上人處，作〈檀木白衣相贊〉以授楚上人，贊曰：「斤斯運，堊斯斲，鼻不傷，立自若。臻極之技，與物不二。惟其不然，一理萬致。我觀此像，殆非人為。就能為之，技不宅微。矧此匠氏，應以此機，應以此身，化巧幻奇。曰余眊然，兩眼如鏡，弗能審觀，獨以耳聽。反聽絕朕，對此殊勝。小白花山，下瞰巨浸。」（《北磵集》卷六）同月，其友盧祖皋為秘書省正字，三月為校書郎，十二月為秘書郎，時年四十七歲。[132]

◆ 三月二十八日，無準師範入慶元府清涼禪寺（《無準師範禪師語錄》卷一）。

◆ 十月二十五日，修證大師法圓示寂，二年後並其弟子師訓證遺骨藏焉。師訓卒於嘉定三年九月二十日，先其師十一年（見下文）。

◆ 居簡之友趙師秀卒，年五十一歲。趙師秀，字紫芝，號靈秀、靈芝，又號天樂，為「四靈」之首。居簡作〈悼趙紫芝〉云：「不解俯華簪，莪莪獨苦心。反騷嫌少作，番襪動新吟。折玉蘭風急，催金菊兩霆。中年兒女淚，消得幾沾衿。」（《北磵詩集》卷一）又作〈祭上元長官趙紫芝〉一文，略云：「西

131　張憲文，〈盧祖皋事跡考〉，《溫州師範學院學報》1984 年第一期，頁 62-71。
132　同前註。

陵岢嵤，之人遙遙。西陵瀰瀰，之人不歸。之人何其，雪調冰度。豈無它人，盟獨鷗鷺。官不稱德，德榮其身。榮不療貧，假文以鳴。不曰種瓜，居無一廛。不曰種豆，耕無寸田。未就刀圭，莫起君死。天孫錦裳，夜付其子。君死不作，我恨弗掩。昭昭在茲，鑒此匪諂。」（《北磵集》卷一〇）雲泉永頤也有〈悼趙宰紫芝甫〉云：「錢郎舊體終難並，姚賈新裁近有聲。有子無家須問弔，故交誰不為傷情。」（《雲泉集》）劉克莊亦作〈答湯升伯因悼趙紫芝〉、〈哭趙紫芝〉等詩。

按：《劉克莊年譜》繫〈哭趙紫芝〉於明年，[133]不知何故？湯升伯即「鄱陽三湯」之老大湯千（1172-1226），為湯巾、湯中之兄。湯巾為道璨之儒師，湯中亦與道璨有過從。

◆ 是年姑蘇承天能仁寺水陸堂完成，居簡為之作記，應六年前住持愛堂如湛之請也（《北磵集》卷二）。

◆ 元肇撰〈史衛王府大慈寺請靈隱笑翁開山疏〉（《淮海外集》卷上），蓋史彌遠在其家鄉鄞縣東南六十里大慈山為其母建功德寺，名大慈禪寺，又名教忠報國禪寺，招先前奉敕住靈隱寺之笑翁妙堪來領其寺任住持，元肇應該是在杭州徑山的浙翁如琰門下掌記室，如琰可能應史彌遠之命推舉大慈開山，乃薦笑翁，由身為書記的元肇執筆寫疏。是年，史彌遠五十七歲。

◆ 趙與𥲅（1179-1260）登進士第。趙與𥲅字德淵，號節齋，淳祐元年開始任京尹，約十二年上下（見下文），頗關心叢林。與多位禪僧為方外交，如愚谷元智、善珍、道璨等。曾舉頑空智覺入杭州大雄寺與圓覺寺，並舉天目文禮入淨慈，癡絕道沖入靈隱，雖癡絕婉拒。[134]

---

133 《劉克莊年譜》，頁 66。

134 參看筆者〈南宋五山禪寺住持選任考實〉（待刊稿）。

嘉定十四年辛巳（1221）

◆ 道璨九歲、大觀二十一歲、善珍二十八歲、元肇三十三歲、居簡五十八歲。

◆ 是年正月，居簡之友盧祖皋升著作佐郎，十月為著作郎兼權司封郎官（《南宋館閣續錄》卷八），時年四十八歲。[135]

◆ 居簡來湖州西余大覺蘭若，作〈檢詳劉大監祠堂記〉，表彰劉靖之（思恭）存西余大覺蘭若之功。記中云故老感劉大監協助復還大覺蘭若，「闔山靈堂西，位公祠以伊蒲塞，俾後來知排難解紛於吾山林無告者。」（《北磵集》卷二）
按：居簡曾住持湖州西余大覺禪寺，有在該寺語錄傳世。他入西余時，曾於小參時說：「今日西余來也，未跨門已前，先與約法三章：第一，不得談玄；第二，不得說妙；第三，不得點檢人家。」良久復云：「若有付心法，天下事如麻。」（《北磵居簡禪師語錄》）

◆ 史彌遠五十八歲，賜家廟祭器。

◆ 詩僧雲泉永頤之友周文璞（晉仙）卒於是年，永頤作〈悼周晉仙〉二首，其一云：「蕭散嵇康輩，難教縛官情。識高渾脫略，意廣惜沈嬰。老面煙霞古，醉衣苔蘚生。西峰難獨往，茶竈對誰烹？」其二云：「詩救元和失，先生學最精。律嚴方苦硬，才大始縱橫。貞曜何須諡，魏閑相繼生。他年詩集著，風雅被家聲。」（《雲泉詩集》）劉克莊亦有〈哭周晉仙〉，時年三十五歲。其詩云：「君在詩人裏，功夫用最深。古如神禹鑄，清似鬼仙吟。死定無高冢，生惟有破衾。長安酒樓上，猶記昔相尋。」（《後村先生大全集》卷三）

嘉定十五年壬午（1222）

135　見前引張憲文，〈盧祖皋事跡考〉。

◆ 道璨十歲、大觀二十二歲、善珍二十九歲、元肇三十四歲、居簡五十九歲。

◆ 居簡作〈澄心院藏記〉，述通泉澄心院藏建造之經過。蓋始於嘉定五年三月初十，是年七月二十三日完成，費時十年（《北磵集》卷三）。

◆ 是年十二月二十二，居簡作〈圓訓二大師塔銘〉。銘曰：「窮佛祖心，持佛祖權。權衡在茲，而傳其傳。降斯以還，建幢樹剎。于有為功，不棄毫髮。去此二者，曰冒吾氏。食前方丈，素食尸位。狷獧修證，手開慶寧。訓也掎角，遂臻厥成。吳松以南，原隰蓁蓁。悠然梵放，遙夜天際。善藥日滋，暴俗改習。王度卓然，默相潛翊。」（《北磵集》卷一〇）
按：《翠山寺志》說是年翠山寺殿宇俱燬於火，而於十七年復建，並謂道璨之〈明州翠崖火後過日本國化修造疏〉撰於是年，頗有疑義。是年道璨年尚少，人在鄱陽，於翠山無所知，不可能於是年撰寫此疏。

◆ 江西新建名詩人裘萬頃（1157-1222）卒，年六十六歲。裘萬頃為道璨少年儒師張祥龍之師，字元量，新建人，淳熙十四年進士，歷官大理寺司直，善詩，世稱宏齋先生。曾與劉克莊為幕友，故劉克莊於〈跋裘元量司直詩〉說：「裘君字元量，繼來幕府。其標致高勝，有顏氏之臞、龔生之潔。終于大理司直，竹齋是也。」（《後村先生大全集》卷一〇一）卒時，劉克莊有〈哭裘元量司直〉一詩悼之（《後村先生大全集》卷六）。

◆ 笑翁妙堪應省箚移台州報恩寺，時年四十六歲（《物初賸語》卷二四）。

◆ 長翁如淨入台州瑞巖寺。[136]

嘉定十六年癸未（1223）

136　按：《禪學大辭典》說「明州瑞巖寺」，與《如淨禪師語錄》不符。

◆ 道璨十一歲、大觀二十三歲、善珍三十歲、元肇三十五歲、居簡六十歲。

◆ 是年正月二十日，葉適去世，享年七十四歲。元肇作〈水心先生挽章二首〉，其一云：「歸自金陵後，情踈狎隱淪。身緣憂國瘦，家為著書貧。江海星沈夜，池塘草不春。門生天下是，椽筆付何人？」其二云：「孤嶼秋風寺，三過夫子家。古心堅鐵石，軟語帶烟霞。別嶺栖雙徑，逢人問永嘉。重看送行句，殞泪墨欹斜。」（《淮海挐音》卷上）劉克莊亦有〈挽水心先生〉二首，時年三十七歲（《後村先生大全集》卷七）。

◆ 居簡之〈謝疏寮高秘書同常博王省元見過〉二首，當作於是年六月至明年九月之間。蓋是年五月，高似孫除秘書郎，年六十六歲。六月二十五日，至明年九月，官銜皆有「秘書郎」之稱。明年九月，除著作佐郎，刪訂桑世昌《蘭亭考》十二卷並作序，自署「新除秘書省著作佐郎兼權侍右郎官」（《南宋館閣續錄》卷八；《蘭亭考》卷首）。[137]居簡之詩一云：「友生朱與葛，月旦說疏寮。老錫思投越，春江夢趁潮。句新哦易熟，燈喜剪難消。聞道搴旗鼓，山林不寂寥。」其二云：「不縱青雲步，行間著得麼？官居最華要，吟似老頭陀。行輩今差少，聲名早厭多。猶將三萬軸，清夜答弦歌。」（《北磵詩集》卷五）
按：陳振孫《直齋書錄解題》（卷一四）載有《蘭亭博議十五卷》，淮海桑世昌撰。並謂「世昌居天台，陸放翁諸甥，博雅能詩。」[138]

◆ 是年，居簡作〈江東延慶院經藏記〉（《北磵集》卷四）。秋，寫〈贈輝書記〉曰：「天台輝書記來自徑山瑑會中，衒袖新句多警策，就余求益，不知

---

137 筆者在《一味禪與江湖詩》中說高似孫最高官職是秘書省校書郎，非是。他曾於嘉泰三年（1203）知信州，又在開禧二年（1206）知嚴州，又在嘉定元年（1208）知江陰軍，又於寶慶元年（1225）守處州。除了江陰軍以外都是上州，有正六品之地位。晚年以通議大夫終官，為正四品。

138 陳振孫，《直齋書錄解題》（上海：古籍出版社點校本，1987）卷14，頁409。

益我實多，而無以益之也。麟角鳳嘴，子有之矣，非煎膠無以見其妙，如不然吾言，試績既斷之秫，知余言之不爾罔。嘉定癸未秋。」（《北磵集》卷六）

◆ 八月後，高似孫入都訪劉克莊，遺其詩集《疏寮詩》二冊與劉克莊。時高似孫年六十六歲，劉克莊年三十七歲。[139]其後劉於其《後村詩話》記此事，稱高「老筆如湘絃泗磬，多人間俚耳所未聞，有石湖、放翁、誠齋之風。」又錄其詩數首，有〈寄僧〉云：「鹿采花修供，猨分石坐禪」；〈別僧〉云：「夢無全覺久，詩只半聯奇。」（《後村先生大全集》卷一八〇）

◆ 是年，元肇辭浙翁如琰席下歸鄉，浙翁贈以法語。元肇二十六年後作〈跋佛心禪師法語〉（《淮海外集》卷下）。

◆ 善珍作〈賀趙禮部提舉江西〉一詩。詩云：「玉節來臨昔治州，儀曹爽氣更橫秋。未誇判筆搖山岳，且喜仙槎近斗牛。童拾棠陰前竹馬，紗籠寺壁舊銀鈞。南塘遺稿公新卷，他日人傳作話頭。」（《藏叟摘稿》卷上）
按：趙禮部是趙汝談（？-1237），為太宗八世孫，餘杭人，字履常，號南塘，淳熙十一年（1184）進士，曾任權禮部侍郎，故善珍稱之為趙禮部。是年任江南西路常平等事提舉，寶慶元年（1225）離任。[140]趙汝談長劉克莊十餘歲，但與劉克莊為好友，兩人屢有唱和。克莊讚為「一代騷人之宗」（《後村先生大全集》一〇七）。

◆ 石田法薰於是年入蔣山太平興國禪院，係由「廟堂精選擇，乃以師補處。」（《物初賸語》卷二四，〈石田禪師行狀〉）

139　《劉克莊年譜》，頁 81。
140　《宋代路分長官通考》，頁 2043。

◆ 日僧道元入宋求法（《寶慶記》），抵明州。七月入天童參無際了派。[141]

◆ 長翁如淨再度入主淨慈。

嘉定十七年甲申（1224）

◆ 道璨十二歲、大觀二十四歲、善珍三十一歲、元肇三十六歲、居簡六十一歲。

◆ 是年二、三月間，日僧道元至徑山謁浙翁如琰（《傳光錄》卷下）。

◆ 三月二十六日，杭州慧因寺易庵寂照講師清雅示寂。

◆ 季秋既望，居簡作〈九龍山重修普澤寺記〉（《北磵集》卷三）。

◆ 秋，無際了派卒於天童，年七十六歲。長翁如淨入天童。

◆ 九月，居簡之友高似孫除著作佐郎，刪訂桑世昌《蘭亭考》十二卷並作序。
   時年六十七歲。

◆ 居簡作〈本覺禪院三過堂記〉，文中述「三過堂」之由來，略云：「或謂東
   坡因鄉里道舊，故若逃虛，喜蹵然為文公游本覺，是豈知公也哉？公以熙寧
   五年，攝開封府推官，乞外通守杭州之明年，有事於潤，道過檇李尋訪焉。
   而蛾眉翠掃，形於聲詩，抑見文固有以致公者。後六年，自徐移湖，再過焉，
   文病且老。又十年，自翰林學士累章請郡，除龍圖閣學士知杭州，又過焉，
   文死矣。所謂『三過門間老病死』，于以見其致意於文也深。慶元初，蜀僧
   本覺來住山，得公第三詩於禮部尚書楊公汝明，遂集帖字，同前二詩登諸貞

141　關於日僧道元參謁徑山浙翁如琰之時間，可參閱角田泰隆，〈道元禪師在宋中のこ
   と〉，《田中良昭博士古稀紀念論集——禪學研究諸相》（東京：大東出版社，2003），
   頁333。

石。尚書西歸,題字於賢良鄧公諫從之左,至今樵豎牧兒能指點詫行路人曰:
『東坡三過此,賦詩而去。』公以剛明勁正之氣,與姦邪並進,爽拔不可干,
若千崖高秋,松桂精神,草木凜栗。助寡忌眾,直行徑前,危機冥施,命亦
幾殆。煙江瘴海,至輒忘反,虵鄉虎落,縱浪吟嘯,不知死生患難為何物。
然則頡頏翔鳴,物莫我攖,不足為之榮;羈窮窘局,動與禍觸,不足為之辱。
泛乎水盈科,浩乎雲無心,至今望之,邈在天上。住山元澄作堂曰『三過』,
補山中缺文,而以致其思,是紀刻舟之跡,而語人曰劍在此。余又為之記,
與尋劍何異哉?」(《北磵集》卷二)[142]

按:此文為重要歷史文獻,因為它說明蘇軾(1037-1101)三次過秀州(今嘉
興)本覺寺(或本覺禪院)尋訪禪師文及翁而三次賦詩之歷史脈絡,顯示居
簡對蘇軾歷官之詳情甚為清楚。茲查證居簡之所述,與蘇軾歷官之經過,可
知蘇軾三度訪文及翁之時間分別在神宗熙寧六年(1073)、元豐二年(1079)
及哲宗元祐四年(1089)。三次賦詩之時間頗有差距,為《東坡紀年錄》及
《蘇軾年譜》等所未能詳,故馮應榴(1740-1800)輯蘇詩注時,引查慎行
(1650-1727)之說云:「〔查注〕:宋僧居簡《北磵集》中有〈本覺禪院三
過堂記〉,其略云:「或謂東坡因鄉里故舊,故為文長老游本覺。公以熙寧
五年倅杭,明年有事於潤,道過槜里尋訪焉。後六年,自徐移湖,再過焉,
文病且老。又十年,自翰林學士知杭州,又過焉,文死矣。據此,則先生所
作三詩首尾相距十七、八年,不應概入倅杭卷中。」[143](《蘇軾詩集合注》
卷一一)文及翁字本心,蜀眉州人,故為東坡鄉里故舊。又,「三過」之說,
在居簡之〈道場山北海禪師塔銘〉一文亦出現,居簡在文中有「希夷、如淨
在南北山掎角沮勝,已者,止秀之本覺;老坡昔三過此,所謂『三過門間老
病死,一彈指頃去來今』,為鄉老人文公發」云云。其所說「秀之本覺」即

---

142 按:「喜甃然為文公游本覺」一句,我在拙著《一味禪與江湖詩》說應從《嘉興縣
   志》之說,讀成「喜甃然為文,來游本覺」。今重讀其文,覺「喜甃然為文公游本
   覺」並無不妥。「文公」指的是文及翁。居簡之意是一般認為東坡遊本覺寺只是為
   與文及翁話舊之故,他覺得這種看法是不知東坡者之言。
143 按:此為居簡文之節錄,「槜里」當為「槜李」之誤。

本覺禪寺；「老坡」即蘇東坡；「鄉老人文公」即是文及翁。「三過門間老病死，一彈指頃去來今」是東坡第三度訪文及翁所寫詩中之句，即〈三過堂記〉所說得於楊汝明尚書者。其詩題為〈過永樂文長老已卒〉，全詩為：「初驚鶴瘦不可識，旋覺雲歸無處尋。三過門間老病死，一彈指頃去來今。存亡慣見渾無淚，鄉井難忘尚有心。欲向錢塘訪圓澤，葛洪川畔待秋深。」（《蘇軾詩集合注》卷一一）

◆ 居簡好友盧祖皋卒，五十一歲。[144]居簡作〈盧直院挽章〉一詩弔之，有句云：「紙貴又騰深厚賈，騷亡舊策眼前功。蝸緣笠磵題名石，鷺憶吳江載酒篷。零落九華三四帖，瞳瞳猶在破囊中。」（《北磵詩集》卷五）又作〈祭盧玉堂直院〉祭之，其文云：「噫蒲江公，蚤躋雋譽。頡頏雲霄，粵與仲俱。翻水文詞，九河倒輸。拍肩過秦，長揖子盧。駿騰渥洼，翠崿碧梧。訪孤山春，濯西子湖。起我摧頹，偕尋物初。一笑分携，九華絳幘。仲則先之，鈞天帝居，鷗盟在公，雁足枉書。契濶十年，鵷行峻除。復來潤陰，策我故吾。蓬萊道山，夜嚴漏徐。種橘賦詩，雪枝模糊。黎明繡鞍，入承明廬。潤色誥盤，章明典謨。演雅簡繁，命騷有餘。用不及大，澤不及敷。志不及行，蘊不及攄。百身莫贖，嗚呼天乎！」（《北磵集》卷一〇）又作〈盧直院大監挽詞〉曰：「客葬奈貧何，無山無薜蘿。近分南宫小，遠勝北印多。不與貂蟬老，空將琬琰磨。丁寧燕許手，遺事細蒐羅。」（《北磵詩集》卷四）

◆ 居簡之友韓淲卒，年五十六歲。韓淲字仲止，號澗泉，與趙蕃章泉（昌父，1143-1229），並稱「二泉」。居簡有〈聞澗泉韓仲止訃〉一詩云：「賈團華月鎖重雲，底處瞳瞳魄載新。空使霜蟾同轉轂，不容玉斧伴修輪。身雖全節烏泉戶，天亦何心死谷神。窗外竹間梅數樹，為誰消減雪中春？」（《北磵詩集》卷六）

---

144 李裕民，《宋人生卒行年考》，頁 11-12。

寶慶元年乙酉（1225）

◆ 道璨十三歲、大觀二十五歲、善珍三十二歲、元肇三十七歲、居簡六十二歲。

◆ 春，居簡之友仲璧自吳門來訪，居簡云：「過余於西湖南㝛客舍」。

◆ 三月十四日後，居簡作〈金山蓬山聰禪師塔銘〉，述金山龍游禪寺住山人蓬山永聰事蹟。略云：「永聰字自聞，蓬山其號。紹興辛巳七月十八，生于杭之於潛徐氏。八歲剃髮受具，服紫伽黎，為縣東資聖寺僧行居。後還家塾，授五經。十五，從父游徑山。別峯機辯警拔，白父曰：『人天龍象也，願學焉。』別峯器之。至育王、天童，當拙菴、密菴全盛時，婆娑兩翁間，或五六年，或四三年。既壯，掌肯堂之記于荐嚴，後游閩越、江東、西湖南北，凡緇白名流，反復博約，雖好夸務勝，惡聲相加，必雍容婉辭，盡底蘊乃已。」又云：「耕稼于台之淨慧，開法于光孝，一香供別峯，記初友也。徙建康保寧、蔣山、南徐、金山。在保寧時，制府講守禦甚急，師與幕府諸公議論，具有本末。異時敵入濠滁、略蘄黃，悉如所料。劉潛夫贈詩，有『聰老才堪將』之句，往往贋浮圖以識字議已，輒笑曰：『固犯是不韙。』死無長物，年六十五，臘五十九，度弟子四十餘。銘曰：『語而明，默而冥。語而忽冥，默而忽明。語默之不知，昭昭乎無遁形。樊然葛藤，我獨不能。恝然如瘖，我獨苦心。疲精竭志，我愚益肆。偽飾外修，我則反求。或聚族而謀曰：『佞壬擁腫，恟恍詼詭。罔人欺世，千磓萬指。有一于此，聯臂引類。』及是則痛詆，力非廉乎？人可罔耶？世果可欺？曰罔曰欺，墻間餒而。蓬山寂寥，忍死不為。是故北磵，銘而載之。」（《北磵集》卷一〇）
按：居簡說「蓬山其號」，但《增集續傳燈錄》（卷一）作「蓬庵」。文中之劉潛夫即劉克莊。

◆ 秋，佛心禪師浙翁如琰示寂於徑山，年七十五歲。浙翁為元肇之師，元肇作〈祭佛心禪師文〉當於此時（《淮海外集》卷下）。浙翁雖卒於徑山，但塔於天童東澗之麓（《平齋文集》卷三一，〈佛心禪師塔銘〉）。遺書至淨慈，

住持石田法薰上堂云：「千五百人善知識，不念吾宗正岑寂。五峯趣倒浪翻空，大地山河俱失色。金風體露，葉落歸根，只堪惆悵不堪陳。」（《石田法薰禪師語錄》卷一）繼其後補徑山之席者為少林妙崧。妙崧於嘉定十四年（1221）重入淨慈，可能於十五、六年離淨慈入靈隱，後由靈隱補徑山之席。按：真德秀〈徑山三塔記〉說妙崧「歷主淨慈、靈隱諸山，又主雙徑，道價為當世第一。」（《西山先生真文忠公文集》卷二五）雖然他入靈隱之時間不詳，但依慣例應在淨慈之後。妙崧兩度被旨住淨慈，於嘉定十四年第二度入淨慈，可能於新建大雄寶殿等竣工後不久即奉旨入靈隱，估計大約於嘉定十五、六年，於浙翁示寂後補徑山席。

◆ 九月，高似孫知處州，十月十日至十一月七日修《史略》，時年六十八歲（《南宋館閣續錄》卷八）。居簡或於是年和明年作〈送侍左秘書高疏寮得處州〉[145]、〈寄處州高使君疏寮為西里借舡〉、〈答疏寮高處州論「激」字〉（《北磵詩集》卷五、六；《北磵集》卷六）。
   按：《宋兩浙路郡守年表》引《處州志》及《宋史翼》說高似孫於紹定元年（1228）七十一歲時，守處州至紹定二年。其實他在寶慶元年已上任，至紹定二年，任期約五年。

◆ 居簡又作〈寂照院記〉，述惠通禪師建寂照院，歷十三年之經過。文末有辭曰：

> 橐宜充耶，或宜枵耶？不枵其充，豈真出家？
> 狩獫所先，豐乃儲蓄。我則捐之，樹刹結屋。
> 相厥攸處，大江之滸。匪侈惟壯，帡幪風雨。
> 有來水雲，悠然憧憧。解腰午鉢，投棲晚鐘。

---

145 「侍左」當作「侍右」，因為高似孫嘉定十七年（1224）任秘書省著作佐郎間權吏部侍郎右選郎中，簡稱「侍右」郎中。

> 七尺單前，疊足巍坐。月滿璇題，孰與分破。
>
> 振策舍衛，蕭容正觀。美見宗廟，富窺百官。
>
> 我作是說，應無所住。拍枕潮聲，是真實語。（《北磵集》卷四）

◆ 居簡和元肇之友人強齋高之問（1150-1237）在姑蘇。

◆ 癡絕道沖於是年奉宰相史彌遠堂帖由嘉興光孝移金移蔣山，據說一住十四年（《癡絕道沖禪師語錄》卷下）。道沖是年五十七歲，史彌遠六十二歲，仍以右丞相兼樞密使，進封魏國公。是年以獨相之身分以堂帖除癡絕入蔣山。其實，癡絕在蔣山十三年，「無倦色」（《無文印》卷四，〈徑山癡絕禪師行狀〉；《癡絕道沖語錄》卷下，趙若琚，〈癡絕道沖禪師行狀〉）。[146]

◆ 枯禪自鏡由福州太平西禪被旨陞靈隱（《增集續傳燈錄》卷二）。

◆ 石田法薰由金陵蔣山遷南山淨慈，在淨慈任住持十年（《石田法薰禪師語錄》卷四）。

◆ 居簡之友王居安，以敷文閣待制守福州，是年五十八歲，守福州至紹定二年（1229）。是年，居簡曾寫〈問訊方岩侍郎〉二首，所以稱侍郎是因王於三年前（1222）遷工部侍郎。居簡二詩云：「醫盡珠明萬象空，壺中只著小玲瓏。卿來冀北羣驅馬，此去斗南能幾翁？淵默但知藏霹靂，清寧何必友崆峒。方城屹立青如削，萬壑千巖在下風。」「用亦無心舍亦輕，歲寒只有竹忘形。水村容與吹黃葉，溪圖耘籽課白丁。細草遠連三徑綠，好山長借兩眸清。浚池小貯連天碧，待與人間洗濁涇。」（《北磵詩集》卷三）

---

146 按：道璨說是「居十三年」，《續傳燈錄》從之。趙若琚說：「十四年，始終如一日。」趙以夫亦說十四年。應該是滿十三年，而未及十四年。

◆ 是年，陳起（宗之）刊印《中興江湖集》，劉克莊及敖陶孫（1154-1227）詩皆在其中，劉克莊〈落梅〉詩為言官李知孝、梁大成誣為謗訕時政，史彌遠大怒，議下逮治，兩年後（寶慶三年），「梅花詩案」（或稱「江湖詩禍」）起，詔禁士大夫作詩。至紹定六年史彌遠死，翌年詩案結束，前後八年。

◆ 樓鑰友樓昉（暘叔）或卒於是年，不詳年歲，劉克莊有〈挽樓暘叔〉二首（《後村先生大全集》卷八）。樓昉與其弟晒俱以文名，少從呂祖謙（1137-1181）於婺，紹熙四年陳亮榜，號迂齋先生。其文汪洋浩博，宜於論議；援引叙說，小能使之大，而統宗據要，風止水靜，泊然不能以窺其涘，故其從學者凡數百人，最顯者鄭清之（《延祐四明志》卷五、六）。清之既相，追贈樓昉直龍圖閣，率其子弟祭于墓，復立甬東書院以祀之（《嘉靖寧波府志》卷三一；《康熙鄞縣志》卷一三）。
按：《劉克莊年譜》云姑繫〈挽樓暘叔〉一文於是年，因此詩之後有〈勞農〉一詩，或作於是年春之故。姑依其說繫於此年。

◆ 日僧道元復入天童山，參學於長翁如淨座下。長翁如淨約於去年七、八月間，由淨慈奉詔入天童。

寶慶二年丙戌（1226）

◆ 道璨十四歲、大觀二十六歲、善珍三十三歲、元肇三十八歲、居簡六十三歲。

◆ 三月，無學祖元出生於明州鄞縣，一歲。

◆ 清明，居簡在介亭之陰鹽鳳泉，展玩譚浚明所珍藏之山谷〈巖下放言〉真蹟，作〈跋譚浚明所藏山谷巖下放言真蹟〉（《北磵集》卷七）。
按：〈巖下放言〉為山谷詩，有五首，其一〈釣臺〉云：「林居野處而貫萬事，花落鳥啼而成四時。物有才德，水為官師。空明湛，羣木之影；搏擊下，諸峯之戲。游魚淨而知機，君子樂而忘歸。」其二〈池亭〉：「水嬉者游魚，

林樂者啼鳥。志士仁人觀其大，薪翁笱婦利其小。有美一人，獨燕居萬物之表。」。其三〈冠鰲臺〉云：「石生涯於寒藤，藤者造於崖樹。鼇插翼而成鵬，隘六合而未壽。我來兮自東，攀桂枝兮容與，倚嵌巖兮顧同。來謂公等其皆去」。其四〈博山臺〉：「石蘊璵璠，山得其采之澤；木無犧象，天開不材之祥。屹金鑪之突兀，其山海之來翔。然以明哲之火，熏以忠信之香。俯仰一時，非智所及。付與萬世，其存者長。」其五〈靈椿臺〉云：「蒼苔古木，相依澗壑之濱；黃葛女蘿，自致風雲之上。人就陰而息跡，鳥投暮而來歸。水影林光，常相助發；溪聲芥響，直下稱提。」（《山谷集·外集》卷五）

◆ 秋，八月初四日，運菴普巖坐化於安吉州道場山護聖寺，享年七十一。據說請靈隱石鼓夷和尚為對小參（《運菴普巖禪師語錄》卷末）。居簡曾於運菴入四明時贈詩，已見上文，後又作〈寄巖運菴〉，唯不詳年月（《北磵和尚外集》）。是年，居簡在蘇州報恩揮毫（《物初賸語》卷一五）。

◆ 善珍作〈送趙禮部將漕廣東〉，以是年趙汝談授江南西路轉運判官，辭不獲命，到官一月，以言者罷，而有漕廣東之命。其詩云：「玉節昇名流，澄清十四州。元公著書處，葛老煉丹洲。星應郎官舍，霜侵使者裘。東南箕斂極，寬得一分不？」（《藏叟摘稾》卷上）

◆ 史彌遠六十三歲，拜少師。

◆ 湯巾之弟湯中登進士第。

寶慶三年丁亥（1227）

◆ 道璨十五歲、大觀二十七歲、善珍三十四歲、元肇三十九歲、居簡六十四歲。

◆ 春上澣，臨川張宏序錢塘風篁山僧廣遇校讎重刻之《禪林僧寶傳》（《禪林

僧寶傳》卷首）。

◆ 是年三月初七，平江彰教法堂建成，居簡或於此時作〈彰教法堂記〉（《北
礀集》卷三）。

◆ 季春晦日，丹山遺耄陳著（1214-1297）作〈題天寧寺主僧可舉羅漢圖後〉。
題詞云：「余入城寄天寧寺，主禪直翁手一軸，此《羅漢圖》，舒而視之，
山水林木中，人物古怪，殆非塵世，恍然身入其間，坐白雲而來清風也。余
家鄰天台，閒山有羅漢古迹，飛石、橋空、立壁，盃秀。老矣，欠一到，今
見此足矣。然欲指此為某人筆，固已不識；至欲指其此為某羅漢、某羅漢，
又安能識之哉？識之者其直翁乎，我欲識直翁者也。因書所識於圖之後。」
（《本堂集》卷四七）
按：陳著又稱嵩溪遺耄。可舉是直翁可舉（或一舉），故題詞說「主禪直翁」。
生平事跡不詳，只知為東谷明光法嗣（《雲外雲岫禪師語錄》）。此《羅漢
圖》或係直翁自作。

◆ 是年，平江資壽寺盧舍那閣完成，居簡或隨後作〈資壽寺盧舍那閣記〉一文
末有偈贊曰：「報身圓滿輪，補陁小白花。琅函五千軸，一一懸牙籤。光奪
日月明，複道出雲雨。吥乃如幻人，幻此如幻境。欲度如幻眾，成就如幻事，
是事實非實，不實如空花。靜寂單複圓，及與第一義。亦與如上事，非同亦
非殊。洞開樓閣門，入已還復閉。童子歛念時，不隔一絲毫。」（《北礀集》
卷三）

◆ 是年，長翁如淨付日僧道元芙蓉道楷袈裟，道元遂為如淨之嗣法弟子，由明
州返日。不久，入京都建仁寺。

紹定元年戊子（1228）

◆ 道璨十六歲、大觀二十八歲、善珍三十五歲、元肇四十歲、居簡六十五歲。

◆ 夏，無門慧開領東嘉（按：即溫州）龍翔寺。後薈綴公案，抄錄成集，名《無門關》，並兩序其書（《無門關》卷首）。七月晦，習菴陳塤（1197-1241）作〈《無門關》序〉（《無門關》卷首）。

◆ 七月二十四日，偃溪廣聞應四明制閫胡榘之請，主慶元府顯應山淨慈寺（按：即小淨慈）（《偃溪廣聞禪師語錄》卷上、下）。
按：南宋慶元府有「小淨慈」和「小靈隱」禪院。偃溪曾住小淨慈，西山亮禪師曾住小靈隱。

◆ 八月中秋，天衣住山比丘文蔚跋《如淨禪師語錄》（《如淨禪師語錄》卷末）。居簡作〈崇聖院記〉，該院在江陰，為丹丘智觀所建。建成後，智觀白禮部給臨安府錢塘縣崇聖院廢額。並訪北磵隱居處，倫次其事，乞紀歲月。居簡遂作〈崇聖院記〉（《北磵集》卷三）。

◆ 十月一日開爐日，靈隱高原祖泉作〈《如淨禪師語錄》跋〉（《如淨禪師語錄》卷末）。同月，史彌遠從弟史彌鞏任建康溧水縣令（《景定建康志》卷二七；《（光緒）溧水縣志》卷五）。

◆ 薛師石卒，年五十一歲。居簡作〈泣瓜廬薛景石〉云：「夢與瓜廬別，平明見又玄。偏傍蓄手校，奇正想心傳。穀賤煩豐豕，風酸噎瘦蟬。阿伶墳上土，滴不到重泉。」（《北磵詩集》卷六）趙汝回〈《瓜廬集》序〉說：「而年五十一死矣。」（《瓜廬集》卷首）
按：薛師石字景石，號瓜廬，永嘉人。工詩善書，小楷篆隸皆深造其極，生平未仕，與其弟薛師董都與居簡為方外交。薛師董字子舒，號敬亭，曾為華亭船官。後遊幕金陵，死於任上。

◆ 長翁如淨示寂，年六十六歲。

◆ 史彌遠降奉化郡公，年六十五歲。以都城火災，獨史彌遠宅完好無損。五疏乞罷，不許，降奉化郡公。

紹定二年己丑（1229）

◆ 道璨十七歲、大觀二十九歲、善珍三十六歲、元肇四十一歲、居簡六十六歲。

◆ 正月初五日，慧開《無門關》刊行，晉獻理宗。自署「為慈懿皇后功德報恩佑慈禪寺前住持傳法臣僧慧開」。

◆ 春，大觀之友上天竺頑空智覺代主僧柏庭善月奉旨入南水門引見，以為禳禬之事。隨後柏庭善月以目疾擬告老，表請頑空自代，頑空牢讓乃已，遂出世四明超果、徙圓覺寺（《物初賸語》卷二四）。
按：頑空智覺，東嘉人，又稱真悟大師，為上文豁菴講師淨悟之法孫，雖為台東掖山嘯巖文虎法師之嗣，但早年假道禪觀，入太白無際了派之室，與諸禪徒相抑揚。鄭清之、趙存耕及多位名公卿皆游其門問道。大觀早識頑空，又與其徒適初、同源為厚交（見下文），故頑空入寂後，適初請大觀撰塔銘，乃有〈頑空法師塔銘〉之作；以大觀之師居簡曾為頑空之祖豁菴撰塔銘，故大觀不得辭適初之請。又大觀曾作〈頑空法師讚〉云：「眼頭生角，囊裏盛錐。駕古軌轍，闢坦路達。龍藏忘筌兮，揭義天之寥豁；塵尾倒握兮，翻辯瀾之渺瀰。堂堂之陳，正正之旗。非其所是，是其所非。發老嘯之韜略，茂老豁之孫枝。迨其涅槃後，有借萬象舌兮，其誰知之？」（《物初大觀禪師語錄》）大川普濟亦有〈圓覺頑空覺講主真讚〉：「頭鬎鬁，眼乖角。得天台之奧旨，繼永嘉之先覺。執文字見，離文字縛。說大義則四座風生；徵異解則百川潮落。昭昭乎教苑之祥麟，昂昂乎雞群之野鶴。雖正席四處，不足暢其設施；然分座五山，亦不負其所學。是為廣智九世之孫，嘯巖一枝，不致寥寞者矣。」復作〈又讚〉云：「眼裏有筋，舌頭無骨。卓然特立，天台祖室。寫懸河辯，而四方絕唱；離文字相，而諸天雨花。扣其關者，紛紛紜紜而退席；得其旨者，崢崢嶸嶸而莫及。且不以慈悲寶帳，破塵白拂，而當

家傳，自有鶯膠續斷絃。」（《大川普濟禪師語錄》）

◆ 二月初三日，善珍及道璨法友介石智朋入溫州鴈山羅漢禪寺（《介石智朋禪師語錄》）。

◆ 五月一日，元肇之法友別浦法舟（生卒年不詳）入嘉興府報恩光孝寺，並於是年寫〈諸山勸請疏〉一篇，向宰相史彌遠推薦在靈隱之虛堂智愚（1185-1269）入主嘉興府興聖禪寺。別浦的〈諸山勸請疏〉云：「祖臨濟、師運庵，聲名透徹；辭廣覺、住興聖，去取分明。足張吾軍，無愧衲子。恭惟新命虛堂和尚，得真實諦，現清淨身。與其南北兩山閑為霧隱，孰若東西二浙高作雷鳴？況此龍宮，實當虹渚。大丞相親曾問我，賢邦君不妄予人。速來速來，希有希有。閻丘向前作禮，在豐干豈饒舌之人；黃梅勉為下山，代馬祖說非心之偈。」（《虛堂禪師語錄》卷一、卷一〇）虛堂之入嘉興興聖，因宰相之推薦，所以地方官也頗慎重其事，當時的嘉興府知府楊璘（1205 進士）就撰有〈嘉興府請疏〉云：「右伏以者寺不是尋常，為孝宗聖跡去處；諸山皆生歡喜，承相公鈞旨請來。當此住院人，要簡作家漢。伏惟新命虛堂愚公禪師，遁謙聲價，溈仰工夫。法法無心，湛鄞水一輪之月；句句有眼，高北山半嶺之雲。正宜熏取戒香、定香、解脫香；便來坐斷佛界、魔界、眾生界。剗惟御殿，肅閟梵坊。非憑皇覺之莊嚴，曷副清朝之崇奉。臣子義重，菩薩願宏。請師提起九帶禪，為我祝延兩宮壽。垂虹橋畔，爭看動地放光；冷泉亭邊，切莫停車却步。謹疏。」（《虛堂禪師語錄》卷一），而知縣陸盤隱（即上文居簡之友陸垕）也撰有「縣疏」，其文云：「興聖道場，孝宗流虹去處；靈隱首座，丞相剗命請來。喜聯牆竹之陰，敢後縣花之疏。伏惟新命長老虛堂禪師，胸襟丘壑，足跡江湖。笑翁面裏常有刀，豈容藏鋒歛鍔。別浦船上肯攬載，必不帶水拖泥。若教把戲當場，管取光前絕後。願從眾請，速惠一來。解帶送元公，雖自笑箭鋒之鈍；沽酒引陶令，詎敢辭蓮社之盟。」（《虛堂禪師語錄》卷八）

按：〈行狀〉說別浦法舟此時在嘉禾天寧寺，以虛堂之名聞於宰相忠獻史衛

王，遂出世興聖。又說，笑翁妙堪在靈隱時，以虎丘舊識，請智愚再司藏事，並舉住杭之廣覺，皆力辭（《虛堂禪師語錄》卷一〇，〈行狀〉）。又，楊璘字德翁，台州臨海（今浙江臨海）人。治詩賦，登開禧元年（1205）進士第。紹定元年出知嘉興府（《南宋館閣續錄》卷七；《嘉定赤城志》卷三）。

◆ 桐柏散吏呂潚作〈《如淨和尚語錄》序〉，序中云：「蓋予與師為鄉國人，為道誼友，且心眼相照，不可無數語以述大概。因卒爾以附于帙尾，若夫發揚盛美，使燈燈相續，師之名愈久而愈隆，則有當世之名公鉅儒在。」（《如淨和尚語錄》卷首）

◆ 無準師範於是年入育王，在育王三年（《無文印》卷二四）。紹定五年（1232）八月奉旨領徑山職。大觀於是年及紹定五年之間，入育王見無準師範。
按：無準師範於紹定五年八月奉旨領徑山，是在育王三年之後，故其入育王當在是年。

◆ 笑翁妙堪奉旨主靈隱。笑翁原應史彌遠之請，入明州東錢湖畔大慈寺為開山住持。大慈寺為史彌遠所造以嚴親，規制與天童、育王相埒。史彌遠於是年命笑翁妙堪開山。然逢笑翁奉詔主靈隱，本欲擬表遜辭，史彌遠勉之曰：「靈隱國剎，大慈家剎耳。先國而後家乎，奚遜為居之？」（《物初賸語》卷二四，〈笑翁行狀〉）笑翁乃入住靈隱。與在南山淨慈的大川普濟，「唱道南北山，日用軌則，盛於當代。」（《敕修百丈清規》卷八）是年史彌遠六十六歲，笑翁五十三歲，大川普濟五十一歲。三年後，笑翁踐大慈開山之約。

紹定三年庚寅（1230）

◆ 道璨十八歲、大觀三十歲、善珍三十七歲、元肇四十二歲、居簡六十七歲。

◆ 春，柏庭善月再次奉詔復住上天竺，因丞相史彌遠之勸請而弗能辭，時年八十二歲。上文說善月與史浩、史彌遠父子善。大觀亦說柏庭「首見於忠定越

王〔史浩〕，以故相國忠獻王史彌遠視如父執。」其一再領上天竺，皆史彌遠所舉奏（《物初賸語》卷二三）。

按：《佛祖統紀》（卷一八）繫此事於紹定五年春，而未提及丞相史彌遠之舉奏。史彌遠是年六十七歲。十二月十一日，奉詔赴都堂治事。同月，鄭清之任參知政事，喬行簡同簽樞密事。

◆ 春，居簡之友王居安卸福州知府之任，歸其故里黃巖，未再出仕，時年六十三歲。居簡之〈酬方巖〉、〈方巖許送紙不至〉、〈方巖侍郎得靈璧一峰名碧雲〉、〈雨後山水入潮江方巖索賦〉及〈方巖惠蕉絲布〉等詩，疑皆作於此年或稍後，蓋都為描寫王居安閒居之生活。〈酬方巖〉云：「大溪小溪沙水明，濁可濯足清濯纓。淵淵寸田湛古井，澄濁與之具忘形。綠野菜花三四畝，不圖娛客猶供口。」[147]（《北磵詩集》卷三）〈方巖許送紙不至〉云：「巾山高出慈恩寺，蜀叟貧於鄭廣文。卷盡長廊無一葉，尚餘潑筆振孤軍。蒼筠嫩殺空懷古，明玉方裁欠策勳。惆悵洛陽收賈後，欲書重弔楮生文。」[148]（《北磵詩集》卷四）〈方巖侍郎得靈璧一峰名碧雲〉云：「坡陀巨璞韜玄質，壞斷虜塵天半壁。鄉來誰試小龍文，切得一峰歸笠澤。太湖繞山三萬頃，奇產雖多不足惜。雲邊七十二峰青，強顏亦復無顏色。滑膚弗受莓苔裹，素蘊豈容塵土蝕。雲升霞舉幻瑰奇，玉響金渾隨拊擊。一從越相去悠悠，幾見吳宮春寂寂。方巖委羽在何許，怗天弱水蓬萊隔。泠然一瞬三萬里，風煙浩蕩尋無跡。既伴壺中清晝長，相見袖中東海窄。那知篆鼎銘彝外，尚餘三丈浯溪石。學窠不到小玲瓏，卻須細細蠅頭刻。」[149]〈雨後山水入潮江方巖索賦〉云：「湍雪投江只得渾，觀瀾未了復消魂。不知從此隨流去，清白何時得反元？」〈方巖惠蕉絲布〉云：「綠趁桄榔剪，黃如柘繭抽。海綃雲湛染，

---

147 「畝」，原作「晦」，兩字古相通。

148 筆者在《一味禪與江湖詩》依清抄本誤「巾山」為「南山」，茲依日本應安七年（1374）本改。巾山在台州臨海，其南邊正是王居安之故鄉黃巖。

149 黃巖縣南五里有委羽山，山東北有洞，為道書所稱之第二洞天。「怗天」，寶永本作「恬天」；「一瞬」，寶永本作「一眸」。

魯縞玉溫柔。待月投清夜，炊菰夢冷秋。直然無可報，雜佩不中酬。」（《北磵詩集》卷二）

按：王居安，字資道，又字簡卿，號方巖（岩）。《劉克莊年譜》將劉克莊所作〈挽王簡卿侍郎三首〉繫於是年，認為王居安卒於是年。[150]但王居安之卒年並無資料可稽，也未見任何考證。目前僅知居安於是年致仕後，歸黃巖故里。以居簡與居安之唱和詩看，他應於致仕後一、二年方卒。劉克莊之挽詩頗描述居安之喜禪悅，值得注意。其一曰：「先帝初更化，公曾以諫聞。身雖遷柱史，袖尚有彈文。晚境圖成佛，它山預作墳。那知非變幻，止在石橋雲。」其二曰：「末著尤奇特，杯行忽坐亡。無香分侍女，有硯遺諸郎。長樂旌旗改，平泉竹石荒。公今呼不應，浮議果何傷。」其三曰：「已矣孤知已，顏蒼鬢髮稀。雖曾參話柄，終未契禪機。尚欲扁舟訪，俄傳隻履歸。無因拜公墓，稽首懺前非。」（《後村先生大全集》卷九）

◆ 結制日，四明沙門曇秀成《人天寶鑑》一書，並序其書（《人天寶鑑》卷首）。
按：吳自牧《夢粱錄》卷三，〈僧寺結制〉條云：「四月十五日結制，謂之『結夏』。蓋天下寺院僧尼菴舍，設齋供僧；自此，僧人安居禪教律寺院，不敢起單雲遊。」

◆ 是夏五月朔日，四明嵩溪遺耄陳著作〈天寧寺主僧可舉語錄序〉，序之首云：「鄉之天寧主禪舉師直翁，與余相與既久，其徒雲岫集其師出世來一言一話以示曰：『吾師不立崖岸，不露線索，不棒不喝，機鋒到處，禽縱出沒，真得洞下三昧。』屬余為之序。」（《本堂集》卷三八）
按：「其徒雲岫」是直翁弟子雲外雲岫。直翁可舉之語錄並未流傳，而雲外雲岫之語錄則仍可見。

◆ 是年仲夏，平江妙湛「延壽堂」落成，居簡於是年冬作〈妙湛延壽堂記平江〉

---

150 程章燦，《劉克莊年譜》，頁 119。

述其事。此為重要文獻，因錄全文：「疾病相扶持，無憾於養生送死，以明王道之本。佛世寖古，建幢剎，棲冷灰，槁株臃，穹德茂者，却塚間桑下、嵐昏霧蝕之患，又為省行堂以別不老不病，欲其循省日用事。若學之正偏，業之勤荒，行之缺全，思之沉掉，好惡之失中，喜怒之或私，利養是崇，進修是怠，應病授藥法，惟一味以治其內；劑砭鍼艾，以攻其外，正命小康，幻體亦寧。或又謂之延壽堂。延壽云者，延此者也，壽此者也，非人間世短修延促之謂也。今者反是，樂便安者，巧圖其居；耽燕佚者，曲求其處。先之以貨賂，申之以強援，弗知廉與遜為何物，盡巧致曲；疇知志於道者，袖手旁顧，泚顙芒背，忍死不為也。一念之忍，傲睨黃髮鯢齒，累然困踣於其外，祖宗成憲，遂為具文，往往大叢林亦如之。今妙湛鼎新斯堂，故書近世叢林墜典以告。覆車在前，冀革斯轍。雖然，水沫芭蕉，匪石匪金；燕安鴆毒，少壯勿恃，美疢惡石，老病無忽。作如是觀以度生死，則住山月巖某之宰制，耆舊執事某之裁割，勤勞百艱，不徒其為是役也。作於紹定三年仲夏，晦落之於冬書雲。」（《北磵集》卷三）

按：宋人詩文多以「書雲」指冬至。譬如，宋人李曾伯〈雪夜不寐偶成〉詩：「底事陽和尚未回，書雲已久未逢梅。」洪邁《容齋四筆》〈用書雲之誤〉條云：「今人以冬至日為書雲，至用之於表啟中。」

◆ 六月望日，蘭庭劉棐作〈人天寶鑑序〉（《人天寶鑑》卷首）。此劉棐疑為上文作〈《景德傳燈錄》後序〉者。

◆ 七月十四日，即自恣前一日，古岑比丘師贊作〈《人天寶鑑》跋〉于萬壽歸雲堂（《人天寶鑑》卷末）。

◆ 中元日，柏庭善月述《仁王護國般若波羅蜜經疏神寶記》並序其書（《仁王護國般若波羅蜜經疏神寶記》卷首）。

◆ 中秋，住靈隱笑翁妙堪為曇秀所著《人天寶鑑》題跋語云：「秀書記集古成

書，曰《人天寶鑑》，請著語。遂下一轉云：『先德情知已厚顏，那堪落井更攀欄。本來一點明如日，胡漢何曾自照看。』」（《人天寶鑑》卷末）

◆ 居簡或於是年作〈證覺買地建延壽堂疏〉，其文曰：「剏十方為老病，老病未安厥居；歌一鉢飽蕨薇，蕨薇未實其腹。旋欲經營餘地，永為種植良圖。顧朝虀莫鹽之缺如，恨尺土寸金之難致。革東鄉笙簫之地，掃去腥膻；騰西方菡萏之芳，同歸清淨。」（《北磵集》卷三）

◆ 吳江九里法喜院佛殿建成，居簡為作〈九里法喜院佛殿記〉，繫以辭曰：

> 空王嗣芳，遺像有嚴。世出世間，載仰載瞻。
> 踞芬陁花，若聆其音。即而扣之，寂寂若瘖。
> 謂其果瘖，則為謗佛。曰其有聲，厥聽斯惑。
> 有無兩忘，其聲琅琅。石湍激風，舌相廣長。
> 徧覆大千，說塵沙偈。偈無數字，字無數義。
> 沿字尋義，入海算沙。得一實義，如空中花。
> 空花無蒂，義眇朕兆。歸根反初，十目並照。
> 雲欲義天，洞然八荒。巍巍絕言，海印發光。（《北磵集》卷三）

◆ 善珍之友曾用虎（？-1240）或於是年知興化軍，至紹定六年（1233）離任。[151] 善珍在其任內作〈次曾都倉韻〉，詩云：「學問淵源汲綆深，逢時肯作子光瘖。平泉舊圃多奇石，粟里閒居只素琴。終竟封侯憑燕頷，莫誇對客割牛心。向來謝傅遊山伴，尚有白頭支道林。」（《藏叟摘稾》卷上）樓鑰繼曾用虎之後知興化軍，曾作〈重脩太平陂〉一文，有云：「曾公守莆，惠民之政不可殫紀。水利最鉅曰太平陂。」又云：「郡人更名曾公陂，既庵以祠公，復屬筆於予，俾紀顛末。」（《後村先生大全集》卷八八）又作〈興化軍創立

---

151 李之亮，《宋福建路郡守年表》，頁 264。

平糶倉記〉，述曾用虎知興化軍三年，立平糶倉，捐楮幣萬六千緡為糶本，益以廢寺之穀。歲歉價高，則發倉以權之；歲豐價平，則散諸市，易新穀以藏焉。又說「倉之政，擇二僧而付，吏不與也。」（《後村先生大全集》卷八八）。[152] 這可能是善珍稱為「曾都倉」之原因。

◆ 是年，胡三省生，一歲。後為詩僧芳庭斯植之友。

◆ 高翥（1170-1241）訪劉克莊於莆田，劉克莊有〈題高九萬菊磵〉、〈別高九萬〉，時高翥六十一歲，劉克莊四十四歲，主管其鄉里之仙都觀。[153]

紹定四年辛卯（1231）

◆ 道璨十九歲、大觀三十一歲、善珍三十八歲、元肇四十三歲、居簡六十八歲。

◆ 是年二、三月間，華亭超果寺懺院成，居簡作〈超果寺懺院記〉（《北磵集》卷三）。

◆ 五月，朴翁義銛之好友姜夔，病卒於西湖之上，享年七十四歲。周文璞哭之以詩。[154]

◆ 十月旦，居簡又作華亭〈慶寧僧堂記〉（《北磵集》卷三）。

◆ 十月十五日，居簡之友高似孫卒，年七十四歲，葬於嵊縣金波山明心寺父墳之側（《剡南高氏宗譜》卷一、三）。

---

152 按：《四庫全書》本《後村集》作「歲豐價平，則散諸，權易新穀以藏焉。」似有闕文。

153 《劉克莊年譜》，頁 118-119。

154 《白石道人年譜》，頁 263。

◆ 元肇之法友別浦法舟入安吉州伏虎巖寺，領寺三年。據說別浦於嘉定間與癡絕並驅爭先，惟壽不及癡絕，叢林惜之（《枯崖漫錄》卷中）。

◆ 善珍作〈壽曾大監〉，疑是賀曾用虎壽辰而作。稱他大監，是因他於知袁州前，任將作監之故。李之亮《宋兩江郡守易替考》將曾用虎知袁州時間繫於是年及明年，但未提出具體證據。今暫繫於是年。[155]善珍詩云：「公家中朝第一人，一門兄弟皆朱輪。公材吏能固無敵，筆端亦自回千鈞。我生不識平津閣，晚識老監猶絕倫。長松閱世傲雲壑，萬牛回首山嶙峋。清都夢斷薄冠冕，三生髣髴賀季真。巋然靈光獨殿魯，閑似商皓深避秦。園林陰成鐘鼓樂，風波不駭鷗鷺馴。千卷賜書善和宅，萬金買石平泉春。古來此事總輸公，六環金帶何足珍。封胡歲歲捧壽樽，蟠桃積核齊崑崙。」[156]（《藏叟摘稿》卷上）

◆ 是年，笑翁妙堪離靈隱至鄞東大慈山寺任住持，踐前史彌遠邀住之約（《物初賸語》卷二四，〈行狀〉）。靈隱寺住持由妙峰之善接任，妙峰時年八十歲。

紹定五年壬辰（1232）

◆ 道璨二十歲、大觀三十二歲、善珍三十九歲、元肇四十四歲、居簡六十九歲。

◆ 八月二十二日，亞愚紹嵩為其紹定二年己丑秋（1229）寫成之《江浙紀行集句詩》作序，自署「廬陵亞愚樵衲紹嵩」（《江浙紀行集句詩》卷首）。

◆ 八月，無準師範入主徑山，大觀當在是年之前見師範。師範抵京師，見丞相史彌遠，史彌遠語之曰：「徑山住持，他日皆老宿，無力葺理，眾屋弊甚。

155　李之亮，《宋兩江郡守易替考》，頁462。

156　按：漢公孫弘為丞相，封平津侯，起客館，開東閣，招請士人。後因以「平津館」或「平津閣」稱高級官僚延納賓客之處所。

今挽吾師，不獨主法，更張蓋第一義也。」（《無文印》卷四；《無準和尚奏對語錄》）是年無準師範五十四歲。史彌遠六十九歲，復魏國公爵。其季子史宇之（1215-1293）中吏部銓，自寶章閣升至右文殿修撰。

按：劉克莊有〈徑山佛鑑禪師〉，亦謂「紹定壬辰秋奉詔住徑山」，與道璨之說合。克莊作是文之時間及原委見下文。史宇之生年應為嘉定八年乙亥（1215），大觀曾有〈壽史大資〉一文，雖不知其所作時間，但起句謂：「竊惟歲當乙亥良月三九之陽最吉祥日，乾坤間氣所鍾，英賢挺生…」（《物初賸語》卷二五），此乙亥年即是嘉定八年。大觀與史宇之關係極深，其說應當可靠。其兄史宅之亦是十月二十七日生，但約早十年。

◆ 居簡作〈挂屨〉一文，略云：「余明年七十，大夫致其仕而挂冠時也。昔為比丘，裂冠矣，乃挂屨。或曰：『挂屨何所據？』曰：『木平師挂屨於江南後主之榻，休影息迹，不復至榻前。觀清涼大法眼賦牡丹諷諫矣。今年六十九，六十九年之非，多蓮伯玉二十載，而無伯玉之知，視屨則有媿，因作而言曰：『一生幾兩，遐想阮生之高；兩鳧對飛，恐入齊諧之誌。吾屨之陋，蒲疎而涼。匪仁弗屨，懼迷其方。匪義弗蹈，懼實其良。允履允蹈，粵惟考祥。寧跂而視俾勿傷，寧坐而忘俾勿僵。寧策其勳，永矢勿忘。息而筋骸兮，遂而行藏。挂之墻隅兮，戒余面墻。」（《北磵集》卷六）其〈言歸〉一文，或亦作於是年。文曰：「或病余不用隨時之義，而落落也不顧人之是非。擬古浮圖文字駕說，犯其忌。子之徒，怨汝詈汝；謂其詈之妄也，前日之仰睨，子今睨下，將其業成進子，而子不進，乃嗾夫詈也，則牧兒饟婦，知其碌碌，徒貨殖麗城社，飾諂以暴非其類。吾非木鐸也，詎排鑠金以明子志哉？盍歸耕以頤所謂浩然者？則謂之曰：『甚矣子之窘我也！人各有夫志，志古的也。曩明教大士鐔津公，著書數萬言輔吾教，抱成書獻於嘉祐天子。儕浮圖厥類，惟錯犄角而攻之，方開關延敵，輒循墻而遁，怨詈尚何足云？且貨殖驕人，憲貪也非病。附麗以傲物，象傲也不悌，孰逃君子之誅，於吾何有？故圜一鉏地，道阻且長，朝夕以思，九折羊腸。陸誰余梁？川誰余航？止誰余舍？行誰余糧？使我彎簹雲追飄風乎？乘飛車兮遡瀧。使我飫供頓邁逆旅乎？孰

先饋之五漿。肇聆子言，如鍼膏肓。靜而索之，莽乎忽荒。盍歸乎來兮，無外大方。』」（《北磵集》卷六）

◆ 元肇代人作〈主簿承旨陸公墓誌〉（《淮海外集》卷上）。

◆ 善珍之友顏頤仲（1187-1262）於明年八月二十四日知嚴州（《景定嚴州續志》卷二），知嚴州前曾通判臨安府，或在是年或其前。善珍曾作〈送顏倅之江西〉，當是顏頤仲通判臨安時遊江西，善珍送行而作。[157]詩云：「檻外江流知幾霜，煩君著語弔滕王。琴中誰識啼烏曲，酒後任稱司馬狂。閣序尚留唐篆刻，劍光何預晉興亡。此行遍覽遺踪了，應有徵書出建章。」（《藏叟摘稾》卷上）

◆ 是年，善珍可能剛入靈隱從妙峰之善，並為掌書記（見下文）。

紹定六年癸巳（1233）

◆ 道璨二十一歲、大觀三十三歲、善珍四十歲、元肇四十五歲、居簡七十歲。

◆ 上元節，元肇應別浦法舟之邀，入安吉州伏虎巖（或作虎巖）道場；作〈道場山來月軒記〉（《淮海外集》卷上）。

◆ 四月，真德秀權戶部尚書，九月除翰林院學士知制誥兼侍讀，年五十六歲。明年正月，奉差知貢舉事竣，除參知政事，年五十七歲。[158]居簡當於是年或明年寫〈寄真尚書〉一詩，詩云：「京索風煙一日還，東山起了到西山。應

---

157 筆者在《文學僧藏叟善珍與南宋末世的禪文化》中說此詩應在顏頤仲以寶章閣學士提舉隆興府玉龍萬壽宮請老時所作，但其時顏頤仲已歷經高官，若稱「顏倅」，與詩中「應有徵書出建章」一句之意不符，茲改繫於是年，雖正確時間無可考，亦庶幾近乎事實。

158 真采，《真西山年譜》，頁323-324。

知雅量渾相似，默蘊沈機只等閒。棋妙勝於淮上捷，扇輕銘露管中斑。（公近作扇銘）共為天下蒼生賀，不為蒼生亦破顏。」（《北磵詩集》卷八）

◆ 七月十五日，有旨宣無準師範入內。理宗御修政殿引見，無準「奏對詳明」，理宗為之動色，賜金襴僧伽黎。仍宣詣慈明殿陞座，理宗垂簾而聽（《無文印》卷四，〈行狀〉）。無準奉命敷演，乃奏云：「（臣）僧師範，一介庸衲，生于西蜀，浪游湖海。今四十年，於道無聞，每切自愧。凤生何幸。兩蒙睿旨，掃洒慶元、育王，而至雙徑。自去年八月領職，與四方衲子，朝夕禪誦。仰報聖恩。不謂於四月二十一日夜，適遭回祿，然休咎莫逃乎數。」（《無準和尚奏對錄》）

◆ 季秋既望，居簡作〈書東禪浴室壁〉，略云：「東禪浴室，新於紹定五年冬，起數十年廢於寺僧惟一之手。」又說「越明年季秋既望，潼川北磵云。」是知寫於此年（《北磵集》卷三）。

◆ 十月三日，元肇由安吉州道場受請入通州光孝寺（《淮海禪師語錄》）。
按：大觀〈淮海禪師行狀〉謂：「適通之光孝席虛，郡侯杜公霆徇鄉緇白請，命師瑞世。」茲考杜霆知通州之年是端平二年（1235）十月（《萬曆通州志》卷二），若無錯誤，則元肇住通州光孝寺之時間應在端平二年，也就是兩年之後。他後來又於「十二月被奪官職，並追毀出身以來文字，竄南雄州。」依《宋史·理宗本紀》：「淳祐二年十二月己未，詔通州守臣杜霆兵至，棄城弗守，載其私帑，渡江以遁，遂致民被屠戮。雖已奪三秩，厥罰猶輕。其追毀出身以來文字，竄南雄州。」是則從棄城至被竄，歷經八年。若大觀之記錄無誤，則是說杜霆在元兵來犯時招元肇至通州，而自己則棄城逃走，此似乎說不通，茲從語錄之說繫於是年。

◆ 湯巾主白鹿教席，道璨從伯兄學於湯巾。自謂：「某家世豫章，癸巳、甲午間從伯氏陶叔元遊白鹿洞，實與晦靜先生講席。」（《無文印》卷一五）

◆ 是年雙杉中元之友陳貴誼除參知政事兼同知樞密院事，圓悟禪師《枯崖漫錄》所說之「參預文定公貴誼」即是陳貴誼。

按：《劉克莊年譜》將後村所撰〈福清縣創大參陳公生祠記〉繫於紹定三年，疑誤。紹定三年為福清邑民「像公而祠之」之年，其時陳貴誼尚未拜參政，劉克莊不可能當年即撰文稱之為「大參」。疑其文於是年在福建主仙都觀時作。

◆ 善珍之友曾從龍（1175-1236）奉祠，[159] 是年六十二歲，因監察御史李楠（生卒年不詳）論其「被命宣威遷延卜日，乞寢除職，予祠之命。」（《後村先生大全集》卷八三）善珍作〈賀曾帥得祠二首〉。其一云：「臺省群飛競刺天，琳宮散吏管雲煙。長才十月得霜鶚，拙宦三江上水船。身外聲名輸飲酒，世間屈曲勝巢仙。丈夫功業誰能料？起渭征遼盡暮年。」其二云：「千騎叢中舊擁旄，丹心猶在鬢蕭騷。漢庭重少馮唐老，晉士趨卑張翰高。靜看棋枰爭勝負，閑馳筆陣寄雄豪。搶榆擊水公俱樂，卻是旁人歎不遭。」（《藏叟摘稾》卷上）

◆ 史彌遠七十歲，拜太師，封魯國公。未幾，進太師、左丞相，兼樞密使，進封會稽郡王。十月薨，封賜中書令，追封衛王，諡忠獻。南山淨慈寺主石田法薰為小佛事，為太師史衛王起靈。其詞曰：「三界無法，何處求心。四大本空，應無所住。故我太師衛王，乘願力而來，乘願力而去。以去來為寂滅之場，以生死為遊戲之具。千載一時，百世一人。位兼文武，澤被寰瀛。曾扶杲日，直掛青冥。視伊傅周召，未肯多遜；孜韋李房杜，莫之與倫。至於相門出相，聲光赫奕，二十七考。中書汾陽，亦應避席。登者壽、保終吉，茆土裂封，王爵世襲。此又振古所無，豈可求之方冊？今而已矣，孰不痛傷。仕宦至將相，富貴歸故鄉。昔未得歸今始歸，生死二途元不別。二途不別，十字縱橫。腳頭腳底通霄路，直踏毗盧頂上行。」（《石田法薰禪師語錄》

---

159 按：曾從龍卒於端平二年十二月甲辰（16 日），換算成西元已為 1236 年 1 月 25 日。

卷四）端平更化從明年開始。趙葵（1186-1266）進兵部侍郎、淮東制置使兼知揚州。大慈開山笑翁妙堪辭住持任，在大慈山共三年。明年，「梅花詩案」結束，詩解禁。[160]淳祐十二年（1252），理宗御製史彌遠神道碑，額云：「公忠翊運定策元勳之碑」，在大慈山。史彌遠逝後，他所請住大慈開山的笑翁妙堪辭去，大慈虛席。後由史彌遠之次子史宅之（1204-1248）請大川普濟補處，經「敷奏」之後，由皇帝「給敕」後上任。

按：笑翁妙堪於紹定二年（1229）奉旨入靈隱，在靈隱三年之後，於紹定四年（1231）踐大慈開山之約，至是年史彌遠死後，辭大慈住持之任。時張即之在四明，招入翠巖（即翠山）。是年或稍後，張即之為笑翁等諸翁書少陵詩數軸，大觀此時亦在座，亦得其所賜。是年笑翁五十七歲，張即之四十八歲，故大觀於二十年後，作〈跋樗寮真跡三軸〉，略云其所藏樗寮作少陵詩軸，是張即之「中年得意書」（《物初賸語》卷一七）。

端平元年甲午（1234）

◆ 道璨二十二歲、大觀三十四歲、善珍四十一歲、元肇四十六歲、居簡七十一歲。

◆ 二月既望，善珍作〈靈隱結夏冬齋捨田記〉，敘紹定五年（1232）陳都鈐（軍馬都鈐轄）施平江田之歲入予靈隱寺事（《藏叟摘稿》卷下）。

◆ 秋八月，李心傳撰〈安吉州烏程縣南林報國寺記〉，時為奉議郎秘書省著作左郎兼四川制置副使司參議官（《兩浙金石志》卷一一）。

◆ 秋，居簡作〈通泉廣福院記〉略云：「吾廬距此僅一舍，淪棄江海，足跡未始至。端平改元秋，鄉州某寺某僧，移書訪問生死，屬予紀歲月。噫！幾千年矣！世果有千年之國乎？歷年之多，莫如三代。夏商之歷，莫如周。周之

160　參看程章燦，《劉克莊年譜》，頁 98-102。

季，建空名，惴惴立於地。大眾富強有力，諸侯之上，年不加少，豈能盡八百之歷哉？揆之操壞圬者之言，則百年之家，亦復無有。然則，樹一剎於深山邃谷，更歷如此其久，獨何如？由吾師淑諸徒，以戒定慧為之主，慈忍精進為之張。正心誠意，發其用以游人間世，利己利物，以成厥志，後世雖未必盡聞盡明，聞者不自棄，自棄者虐也。明者不矜衒，矜衒者賊也。故能通神明、行蠻貊，久於其道，而綿世守。若夫焚蕩於強暴，毀斥於雄罵，如風吹花，如刀截風，持危扶顛，以大此宗，以承厥終。」（《北礀集》卷四）

◆ 九月，劉克莊除宗正簿，年四十八歲，與孟珙、顏頤仲、趙汝談、游似（？-1252）等同朝相善，皆善珍之友。時孟珙四十歲、顏頤仲四十七歲、趙汝談六十餘歲、游似年不詳。

◆ 十月，雙杉中元之友陳貴誼卒，年五十二（《鶴山先生大全文集》卷八七）。按：陳貴誼官至參政。他任參政時與其兄國史陳貴謙於武康龍山剙雙杉庵舘雙杉中元（《枯崖漫錄》卷中）。無準師範住徑山時，理宗嘗召見，宣詣慈明殿陞座。理宗垂簾而聽，以所說法要，示參政陳貴誼。貴誼奏云：「簡明直截，有補聖治。」乃賜佛鑑禪師號并縑帛、金銀錢、香盒、茶藥等；侍僧各賜金帛有差，仍降銀絹僧牒，俾助營繕。寵光錫賚，由佛照以來，未之有也（見下文）（《無準和尚奏對語錄》）。

◆ 冬，善珍與淨慈的福建同鄉雙杉中元分別，故其〈祭雙杉塔〉說：「甲午之冬，一笑分袂。」此外，他又於是年離靈隱至安吉州之思溪、圓覺，因與元肇相識而交游，故元肇示寂後，他在〈跋淮海塔書軸後〉說：「淮海少年時嘗賫詩謁水心先生，先生和其詩，由是叢林雖不識者，亦稱肇淮海。每得句，必對余朗誦，以手觸余懷，涎沫噴予面，不顧也，然其中恢踈無他腸。水心文章鉅公，常非其所學，或謂見水心有所得，此語得之烏有先生耶？抑亡是公也？」（《藏叟摘稿》卷下）

◆ 善珍當於是年獲泉州蒲壽宬之〈寄思溪老藏叟珍善人〉一詩，其詩云：「萬折苕溪水，精廬若箇邊。菰菱時入供，包錫暮行船。月朗無雲夜，鵬橫欲雪天。了知身是客，莫負故山緣。」（《心泉學詩稿》卷四）善珍有〈次蒲心泉韻〉一詩，當是酬蒲壽宬之作。其詩云：「京華厭塵土，借屋瞰湖邊。驢寒馱詩笈，鷗閑傍酒船。啼鵑殘月曉，細雨落花天。何日東林伴，同修蓮社緣？」（《藏叟摘藁》卷上）

按：蒲壽宬原是西域人，住泉州，是南宋末叛宋降元的泉州守蒲壽庚（1205-1290）之兄。[161]

◆ 善珍或於是年入思溪之後撰〈湖州小山寺重新佛殿兩廊諸屋疏〉，疏文云：「高僧罷講，啣花百鳥不來；大廈須材，回首萬牛難挽。放寬尺度，拔起草萊。要庇寒士，皆使歡顏；毋令巧匠，旁觀袖手。萃眾木取其尤者，合諸屋修而作之。神靈扶古殿以重興，風雨撼泰山而不動。經營香火願，再尋曩世之因緣；告訴棟梁摧，莫怪垢衣之藍縷。」（《藏叟摘藁》卷下）

◆ 是年元肇友方萬里卸任江陰軍守。

端平二年乙未（1235）

◆ 道璨二十三歲、大觀三十五歲、善珍四十二歲、元肇四十七歲、居簡七十二歲。

◆ 五月，真德秀卒，年五十八歲。十月，劉克莊為作〈行狀〉，時年四十九歲。真德秀時為江東部使者時，曾虛東林命居簡主之，居簡以疾辭（見上文）。

◆ 中秋，徑山無準師範于凌霄閣作書致兀庵普寧（1197-1276），略云：「寧侍

---

161 蒲壽宬生平大略及與善珍之關係，見筆者《文學僧藏叟善珍與南宋末世的禪文化》。

者自育王至雙徑，首尾相從，已經數載。見其孜孜為道，真本色衲子。秋風吹衣，忽來告別；且袖紙求語，而謁蔣山。吾不欲特地固却之，而所請益堅。因謂之曰：『昔太師祖據鍾阜，大慧居五峰，一時龍象，往來二開士之門，憧憧致武於道，又不知誤了多少人家男女。吾故不敢仰視前輩，而癡絕兄實當世宗匠，此行若空去，後必實回。若使實去，必須空回，斷無疑矣。或恐問著，此問如何若何，却不得妄通消息。何故？彼此老大。』」（《兀菴普寧禪師語錄》卷末）無準是年五十八歲，兀庵是年五十七歲。

◆ 九月二十八日，善珍之師靈隱妙峰之善示寂，壽八十四歲。入寂前澡身趺坐書偈云：「來也如是，去也如是。來去一如，清風萬里。」葬靈隱之西岡，鄭清之銘其塔（《續傳燈錄》卷三五）。遺書至淨慈，住持石田法薰上堂云：「通天大路。鐵壁萬重。全機拶透。笑破虛空。羚羊掛角不留蹤。」（《石田法薰禪師語錄》卷一）妙峰既卒，石田法薰由淨慈奉旨繼其席（《雪巖祖欽禪師語錄》卷二）。

按：妙峰之善於紹定四年（1231）入靈隱時已經八十歲，據說「晚至靈隱亦非所樂」。善珍當於紹定五年（1232）妙峰入靈隱之第二年入靈隱從妙峰，並掌記室。他於去年寫的〈靈隱結夏冬齋捨田記〉提及紹定五年（1232）陳君施田事，距此年有四年，其時之善年八十，剛入靈隱不久。據說，「妙峰晚年，足不越限，晝夜惟擁楮衾兀坐。垂示語言，皆發藥人。鄭公題其錄云：『師於佛法中，橫鶩直貫，曾無留難。如方圓器，滿貯虛空，不可執著；如七寶山，湧智慧泉，悉具法味。』可謂知言矣。」（《枯崖漫錄》卷上）故《續傳燈錄》說，妙峰在靈隱之時，因靈隱與朝廷甚近，輪蹄湊集。妙峰「掩戶若不聞，一無所將迎。公卿貴人或見之，寒溫而已。」會天童虛席，時鄭清之秉鈞軸，謂非妙峰莫宜居，因勉妙峰行。妙峰答曰：「老僧年踰耄矣，尚夜行不休乎？」鄭清之高之（《續傳燈錄》卷三五）。考清之任相在紹定六年（1233），其年史彌遠為太師左丞相，封會稽郡王，鄭清之為右丞相兼樞密使，應即是請之善入天童之時間，然為之善所婉拒。

◆ 石田法薰遷靈隱，繼妙峰之住持之席，是年六十五歲，任靈隱住持十年（《物初賸語卷》二四，〈石田禪師行狀〉；《石田法薰禪師語錄》卷四）。
  按：《靈隱寺志》於石田法薰之後，列癡絕道沖與妙峰之善，但只說石田於是年入靈隱，未說明妙峰何時入。《雪巖祖欽禪師語錄》（卷二）說：「**妙峰死，石田繼席。**」證明《靈隱寺志》之排序有問題。

◆ 十月初三日，元肇在安吉州道場受請入通州報恩光孝禪寺，在寺三年。
  按：《淮海元肇禪師語錄》說紹定六年（1233）十月初三在安吉州受請入通州報恩光孝寺，疑誤，應在是年入通州，見上文。

◆ 日僧圓爾辨圓、神子榮尊、性才法心、湛慧等來宋。

◆ 寶曇之友張鎡可能於是年卒於象州，享年八十三歲。
  按：張鎡之卒年一直有異說，或說在嘉定四年（1211）貶象州時，或說在其後。上文顯示嘉定四年不可能，此處暫採王兆鵬《唐宋史論》及《兩宋詞人叢考》與曾惟剛《張鎡年譜》根據吳泳〈張鎡追復奉議郎致仕制〉中「**一償二紀，遂死瘴鄉**」之說法。蓋張鎡於嘉定四年貶象州，至是年前後計二十四載，正符「二紀」之數。[162]

端平三年丙申（1236）

◆ 道璨二十四歲、大觀三十六歲、善珍四十三歲、元肇四十八歲、居簡七十三歲。

◆ 六月二十六日，居簡作〈飄風行〉，十七日後又作續篇（《北磵詩集》卷八）。

162　王兆鵬，《唐宋史論》，頁 334；《兩宋詞人叢考》，頁 228-230。曾惟剛《張鎡年譜》，頁 262。

◆ 元肇或於是年作〈寄尹教授〉詩，致梅津山人尹煥。詩云：「雁塔題名二十年，青衫手板坐無氈。時清朝野諸公薦，句好江湖萬口傳。杜宇不啼淮樹冷，宮鶯未老上林煙。麟臺鳳閣思靈徹，只在山邊與水邊。」（《淮海挐音》卷下）

按：尹煥於嘉定十年（1217）登吳潛榜進士，[163]至是年正好二十年，登第後至此時，只任過潛江縣（今湖北）縣尉。元肇詩之首兩句，有為他嘆息之意。後數句則預測他將來會受薦而登鳳閣鶯臺，勿忘了在山邊或水邊的老友，把自己比成唐代的詩僧靈徹。

◆ 元肇之〈和洪提舉送《平齋集》〉，最早作於是年。因洪咨夔於是年任提舉萬壽觀兼侍讀，故元肇稱之為洪提舉。

◆ 是冬大寒，癡絕道沖於金陵北山作書致兀菴普寧，略云：「無準老送寧侍者，謁予，且有不得妄通消息之訓。教兒迷子之訣，自當如是。殊不知子未下五峰，此消息已塞破四天下。無你左遮右掩處。況無準老有三千里外定殼訛底眼目，早已知予誤了人家男女，子歸當自知之矣。」（《兀菴普寧禪師語錄》卷末）。

按：道沖之書，係針對無準去年送普寧書而作，見上文。

◆ 道璨遇清奚翁於南閩，其〈送清奚翁序〉云：「嘉熙丙申得清奚翁於南閩」，又說「明年會於永嘉，又六年會於臨川，又三年會於錢塘。其才之美，眾人未識予獨先知之。」嘉熙無丙申年，此序誤端平三年丙申為嘉熙丙申（《無文印》卷八）。

◆ 道璨作〈中沙張公墓誌〉謂將求道四方，特別回豫章辭別張祥龍（仲符）於竹屋下，張送之以序，告誡道璨曰：「勿泛而求也，勿追而索也，勿拘而泥

163　參看王兆鵬，《兩宋詞人叢考》，頁 214。

也，勿肆而誕也！」（《無文印》卷八）

◆ 是年，柏庭善月得目眚，請老上竺東菴。他於紹定五年奉旨再領上竺，人皆
以坡仙「師去忽復來，鳥語山容開」之句為之賀（《佛祖統紀》卷一八）。
按：東坡之句，出自〈聞辯才法師復歸上天竺以詩戲問〉一首，原詩前半云：
「道人出山去，山色如死灰。白雲不解笑，青松有餘哀。忽聞道人歸，鳥語
山容開。」（《蘇軾詩集合注》卷一六）

◆ 是年，趙若珺與癡絕道沖于獨龍岡下相識，成為好友。癡絕卒後，趙為癡絕
道沖撰行狀（《癡絕和尚語錄》卷末）。

◆ 笑翁妙堪領台州瑞巖寺逾月，應溫州守史彌忞（1214 年進士）之請，先入溫
州能仁，再遷江心寺（《物初賸語》卷二四，〈笑翁禪師行狀〉）。
按：《南宋元明僧寶傳》（卷五）說：「台郡陳使君，邀居瑞巖。居無何，
又遷江心寺，乃淳熙壬寅年也。」又說：「紹熙癸丑年，佛照〔德光〕再赴
壽皇詔，而育王席虛，以堪補之。」誤甚！淳熙壬寅是淳熙九年（1182）年，
笑翁才六歲，而紹熙癸丑是紹熙四年（1193），笑翁妙堪才十七歲，不可能
入育王繼佛照德光席。「台郡陳使君」，依大觀之說法，其實是台州守陳振
孫（？-1262？）。陳振孫於去年二月初六日以朝散大夫、知台州兼權提刑，
八月正除，十月二十八日到任，明年五月改知嘉興府（《會稽續志》卷二）。[164]

嘉熙元年丁酉（1237）
◆ 道璨二十五歲、大觀三十七歲、善珍四十四歲、元肇四十九歲、居簡七十四
歲。

---

164 參看徐小蠻、顧美華，〈關於陳振孫之生平和著述〉，《直齋書錄解題》（上海：
上海古籍出版社點校本，1987）附錄二，頁 700，706。

◆ 二月九日，居簡作〈高秘閣金書心經頌〉，序文述判府高之問秘閣登（湖州？）東禪明覺院比丘妙信所創華閣，該閣舍補陀大士。高秘閣時年八十八歲，居簡誤為八十九歲。頌曰：「大般若心，即天地心，區區冥求。滄溟索針。爰有大智，金書作供。欲充佛身，妙發機用。佛塵沙身，無乎不在。作如是觀，墮世間解。離世間解，復何所求？於東招提，一瞬協謀。塵沙佛身，初湧出海。小白花開，物物三昧。願以所書，印厥心地。此念始藥，玄覽斯契。寶脊杳然，虛函以俟。若其後合符節，如龜從筮，微此大智，孰考其眹。惟神而明，函蓋相稱。我觀此經，非金非字。而此寶脊，未始啟閟。繫正法明，曰觀世音。澄五濁瀾，如一月臨。臨茲大智，淨徹無垢。介以景福，介以眉壽。」（《北磵集》卷六）高之問去世時，元肇撰〈挽高鼓院〉一詩云：「葉墮遍空萬景沈，致芻誰不重傷心。仕當釣石歸來蚤，閒比香山樂更深。一片新碑難載德，百年故土絕遺音。定從兜率天中去，莫向桃源路上尋。」（《淮海挐音》卷下）

按：嘉定八年（1215）八月二十二日，高之問之頭銜為「監登聞鼓院」（《宋會要輯稿》〈職官〉七三），故元肇以「高鼓院」稱之。

◆ 三月十日，良渚沙門宗鑑成《釋門正統》，並序其書（《釋門正統》卷首）。

◆ 三月十八日，魏了翁病逝於蘇州，年六十歲。[165]居簡作〈祭魏鶴山〉云：

　　天之降才，生民所繫，以其所餘，為用于世。
　　公生人間，鳳凰匪瑞，況復芝草，明月火齊。
　　品有定價，不足酬貴，峨岷之秀，河嶽之氣。
　　蚩蚩華問，震天下士，聞輒意消，見輒心死。
　　校書天祿，咸問奇字，西蜀旌旄，令負弩矢。

---

165 繆荃孫，《魏文靖公年譜》（北京：北京圖書館藏珍本年譜叢刊第33冊，1999），頁359。

> 逮于更化，表表愈偉，簪不小低，望益峻峙。
>
> 絳灌斗筲，交口讒詛，不獨不用，抑又棄置。
>
> 清流之顙，潛涕交泚，諸老日零，後東山起。
>
> 如魯靈光，屹若不倚，騎箕而上，天弗慭遺。
>
> 官隨身殞，不殞名氏，青史芬芳，終古不墜。（《北磵集》卷一○）

按：魏了翁學尊孔孟，不喜佛老，且攻浮圖甚厲，居簡並無與魏了翁來往之記錄，但與其友葉適、劉宰等相交。此祭文之作，可能是因魏了翁卒前在蘇州，而居簡正在蘇州之故。另一方面或因為他是蜀人，與居簡為同鄉之故。

◆ 八月，劉震孫以承議郎赴吳興守任，慨道場古剎弊於庸緇攘奪，以居簡蔚為尊宿聞於朝。宰相喬行簡（1156-1241）給尚書省箚，故居簡在湖州道場山護聖萬歲院應在是年。一年後，有旨遷淨慈寺，亦是喬行簡所遴選（《物初賸語》卷二四）。

按：劉震孫，字長卿，號朔齋。東平人，忠肅公劉摯（1030-1098）元孫，文清公漫塘病叟劉宰之子，魏了翁之壻，於是年八月守湖州。[166]為喬丞相行簡樞屬。寶祐間提舉廣東常平倉，起壽安院，收容疾病無依者，全活甚眾。晚歲為宗正少卿兼中書舍人，終禮部侍郎（《清容居士集》卷三三）。劉震孫與叢林多位禪師相交，其父劉宰與居簡亦有往來，居簡曾有寄劉宰詩數首。如〈寄漫塘劉平國索竹岩錢德載挽章〉（《北磵詩集》卷三）及〈劉漫塘寄謝宜興三詩屬宜興所和〉（《北磵詩集》卷七），證明他與劉宰頗相過從。

◆ 九月二十三日，趙希佋（野雲）終于官舍，年七十二歲。十二月十九日葬于嘉興府嘉興縣胥山。居簡之〈趙野雲墓誌銘〉一篇，即是為其所作。文中說：「落魄孤山，南北蕩幽；尋窅索深，探遐眺覘。陳為新作，不經人道。語弗警拔清麗，弗出也；非樵山漁澤、牧兒竈婦一見抵掌能歌之，弗出也。談謔

---

166 劉震孫任湖州守時間，見李之亮，《宋兩浙路郡守年表》，頁 209。

嘯詠傾坐人，邂逅朋酒罔不致，不至不適也。凡給侍奔走，過不加箠楚。長
安市為貴游藪，一跡不印其門前地。零圭斷璧不自愛，流落山翁溪叟間。好
事者方搜訪次第，編而哀之，鏗鋐其身後，慰其九原沉酣之靈。」銘曰：「忍
子啜羹，沒身扣闇，有子無子，烏乎論。」（《北磵集》卷一〇）
按：趙希伃生平事跡不詳，但居簡深識他，虛堂智愚也與他有來往，虛堂有
〈訪趙野雲不值〉云：「久思閒對老維摩，欲話眾生病痛多。丈室無端鐵門
限，未應容易野人過。」（《虛堂和尚語錄》卷七）

◆ 十月，無準師範授入宋日僧辨圓圓爾法語一篇，圓爾嗣其法為弟子。

◆ 居簡作〈三女岡〉、〈華亭南橋明行院記〉及〈明行院結界記〉（《北磵集》
卷四；《紹熙雲間志》卷中；《至元嘉禾志》卷二十）〈華亭南橋明行院記〉
之結銜為「勑差臨安府淨慈光孝禪寺住持僧北磵居簡」，知居簡是時在淨慈。
按：居簡之〈明行院結界記〉說：「余作三女岡、明行院記於嘉熙初元」，
即此年。「三女岡」在華亭縣東南八十里，相傳吳王葬妃于此。居簡根據《華
亭圖牒》所載說：「春秋時夫差三女子墓田曰三女岡，聲詩則播。諸唐令尹
詢，并荊公王介甫、都官梅聖俞，邇岡之刹曰安和。」王安石曾有詩云：「自
古世上雄，慷慨擅功名。當時豈有力，能使死者生。三女共一邱，此憾亦難
平。音容若有作，無力傾人城。」（《臨川文集》卷一三[167]；《方輿勝覽》
卷三）

◆ 是年七月，理宗詔徑山無準師範禪師入對修政殿，賜金襴袈裟，宣詣慈明殿
升座說法。理宗垂簾而聽，謂大參陳貴誼，以其留心內典，以師所說法要示
之。陳貴誼奏云：「簡明直截，有補聖治。」乃賜「佛鑑禪師」號并縑帛、
金銀錢、香盒、茶藥等。侍僧各賜金帛有差。仍降銀絹僧牒，俾助營繕。寵

167　按：《方輿勝覽》所錄與安石文集略異，如「當時豈有力」一句作「豈時強有力」；
　　「音容若有作，無力傾人城」作「音容若可作，無乃傾人城。」

光錫寶，由佛照以來，未之有也。」（《佛祖統紀》卷四八；《無準和尚奏對語錄》）[168]

按：據《無準師範禪師語錄》，嘉熙三年正月二十五日，無準師範在徑山奉聖旨特賜「佛鑑禪師」號。師領眾迎接，望闕謝恩畢，遂鳴鼓陞座。是《語錄》與《奏對錄》之記載，顯有矛盾。茲從《奏對錄》。又《佛祖統紀》（卷四八）說是年「太后王氏薨」，故理宗詔無準入對問道，但理宗朝之「太后」為楊太后，無「太后王氏」其人，今不取。

◆ 道璨會清奚翁於永嘉，與俊癯翁定交（《無文印》卷八）。

按：清奚翁為道璨幾位詩友之一。道璨於上文所引之〈送清奚翁序〉稱他「其才之美，眾人未識，予獨先知之。嗜學功夫，吾見其進而未見其止也。」又說：「予生也幸，受教師友，不可謂不略涉其瀕（按：指文學），然中隘近燥，語直近訐，簡事近傲，所以為吾賊者，莫甚三物。平而氣，養而疾，既奉面訓於先圓照；低一堦，退一步，又受筆語於先癡絕。今而後知用力矣。奚翁學優而不燿，氣直而不回，此予之所以甚知也。深懲痛艾，以求無愧於前之所云者，亦能一日用其力乎？仲尼不云，『行有餘力，則以學文？』」（《無文印》卷八）他曾有〈與清奚翁書〉，略云：「某歲晚山中逾月之留，安之存之，翁不遺餘力；風雪滿山，不識天地間果有寒色也。分座說法，翁優為之。提綱疏語，簡明而頓挫。凡今之以禪自負，以文自挾者，未必能出此。高才我所敬…。」（《無文印》卷一九）

◆ 雙杉中元禪師從是年起在靈隱石田法薰堂中為第一座，於是年至四年之間，曾上丞相書，言朝廷新指揮買師號、金環、象簡之弊云：「正月十三日，景德靈隱禪寺前堂首座，前住持嘉興府天寧寺僧中元，謹熏沐獻書樞使大丞相國公。竊以為佛老之教，救世計也。其所以與儒道相參於天地間，以能開悟

---

168 按：《佛祖統紀》原文誤「嘉熙」為「嘉禧」，釋道法之《佛祖統紀校注》（上海：上海古籍出版社，2012）並未訂正。見該書頁 1145。《無準和尚奏對語錄》只說是年七月，但「是年」不詳何指。

性真，不墮邪見，其功未易量也。我朝太宗皇帝嘗曰：『釋氏之道，有補教化。』孝宗皇帝亦曰：『以佛修心，以老治身，以儒治世，斯可也。』張文定謂：『儒道淡薄，一時聖賢盡歸釋氏。』而關洛諸公，亦必玩味釋氏之書，而後能接續洙泗不傳之秘。然教必有主，必有師。國家以度牒許人承買，凡有僧者，各尋師以為依歸。師苟有道行，則可使迷者悟，塞者通。其禪助世教，要非小補。近世貨賂公行，求為住持者，吾教之罪人。若以例傳，天下之賢者必深藏遠遁而已，其肯出而為師？夫師廢，則正法微；正法微，則邪法熾。以清淨之門而為利慾交征之地，非國家之福也。譬如家塾黨庠不能無師，不求其能傳道解惑者為之，而惟賄是視，則弟子何以仰？孔門之教亦幾乎熄。佛老之道何以異是？若謂佛老之徒，身居大廈，日享膏腴，不蚕而衣，不耕而食，為世所嫉。然天下之人，有無用於世而坐享膏腴之奉者尤眾，何特僧道？寺觀創立，常住供養，非官與之也，以眾人樂施而與之也。寺觀有田，稅賦尤倍，又有非待不時之需，正與大家相似。今既買度牒以錢，免丁又增以錢，官府無絲毫之給，而徒重責其利於無窮，則僧道可謂不幸矣。國家愛惜名器泛濫，何以勸勵天下？僧道若以賄得金環象簡，得諸處住持，則罵頑無賴之徒，皆以賄進，何以整齊風俗？況寺觀雖多，其常住闕乏者甚多。縱使此令一行，第能率斂寺觀之大者，其小者亦豈能應其求？如此則所得能幾？況僧道非能自出己財，求為住持，必將取之寺觀。師徒相殘，常住心壞，所謂膏腴將見蕪穢，所謂大廈將見為丘墟，所謂溫飽將見為凍餒。部雖有牒，誰將請之？歲雖有丁，誰將輸之？今日軍需糴本秤提諸券，無非鬻爵。鬻爵之者，或累於國。牒之多者，無病於官。乃徇一時不卹之事，斷喪千萬載之利源，殆非理財之長策也。伏覩近降旨揮，增錢鬻爵，識者病之，事不果行。總所今來陳請，正亦類此。伏望鈞慈詳酌利害，特有敷奏，盡行寢罷服號之命令，僧道不勝幸甚。伏惟鈞慈，俯賜鑒念。不備。」（《枯崖漫錄》卷三）

◆ 日僧湛海、道祐先後入宋。湛海謁法照，道祐參徑山無準。

◆ 東閣趙汝回年四十九歲，為薛師石《瓜廬集》撰序，序中說薛師石「年五十

一而死」，計其時間，在紹定元年（1228）。

◆ 善珍友南塘趙汝談卒，年六十餘歲。

嘉熙二年戊戌（1238）

◆ 道璨二十六歲、大觀三十八歲、善珍四十五歲、元肇五十歲、居簡七十五歲。

◆ 是年春下旬，居簡作〈送觀書記序〉，與物初大觀別。其文略云：「晚得吾觀物初，從容於大中。尊所聞、強記覽，未見其止。睡再鼾，吾伊聲猶在人耳。偕來虎巖，當妄庸爭奪甫定，掉頭舍我而它之吳越。家林深眇，一枝可以憩勌翮；去不俟留，還不俟速，懼其去而忘還也。則謂之曰：『琴川苕溪，一葦可航。日損日新，勿謂蜚廉慵而不我告。』嘉熙戊戌春下澣，北磵序物初而與之別。」其後，又為無外義遠書記作〈無外序〉（《北磵集》卷五）。

◆ 是年，宰相喬行簡（1156-1241）遴選北磵居簡入住淨慈，大觀說他「一住六年，終老不倦椎拂。」（《物初賸語》卷二四，〈北磵禪師行狀〉）劉震孫在其〈《北磵居簡禪師語錄》序〉說：「天子知其名，詔遷淨慈，卒老於斯。」（《北磵居簡禪師語錄》卷首）
按：居簡原於嘉熙元年（1237）八月後，為新任湖州守劉震孫推薦至湖州道場山。並由喬行簡給省箚已見上文。是年入淨慈仍是喬行簡之推薦。他在淨慈「一坐六年」之說，其實有誤，應該是「一坐五年」。因為淳祐二年（1242）妙堪奉旨主淨慈，應該是在居簡謝事之後。他謝事之後，仍住淨慈。而妙堪是繼大川普濟來領淨慈的，時間也不長，由天目文禮繼之，大概是淳祐四年前後之事。如他「一坐六年」，則時間應至淳祐三年，與大川及妙堪入淨慈之時間相衝突。《淨慈寺志》在記載居簡之後的淨慈住持，糾纏不清，頗有問題。[169]

169　參看筆者〈南宋五山禪寺住持選任考實〉（待刊稿）。

◆ 無學祖元入淨慈禮居簡為師，時年十三（《佛光圓滿常照國師年表》）。
按：無學祖元之兄仲舉先從淨慈居簡，適歸省，攜之與俱往淨慈，僅四閱月，遂祝髮受戒，為北礀弟子。居簡後有〈送元侍者〉云：「國師三喚小空時，眼見東南意在西。風雨蕭蕭曉如晦，嘮嘮待爾一聲啼。」（《北礀和尚外集》；《佛光國師語錄》卷末附錄）而祖元後有〈海中夜泊懷仲舉師兄〉云：「破頭船子打頭風，咫尺仙凡信不通。偷眼幾回著五兩，夜潮誰在海門東？」（《佛光國師語錄》卷二）

◆ 元肇作〈通川城西義壇記〉，述新司鑰內帑高君母夫人孟氏設義壇事，並謂高君之名為高容（《淮海外集》卷上）。

◆ 是年，程公許自中秘丞考功郎得祠去國，維夏篼輿遊諸山，過雙徑留五宿，遇鄉僧安侍者為瀹茗焚薌於不動軒，得詩一軸，即淮元肇所作。
按：《兩浙金石志》（卷一一）有此描述：「雲臺散吏眉山程公許，自武林過吳興，訪郡太守東平劉長翁，命其子儒珍，偕館客南鄭蘇垓，漢嘉趙庭，眉山王櫑，載酒拉浚儀趙綸夫，自碧瀾堂放船登弁山頂觀太湖，謁詳應宮，窺金井洞，徘徊文節倪公雲巖，走趙氏玉林，飯九曲池，取法華院陟上方，晚飲沈氏小玲瓏。金井磨崖上方刻柱，皆□東坡先生寶墨。」

◆ 九月十九日，石溪心月在徑山受請住建康府蔣山太平興國禪寺（《石溪心月禪師語錄》卷一），繼癡絕道沖之席。癡絕在蔣山十三年後，應請入福州鼓山。

◆ 臘月佛成道日，鼓山晦室師明輯成《續古尊宿語要》，並序其書（《續古尊宿語要》卷首）。比丘宗源作〈《續古尊宿語要》跋〉（《續古尊宿語要》卷末）。

◆ 別山祖智出住洞庭之天王寺（《南宋元明禪林僧寶傳》卷七）。

◆ 善珍友南塘趙汝談去年去世，劉克莊於是年作〈挽南塘趙尚書〉二首，又作
〈南塘趙尚書祭文〉，時年五十二歲。挽詩之一云：「起掌端平制，蕭蕭素
髮新。更生宗室老，太白謫仙人。貴矣行施馬，悲哉筆絕麟。誰為篆華表，
題作宋詞臣。」其二云：「自從水心死，塵柄獨歸公。於易疑程氏，惟詩取
晦翁。二箋家有本，孤論世無同。不復重商確，騎鯨浩渺中。」（《後村先
生大全集》卷一一）祭文云：

　　烏乎！
　　紹熙之相，用公不勇，竟令天僇，謫墮濁冗。
　　端平之相，勇於用公，掌制持橐，不出歲中。
　　時議出師，稍拓故地，公實苦爭，疏一箋二。
　　諫墨猶濕，師潰弗支，朝野太息，謂公著龜。
　　相公客逐，公從媯至，自結明主，尤厚新揆。
　　諸生惓惓，欲捄危機，更諷迭論，去佞格非。
　　公獨愀然，云此無益，大後一封，讀者喈喈。
　　向也鳳兮，覽德之輝，今也鳳兮，何德之衰？
　　在昔謝公，語未嘗謬，偶然一差，白雞告咎。
　　公之奏篇，與計俱傳，夷考平生，素論豈然。
　　眾讙而指，日月之食，公笑而受，春秋之責。
　　公有溢美，人所未知，安得南薰，為公書之。
　　世論刻深，幾於文致，我諒公心，涕唾榮利。
　　少於先儒，蓋多難擬，晚於時賢，不苟和隨。
　　咸韶文章，玉雪標度，百年以來，江表獨步。
　　長江萬里，老栢千尋，枝樛派曲，未害高深。
　　公於西山，若有遺憾，交道方喻，我則不敢。
　　烏乎！哀哉！（《後村先生大全集》卷一三七）

◆ 史嵩之拜參知政事，督視京湖江西兵馬，時年五十歲。孟珙為京湖制置使，

時年四十四歲。

嘉熙三年己亥（1239）

◆ 道璨二十七歲、大觀三十九歲、善珍四十六歲、元肇五十一歲、居簡七十六歲。

◆ 正月，無學祖元登徑山參無準師範（《無準師範語錄》卷二）。無準師範在徑山其時徑山號為多士，斷橋妙倫為第二座，於此年東歸，寓巾峰（《斷橋妙倫禪師語錄》卷下）。

◆ 四月十三日，節齋趙與𥳑以中奉大夫、直敷文閣知平江府兼浙西兩淮發運副使，選西巖了慧主徑山。據說「時吳門諸剎，多為妄庸所據，會節齋趙觀文，時以文昌作牧，庸緇望風。退避，虛席處一十有九。〔節齋〕集諸山選本色，師出世於定慧，一香為佛鑑拈。識所得也。」（《西巖了慧禪師語錄》卷二，〈行狀〉；《物初賸語》卷二四）
按：趙與𥳑兩度知平江，第一次在是年，第二次在寶祐三年。「文昌」是六部尚書之別稱，趙與𥳑在知平江前曾兼戶部尚書（《宋史》四二三），故稱「文昌」。

◆ 十月，劉克莊為囊山辟支僧祖賢撰〈賢首座墓誌銘〉。祖賢於是年示寂，年五十六歲，劉克莊時年五十三歲。

◆ 居簡作〈明行院結界記〉，略云：「余作三女岡明行院記於嘉熙初元，越二年，結大界相成，薦請紀其事。」（《至元嘉禾記》卷二〇）

◆ 是年，道璨在杭州，寫〈無岸序〉（《無文印》卷七）。

◆ 道璨同故人雲太虛遊東山，借榻謝家池館，認識傑笑雲，築樓曰見山（《無

文印》卷六）。

◆ 張即之五十四歲，寫《維摩詰經》三冊。

◆ 癡絕道沖入雪峰，在雪峰半年後移天童。道璨〈癡絕行狀〉謂「嘉熙己亥，侍郎東畎曹公豳帥閩，聞師道望，以鼓山來聘，未行。雪峰牒至，領事半年而天童詔下。…明年，得歲，重集如海，法度修明，雖宏智盛時，殆不之過。」（《無文印》卷四），〈癡絕禪師行狀〉）。《癡絕道沖禪師語錄》（卷上）說嘉熙三年己亥，十月初三日入天童景德寺。可見是年十月前在雪峰。又在雪峰時，與陳韡（1179-1261）有宿素之雅。陳韡曾招飯私第，以項王像求讚。癡絕即拈筆書云：「拔山非力，蓋世非氣。八千子弟，同謀共濟。人皆謂天下大器，不可以力爭，必先仁義。殊不知天假其手，以誅暴秦，然後使寬仁愛人者之為帝。吁！其亦有補於斯世。」陳韡大奇之（《枯崖漫錄》卷下）。是年癡絕七十一歲，居簡或於是年作〈送僧之太白再見癡絕〉（《北磵和尚外集》）。
按：《釋氏稽古略》卷四云：「嘉熙三年移雪峯，方半載詔遷天童。」但趙若琚所撰〈癡絕禪師行狀〉（《癡絕道沖禪師語錄》卷下）說是去年入雪峰，其說曰：「會鼓山虛席，即命師主之，未行。遷雪峰。嘉熙戊戌（1238）入院，甫半載，有旨住太白名山。適育王住持未得人，因師之至，又強之兼領。師往來兩山間，四方學者從之如歸市，聲聞京師。」與道璨及語錄之記載異，茲從道璨及語錄之說。《補續高僧傳》（卷十一）亦謂去年有旨住太白名山，或本趙若琚所撰行狀之說。《天童寺志》（卷三）之癡絕傳則本道璨所撰行狀。

◆ 居簡之友漫塘病叟劉宰卒，年七十四歲。劉宰為劉震孫之父。劉震孫是年四十三歲。

◆ 愚谷元智住平江薦福，後遷洞庭翠峰、宜興芙蓉。退居靈隱，後起住泉之法

石（《繼燈錄》卷二）。住法石事見下文。

◆ 史嵩之為左右相兼樞密使，督視兩淮四川京湖軍馬，時年五十一歲。孟珙挫蒙古軍，復襄陽、光化等地，時年四十五歲。

嘉熙四年庚子（1240）

◆ 道璨二十八歲、大觀四十歲、善珍四十七歲、元肇五十二歲、居簡七十七歲。

◆ 是年春，彗見營室，臨安大飢。淨慈在居簡之領導下，克服困難，四眾均飽。大觀在後來所寫的〈淨慈知事祭北磵〉一文中說「歲在庚子，時方告飢。顧領水雲，見於色辭。師始莅此，從容有為。割長助耀，飽均眾緇。俯接方來，愈老弗衰。…」（《物初賸語》卷二一）

◆ 冬雪後，大觀之友濬上人出示李商老（李彭）真蹟供大觀賞玩，大觀作〈李商老紫烟堂賦真蹟〉中云：「文奇字亦奇。」（《物初賸語》卷一五）

◆ 居簡為平江法寧教寺作記，該寺在琴川縣（蘇州常熟）東北三十六里東花莊。宋端平三年平江北禪寺住持僧如瑤建（《重修琴川志》）。
按：此記不見於居簡文集中。

◆ 元肇作〈寄江陰使君尹梅津〉一詩致尹煥（《淮海挐音》卷下），蓋是年六月尹煥以承議郎知江陰軍，[170]元肇詩當作於六月或其後。

◆ 是年道璨在天童，〈送然松鹿歸南嶽序〉云：「然松麓偕穎頓翁（廬陵）訪余於天童，三夕遂別…後七年相會徑山。明年侍記，又明年掌記…屬文不凡為歌詩有紀律，故先無準喜之。」（《無文印》卷八）

---

170 江兆鵬，《兩宋詞人叢考》，頁215。

按：序中又有「客天童日，許書雜華祈佛陰相助（眼疾）」云云。

◆ 道璨見省東岡於四明，後作〈送省東岡歸白雲序〉，略云：「嘉熙庚子，乃得省東岡於四明。和而嚴，粹而正。明目張膽，直詞正色，常見於苟合詭隨之際，蓋得我心之所同然者。東岡亦謂予風味略相似，所欠者和與粹，愛之猶伯仲。予之行已有物，輒敢與諸任齒，東岡之教居多。」（《無文印》卷八）又見俊癯翁，七年後有書致問之，見下文（《無文印》卷八）。

按：省東岡與道璨關係頗深，道璨還有〈與省東岡書〉，可見兩人之「情同骨肉」。其書云：「來東三年，望東岡如望歲，見東岡如見骨肉矣，失東岡如失手足也。下山而不能拜祖道周，絕潮而不能拜餞江滸，去留間阻，何已甚哉！手帖疊至，備悉尊意。送行序專用拜納，略敘十年託契之意，文則未也。吳門之役，頑極一人足張吾軍，何以多為？葵丘之盟，某昔未嘗同，今未嘗背，倘非東岡，二人者齒名其間，亦豈過而問哉？區區之心，東岡之所甚知也。…近作亦有十餘篇，欲盡寫去求教而未暇。小詩五、七首，昨訥、坦二師自湖上來訪索詩，贈二絕云：『面帶西湖秋水清，尋詩深入亂雲層。一千七百凌霄眾，不信樹邊有此僧。』『借得樓居當住家，一秋強半在京華。自言除卻緗書外，多在天街看菊花。』譁發一笑。」（《無文印》卷一九）俊癯翁亦大觀之法友，大觀有〈俊癯翁住菴〉一序文，中有云：「咸謂近世縉紳大率薄吾徒，予獨謂不然。彼所薄，特瑣屑減裂冒吾氏者。若山林名勝，身輕一葉，道重九鼎，彼且未易識，又惡得而薄哉？」（《物初賸語》卷一一）

◆ 是年，善珍之友曾用虎知靜江府（今廣西桂州），[171]善珍有〈送靜江曾帥〉一詩，詩云：「嶺西支郡聯荊湖，時危選帥勞廟謨。公才健如天馬駒，胸中戈甲敵萬夫。向來持節犯賊區，賊降不用丈二殳。浮雲散盡明月孤，世間公論何時無？」（《藏叟摘藁》卷上）

171　李之亮，《宋兩廣大郡守臣易替考》，頁319。

◆ 日僧圓爾辨圓依徑山師範受記。

淳祐元年辛丑（1241）

◆ 道璨二十九歲、大觀四十一歲、善珍四十八歲、元肇五十三歲、居簡七十八歲。

◆ 正月十九日，柏庭善月示寂，享壽九十三歲。遺書至淨慈北磵，上堂曰：「千里駒，九肋鱉，九十三年揭日月，生既無言死無說，萬象森羅廣長舌。」（《北磵居簡禪師語錄》）虛堂智愚有〈上竺柏庭月法師畫像贊〉云：「厚重如山，寬大如海。丹青有神，莫擬其踪。僧繇筆妙，難狀其跡。如上國之春歸，香風四吹；如銀蟾之出水，萬象歛影。是為三教融通大法之宗主者也。」（《虛堂和尚語錄》卷六）攻媿主人樓鑰銘月堂慧詢之塔有云：「能自發明，以繼師之志，則又得法之上者」，實指柏庭而言。柏庭善月著作甚多，除有關《法華》、《淨名》、《金剛》、《楞嚴》、《圓覺》、《仁王護國》、《起信》等經論之義解多種之外，還有《樂道歌》、《擬歸去來詞》、《南湖酬唱緒遺外集》、《論語約說》、《孟子演義》、《書玄解》、《老氏玄說》、《易學初門》等等百卷。鄭清之閱而嘆曰：「多乎哉！釋之有柏庭，猶儒之有孟軻。軻之死不得其傳，得師之傳者，其誰歟！」（《物初賸語》卷二三）柏庭之法嗣北海慧超於二十年後赴慈雲（大慈寺）請大觀為其師作塔銘（見下文）。

◆ 三月十一日，斷橋妙倫住台州瑞峯祇園禪寺（《斷橋妙倫禪師語錄》卷上）。

◆ 四月二十一，節齋趙與𥲅入杭任京尹，壬子年（1252）正月離任。至辛亥年（1251）間，皋亭山顯仁皇后功德寺崇先顯孝禪寺虛席，趙與𥲅請諸山推舉名德主之，靈隱石溪心月舉佛日行嵩講師，趙與𥲅合眾所推，連拈得行嵩，遂奏廟堂補處（《物初賸語》卷二三）。
按：石溪心月於淳祐六年（1246）入靈隱，而佛日行嵩於十一年主法華，故

其入崇先之時間應在六年與十一年之間。其間，行嵩還奉詔遷慧因，而顯仁皇后宅堅請兼主崇先。物初大觀有佛日嵩講師贊云：「宗圓融具德之宗，而執其要領；傳無得明道之傳，而大其家聲。肅四三昧兮，謹一躬之踐履；析四法界兮，悅九重之皇情。掃蜂房蟻垤，成大方之家；羅僧鳳義虎，為扶宗之英。奎璧其文兮，般若愈明；金襴其衣兮，法道愈榮。若夫龍勝聯宗，帝心別弘，當說而冥，當默而明，則所謂百川匯流，而朝宗滄溟者也。」（《物初大觀禪師語錄》）

◆ 又節齋趙與𥳑尹臨安期間，天目文禮居杭州梁渚，節齋慕其高行，微服過訪，坐語竟日而去，文禮竟不問其姓名。適逢淨慈席虛，節齋起文禮補之，文禮不赴。節齋乃言於皇帝，理宗強命之入院。文禮曰：「九重命下，四海同欽。山嶽懽呼，禽魚起舞。且物外道人，因甚也被轉，卻順是菩提。」似乎勉強入院，但未久又杖策宵遯，退居福泉，理宗惜之，似也無可奈何（《續傳燈錄》卷三十六）。

◆ 夏序，元肇之友滅翁天目文禮作〈《大光明藏》跋〉，是年七十五歲。

◆ 七月，大觀入住臨安府法相禪院（《物初和尚語錄》）。

◆ 明州興善勝叟宗定可能於是年於柏庭之前示寂，遺書淨慈，居簡上堂云：「海雲空，海天闊。書不來，信不達。既是解道，本來無一物。因甚不得它衣鉢？君子可八。」（《北磵居簡禪師語錄》）
按：勝叟宗定，叢林或或稱勝叟、定勝叟或勝叟定。他與大觀為好友，故大觀於其文中屢言及勝叟。譬如〈竹間遺困稿〉一文說：「余舊與七友定勝叟從北磵老人於海隅。」（《物初賸語》卷一五）所謂「海隅」，指的是台州，是居簡早期駐錫之地，定勝叟與大觀都在其法席下，為師兄弟。徑山癡絕道沖曾有〈示宗定書記〉即是示勝叟者。其文云：「若論此事，非是智惠〔慧〕辯博，多聞強記，而可髣髴。又非泯默忘言，澄心靜慮，而可造詣。設使擊

石火裏，挨拶得出；電光影裏，鞭逼將來，正是弄精魂漢。至於機境上作活計，理性中求妙解，皆為依草附木之妖訛，總不恁麼自有轉身一路，也是癡狂外邊走。所以道，絲毫繫念，三塗業因，瞥爾情生，萬劫羈鎖。將知此事，纔恁麼，便不恁麼。是句亦剗，非句亦剗。若有毫芒及不盡，總是天魔外道眷屬。是佗得底人，出得一切險難，離得一切窠臼。終日只閑閑地，如癡似兀，亦不為此事所縛。等閑用將出來，自然裂破古今，搖乾撼坤。悉使盡大地人，各各洞明此事，獨脫無依。不隨許多塗轍，亦未豈不見三角示眾云：『若論此事，眨上眉毛，早是蹉過。』時麻谷出眾云：『蹉過即不問，如何是此事。』三角云：『蹉過了也。』谷便掀倒禪牀，三角便打箇條活路，踏著便知。二大老雖則把手共行，未免各自奔前程。若是此事，夢也未夢見在。宗定書記久歷叢林，深諳此事。我且問書記，那裏是二大老未夢見處？穿天下人鼻孔，無出這些子。稍或躊躇，待山僧換却舌頭，款款為書記道破。」（《癡絕道沖語錄》卷下）

◆ 大觀作〈勝叟送章弟序〉，文中云：「興善勝叟訃至後十日，傴翁弟自太白來，未脫屨，便嘆勝叟可惜。解裝出叟昔所為送行序，恍然琴川庵居落筆敏風雨之時也。」（《物初賸語》卷一五）

◆ 元肇、善珍、大觀、道璨之友馮去非五十三歲，登進士第。馮去非、趙汝回、周弼同訪文珦於竺山，有〈會宿詩〉（《潛山集》卷三）。

◆ 張即之五十六歲，為其父張孝伯（1137-？）之忌日寫《觀無量壽佛經》一冊：「張即之伏為顯考少保大資政參政相公忌日謹書此經，以遺笑翁妙堪長老受持讀誦，以伸嚴薦。」此時，笑翁妙堪在四明大慈寺。

◆ 程公許於是年以直寶謨閣知袁州，淳祐三年離任。

◆ 日僧圓爾嗣法於師範，五月返日。希叟紹曇（？-1298）有〈送日本爾侍者〉

云：「徑山無法與人傳，幾度親遭劈面拳。今日大唐回首去，鼻頭元在口鼻邊。」（《鄰交徵書》初篇卷二）

◆ 居簡之友高翥卒，年七十二歲。高翥善詩畫，居簡頗讚其詩，在其〈送高九萬菊磵游吳門序〉（《北磵集》卷五）讚他「得句法於雪巢林景思」。又作〈題高髥墨菊枕屏〉、〈菊磵蘭石松菊手卷〉、〈書菊磵屏蘭〉（《北磵詩集》卷五）等詩，頗讚高翥畫如其人。

淳祐二年壬寅（1242）

◆ 道璨三十歲、大觀四十二歲、善珍四十九歲、元肇五十四歲、居簡七十九歲。

◆ 二月十九日，住四明小靈隱之西山亮禪師示寂，年九十歲。龕留七日，葬全身於寺之東隅。《枯崖漫錄》（卷中）說：「住四明小靈隱而終。」大觀代人（可能其師居簡）作祭文云：「我懷西山，日惟勤止。有來訃音，忽墮吾耳。既歎而悲，益懷以思。死不足悲，繫人是思。壯而有為，老而彌惰。芳不可掩，物莫能挫。塗毒掩光，父事遯庵。譬夫析薪，負荷實堪。斗剎淹翔，樂於恬晦。閟影深雲，逾三十載。九旬之齒，為世所希。淳靜端莊，寧復有之。追惟疇曩，亦已焉矣。終也弗亡，惟桑與梓。」（《物初賸語》卷二一）

◆ 二月，虛堂智愚為去年完成之《頌古百則》作跋語謂：「楊〔揚〕雄著大玄，乃云：『世不我知，當有子雲復生。』此亦無媿之詞也。蒙釋氏之子，大聖之所覆，每慨念其慧命幾若懸絲，食息茫負，遂惄志力究，久而乃得。逮巡禮諸祖，遍歷湖湘，對境思人，輒取其機緣精奧者，間為頌之。自秀溪復鄮嶺，僅四十餘則。辛丑夏，謝事芝峯，分籩霞谷，谷深緣絕，復取佛祖已下，皆唐公卿宿衲機契者，萃成一百則。初不以儒釋道優劣之，求其正而已。其間或凝或流，或隆或殺，不可以事拘，不可以理遣。儻其中之人，一見而皭如也，豈敢竊其賞識，相與擊節？直欲報佛祖萬分之一，是吾願也。」（《虛堂智愚禪師語錄》卷五）

◆ 重午，天童癡絕道沖書題《西山亮禪師語錄》云：「西山老人，如證而說，如說而行。不犯雕琢，渾然天成。句句敲出佛祖骨髓，字字點開衲子眼睛。文彩未彰時薦得，圓音貫耳儼如生。」（《西山亮禪師語錄》卷末）

◆ 季秋，大觀代徑山住持撰〈徑山鐘并引〉（《物初賸語》卷一四）。
按：是年，徑山住持為無準師範，大觀此時在臨安府法相禪院，可能應無準之請而代撰。

◆ 善珍友顏頤仲知泉州，善珍作〈送顏主簿之懷安〉，詩云：「古廨大江邊，多閑少俸錢。鳳棲仇覽棘，虹貫米家船。心靜佛三昧，時來官九遷。外臺兼督府，幕下正須賢。」（《藏叟摘稿》卷下）

◆ 道璨之師笑翁妙堪奉詔主淨慈（《物初賸語》卷二四），是年妙堪六十六歲。
按：大觀所撰〈笑翁行狀〉說大參余公「書從吏」乃行，似妙堪原不擬應命，因大參「余公」遣吏勸之乃行。《增集續傳燈錄》（卷一）說：「淨慈詔下，丏辭，不允。大參全公書來謂不可重違君命。」所以笑翁入淨慈甚為勉強。〈笑翁行狀〉所說的大參「余公」，應是余天錫（1180-1241）。余天錫於嘉熙三年（1239）拜參知政事，卒於是年。《增集續傳燈錄》之「全公」是「余公」之誤。道璨所作之〈笑翁祭余參政〉，即是祭余天錫之文，當作於是年。其文云：「公自草萊，一飛沖天。滾滾功名，逾三十年。身在廟堂，心存佛寺。觀其規模，衛王是似。出殿豐沛，遭時恐艱。慧化傍宣，春在花間。越人纍纍，白骨重肉。如富鄭公，作青州牧。皇皇袞衣，東歸里門。扶杖父老，咸告子孫。今來相公，許我鄰舍。爾賈於途，我耕於野。罷爭休訟，勿致甘棠。恐妨相公，清溫萱堂。天子曰都，東民已化。盍歸乎來，宰我天下。玉音方至，奄息已灰。山頹梁壞，疇能不哀？嗟我何人，受知一世。出幽歸隱，曾無二致。問其安否，訪其衰遲。易簣之後，何能念之。瀹茗矢詞，神交言外。攜手同遊，大寂滅海。」（《無文印》卷一二；《柳塘外集》卷四）

◆ 無學祖元再登徑山參無準師範。徑山再度遭火，明年，京都東福寺圓爾勸博多宋商謝國明贈木材千楳助徑山重建。

◆ 張即之五十七歲。

淳祐三年癸卯（1243）

◆ 道璨三十一歲、大觀四十三歲、善珍五十歲、元肇五十五歲、居簡八十歲。

◆ 元月初七，天目文禮書〈《西山亮和尚語錄》序〉于四明李侯功德寺之退居，序中云：「〔文禮〕蓋予三十年舊交，來福泉蘭若，求序引。」（《西山亮和尚語錄》卷首）

◆ 上元日，無準師範書題《西山亮禪師語錄》云：「西山真實一老翁，不事枝葉，有古宿風韻。後學觀此錄，則知予言之不虛也。」（《西山亮禪師語錄》卷末）同日，元肇之友荊溪吳子良（1197-？）為陳耆卿（1180-1237）之《篔窗集》初集題跋，蓋去年四月除淮東提舉前，曾屬海陵謝令範館錄初集三〇卷，是年成，乃跋其後（《篔窗集》卷末、《南宋館閣續錄》卷七）。其後《續集》錄之於豫章，復為之作序（《篔窗集》卷首）。六月日，又為戴復古之《石屏詩後集》作序（《石屏詩集》卷首）。

◆ 春朔，淨慈居簡西湖南宕撰〈西山亮禪師塔銘〉，自署「淨慈住山人北磵（居簡）」（《西山亮禪師語錄》卷末）西山亮於去年示寂，年九十。

◆ 上巳日（三月三日）長洲一齋顏汝勳撰〈《無明慧性禪師語錄》序〉（《無明慧性禪師語錄》卷首）
按：顏汝勳字元老，顏直之子。顏直之，字方叔，長洲人，號樂閒居士，工小篆。顏汝勳官朝請大夫，善筆札，亦工篆（《書史會要》卷六；《御定佩文齋書畫譜》卷三五；《六藝之一錄》卷三四九）。

◆ 笑翁妙堪於是年入住明州育王寺。既領其寺，「夙弊盡洗，氣象一新。」由於「法堂最圮」，理宗「出內帑以賜，師傾鉢賸，荊湖制帥孟無庵珙又以數萬緡助，乃撤舊圖新。其餘腐橈漫漶，乃葺乃塗。」（《物初賸語》卷二四，〈笑翁禪師行狀〉）

◆ 是年元肇及大觀之友程公許離袁州，[172]明年入湖州寓霅溪。大觀應於明年作〈中書程直院解宜春寓霅城二首〉（見下文）。同年，善珍之友傅康繼程公許之後知袁州，善珍作〈送傅左司赴袁州二首〉，其一云：「長安貂蟬賤如土，故家文獻餘一縷。平生粗疏不媚嫵，直語豈知犯張禹。腰間金印丈二組，我自棄置君自取。兒時翰墨跨諸父，投老為郎方齒敘。天關耽耽守九虎，一節臨遣復不與。介堂卜築開宿莽，誰知公意頗有主。眼明沙鷗喜欲舞，便請衣冠挂神武。聖朝留戮非為愈，勿薄淮陽宜叱馭。」其二云：「宜春古郡聯荊渚，曩年嘗夢公補處。崢嶸老氣橫九州，直前莫作分外慮。秋田旱渴思霖雨，君命敢徐寧畏暑。擊強鉏奸雷破柱，仰山古佛亦肯許。州寶一記最奇古，機綜遠祖昌黎愈。眼前瑣尾相品署，知公千百未一取。秋空仰瞻鴻鵠舉，政恐是中有新句。三年奏課返林塢，鬻茶賀公公莫拒。」在此之前，傅康顯然任左司諫，有善珍之〈呈傅左司〉一詩題為證。其詩云：「左司聲價過韋郎，小卻宜盛白玉堂。龍臥密雲還不雨，鵔啼眾草自無芳。江湖旱地千里赤，淮蜀胡塵十丈黃。持節暫閒寧袖手，為君畫策射天狼。」（《藏叟摘稿》卷上）按：傅康是傅伯成（1143-1226）之子，傅自得（1116-1183）之孫，福建晉江人，與善珍為同鄉。他累官司農寺丞，知汀州、南劍，進司農少卿左司諫。晚知袁州，以直徽閣致仕，著有《竹隱居士集》。

◆ 善珍於是年作〈惠安縣宣妙院重復田記〉，述泉州郡守顏頤仲及延平君莊夢說復宣妙院寺田事（《藏叟摘稿》卷下）。

172　李之亮，《宋兩江郡守易替考》，頁 463-464。

按：〈惠安縣宣妙院重復田記〉說「淳和己卯」，當為「淳祐癸卯」之誤。蓋「淳和」年號及「己卯」年皆不存在，而顏頤仲自去年起守泉州，至明年離任。[173]

◆ 道璨又會清奚翁於臨川（《無文印》卷八）。

◆ 道璨〈雙竹記〉謂歸自浙右，稅駕白雲為雜華也（《無文印》卷三）。

◆ 道璨自雪竇來踈山借室拜書（華嚴），明年八月絕筆。

◆ 絕岸可湘（1206-1290）遊四明，與勝叟宗定及道璨為友。道璨後有〈絕岸銘〔并序〕〉述其事。

淳祐四年甲辰（1244）

◆ 道璨三十二歲、大觀四十四歲、善珍五十一歲、元肇五十六歲、居簡八十一歲。

◆ 是年，靈隱石田法薰謝事，年七十四歲。京尹趙節齋與籌以靈隱缺主，欲以例奏居簡補處，居簡舉天童癡絕道沖。石田亦舉癡絕自代。七月十四日，癡絕道沖禪師奉旨由天童、育王遷住靈隱寺，是年七十六歲（《無文印》卷四，〈徑山癡絕禪師行狀〉；《癡絕道沖禪師語錄》卷上；《物初賸語》卷二四）。按：趙若琚〈徑山癡絕禪師行狀〉亦載此事（《癡絕道沖禪師語錄》卷下）。依〈石田法薰禪師行狀〉，癡絕原在天童，石田法薰舉他入靈隱自代。明年季春十一日，石田趺坐而終。《靈隱寺志》謂理宗「取下菜園地建閻妃功德寺，〔癡絕〕即日退院，躬荷包笠，往遊廬山，遣使留之不回，乃賜靈隱古

173　李之亮，《宋福建郡守年表》，頁114。

蕩千畝，圩田若千畝與易。後住徑山。」此說有問題，筆者已有專文辯正。[174]
癡絕之退靈隱，在《語錄》卷中有云：「詔移靈隱，說法飛來峯下。追念密
庵松源舊游，方思所以振起祖風。而魔事出於意料所不及，難以口舌爭，遂
動終老故山之志，伐鼓盂去。雖京兆尹節齋趙公致書力挽，堂帖有虎丘之命，
昇師虛齋趙公以蔣山起之，俱莫能回其意。」所謂「魔事」也見於慶元初退
谷義雲住育王時。不知何事？但不會是閻妃取靈隱菜園地建功德寺之事。又
《續傳燈錄》（卷三六）亦說：「二年淳祐甲辰，有旨移靈隱，而世故有不
滿其意者。伐鼓告眾，歸隱金陵。京兆尹遣屬官追挽至蘇臺，不可。」唯其
說誤淳祐甲辰為淳祐二年。癡絕有〈退靈隱，京尹節齋大資相公堅挽，辭免〉
一偈云：「叢林虛得譽。無一補宗門。有誤王臣鑑，徒霑聖主恩。豈堪持鈯
斧，只合傍雲根。默感始終惠，此生難盡言。」（《癡絕道沖禪師語錄》卷
上），可證明《語錄》所云「伐鼓盂去」為確有其事。虛齋趙公是趙以夫
（1189-1256），淳祐五年（1245）六月出知建康府（《南宋制撫年表》卷上），
時年五十七歲。[175]據他說，癡絕「甲辰奉勅移靈隱，宗風大揚。一日拂衣去，
蓋為法界立砥柱，不作桑下計也。乙巳，訪余於金陵。余以蔣山屈之，師云：
『老僧繇展坐具，四方學徒雲集。此山產薄，向住十四年，至行乞以供粥飯。
今老矣，不能為也。』余為虛其座，俾保寧兼管，專以奉師。」趙以夫所說
的「乙巳」是淳祐五年，正是趙以夫知建康府之年，當時癡絕已經七十七歲，
要他再入蔣山「行乞以供粥飯」，當然只能以老病推辭了（《癡絕道沖禪師
語錄》卷下）。又據道璨說，癡絕退靈隱後，朝議士論咸徯其師笑翁妙堪入
住靈隱，而且「詔黃已行，為挾勢力者易之。」（《無文印》卷四）因此，
笑翁遂失去再度住持靈隱之機會。

◆ 秋，道璨省湯巾（晦靜）於盱江，留郡齋旬月（《無文印》卷一五）。

---

174 見筆者《靜倚晴窗笑此生——南宋僧淮海元肇的詩禪世界》（臺北：臺灣商務印書
　　館，2013）〈附錄一〉。

175 《南宋制撫年表》卷上，頁 446。按：趙以夫於淳祐五年六月十七日以寶章閣待制知
　　建康。

按：旴江屬建昌軍治內。是年郡守為鍾季玉。[176]「郡齋」通常指郡守起居處，但湯巾未曾在此任郡守，可能僅在此處講學。道璨說「留郡齋旬月」，當是指留在湯巾之書齋。

◆ 滄洲道人程公許（希穎）入湖州，大觀作〈中書程直院解宜春寓雪城二首〉，其一云：「峨眉秀色照江明，真與襟懷一樣清。同二程宗扶道統，後三蘇氏主文盟。平夷弗作心畦畛，進退自為時重輕。好手不煩重潤色，催東山起為蒼生。」其二云：「解宜春組泳苕川，笑采蘋花人〔入〕詠篇。勝地賸留金石刻，郡人愛說玉堂仙。水晶境界渾吾暑，雲錦亭臺盡是蓮。況值壺觴無事日，綸巾閒岸晚涼邊。」（《物初賸語》卷四）。冬至後四日，程公許於霅溪寓舍作元肇詩集序，序文云：「歲戊戌，余自中秘丞考功郎得祠去國。維夏，筱輿遊諸山，過雙徑，留五宿。鄉僧安侍者為淪茗焚篲于不動軒，示余一軸詩，淮海肇禪人所作也。風簷展讀，律呂相合，組繡競巧，幾與晴嵐爭翠，谷泉遞響，獨恨未識其人。想其頂笠腰包，秡筇雙屨，穿雲度水，逐月追風，超然氛垢之外，不待見而意度，了了在目前矣。後六年，余復以賦閒得自放於湖海，偶過吳門，小憩開元精舍。大長老枯椿曇公攜一雪顧破衲比丘訪我，袖出詩薰，索為之序。亟閱十數首，皆昔日得見于雙徑山中者，不待交語，已一笑莫逆。前輩評僧詩譚有蔬筍味，斯論非不精確，知道者勘破，尚有說在。甘露滅賦詩成集，又工樂府長短句，精拔流麗，人但目以騷士墨客，不知其遍參知識，及周旋賢士大夫間，融會玄同，遊戲文字語言三昧，與佛祖第一義諦本無差別。有得肇集，以余言參之，當具頂門上一隻眼。不然，是為對癡人前說夢耳！淳祐四年甲辰歲冬至後四日，滄洲道人程公許希穎書于霅溪寓舍。」（《淮海挐音》卷首）

按：程公許於淳祐元年守袁州，宜春屬袁州，解官後入朝，得罪史嵩之黨而謫湖州，故大觀詩題說「解宜春組」。其元肇詩集序文中的「大長老枯椿曇公」是元肇法兄，亦是浙翁如琰法嗣。他後來住虎丘，入寂後西巖了慧有〈悼

176　《宋兩江郡守易替考》，頁 638。

虎丘枯樁和尚（骨撒金山江中）〉兩首，其一云：「佛心之子毒蛇心，歡喜
無端變作嗔。五處住山開毒口，不知噴殺幾多人。」其二云：「華雨臺前倒
法幢，海門浪裏釘枯樁。千古萬古撼不動，礙塞潑天揚子江。」（《西巖了
慧語錄》卷下）

◆ 善珍之友林希逸於泉州平海軍節度推官任內，善珍作〈林節推架軒扁水木清
華〉，詩云：「紅滿芳波綠滿蹊，公餘無事似幽棲。臨池洗硯看魚躍，對竹
坐衙聞鳥啼。胸次九流如鏡淨，壁間片錦與花齊。雲霄別有清華地，早晚朝
車過竹溪。」六年二月林希逸赴朝，善珍又作〈送林節推二首〉送之，見下
文。

◆ 是年，道璨拜訪湯巾於盱江，正逢湯漢（伯紀，1202-1272）庭對待歸，湯巾
令小留以待之，道璨因父兄趣其歸家而未果見。道璨客臨川，南昌寶華寺之
徒師可、師粲來求寶華寺記，道璨因有事於華嚴，未暇應命（《無文印》卷
三）。

◆ 元肇之友洪咨夔或卒於是年，年六十九歲。劉克莊作〈內翰洪公舜俞哀詩二
首〉，時年五十八歲。
按：《宋人傳記資料索引》謂洪咨夔卒於端平三年（1236），年六十一。《劉
克莊年譜》則依後村詩文之編次暫繫於是年，並引《宋史》〈洪咨夔傳〉云
史嵩之入相後洪咨夔雖進刑部尚書，拜翰林學士，知制誥，但求去愈力，於
加端明學士後卒。由於史嵩之於嘉熙三年（1239）拜相，故洪咨夔應卒於嘉
熙三年之後，不可能卒於端平三年。[177]何況劉克莊之詩有「憶昔端平典冊新，
三麻九制筆如神。內庭喚作真學士，晚輩推為老舍人」之句，證明端平朝是
洪咨夔正受重用而發揮其諫疏之長時，卒於其時，恐嫌過早（《後村先生大
全集》卷一三）。

---

177 見《宋人傳記資料索引》，頁1517；《劉克莊年譜》，頁200。

◆ 是年或明年元肇可能赴金陵清涼廣慧禪寺任住持，途中曾回金山拜訪弁山了
阡（？-1252），以四六文為門狀上弁山，中云：「茲因假道之緣，復遂對床
之喜。荷五襪之先饋，悸一紙之後通。玉鑒光中，諒必蒙於高照；石頭城畔，
正有賴於同流。感幸罙深，敷陳罔既。」（《淮海外集》卷下）

◆ 道璨之師湯巾或卒於是年，劉克莊作〈挽湯仲能〉，又作〈祭湯仲能文〉，
時年五十八歲（《後村先生大全集》卷一六、一三七）。

◆ 張即之五十九歲，寫《法華經》七冊。

淳祐五年乙巳（1245）

◆ 道璨三十三歲、大觀四十五歲、善珍五十二歲、元肇五十七歲、居簡八十二
歲。

◆ 正月十一日，石田法薰示寂，壽七十五。程公許作〈祭文〉。仲夏，大觀作
行狀，時在四明（《石田法薰禪師語錄》卷末）。
按：大觀與石田交往頗深，石田有〈示觀書記〉一文曰：「儒釋二家之學，
各貴一門。吾人既已毀形削髮著衲衣，自有衲衣下事。若學道有餘力，傍搜
儒典，粗知其梗槩可也。往往泥而不知返，未免逐指喪月。必欲窮其底止，
曷若極吾家之底止乎？縱有剞劂之才，文章擅一世，可憐自古文士，盡作衙
官，於我何有？古人尚謂書足記姓名而已，況吾方外之人哉。觀相聚最久，
天姿好學。隆冬酷暑，書冊不去手。發為言詞，視往季初來南山時，頗覺長
進。余勸之云：『文章只如此足矣！若那工夫來，這下覷捕，心堅力到，忽
然拽脫鼻孔，不是託事。』渠面前雖唯唯，未知其胷中以為然否？一日來別，
往鍾山見癡絕。以畚求語，余無以塞其請。曾憶古德頌云：『庭前露柱久懷
胎，產下男兒頗俊哉。未解語言先作賦，一樏直取狀元來。』這簡說話，意
在於何？非為今時學子答策，如晁董為狀元者；乃是吾家心空及第，一等狀
元。有為者亦若是，觀嘗試焉，乃知吾言之不妄。因成二十八字，併書遺之：

『吾家那事苦無多，不在頻搜故紙蘿。未解語言先作賦，却參鍾阜問如何。』」
此蓋勸大觀勿多務外學，事語言文字，以大觀好讀書、喜作詩文也（《石田
法薰禪師語錄》卷三）。

◆ 五月底或六月，偃溪廣聞移住雪竇資聖寺。係由明州制閫顏頤仲奏聞，理宗
如奏敕下而移住。據林希逸說，此山給敕，自偃溪始（《偃溪廣聞禪師語錄》
卷下，林希逸撰〈徑山偃溪佛智禪師塔銘〉；《竹溪鬳齋十一藁續集》卷二
一）。淨慈無極觀和尚遺書至雪竇，偃溪上堂云：「放出焦尾大蟲，咬殺南
山猛虎。動地號悲風，白日無行路。笑中擺手出長安，拶得虛空筋骨露，流
水落花攔不住。」（《偃溪廣聞禪師語錄》卷上）
按：〈塔銘〉說：「制閫顏公以師聞，如奏敕下。此山給敕自師始。」顏頤
仲是年五月二十七日到任，任期至八年。〈塔銘〉所說之乙巳年，即是此年。
又淨慈無極觀似於淳祐朝之前已卒，何以此時才得其遺書，令人疑惑。

◆ 夏，檢校少保寧武軍節度使、京湖安撫制置大使、兼屯田大使兼夔路策應大
使、兼知江陵府、漢東郡開國公、食邑二千一百戶、食實封陸佰戶孟珙作〈《無
門關》跋〉，跋語云：「達磨西來，不執文字，直指人心，見性成佛。說箇
直指，已是迂曲。更言成佛，郎當不少。既是無門，因甚有關？老婆心切，
惡聲流布。無庵欲贅一語，又成四十九則。其間些子譸訛，剔起眉毛薦取。」
（《無門關》卷末）是年孟珙五十一歲。

◆ 道璨或於是年夏，作夏靈隱，作〈與滄洲程尚書書〉致屏居霅川的程公許。
其書云：「某辱賜台汗，緘示記文。竊窺詞旨之開合，則肅焉起敬；再思父
祖之艱難，則喟然興嘆；載觀教戒之詳明，則凜焉增懼。江濱野寺，一經點
染，精神頓長十倍。流聲末韻，自此託文以鳴，詔漢人間矣。江南山水中居
焉，添此佳事，自有天地未有此遭也。聖天子圖任舊人，以主國事，徵黃閣
已再行，霅川煙雨恐尚書不得有矣。某以待記作夏靈隱，靈鷲老子又分榻館
之。天氣向熱，未有他役，伏蒙批問，不敢不布。台旆次修門，專圖稟謝。」

（《無文印》卷一五）書中表示接到程公許所寄書兼寺記。又說「聖天子圖任舊人，以主國事，徵黃閣已再行，霅川煙雨恐尚書不得有矣。」而明年程公許已在玉堂，則此書之作當在是年。因書中有「作夏靈隱」，又有「天氣向熱」之語，故知寫於夏季。

◆ 冬，居簡患疾，謝藥。道璨北歸舊廬（《無文印》卷三）。

◆ 元肇或於是年或去年入建康清涼廣慧禪寺，並於此時寫〈寄馮深居〉一詩，詩中有「舊年兩向吳中見，今日相思白下東」之聯。「白下」為古地名，在今江蘇南京之西北，故以代稱建康（《淮海挐音》卷下）。

◆ 建康知府趙以夫欲再以蔣山召癡絕道沖，為癡絕所婉拒，趙以夫後來追憶其事謂：「乙巳，〔癡絕〕訪余於金陵，余以蔣山屈之。師云：『老僧纔展坐具，四方學徒雲集，此山產薄，向住十四年，至行乞以供粥飯。今老矣，不能為也。余為虛其座，俾保寧兼管，專以奉師。』」（《癡絕道沖禪師語錄》卷上）
按：道璨說，癡絕離靈隱後，「京兆尹遣屬官追挽至蘇臺，不可。朝命以虎丘俾其養老，不就。留守虛齋趙公以夫以蔣山起之，不應。」（《無文印》卷四）趙若琚也說：「雖京兆尹節齋趙公致書力挽。堂帖有虎丘之命，昇帥虛齋趙公以蔣山起之，俱莫能回其意。」（《癡絕道沖禪師語錄》卷下）兩人之語，可為趙以夫之語做註腳。

淳祐六年丙午（1246）

◆ 道璨三十四歲、大觀四十六歲、善珍五十三歲、元肇五十八歲、居簡八十三歲。

◆ 春，居簡示寂。三月二十八日凌晨，隱几從容，忽索紙筆偈於紙尾曰：「平生無伎倆，赤腳遠須彌。一步闊一步，三更過鐵圍」。復書「四月一日珍重」

六字。呼諸徒誡之曰：「時不待人，以道自勵。吾世緣餘兩日耳。至期昧爽索浴。浴罷若假寐然，視之已逝矣。壽八十三。」（《物初賸語》卷二四；《增集續傳燈錄》卷一）

按：大觀寫的居簡行狀說他「壽八十三」，但其〈淨慈頭首祭北磵〉則說「眉壽八十四」，不知何故？《枯崖漫錄》卷中云：「淳祐丙午三月晦日，書偈云：『平生無伎倆，赤腳走須彌。一步闊一步，三更過鐵圍。』且曰：『翌日可行矣。』至期，跏坐而滅。中舍程公公許奠以文，略曰：『踞南山頂，垂綸千尺。湖水渺瀰，魚寒不食。示病及期，體癯神逸。維莫之春，參徒雲集。師顧而笑，吾歸有日。題四句偈，茲為絕筆。及孟夏朔，泊然入寂。師昔所證，本自緜密。末後一著，乃見真實，是為實錄。』噫！老磵神情秀特，博學強記而喜為文。得法於東庵佛照。昔甘露滅、瑩仲溫皆見地明白，其可以文字多之。老磵委順時，尤殊特若此。」明·心泰的《佛法金湯編》說元人虞集（1272-1348）亦撰〈北磵簡公塔銘〉，略謂：「自昔奇偉之士，或曠世一遇，其不恒見於天下者，何也？蓋嘗聞之，豈無其人哉？自夫世務之沉冥，俗學之纏糾，有不足以摯而留之者。於是脫然自拔於浮沉起滅之表，以求其本初之極至者，皆其人也。」（《佛法金湯編》卷一六）但虞集原文為：「古之所謂豪傑之士者，必曠世而一遇。其不恒見於天下者，何也？蓋嘗聞之，豈無其人哉？自夫世務之沉冥，俗學之纏糾，有不足以繫而留之者。於是脫然自拔於浮沈起滅之表，以求其本初之極至者焉，則漠然無所為乎斯世者矣。其辛為浮屠氏之歸者，皆其人也。予嘗誦其言而悲之，然嘗上下千百年間而求之，殆果然不誣也。」（《道園學古錄》卷四九）此實係虞集為大觀弟子晦機元熙（1238-1319）禪師所作之塔銘，非為北磵居簡所作。

◆ 春，大觀代人作〈塵外律師塔銘〉（《物初賸語》卷二三）。

◆ 二月前，林希逸以國子錄赴秘書省任正字（《南宋館閣續錄》卷九）。善珍或在其任國子錄前寫〈送林節推二首〉，其一云：「魁宿來臨幕，不同常郡僚。名高饒薦剡，官滿合歸朝。綵斾傾城送，清聲載路謠。麗譙雖未績，亦

自出雲霄。」其二云：「幕皆資畫諾，人最說君賢。判好堪呈佛，心清亦近禪。著書僧有傳，執法吏無權。風雨東門路，分攜忽黯然。」（《藏叟摘稾》卷上）從林希逸的〈雪峰藏叟過門見訪贈別一首〉，可知其時善珍在雪峰。林詩云：「山頭老漢老尤癯，忽謾溪干訪老夫。問訊輥毬思古宿，等閑隱几說今吾。多留舊日題詩在，近有寒泉答話無？握手依依還別去，十年一見只斯須。」（《竹溪鬳齋十一稾續集》卷四）

同時，元肇領天台萬年寺，實兩浙轉運判官、荊溪吳子良之薦。可能於此年寫〈送照晦巖赴下竺〉一詩，送其老師兄晦巖智昭。詩云：「法道日堪嗟，邪師似稻麻。靈山承付囑，佛隴正傳家。曲水慈雲石，蹕風御苑花。曇猷橋畔別，烟樹思無涯。」（《淮海挐音》卷上）在萬年期間，與西巖了慧有往返，了慧曾作〈謝萬年淮海寄擬為上堂〉云：「不愁台嶺路岩嶢，生怕平田惡水澆。一杓又傾三百里，令人含恨不能消。」（《西巖了慧禪師語錄》卷下）

◆ 季夏初吉，安晚居士鄭清之增《無門關》四十八則語至四十九則于西湖漁莊。跋曰：「無門老禪，作四十八則語，判斷古德公按，大似賣油餅人，令買家開口，接了更吞吐不得。然雖如是，安晚欲就渠熱爐熱上，再打一枚足成大衍之數。却仍前送，似未知老師從何處下牙。如一口喫得，放光動地。若猶未也，連見在四十八箇，都成熱沙去。速道速道，第四十九則語。經云：『止止不須說，我法妙難思。』安晚曰：『法從何來？妙從何有？說時又作麼生？豈但豐干饒舌，元是釋迦多口。這老子造作妖怪，令千百代兒孫被葛藤纏倒，未得頭出。似這般奇特話靶，匙挑不上，甑蒸不熟，有多少錯認底。』傍人問云：『畢竟作如何結斷？』安晚合十指爪曰：『止止不須說，我法妙難思。』却急去難思兩字上，打箇小圓相子，指示眾人：『大藏五千卷，維摩不二門，總在裏許。』頌曰：『語火是燈，掉頭弗應；惟賊識賊，一問即承。』」（《無門關》卷末）

◆ 八月初一日，石溪心月在虎丘靈巖禪寺被旨繼靈隱之席，與其師翁松源崇岳

一樣，都是由虎丘奉旨遷靈隱（《石溪心月禪師語錄》卷三）。

按：《枯崖漫錄》（卷中）說石溪後亦由虎丘奉旨而至徑，其實是錯的。他先入靈隱，然後於淳祐十年（1250）再由靈隱奉旨入徑山接癡絕道沖所遺下之法席。

◆ 九月廿日，滄洲子程公許序《石田法薰禪師語錄》于玉堂直廬，曰：「石田和尚，入破菴室。乳水相投，認取祖翁遺下一片荒田，隨水牯牛，牽犁拽杷，是菑是穫，普為一切。傾出所儲，作大受用。五處法會，雲集展鉢。隨其福力，各使屬厭。至若談笑起癈支傾，莫非遊戲如幻三昧。世緣欲辨，退藏於密。不知三月十五之最後垂誨，但得本莫愁末一句子公案，已是合殺了也。諸仁者於此薦得，方知這老漢淵默雷聲，元有不死者在。淳祐六年九月廿日，滄洲子程公許敬書于玉堂直廬。」（《石田法薰禪師語錄》卷首）

按：程公許與多位禪師遊，已如上述。《歷朝釋氏資鑑》（卷一一）有謂：「丞相程公公許直薇省日，與石田薰禪師談論隱密，多所通解。公嘗曰：『應世之煩，適足積塵中之累；無為而化，真出世之要道也。』偈云：『與師同是眉山也，師處山林我市朝。夜暗晝明無二見，何如林下共蕭條。師答云：『我公事業見民謠，乞保終身直聖朝。但肯存心於此道，不同條處亦同條。』又贈師云：『兩腳慣行天下路，上方借我一宵眠。松窗月墮冷如潑，紙帳夢酣危謫仙。嚼蠟慣應枯世味，鑽經又恐落言詮。老師猶有鄉情在，乞與當胸獨一拳。』」此記載大致可信，但「丞相程公公許」之稱實誤，因程公許從未任丞相也。又，嘉定間，石田法薰即以「博學能文」知名於叢林，枯崖圓悟說他後來「痛自掩抑」，蓋知「漁獵文字語言」之非也（《枯崖漫錄》卷二）。

◆ 十月，建寧府太守待制楊恢（生卒年不詳），命開元清溪誼老舉有道行者主瑞巖禪寺，而誼老舉環溪惟一，遂中選入院（《環溪惟一禪師語錄》卷上、下）。

◆ 十月底，大觀作〈壽越帥史尚書〉，賀史宅之生日。其詩四首，約略可窺知史宅之生日是在十月二十七日。詩之一云：「一門相業冠中興，奕世還生間世英。良月恰當三九日，瑞呈南極最分明。」詩之二云：「未雪江梅暖自開，枝頭的皪見春回。默觀造化非無意，已報和羹信息來。」詩之三云：「整頓乾坤舊話頭，箇中的的有來由。誰知妙得其源處，一帶鄞江萬古流。」詩之四云：「東越南陽事一同，雪霜過後布春風。憑欄試展蓬萊望，人在華嚴富貴中。」（《物初賸語》卷七）

按：史宅之於淳祐四年十月十九日，以華文閣學士、通奉大夫赴越州知府任。[178]是年三月十六日除工部尚書，大觀之詩題既稱越帥又稱尚書，當是宅之在越州除工部尚書後作。因詩中有「良月」、「三九日」之語，故知史宅之生日應為十月二十七日。

◆ 佛成道日（十二月八日）金陵玉山庵主癡絕道冲為覺如周琪之《圓覺經夾頌集解講義》作跋（《圓覺經夾頌集解講義》卷末）．

按：周琪序其書於臘月辛丑旦日（十六日），是他先請癡絕道冲為其書寫跋，然後再自寫序，似乎不合常情。

◆ 大觀寫〈北磵老人字〉（《物初賸語》卷一五）。

◆ 道璨再會清奚翁於錢塘（《無文印》卷八）。

◆ 妙堪及道璨師徒之友張即之手寫《金剛經》一冊，係為其父所寫，時年六十一歲，跋語曰：「孝男張即之遇六月初一日，顯考太師資政殿張六三相公遠忌，僅書此經，用伸追薦。淳祐六年，歲在丙午，即之年六十一歲謹題。」

178　《會稽續志》卷2，頁7b。按：《會稽續志》誤「史宅之」為「史宅文」。

◆ 無門慧開於金陵奉旨開山護國仁王寺（《武林梵志》卷一〇；《增集續傳燈
　錄》卷二）。

◆ 蘭溪道融（1213-1278）赴日，先住博多圓覺寺。

◆ 孟珙卒，年五十二歲。劉克莊奉勅作〈孟少保神道碑〉。碑文有云：「反，
　退掃一室，則爐薰書卷，隱几危坐，若蕭然事外者。其學邃於易六十四卦，
　各係四句，名警心易贊。向使公不為世務所泊，尋微之功，不減輔嗣矣。亦
　喜禪學，與名衲游，自號無庵。」（《劉後村大全集》卷一四三）孟珙與居
　簡亦為忘年交，居簡曾作〈孟少保壽象〉，唯時間不詳。可能在是年初或稍
　前作。其語曰：「文彬彬，武桓桓。文武備，韜略全。恩和氣春，量雲夢寬。
　控西南之百蠻，吞朝宗之百川。考江湖之八陣，拓雲棧之三邊。如彼導師，
　化城萬間。保流移之饑殍，起九死之癃殘。活千人者封，封可列侯百十；冠
　五福曰壽，壽過莊椿八千。頌者北磵，報之者天。」（《北磵和尚外集》）

淳祐七年丁未（1247）

◆ 道璨三十五歲、大觀四十七歲、善珍五十四歲、元肇五十九歲。

◆ 仲春旦日，石溪心月跋周琪居士所作《圓覺經夾頌集解講義》于靈鷲一峯（《圓
　覺經夾頌集解講義》卷末）。

◆ 二月三日，無準師範亦跋其書（《圓覺經夾頌集解講義》卷末）。同年夏，
　偃溪廣聞在慶元府雪竇寺千丈岩與湖海宿衲作安居，後亦作跋兩篇。

◆ 結制日，石溪心月作〈《石田法薰禪師語錄》序〉（《石田法薰禪師語錄》
　卷末）。

◆ 是年六月前，善珍或作〈送趙司令之金陵〉二首贈信庵趙葵（1186-1266），

以知趙葵將於六月九日以通奉大夫、樞密使兼參知政事、督視江淮、荊西、湖北軍馬、江東安撫使知建康府事兼行宮留守。[179]趙葵是年六十二歲。善珍詩之一云:「自古詞人例謫邊,十年無路可棧天。督師上正倚裴相,破賊叔應推謝玄。伏櫪驥思沙漠外,脫韝鷹去碧霄邊。僧崇早辱萊公賞,他日牽聯得並傳。」其二云:「血戰荊江障賊鋒,無端讒嗔困英雄。念親不隔關山夢,憂國常懷畎畝忠。早歲交遊今改事,少年豪舉晚收功。碧油談笑多新句,倘值南雲寄便鴻。」(《藏叟摘稾》卷上)

◆ 元肇、善珍及道璨之友庸粵〔或作越〕臺(?-1248)奉詔入紹興法界寺任住持(《無文印》卷六);道璨作〈江湖勸請庸越臺住紹興府法界疏〉。此為代江湖佛寺疏請庸越臺住紹興法界寺而作。庸粵〔越〕臺之生平事迹不詳,但從首句「昔妙峰赴妙因之招,灰寒火冷;繼佛照行靈山之道,雷屬風飛」可知他是妙峰之善法嗣,與善珍為同門師兄弟,都是佛照德光法孫。道璨說他「五千里來自海南,瘴雨蠻煙,老其氣骨」,而「二十年薄遊浙右,菱歌漁唱,換卻鄉談。」[180]顯然是個詩僧。

◆ 善珍或於是年或其前作〈和徐國錄韻〉,又作〈送徐國錄守英德〉皆為致徐明叔(?-1276)者。前詩云:「當今稱文宗,斗南一和仲。掣鯨力倒海,蘭苕不同夢。百年日苦短,千載事誰共?賦詩推義山,論舊數季重。客持邀我讀,歡喜蹴破甕。疾抄畏紙盡,饑誦忘漿凍。欲傳換骨方,伎工恐無用。塗窗譏成鴉,過門任題鳳。唐僧句月鍊,一步不敢縱。高參鬼仙吟,下比古佛頌。湖江大國楚,宮闕天府雍。小大材則殊,未易求折衷。公文如珠玉,盛世盍包貢。一鶚剡交騰,萬牛挽難動。造物或困之,鬱怒使快痛。晉康名遠郡,侯印亦久弄。蜃噓橫跨海,龍潛中興宋。年豐秔稌多,守醉賓客從。時時寫烏絲,虹光穿屋棟。祖帳在何時,行色當倥傯。相期遠公社,後會邀湏

179 李之亮,《宋兩江郡守易替考》,頁39;《宋史》卷417,〈趙葵傳〉,頁12502-12504。
180 《無文印》卷11,〈江湖勸請庸越臺住紹興府法界疏〉,頁2b。

洞。擬辦酒椀招，更出虎溪送。」後詩云：「君侯少舉摩天翮，筆陣堂堂萬
人敵。上書自請斗大州，不獨愛閑猶愛石。愛閑庭訟自簡寂，愛石不同牛李
癖。參軍主簿公舉刺，何必喜怒見顏色？高臺盛貯錦屠蘇，何如煙林土花碧？
公餘共賞有歡伯，語妙一笑欲墮幘。假令鼇禁未遭遇，傳至雞林能別識。大
材小用從古然，善舞豈曾嫌地窄？愧無膚寸可及物，疊蓋重金竟何益？霜寒
系舟峽江側，應念坡仙撫遺跡。江流可沿深可刺，此水至潔能納汙。」（《藏
叟摘稿》卷上）

按：「國錄」為「國子監錄」，佐國子監糾察國子學生不守學規者。徐明叔
字仲晦，晉江溫陵人，與善珍為同鄉。真德秀初任泉州守時（1217-1219）辟
長掌文事。紹定五年（1232）第進士。先後知廣東康州（1248-1251）、英州
（1259-1261）、潮州（1266）。其守康州時，劉克莊有〈送仲晦國錄赴康州
二首〉，則徐明叔是以國錄之銜兼守康州（廣東德慶府）。善珍又有〈送徐
國錄守英德〉，似乎也是帶國錄之銜兼守英州（廣東英德府）。則其初任國
錄應在是年前後，姑繫於是年。

◆ 道璨客徑山，於徑山與然松鹿再次相會，寫〈送然松鹿歸南嶽序〉（《無文
印》卷八）。

◆ 道璨是年寫〈西湖除夜〉一詩，中云：「阿母在家年六十，孤兒為客路三千。」
（《無文印》卷一）

按：道璨母吳氏死於 1266 年，時年七十九歲。此詩云「年六十」，應在是年。
此時徑山住持為無準師範。師範自紹定五年（1232）入主徑山，「坐方丈垂
二十祀。年穀屢登，有眾如海。」（道璨撰〈行狀〉）他在淳祐九年己酉（1249）
辭世，故云：「垂二十年」。

道璨若此年開始在徑山，致俊癯翁箚所謂的「別翁七年，念翁如一日。頃來
京師不兩月，即登雙徑，去隱地愈遠，無遊奉問」，證明他二十八歲時曾見
俊癯翁。又說「十年交遊之舊，非敢忘也」，可見他二十五歲即與俊癯翁定
交。

◆ 是年，道璨為絕岸可湘寫〈絕岸銘〔并序〕〉序云：「以靜觀動，道在其中。滄海橫流，斷岸壁立，蓋觀者有取焉。天台湘絕岸，既謁序於故人定勝叟，游四明日，又屬銘於璨。後四年，來徑山，乃克銘。」（《無文印》卷六；《柳塘外集》卷二）其友吳勢卿（雨巖）任江東提刑至淳祐九年（1249）。[181]

◆ 鄭清之任右丞相，兼樞密使加越國公。同時任相者為游似。史嵩之於去年十二月守本官致仕（《宋史》卷二一四）。

按：鄭清之為多位禪師之友，是南宋叢林有名之外護。也是位淨土信仰者，朱時恩《佛祖綱目》（卷三九）有此描述：「鄭清之，字德源。四登相位。端平間，召用正人，多清之之力。嘗作〈勸修淨土文〉，謂今之學佛者，不過禪教律。究竟圓頓，莫如禪。非利根上器，神領意解者，則未免墮頑空之失。研究三乘，莫如教。非得魚忘筌，因指見月者，未免鑽故紙之病。護善遮惡，莫如律。非身心清淨，表裏一如者，則未免自纏縛之苦。總而觀之，論其所入，則禪教律；要其所歸，則戒定慧。不繇禪教律，而得戒定慧者，其惟淨土一門乎。方念佛時，口誦心維，諸惡莫作，豈非戒？繫念淨境，幻塵俱滅，豈非定？念實無念，心花湛然，豈非慧？人能屏除萬慮，一意西方，則不施棒喝，而悟圓頓機；不閱大藏經，而得正法眼；不持四威儀中，而得大自在。不垢不淨，無塵無脫。當是時也，孰為戒定慧？孰為禪教律？我心佛心，一無差別。此修淨土之極致也。」

淳祐八年戊申（1248）

◆ 道璨三十六歲、大觀四十八歲、善珍五十五歲、元肇六十歲。

◆ 二月，隆瘦巖〔岩〕自靈隱訪道璨於徑山（《無文印》卷七）。隆瘦巖是永隆瘦巖，南州人，大川普濟法嗣。是時在靈隱掌書記，視道璨為前輩。他自己既任書記，也要寫疏文，知道璨為高手，故馳書求教於道璨，問訊為書記

---

181 李之亮，《宋代路分長官通考》，頁1606。

之道。道璨答之曰：「古無書記，見於清規惟書狀。書記云者，創置於中古諸老，非百丈意也。第數十年來，謬謬相承，冒其名氏者多耳。山雲浦雨間，先融庵諸老尚有典刑，雛猊奮鬣，氣壓老彪，已見初步，然增其所未高，浚其所未深，不腆之人，期望於少俊者不淺，區區記侍，未足多也。」（《無文印》卷一九）道璨對隆瘦巖期望不淺，而自謙所作實不足為多。同時以別紙寫了首詩，有「二十八字別楮求教」之語，表示對隆瘦巖之尊重。其詩曰：「霜華用底筆如椽，颺在湘江不計年。昨夜西風吹急雨，隨流飄落石溪邊。」（《無文印》卷一九）是月，隆瘦巖從靈隱訪於掛錫徑山的道璨，以瘦巖之道號求序。道璨說，當時「五峯新霽，春在千崖萬壑間。晚色晴光，與天地中和氣，蕩摩霄漢。」道璨覺得見到如此偉觀，方可論瘦巖之義。乃曰：「秋老霜飛，樹凋葉零，山蒼蒼而翠落，石巖巖而露骨；異時消彌剗落，今日華滋秀媚之機也。道學損益之效，於此又何加焉。消彌其敷腴，剗落其浮靡，而空洞其中外，則華滋秀媚者不可勝用矣。予方以是義告隆，執筆未下，天風忽來，飛花冉冉入吾几硯，管城翁奮鬐而言曰：『此第一義也！』隆擊節曰：『吾得之矣！』」（《無文印》卷七）又隆瘦巖善畫，覺菴夢真曾作〈題隆瘦巖蘭蕙圖〉二首，其一云：「眾芳爭春妍，脩節抱幽獨。國香無人知，大楚微一菽。」其二云：「百歃添俗姿，數花足幽意。夢寒風雨多，清湘□流水。」（《籟鳴集》卷上）[182]

◆ 春，笑翁妙堪於育王散席，朝論以大覺故家，不輕畀付，召癡絕道沖於其金陵隱所。使者三返，卒不奉詔。時癡絕八十歲（《無文印》卷四）。理宗依州守顏頤仲之奏，[183]下旨詔偃溪廣聞入住育王，廣聞是年六十歲。他在育王兩年餘，而於淳祐十一年（1251）奉旨遷淨慈（《竹溪鬳齋十一藁續集》卷二十一；《佛光圓滿常照國師年表》；《偃溪廣聞禪師語錄》卷下，林希逸撰〈塔銘〉）。

182　末句「清湘」後字不明。
183　顏頤仲於淳祐五年六月二十七日知慶元府，淳祐八年十月除兵部侍郎離任。

按：《釋氏稽古略》（卷四）云：是年六月，「詔癡絕道沖住育王，使者三返不起。」與道璨所說之時間差幾個月。

◆ 三月，笑翁妙堪示寂，年七十二歲。死前上遺表向皇帝致意，並作短語，請張即之主後事，兩人雖儒佛之身分各異，但關係之深，猶如兄弟。張即之作〈祭笑翁和尚〉，文曰：「維淳祐八年，歲次戊申三月己酉朔二十六日甲戌，奉直大夫賜紫金魚袋張即之，謹以薰茗致祭于圓寂育王堂頭笑翁禪師之靈，曰：師之道德，淵淳山則。贊之毀之，皆不可得。師今云亡，哲人其萎。事關叢林，非我所知。憶我與師，兄弟莫擬。閱三十年，一日相似。師住南山，我添周行。扁舟絕江，明發西陵。師亦至止，共載而歸。翠岩之趾，高風勁節。從容可觀，芬納堂中，朝遊暮還。我執世味，山深林密。粗有樂地，繄師之力。帝念遺老，尺一飛來。起廢鄮峯，曰往欽哉。去我五年，相望二舍。不見兼旬，我心夙夜。半間亡恙，尚擬相從。何物二竪，廼賊其躬。旨哉遺言，斯世良藥。不鄙謂余，亦有所託。遺像山立，英氣如存。嬉笑怒罵，不復可聞。平生益友，今焉已矣。拜手几前，老淚如洗。」（《阿育王山志》卷八）

按：《南宋元明僧寶傳》（卷五）謂：「慶元〔六年〕庚申（1200）春，書遺表上達，并作短語，挽張寺丞主後事。乃趺坐白眾曰：『業鏡高懸，七十二年。一鎚粉碎，大道坦然。』再與曹通守訣別，斂目而逝。」將妙堪之卒年提前四十八年，誤甚。

◆ 春，道璨由西湖至四明奔其師笑翁妙堪之喪後，往翠巖山留十日，復歸徑山作夏。故云：「既哭笑翁老子，遂訪樗寮隱君於翠巖山中，留十日，復歸徑山作夏。」（《無文印》卷一三）又云：「日本一侍者，聞余西泝，跟蹱來送別…」（《無文印》卷八）

按：此一侍者「去國六年，首見癡絕老人於靈隱，來育王侍笑翁老且三年…」（《無文印》卷一二）。

◆ 三月既望，靈隱寺石溪心月題《北磵居簡禪師語錄》曰：「拙菴以拙為人，人所共用。唯北磵向巧拙不及處，指柳罵桑，喚龜作鱉，所謂正宗別調，直指曲說者，是此老人所供，當有與之翻款者。淳祐戊申三月既望，法姪孫靈隱（心月）敬書。」（《北磵居簡禪師語錄》卷首）

◆ 秋，無準師範築室於徑山明月池上，榜曰：「退耕」，乞老于朝。而舊疾適作，涉春不愈；亦即明年三月示寂。道璨所撰〈行狀〉說：「三月旦，陞座示眾曰：『山僧既老且病，無力得與諸人東語西話。今日勉強出來，將從前說不到底。盡情向諸人抖擻去也。』遂起身抖衣曰：『是多少？』十五日，集兩班區畫後事，親書遺表及遺書數十言，笑諧謔如平時。…十八日黎明，索筆書偈。…乃執筆疾書云：『來時空索索，去也赤條條。更要問端的，天台有石橋。」（《無文印》卷四，〈徑山無準禪師行狀〉；《無準和尚奏對錄》）。
按：明僧編《續傳燈錄》（卷三五）及《大明高僧傳》（卷八）記載略同，應本道璨作行狀。但後者謂：「八年戊申，乃築室明月池上。榜曰『退耕』。是年三月旦日，疾作。」又說「十五日，集眾親書遺表遺書數十言。而與客言笑諧謔如平時。至夜書偈曰：『來時空索索，去也赤條條。更要問端的，天台有石橋。』移頃而逝。」於「戊申」之後，漏去「秋」字，遂使師範卒年為是年，疑誤讀道璨所撰〈行狀〉所致。朝論舉癡絕道沖繼妙堪育王之席，癡絕堅辭（道璨撰〈行狀〉）

◆ 秋，瑪瑙住山節菴元敬作重刊孤山智圓《閑居編》後記（《閑居編》卷末）。

冬孟月（十月），東閣趙汝回為淮海元肇詩集作序，即後來收於《淮海挐音》之序文。其文云：「唐無本師，詩最工，宜傳。使不遇昌黎，傳不傳要未可知也。予之同庚友曰淮海師，其未游永嘉時，人固知有淮筆。及見水心，詩聲遂大震。夫山林枯槁之士，吟弄風月，本非求名。一遇名公稱賞，雖逃名，名亦隨之矣。或曰：島詩苦，筆詩俊，詩異名同，何故？予曰：作詩者非俊，

何以知苦之工？惟知道不知道，故人品不能不異。而詞章之夷險，趣味之精麄，有出於文字筆墨之外者。鳥不解空，逃墨而簪履矣。今淮海師據方廣道場，座下聽法者日數十百人。八窗玲瓏，見道透徹。橫說豎說，無非至道；長吟短吟，無非是警語。不食煙火人尚須琢肝雕腎耶？子知此，則無本、淮海之詩，其高下淺深，昭昭然矣！淳祐八年冬孟，東閣趙汝回序。」（《淮海挐音》卷首）[184]

◆ 理宗遣使入台州萬年報恩光孝禪寺，元肇恭奉聖旨，修供羅漢，披度僧員（《淮海元肇禪師語錄》）。

◆ 無學祖元年二十三，入靈隱見石溪心月（《佛光圓滿常照國師年表》）。

◆ 張即之又手書《金剛經》一冊，係為其妻楊氏所寫。題識曰：「張即之伏為五月十三日顯嬪楊氏一娘子遠忌，以天台教僧宗印所校本寫此經，莊嚴淨報。淳祐八年，歲次戊申仲夏望日謹題。即之，時年六十三。」時年六十三歲，已致仕。《明州阿育王山志》有張即之〈祭笑翁和尚〉，實寫於是年（見上文），但《山志》誤為「淳熙八年戊申」，因淳熙八年（1181）為辛丑。

◆ 道璨之友庸越〔粵〕臺卒，道璨在〈祭庸越臺、康南翁〉一文有云：「人孰不曰，越臺可惜；詩富如錦，不療其窮！」（《無文印》卷一二）[185]

淳祐九年己酉（1249）

◆ 道璨三十七歲、大觀四十九歲、善珍五十六歲、元肇六十一歲。

◆ 正月初八日，希叟紹曇入住慶元府佛隴禪寺院（《希叟紹曇禪師語錄》卷一）。

---

184 參看筆者《靜倚晴窗笑此生——南宋僧淮海元肇的詩禪世界》。
185 按：此文是道璨「會江湖諸友於天開圖畫，合二靈而祭」，故二僧之名同列。

◆ 季春中澣，眉山程公許序《無門關》云：「無門老子，早修杜多行，繼參臨濟禪。一十五處道場，隨緣赴感；八萬四千偈頌，信口入玄。籠罩古今，犇趨緇白。雄辯徹九重之聽，神機感三日之霖。雖禪衲半涉於信疑，然朝紳競為之稱替。爭知這老漢，一似太虛空，兩忘是非，何有慍喜。遊戲如幻三昧，撈摝有緣眾生。參徒口傳，侍者筆授。未待涅槃時至，已同結集功成。不慕伊化金地於竹林園，不重伊掛草鞋於龍床角，不賞伊學牛頭融入定於石室，不羨伊似法華言見禮於槐庭。叵耐四面闢無門，會使八風吹不動。滄洲居士，久嚮聲價，阻接笑談，有來函書，貽我方冊。須知道信手拈來的，為得人解黏釋縛麼？十字街頭竿木隨身，且與逢場作戲。三十年後珠玉同價，會須有箇知音。」《無門慧開語錄》卷首）

◆ 春，大觀退苕溪寶山，客於靈隱飛來峰，時太虛德雲才退鄞之芝峰，亦在飛來，大觀與他朝暮相遊。此時太虛德雲年五十歲，大觀說他已「犀顱半霜」（《物初賸語》卷二三）。
按：太虛德雲（1200-1250），山陰人，笑翁妙堪之法嗣，曾在大慈掌書記，為道璨之師兄，亦即道璨所說之雲太虛。出世後，住會稽之瑞峰，四明棲真，徙三衢祥符，又徙四明金峨、芝峰，後住天台巾峰報恩光孝寺。苕溪寶山當是安吉州顯慈禪寺之所在，大觀在淳祐元年入臨安府法相禪院，後遷安吉州顯慈禪寺，後徙紹興府象田興教禪院。其入顯慈時，有錫侍者相隨，居簡曾作〈送錫侍者隨物初顯持〉，詩云：「迦葉師兄錯破顏，阿難病痛在多聞。衲僧斬斬生涯別，輒莫隨人腳後跟。」（《北磵和尚外集》）

◆ 三月十八日無準師範「舊疾適作，涉春不愈」，即告辭世，得年七十二歲（《無文印》卷四，〈行狀〉；《無準和尚奏對語錄》）。遺書至慶元府佛隴禪寺，住持希叟紹曇拈香云：「父不慈，子惡毒。熱血相噴，痛拳相祉，不共戴天讎。推入阿鼻獄，此冤此恨與誰論？海月山雲亦斷魂。」（《希叟紹曇禪師語錄》）訃音至慶元府象山靈巖廣福禪院，住持兀庵普寧上堂，召大眾云：「頑處非常放軟頑，偏能陸地要撐船。驀然撐向龍門去，蹤跡不知往那邊。

幾多望斷空惆悵，亦復嗟嘆泪潸然。」拍禪床一下云：「安得鸞膠續斷絃？」
又舉哀，召大眾云：「我有一句子，不封亦不樹。不在舌頭邊，亦非思憶處。
諸人若要知得親切，徑山圓照老人，即今在汝諸人眼睫上。放大光明，肆口
宣說，急須諦聽；其或未然，蒼天中哭蒼天。」（《兀庵普寧禪師語錄》卷
上）無準示寂前，曾有〈師範和南手白〉致兀庵普寧曰：「靈巖堂頭長老，
別去許久，中間受信，後莫知動止。歲暮忽於蘇城舟中，收書并信，且知出
世，出自諸山公舉，甚慰老懷。既曰住持，却與閑衲子不同，便有住持之職。
從上來大有軌則，當一一依而行之。緊要者，惟以本分事，廣攝來學；亦宜
隨己力量施設，當去過與不及之患，久久自然感驗也。貴老久立叢林，備見
今時之弊，可默省察，莫令失腳，墮其輩流，為識者笑。吾老矣，一住五峰，
今十七年矣。開奏後漸，理求閑計，只有早晚矣。法衣乙頂付去，遇上堂可
一披。幻質無現成者，付在別日。旅中草略奉答，不甚子細。餘宜為宗乘自
愛，不一一。」（《兀庵普寧禪師語錄》卷上）

按：道璨說：「異時主徑山者，有道如大慧老人，曾不十歲。師坐方丈，垂
二十祀。」（《無文印》卷四，〈行狀〉）計從紹定五年五十五歲至是年七
十二歲，前後共十七年，並未及二十年。「垂二十祀」，將二十年也。《徑
山志》說他住徑山二十年，宜視為一約數，非整二十年。〈師範和南手白〉
說他「一住五峰，今十七年矣」應即是年三月之前。

◆ 春，道璨返吳門，靈隱記室康南翁死，年僅逾三十。大觀有〈悼康南翁次深
居韻〉，或作於此時。詩云：「我離清苕日，公為古鄭行。相依雖有約，歸
到已無生。禪正窮枝派，吟先得性情。沈思前日事，天末楚山橫。」（《物
初賸語》卷六）道璨有〈跋康南翁詩集〉，撰寫時間不詳，姑置於是年。跋
語云：「南翁早受句法於深居馮君，來江湖，從北礀游，而又與吳菊潭、周
伯弜、杜北山、肇淮海輩友，故其學益老；深沈古淡，不暴不耀，如大家赴
室，門深戶嚴，過者不敢迫視。年逾三十，挾貧而死，惜哉！十數年來，士
之奇秀者，老天必奪其魄。余識字不多，亦不見恕，而被之奇疾，然猶後翁
死者，文拙之力也。使翁之詩拙於余文，死期必可緩，惜翁不知此耳。余既

為翁惜，且為士之奇秀者懼焉。」（《無文印》卷一〇）又大觀亦有〈南翁
出示近作〉一詩，當在是年之前，但時間不詳。其詩云：「隻字不輕安，冰
霜琢肺肝。裝成三小卷，翻覆幾回看。霄露驚棲鶴，晴春媚畹蘭。向來留舊
作，老碉亦同觀。」（《物初賸語》卷六）

按：吳菊潭是吳惟信（仲孚），雪川人，居華亭白鶴邨，詩名藉甚，有《菊
潭詩集》（《兩宋名賢小集》卷三三〇）。周伯弼即周弼，已見上文。杜北
山是杜汝能，肇淮海即淮海元肇，兩人為好友。[186]

◆ 道璨似於二、三月後歸徑山，會江湖諸友於天開圖畫，合祭庸越臺與康南翁，
其〈祭庸越臺、康南翁〉一文，略云：「前法界堂上越臺和尚，淳祐戊申冬
歿于四明。雪竇友人江西某時寓金陵，千里聞訃，哭之也哀。明年春還吳門，
客自長安來者，復以靈隱記室南翁之訃告，哭之猶越臺。又明月歸徑山，乃
會江湖諸友于天開圖畫，合二靈而祭之。」

按：「又明月歸徑山」，時間不明，但應該仍指是年春，或在二、三月間。
姑繫於此（《無文印》卷一二）。

◆ 四月壬寅朔，右丞相游似為文祭無準師範之塔云：「師起劍閣，錫飛入吳。
覺性既圓，聲譽甚都。十有八年，揮麈雙徑。再幻樓閣，一彈指頃。出世間
法，非我所知。自世間言，誰能及之。胡不百年，續佛慧命。使彼叢林，知
所取正。尺書告別，寂果樂邪。遺一瓣香，臨風嘆嗟。尚饗！」自署官銜為
「右丞相兼樞密使提舉、國史院實錄院提舉編修、玉牒提舉、國朝會要提舉
編修、敕令提舉編修、經武要略南充郡開國公、食邑三千戶、食實封一千四
百戶」（《無準師範禪師語錄》卷五）。

◆ 秋八月，癡絕道沖奉詔命由雪川入主徑山，接無準師範之席。十月二十九日
入院（《癡絕道沖禪師語錄》卷上），時年八十一歲。他原奉京尹趙與𥲅之

186　參看筆者《靜倚晴窗笑此生──南宋僧淮海元肇的詩禪世界》。

請欲於九月入新建法華寺為開山，但八月徑山詔至，欲併法華辭之。或謂「不赴法華則不信，重違君命則不恭。夫〔失〕恭與信，何以為後學法？」於是幡然而作，留法華逾月即登徑山（《無文印》卷四，〈徑山癡絕禪師行狀〉）。道璨之〈與癡絕和尚書〉當作於此時。其書謂：「某禮違又半年，夏初兩申平安狀，持書者皆中道而反〔返〕。比專使行，不欲同兩般具狀，必蒙尊悉。山中無主，內而僧行，外而江湖，望和尚之來甚於飢渴。或謂君命不可重違，和尚必奉詔；或謂和尚方以晚節自高，雖君命有所不移，必不奉詔。間有持是二說詢之某者。切〔竊〕」以為出處大義，和尚自有定算，晚生末學何足以知之？推拂登山，則有坐參之便；高臥不起，則挈包徑造法華，此外不知所云也。」（《無文印》卷一九）

按：所謂「重違君命」之顧慮，是因為去年（1248）育王住持笑翁妙堪散席之後，朝廷有旨召癡絕補其虛席，但使者往返其金陵隱所三次，癡絕皆不奉詔。若此次再不奉旨入徑山，絕對會被視為有意「重違君命」，自然是極其「不恭」之表現。無文道璨以晚生末學不敢參加意見，認為出處大義，癡絕自有定算，而癡絕其實別無選擇，只好出任徑山住持。但次年三月，癡絕即告圓寂（見下文）。

◆ 九月，道璨為傑笑雲作〈見山樓銘〉。序文說道璨於去年在京師遇傑笑雲，傑笑雲因十年前為其所築「見山樓」請銘，道璨因問醫而無暇作。去年傑笑雲散席，稱心首眾菩提，又請道璨為「見山樓」作銘。道璨至是年九月乃克銘。

按：「稱心」應該是繼傑笑雲為菩提寺之住持，故說「首眾菩提」。

◆ 道璨亦可能於是年作〈與雨巖吳提刑書〉（《無文印》卷一五）。雨巖吳提刑是吳勢卿（淳祐元年進士），三年前始任江東提刑，是年離任。道璨於書中說：「某與邦人父老，奔走祖帳之後，既抵肴山，後車塞路，不得俯伏行臺，稟敘依戀之私…」可見道璨欲送行，而未能趕上。

按：宋置江東提刑司於金陵，領七州，含宣、徽、江、池饒、信、太平，及

南康、廣德二軍。[187]道璨此書既言奔走祖帳之後,是否他由杭州赴金陵送行?

◆ 是年,元肇作〈跋佛心禪師法語〉,述二十六年前辭別其師淛翁如琰並蒙贈
法語事(淮海外集下)。

◆ 是年,道璨作〈贈開圖書翁生序〉,略云「〔翁生〕自越來杭,登徑山,留
兩月乃行,以所得江湖歌頌謁序。余謂曰:『序不難,余有一印號『無文』,
其間字義詭然而蛟龍翔,蔚然而威鳳躍也,生識之乎?』曰:『不識。』余
曰:『若果不識,則可與論書學矣。』」(《無文印》卷八)[188]

◆ 鄭清之為左丞相,趙葵為右丞相。據《續傳燈錄》(卷三五),鄭清之秉鈞
軸時,適天童虛席,獨念非妙峰之善莫宜居,因勉之善入天童。之善答曰:
「老僧年踰耄矣,尚夜行不休乎。辭弗就,鄭公益高之。」

◆ 蘭溪道融入住日本相模州常樂寺。

淳祐十年庚戌(1250)

◆ 道璨三十八歲、大觀五十歲、善珍五十七歲、元肇六十二歲。

◆ 春,三月初六日,癡絕道沖自作〈龕銘〉末云:「苦哉!吾宗喪矣!今年八
十二,時節將至,扶病執筆,直敘得法之由,刻諸龕陰,以昭至信。」(《癡
絕道沖禪師語錄》卷下)

◆ 三月十四日,徑山癡絕道沖示寂,年八十二歲。道璨及趙若琚先後作行狀。
(《無文印》卷一二;《癡絕道沖禪師語錄》卷下,趙若琚作〈行狀〉)道

187 李之亮,《宋代路分長官通考》,頁 1578。
188 按:「四庫本」《柳塘外集》標題缺「書」字。「詭然而」、「蔚然而」之「而」
皆作「如」。

璨之〈祭癡絕和尚〉有云：「三月六日，手書龕記並遺書十數」，又云「六坐道場不足為師重，三奉明詔不足為師榮，甫登徑山即入滅，不足為師惜也。雖然去年哭佛鑑，今年哭老師⋯」「師與佛鑑，二甘露門，說法徑山，一音普聞，如海流天，如山吐雲。萬里去國，得師如此，願言相從，之死不二。曾不暮年，相繼而逝。」此文係代眾僧所作，故下有輝石室、眾寮及日本能侍者等名，而「萬里去國」實以能侍者之立場說。文中所云「龕記」似即此文：「予紹熙壬子出峽。夏於公安二聖。時松源倡密庵之道於饒之薦福，早嘆艱於著眾。適西湖妙果虛席，松源舉雲居首座曹源應選；亦密庵之嗣也。聽其入門提倡有省，遂投誠而住。未幾，歸侍司。甲寅夏，曹源有信上龜峰之命，復從其行。留三年，出湔。松源由虎丘而遷靈隱，遯庵住華藏，肯堂住淨慈，皆往從之。松源在靈隱，門庭孤峻，八閱月而後得歸堂，凡求掛搭，必呵斥不得親。一日，忽曰：『我八字打開掛搭，他自是蹉過了。』當下始知昔在龜峰三年，曹源怒罵嬉笑，皆為人之方便也。自此不疑天下老宿，到與不到，瞞我不得。已而，隨緣放曠。曹源順寂後二十年，為人推出，瓣香不敢忘。凡六處所聚，兄弟不可謂無，只是用醫睛法者少。苦哉！吾宗喪矣，今年八十二，時節將至，扶病執筆，直敘得法之由，刻諸龕陰，以昭至信。淳祐十年庚戌歲也。」（《枯崖漫錄》卷下；《癡絕道沖禪師語錄》卷下）上述〈龕銘〉之末有「歲在庚戌，三月初六日癡絕書。」正符道璨之說。《釋氏稽古略》（卷四）有癡絕道沖於「五月十三日入寂，八十二歲」之記載，與道璨及趙若珛之說異。趙若珛之〈行狀〉作於十二年（1252）六月朔。其署銜為：「朝散郎，新權知南雄州軍州兼管內勸農事借紫。」

◆ 清明後十日，大觀在靈隱冷泉作〈《北磵和尚外集》序〉（宮內廳《北磵和尚外集》卷首）。其〈客靈隱感懷二首借先師客竺山時韻〉及〈拜明教大師塔〉二詩（《物初賸語》卷五）或作於此時或前後。其〈書鐔津集後〉（《物初賸語》卷一六）亦當作於同時。
按：〈《北磵和尚外集》序〉亦見於《物初賸語》（卷一三），題名為〈《先師外錄》序〉，但無年月。見於《北磵和尚外集》者，則有「淳祐庚戌清明

後十日，客冷泉嗣法小師大觀謹書」等字樣。《先師外錄》即今存之《北磵和尚外集》。

◆ 孟夏，大觀之友太虛德雲入巾峰（天台），以報恩光孝虛席，部使者命京諸山精擇繼席人選，咸舉太虛之故。入寺甫四閱月，於季秋望又三日入寂，享壽五十一歲。大觀於四日後，應其法孫師納之請作〈太虛禪師塔銘〉（《物初賸語》卷二三）。

◆ 六月廿一日，石溪心月由靈隱受請入住徑山接任癡絕道沖卒後徑山虛席（《石溪心月禪師語錄》卷一）。他在靈隱時因為受有師翁松源崇岳之「傳衣懸記」，事聞於理宗，故理宗早知其名。後來奉旨入徑山，實亦出於理宗之意。理宗還遣內臣宣旨賜御書「傳衣石溪」四大字（一說「傳衣心月」），以光寵他在徑山為松源崇岳傳衣所建的「傳衣庵」。

◆ 仲夏，大觀作〈石田法薰禪師行狀〉。文中云：「而師出於遊戲，至詞章騈儷，叢林所需者，雖不從事乎此，或有所為，操筆立就，敷腴調暢，非凡淺者所能到也。末葉彫零，人物眇然，長於此或短於彼；若師者，可謂兼之矣。士大夫以此道扣擊者，未易殫舉，而少保孟無庵為尤密，至受衣而稱得法，豈無自而然哉。」（《石田法薰禪師語錄》卷末、《物初賸語》卷二四）
按：引文中之少保孟無庵即孟珙，他雖然以滅金抗元聞名，但深遂於易，亦通佛學，自號無庵居士，已於淳祐六年卒（1246）。

◆ 十月十日，天目文禮（1167-1250）卒，壽八十四。天台太虛德雲撰〈天目禪師行狀〉，謂與朱熹及楊簡遊。十月十四日，天台法照亦作〈天目禪師祭文〉（《天童寺志》卷七）
按：〈行狀〉亦云天目語錄已先見於世，故晉陵尤焴（1190-1272）〈《天目禪師語錄》序〉所言「得見其遺語于天竺晦巖，晦巖囑余拈出。」應在是年之前（《天童寺志》卷八）。法照之〈祭文〉則云：「淳祐六年，歲在庚戌，

十月癸巳,朔十四日丙午,謹以湯茗果饌之奠,致祭于天目禪師之靈。」(《天童寺志》卷七)但淳祐六年為丙午年,而庚戌則為此年,是〈祭文〉應作於淳祐十年。尤焴,字伯晦,號木石,常州無錫人,尤槃之子,尤袤之孫。年十九登嘉定元年進士。理宗端平初,任將作監主簿。復為淮西帥,以儒者守邊,威惠兼濟。累進工部尚書、禮部尚書,入為遷翰林學士。著有《全唐詩話》十卷,《四庫總目》及《歷代詩話》皆誤為尤袤所著。他與多位禪師有來往,除癡絕道沖外,還有偃溪廣聞、晦巖智昭、天目文禮、兀庵普寧及洞宗的東谷明光(?-1253)等等。叢林以尤木石稱之,是年六十歲。

◆ 十二月,大觀代人作〈胡君叔恬墓誌銘〉(《物初賸語》卷二三)。

◆ 元肇之〈寄上制使賈端明二首〉,當作於是年,因是年賈似道以端明殿學士鎮兩淮,時年三十八歲。元肇詩之一云:「洛陽聲賈自傳臚,三十專城總要途。黃鶴樓中納雲夢,碧油幢下重江都。爭誇國士無雙傑,堪對瓊花獨一株。王事只消談笑了,好吟佳句繼歐蘇。」其二云:「天台山壓眾峰高,極勝窮幽是石橋。在昔一詩留翠壁,至今萬壑響青霄。淮南草木皆霑潤,塞北煙塵即便銷。將相功名古來有,可曾江上問漁樵?」(《淮海挐音》卷下)

◆ 元肇當於是年作〈訪天目梁渚〉,詩云:「煙渚落漁篷,行行訪隱蹤。野禽衝斷徑,樵子指前峯。雲闊安禪石,霜清得句鐘。長淮一千里,九日却重逢。」(《淮海挐音》卷上)蓋上述德雲所撰〈天目禪師行狀〉謂天目文禮主天童後,「歸,終於梁渚西丘」,旋嬰疾而逝(《天童寺志》卷七)。《淨慈寺志》(卷九)亦說:「閱五剎,通不過八、九年,而得閒之歲月,多逍遙於梁渚之西邱。」足見天目卒在錢塘梁渚。

◆ 道璨作〈送愿上人過雪竇兼呈弁山〉,中謂:「去年無準死,今年癡絕喪,二老百世師,一去空天壤。」(《無文印》卷一)

◆ 善珍之友趙葵辭相，年六十五歲。據說因時宰以「宰相須用讀書人，劾之而未果」，徑出國門，急馳而歸，題〈南鄉子〉於壁間。其詞曰：「束髮領西藩，百萬雄師掌握間，召到廟堂無一事，遭彈。昨日公卿今日閒，拂曉出長安。莫待西風割面寒，羞見錢塘江上柳，何顏？瘦僕牽驢過遠山。」（《錢塘遺事》卷三）善珍有詩記其辭相事，見下文。

按：是年只有鄭清之與趙葵任相，故「時宰」似指鄭清之。但是當時朝中有不願與趙葵合作者多人，依《齊東野語》之說，有陳夢斗（1226年進士）、趙以夫、陸載之（生卒年不詳）、趙汝騰（？-1261）等人。皆以文學科名相高，視掌軍旅金穀事者，為俗吏粗官，不願與之同朝（《齊東野語》卷一八）。其中趙以夫號虛齋，已見於上文，亦見下文。

淳祐十一年辛亥（1251）

◆ 道璨三十九歲、大觀五十一歲、善珍五十八歲、元肇六十三歲。

◆ 中春丁巳（十五日），滄洲程公許在茗溪之漁灣精舍觀去年立夏日石溪心月所作〈書遯齋居士題後〉（《石溪心月禪師語錄》卷三）。

◆ 季春，大觀仍在靈隱，作〈北磵禪師行狀〉（《北磵和尚外集》附）。
按：此〈行狀〉亦見於《物初賸語》（卷二四），但無撰寫年月。宮內廳所藏《北磵和尚外集》於〈行狀〉末有「淳祐辛亥季春客北山靈隱嗣法小師大觀謹狀」等字樣。證明是年大觀在靈隱。

◆ 端午日，晉陵尤焴序《癡絕道沖禪師語錄》云：「徑山癡絕禪師既示寂，其徒了源，以師平生提唱語一編，示錫山尤焴曰：『子知吾師者，盍為敘引以傳？』余晚識師，得其數語受用，因不復辭。余觀近世尊宿語錄，多成窠臼。惟癡絕師，獨較些子。蓋其得處超軼，用處灑落，故平生室中，不許人下語。專以此著，羅龍打鳳，而學者鮮能湊泊。門庭高峻，屹然宗匠之靈光。今也則亡，徒存劍迹。非其種草，孰識苦心？必有護持，流通久遠矣！」（《癡

絕道沖禪師語錄》卷首）癡絕於去年卒，尤焴是年六十一歲。

◆ 五月既望，長洲一齋顏汝勳作〈《癡絕道沖禪師語錄》跋〉，其跋文云：「東山正脉，無些子氣息。啐啄同時失底，猶未夢見此。徑山癡絕大禪師，說不說約博徧轉，將瞿曇七處開口不得底，撒向諸人面前。爭奈盡大地摸索他不著，摸索不著，只緣師自不知著落。到這裏，彈指一下，拂袖便行，總使不著。且道肴訛在甚處？珊瑚枕上兩行淚，半是思君半恨君。淳祐辛亥。五月既望，顏（汝勳）敬識。」（《癡絕道沖禪師語錄》卷末）。

按：《歷朝釋氏資鑑》（卷二〇）載，一齋顏汝霖，參癡絕沖禪師有省，呈偈，癡絕不與，示以法語，鋤其異解，一齋方深悟入。癡絕遷徑山，八十臨寂，自銘龕云：「平生數處相聚，兄弟不謂無，只是用醫睛法者少。」一齋作〈悼偈〉二首，其云：「醫睛一法即金鎞，至竟何曾用得親。說與玉山并徑塢，死生無地着渾身。」其二云：「若為禪流敲骨髓，一齋皮也不曾分。宜乎習氣難煎洗，愁絕江陰寫祭文。」其「平生數處相聚」云云，依語錄所載癡絕〈龕銘〉之原文，實為「…已而隨緣放曠。曹源順寂，後二十年，為人推出，辦香不敢忘。凡六處，所聚兄弟，不可謂無。只是用醫睛法者少，苦哉。」又謂：「今年八十二」，實寫於去年，寫完後不久，癡絕即告示寂。

◆ 中伏日，雲泉野客盧齋趙以夫作〈《癡絕道沖禪師語錄》跋〉，其文有云：「嘉熙戊戌，余假守四明。己亥，癡縱沖老來天童，間至郡齋，款語竟日，莫逆於心。」又云：「乙巳訪余於金陵，余以蔣山屈之。師云：『老僧纔展坐具，四方學徒雲集。此山產薄，向住十四年，至行乞以供粥飯。今老矣，不能為也。』余為虛其座，俾保寧兼管，專以奉師。丁未余召還，師亦入浙，得旨主徑山席，又復過我；往來一紀如初識。」（《癡絕道沖禪師語錄》卷末）。趙以夫是年六十三歲。

◆ 夏七月十二日，住冷泉大川普濟題《北磵居簡禪師語錄》云：「北澗〔磵〕和尚，自是甘露滅、舟峰菴、秀紫芝之流亞。見佛照師祖後，巧盡拙出，如

虎插翅。奯奯哀哀，乖乖戽戽。人知其一，未知其二。九會葛藤，自揚醜惡。
從苗辨地，余言豈誣？眼裏無筋，此老受屈。淳祐辛亥解制前三日住冷泉大
川（普濟）。」（《北磵居簡禪師語錄》卷首）

按：「甘露滅」指寂音惠洪。舟峰菴是泉州僧舟峰慶老。參大慧於洋嶼，「大
慧遷徑山，遂與俱行，為掌記室。詞章華贍，殊增叢林光潤。」（《雲臥紀
談》卷上）秀紫芝應是蜀僧祖秀。他早以文鳴於士大夫間，慕嵩明教之風，
作《歐陽文忠公外傳》（《雲臥紀談》卷上）。但元·覺岸之《釋氏稽古略》
言及「秀紫芝編年論」，視之為《隆興編年通論》的作者石室祖琇（《釋氏
稽古略》卷二）。明·文琇在其《增集續傳燈錄》序文說：「余於少壯時嘗
閱秀紫芝《人天寶鑒》。其序有云：『先德有善，不能昭昭於世者，後學之
過也。』」（《增集續傳燈錄》卷首）又將他當作《人天寶鑒》之作者疊秀。
二人皆誤。

◆ 十月初八，秋房樓治以中奉大夫、集英殿修撰赴越州紹興知府任，明年依舊
職提舉江州太平興國宮《會稽續志》卷二。大觀有〈送秋房樓侍郎帥越〉一
詩，略云：「磐磐越都會，事與漢沛同。作牧選重臣，于以見天衷。四海為
一家，枌榆情所隆。恩意洽羣黎，尚慮多罷癃。…安民與厚俗，一一由匪躬。
悠然何所為，七洲自春風。…」（《物初賸語》卷二）樓治是樓鑰季子，有
關其生平之記載甚缺，但其行事稍見於禪籍，知與居簡、大觀、道璨及其師
妙堪都有來往。道璨有致樓治詩已見上文。大觀編成北磵居簡語錄之後，曾
請樓治題詞，樓治題曰：「一脈能分妙喜泉，薰風一轉代流傳。等閒坐斷南
山頂，擊碎珊瑚也直錢。北磵禪師以載道之文鳴于時；方壯歲，已為善知識、
名公卿友而畏之。或者捨其造詣而聲其文，豈深知吾北磵也耶？物初攜室中
語來，因題其後。秋房樓治。」（內閣文庫藏《北磵詩文集》第九冊《語錄》
卷首；「續藏經」本《北磵居簡禪師語錄》卷首）[189]大觀又有〈寄秋房樓侍

---

189 按：「續藏經」本《北磵居簡禪師語錄》誤「師以載道之文鳴于時；方壯歲…」為
　　「師以載道之文，塢于，時方壯歲，…。」

郎二首〉，有「山堂值新霽，活翠浮前榮。深衣就胡床，篆煙一縷橫」之句
（《物初賸語》卷二），顯示他曾訪樓治之私邸。又曾作〈寄秋房樓大卿用
其贈雲竹韻〉，顯示與樓治相唱和。詩中有「一燈攻媿傳，隻字芝蘭芬」之
句，讚其家學淵源。又有自述句云：「觀也一壞衲，昔人非昔人。紛紛末流
中，塊乎獨守淳。敲空發西印，遺言味先民。孤吟了無取，徒為露蟬清。」
（《物初賸語》卷二）又有〈壽秋房樓侍郎三首〉，其第一首云：「三九佳
辰最吉祥，入秋幾月現芬芳。七枝秀草傳天竺，此日移根畫錦坊。」第二首
云：「攻媿文章南渡前，毫端萬斛湧泉源。一傳的的容窺測，鄞水無風浪拍
天。」第三首云：「只箇當庵含法界，謂為全合又全開。金剛正體無邊表，
巧歷徒將數量該。」（《物初賸語》卷七）這些詩或作於越州，或作於四明，
已無可考。樓治卒後，他又有〈祭秋房樓侍郎文〉，對樓治為人為官之描述，
可補史之缺。其文云：「中興人物，宣獻拔萃。內相亞相，潤色經濟。孰承
其家？孰得其傳？惟秋房公，獨源其源。游刃理窟，擷芳騷圃。藻製芬葩，
心畫奇古。既修諸身，以及諸人。麾節奏移，有腳陽春。不有君子，其何能
國？有如公者，方伯從粵。德尊於爵，實浮於名。秋房二字，愈久罙馨。某
也一衲，山林屏跡。國士之知，兩忘儒釋。峨峨佳城，灌山之陽，公果亡耶？
凜乎如生。」（《物初賸語》卷二一）[190]

◆ 十月既望，程公許於武林精舍為徑山僧澝重梓之大慧語錄作序（見《大慧年
譜》附）。又於建丑日（十二月）於雪溪寓隱西瞻堂撰《無準師範禪師語錄》
序。文曰：「維佛鑑老，自蜀道來。早與石田師兄同為破菴上足，得句中眼，
秉梱外權。險如劍閣崇墉，壁立萬仞；奪卻梓潼如意，截斷眾流。自清涼過
焦山，由雪竇移鄖嶺。業風飄轉，驅來五頂峯頭；宿債難逃，爭奈西番劫火。
你諸人百般較計，這些子一味癡頑。瓦礫成堆，榔栗杖依前橫竪；工徒雜作，
金剛圈各自嚵吞。凡五會問答舉揚，被叢林勘驗不少。順寂之前一月，蒐揀
而為臣〔巨〕編。況曾信筆親書，自甘招伏；更引旁人作證，惑然周遮。點

---

190 按：「麾節」原作「魔節」；「陽春」原作「陽有」，皆誤。

檢將來，有甚交涉？祇恐旆檀林下，展轉傳抄。何如搕搉坑邊，等閒拋擲？
且圖省事，免起禍端。然雖如是，這一則公案畢竟如何合殺？不見古人道，
陽燄何曾能止渴。畫餅幾時充得飢。勸君不用栽荊棘，後代兒孫惹著衣。咄！」
（《無準師範禪師語錄》卷首）

◆ 十一月，鄭清之卒，年七十六歲。劉克莊為作〈行狀〉，又作〈墓誌銘〉（《後
村先生大全集》卷一七〇）。

◆ 偃溪廣聞由阿育王寺移住淨慈。當時教家有挾坐禪宗上，偃溪奏數百言，條
析明備，理宗是之，詔仍依舊時法（《竹溪鬳齋十一藁續集》卷二一；《偃
溪廣聞禪師語錄》卷末，林希逸撰〈塔銘〉）。偃溪入淨慈後，東谷明光由
平江萬壽奉勅繼育王之席，在育王時間不長，即奉旨遷靈隱，於寶祐元年
（1253）十二月五日示寂（《增集續傳燈錄》卷六）。道璨之〈與育王東谷
和尚書〉即是作於東谷在育王期間，很可能在是年或明年夏。其書云：「昔
登舟之夕，晴日滿窗，春漸平岸，目不及瞬而已次西陵。知識辱臨，極意加
護，江神亦解事矣。開法許久，遂聲隱如雷霆，皇皇洞宗，大江行東海，自
先宏智去後，未有盛於此時也。某籍靈隱而家靈鷲，門掩薰風，口挂老壁，
意味殊僬然。久欲申起居狀，入夏無端，便當蒙尊照。」（《無文印》卷一
九）是年，無學祖元由靈隱至淨慈，時年二十六歲，偃溪廣聞以記室召，辭
而不受，再上徑山隨石溪心月，後仍歸淨慈作藏主（《佛光圓滿常照國師年
表》）。

◆ 元肇入平江萬壽寺任住持，約住八年，其間作〈重建利濟院化壇〉一文。

◆ 善珍或於是年作〈送趙吏部四首〉贈趙與篡，以趙與篡於是年離京尹之任入
朝，隨即出任吏部侍郎之故。詩之一云：「健才事聲名，撫案走百吏。法家
冠柱文，好以殺為戲。要留百年思，莫令一時畏。近時攀轅民，未必皆民意。」
其二云：「千家煮蔗漿，萬里隨風桅。穀少蔗愈多，荒歲不療饑。初聞下令

嚴，巨賈頗不怡。至今訓農文，可配七月詩。」其三云：「薏苡不類珠，疑似多謗傷。恭惟大雅姿，南物不入囊。鈴齋一片石，歷劫難贊揚。常恐雞林客，夜半驚虹光。」其四云：「撫槎泝銀潢，手探支機石。天孫繭甕絲，擬補袞五色。星斗光離離，欲見無羽翼。舊恩倘可報，殺身奚足惜？」（《藏叟摘藁》卷上）

◆ 是年，道璨送誠上人歸鄉，寫〈送誠上人〉一詩（《無文印》卷一），有句云：「我母今年六十四，千丈白髮應滄浪。」
按：四年前其母六十歲，則六十四歲當為此年。

◆ 佛日行嵩講師奉命主法華，特補右街鑑義，賜金襴法衣等（《物初賸語》卷二三）。

◆ 日僧無關普門入宋，由會稽參靈隱寺荊叟如玉、淨慈寺斷橋妙倫。

淳祐十二年壬子（1252）

◆ 道璨四十歲、大觀五十二歲、善珍五十九歲、元肇六十四歲。

◆ 春二月既望，劉震孫題《北磵居簡禪師語錄》云：「北磵老師，人品甚高，造道甚深。其為文章，奇偉峭拔，甚似柳柳州。夫不逸於佛，固當在儒林丈人行。至若沈冥得喪之表，超脫死生之際，則文字語言，又特其遊戲三昧。彼以文訾之者固陋，以禪譽之者亦淺焉耳。非文非禪，妙不可傳而可觀。乃方掇拾糟粕，以為鉅編，得不貽定中一囈然乎？雖然，道不可以言傳，而非言亦無以求道，是編之出，於無學者，蓋不為無助也。余昔假守苕霅，嘗以師表聞于朝，主道場法席。天子知其名，詔遷淨慈，卒老於斯焉。其兄壞菴居照，亦西州大尊宿，與老大父清惠公，為方外交云。淳祐十二年春二月既望，東北人劉（震孫）題。」（《北磵居簡禪詩語錄》卷首）

◆ 六月朔，懶翁趙若琚應徑山玉芝庵主源上人之請，為癡絕道沖寫〈行狀〉，其時官銜為朝散郎新權知南雄州軍州兼管內勸農事借紫。〈行狀〉中說：「丙申之春，識師於獨龍岡下」，「今回首，十七年矣。」（《癡絕道沖禪師語錄》卷下）可見在端平三年（1236）相識。源上人於趙若琚處「留連踰月，談論鏗鏘，音吐鴻暢。」趙若琚視為「眾中之龍象」。臨別於靜壽堂書二絕贈行。其一云：「暑入單絺雨壓塵，扣門仍喜客來頻。從容為說西來意，庭栢青青正可人。」其二云：「應密單傳的的真，一番舉起一番新。老師末後殷勤語，直下承當正要人。」秀野閑人徐敏子亦以一頌上呈菴主禪師云：「癡絕有菴不肯住，弄老挑雲徑山去。地水火風分裂時，親書贈予黃葛布。蛻封讀罷咽無語，會得龍鬚能辟暑。豈知玉骨本清涼，書則珍藏布不取。源老忽踏幽深路，道在隔山遙望處。巨帙已載閑葛藤，何堪又送閑家具。開眼一看笑呵呵，猶有這箇可奈何。來而不往非世法，聊劾芹忱媿不多。兩角茶、十袋麵，寶瓶飛錢五十萬。虔心獻此一瓣香，奉為禪師作清薦。且問先師來不來，玉山菴頂碧雲開。更煩大眾打圓相，撥取青蓮火裏灰。」（《癡絕道沖禪師語錄》卷末）

◆ 立秋日，平江府承天介石智朋藏張九成真蹟，刻石置山中，劉震孫書其後。

◆ 是年，此山師壽卒，七十二歲。九月，大觀偶東還，抵鄮峰下尋此山師壽，欲假榻焉，適逢此山已卒二日，應其從子寅之請，撰〈此山禪師塔銘〉（《物初賸語》卷二三）
按：此山師壽（1181-1252），四明慈水人，為徑山石橋可宣法嗣。出世後住衢州超化、蘇州定慧、雙塔，後入玉几，無準師範命分座者再，後領處州連雲，復回玉几西塔為菟裘計，時東谷明光為住持。師壽名不見於禪史，大觀掛錫玉几之初，曾從師壽游甚久。居簡詩集中有〈悼壽此山〉，詩題小注云：「善畫，由工於狗。」但居簡已於淳祐六年（1246）去世，如何能作此詩？疑為大觀所作，姑錄之以備考：「七軸瀾翻卷怒潮，九天恩重記前朝。力鞭骰觫防侵稼，活寫厓喋惡吠堯。秋幌囊螢心未老，春風吹雪鬢先彫。青雷玉

立青如削，千載高風不寂寥。」（《北礀詩集》卷二）

◆ 秋後無學祖元歸天童，時年二十七。其前在歸靈隱作住，因到鷲峰庵參請虛堂智愚（《佛光圓國師年表》）。

◆ 冬，元肇師兄靈隱住山大川普濟禪師完成《五燈會元》，並於靈隱直指堂自作題詞云：「世尊拈花，如蟲禦木。迦葉微笑，偶爾成文。累他後代兒孫，一一連芳續焰。大居士就文挑剔，亘千古光明燦爛。」[191]

◆ 元肇師兄天童弁山了阡卒於是年。遺書至平江萬壽報恩光孝寺，住持元肇上堂云：「臘月毗嵐風，吹倒太白峰。石女眼中流血，本人換手搥胷。致使萬壽笑亦不成，哭亦不是。」（拈主丈云）「拂曉倚筇和雨看，崔嵬依舊在雲中。」（《淮海元肇禪師語錄》）又元肇有〈天童弁山和尚見招〉一詩，當作於稍前，為答弁山在天童之招，詩云：「四海如今幾弟兄，橫飛直上振家聲。我方閑臥君多病，此意如何寫得成？」（《淮海肇和尚語錄》又有〈祭天童弁山禪師〉，有句云：「我扁舟西汎吳，兄虛谷以招延。曾偈言之始徹，忽訃音之墮前。風入林兮悲栟，春致荊兮不鮮。慄引鈎於危髮，痏無膠而續絃。鴒寒在原，泪傾潤泉。」（《淮海外集》卷下）應作於此時。弁山遺書至平江府承天能仁禪寺，住持介石智朋上堂云：「卷舒出沒，生死海中。石火莫及，電光罔追。承天手足情鍾，今日重為卞山和尚，灑此兩行淚。與麼見得，便知天下人，不奈此老何。」（《介石智朋禪師語錄》）道璨亦作〈悼阡弁山頌集序〉，當是後來《悼阡弁山頌集》刊印後作。其語云：「受帝者之命易，得學者之心難。弁山和尚之於天童，未奉詔也，群聚而迎之。既入滅也，合詞而哀之。其得學者之心，不待問而知矣。然余竊有疑焉：翠竇倚天，懸水挂石，老子未嘗起也，而學者起之，是執之也；太白橫曉，萬松鳴

---

191 按：此題詞原見於宋淳祐十二年（1252）刻本，現已不見於「續藏經」本，而可見於中華書局點校本《五燈會元》卷首。宋刻本現已重見於世，其經過參看拓曉堂，〈荀齋舊藏宋刻《五燈會元》序〉，《嘉德通訊》第 5 期（2012），頁 29-31。

籟，老子未嘗死也，而學者死之，是誣之也。弇山果何修而得此哉？或謂余：『子於弇山有一日之雅，辯誣解執，何惜筆端之口？』余未知所對。管城在側，奮然而作曰：『眾怒難犯，幸毋累我！』」（《無文印》卷九）

◆ 十一月十五日，西巖了慧入主天童，時年五十五歲。他在盧山東林住了一年，適逢天童虛席，「朝命諸禪公舉，以師名奏，特差補處。」（《物初賸語》卷二四，〈西巖禪師行狀〉；《西巖了慧禪師語錄》卷一）了慧在天童五年間，「訓徒起廢，靡不加意。兩閣後先，金碧昂霄。又將廣選佛場一新之，回祿煽災，半日而盡。」他尚未來得及興復，即屬疾。於是「謁告於制使履齋吳公，以蔣山別山智奏繼其席，法中友于也。」（《物初賸語》卷二四，〈西巖禪師行狀〉）「法中友于」即指他與別山祖智都在無準師範門下，兩人實為同門兄弟之故。是年，張即之亦在天童參了慧。時年六十七歲。

◆ 元肇之友周弼，年五十九歲，為元肇詩集寫序，略曰：「九僧當唐律未變之時，與逍遙、仲先輩並駕而馳，及選而成集者，又楊次公也，故能為皇宋三百年詩僧之冠。葉龍泉首欲挽回唐詩之脈，淮海適遊江心，遂承獎借。既與四靈接逐繼踵，而待成巨編，為居簡、東閣愛賞者，居其太半，較之九僧，彼此一時，曾何多遜？玫其為詩，發興高遠者，皆自天資流出，不拘束於對偶聲病。當其得意，掀衣頓足，指畫誦說，自成一家風韻；況自崇以詩名首于九僧，淮僧之中今有筆焉，尤非他人之所能及也。十年與弼三會吳門，屢云：『待子數語』。然及板行，弼自揆衰蕪，故少遲焉！」（《淮海挐音》卷首）

◆ 別山祖智為金陵知府王埜召入蔣山（《天童寺志》卷七，〈別山智禪師塔銘並序〉）。
按：《天童寺志》（卷二、七）說：「金陵留守王公埜以蔣山招之。」未說明時間。茲考王埜守金陵始於是年二月，至寶祐二年（1254）六月二十八日任滿。別山祖智應在是年二月後至後年六月前受召入蔣山。由於他於寶祐四

年（1256）受請入住天童寺，入蔣山時間當在王埜知建康之年。

◆ 日僧無象靜照（1234-1306）入宋求法，先登徑山謁石溪心月，後到育王典賓客，接著到天台為茶供，並作二詩曰：「崎嶇得得為煎茶，五百聲聞出晚霞。三拜起來開夢眼，方知法法總空花。」「瀑飛雙澗雷聲急，雲歛千峰金殿開。尊者家風只如是，何須賺我海東來。」（《鄰交徵書》初篇卷二）據說同和者有四十餘人。物初大觀和虛舟普度（1199-1277）為其中之二。不過大觀之詩韻腳不同，不似和靜照此詩之作。其詩云：「日轂陛邊不計程，轉頭已是隔重瞑。更遭尊者相勾引，瀑搗非梁夢未醒。」「諸方門戶總經過，惱亂春風有幾多。今日慈雲重覷對，絲毫不隔最諵訛。」（《鄰交徵書》初篇卷二）虛舟普度之詩云：「汲來崖瀑煮新茶，紫玉甌中現瑞霞。到此豁然如夢覺，一天踈雨濕秋花。」「磵邊雲冷裹蒼苔，木杪金燈午夜開。更問曇猷在何許，分明猶隔海門來。」（《鄰交徵書》初篇卷二）此時日僧大休正念亦在徑山。[192]

寶祐元年癸丑（1253）

◆ 道璨四十一歲、大觀五十三歲、善珍六十歲、元肇六十五歲。

◆ 正月旦日，安吉州武康縣崇仁鄉禺山里沈淨明撰〈《五燈會元》跋〉於直指堂（《五燈會元》卷首）。[193]《五燈會元》編者普濟曾有〈示圓鑑沈淨明〉一偈贈之：「天寬地大一圓鑑，明暗色空四無限。道人受用未生前，白雲祖師頂門眼。」（《靈隱大川普濟禪師語錄》「偈頌部分」）

◆ 正月十八日，元肇法兄大川普濟示寂，壽七十五歲（《靈隱大川普濟禪師語錄》卷末）。偃溪廣聞時在淨慈，大川遺書至，上堂曰：「來無地頭，大川全在一毫收；去無方所，靈蹤更在猿啼處。虛空迸綻，等閒換却諸方眼；山

---

192 按：所引詩皆見《宋代禪僧詩輯考》（上海：復旦大學出版社，2012）附錄三之《無象照公夢遊天台石橋頌軸》，頁728。

193 按：此跋見於中華書局點校本《五燈會元》，「續藏經」本《五燈會元》無此跋。

河起舞，撼動天關搖地戶。」（《偃溪廣聞語錄》卷上）訃音至天童，住持西巖了慧上堂云：「傳佛心宗，四七二三居下風。使鐵奉化，東州西湖興殃害。此害既除，此宗亦墜。幾人悲？幾人喜？一悲一喜，二俱不是。天童反覆思量，不如依前念箇八囉娘，從教遍地是刀鎗。」（《西巖了慧禪師語錄》卷上）大觀於三年後作〈靈隱大川禪師行狀〉（見下文）。接大川靈隱之席者，應是東谷明光，但東谷補靈隱之席後，亦在同年十二月示寂（見下文）。

◆ 清明日，通庵王楠撰〈《五燈會元》序〉（《五燈會元》卷首）。王楠之序云：「今慧明首座萃五燈為一集，名曰《五燈會元》，便於觀覽。沈居士捐財鳩工，鋟梓於靈隱山，實大川老、盧都寺贊成之。」[194]是則《五燈會元》之真正執筆人是慧明首座。「大川老」普濟為靈隱住持，自然「贊成之」。按：序中之「沈居士」，即是為此書作跋的沈淨明。王楠生平事跡不詳，只知曾任節度使。端平元年（1234），錢塘僧了悟重建永隆院，其主殿之費，即檀越王楠所獻。林希逸在其〈重建永隆院記〉說：「檀越，忠恪王節使楠也」，證明他曾任過節度使，端平初住臨安（《咸淳臨安志》卷七九）。

◆ 八月初一日，雪巖祖欽（？-1287）入潭州龍興禪寺，不久入湘西道林禪寺，據下文〈荊溪吳都運書〉，似都為寶曇之友荊溪吳子良所招（《雪巖祖欽禪師語錄》卷一）。

◆ 八月中，大觀寫〈無念禪師塔銘〉（《物初賸語》卷二三）。按：無念慧真（1141-1238），四明慈溪人，曾參玉几佛照德光，間游香山禮退谷義雲，後入晦翁悟明之室，為其法嗣。無念首創慈溪第一所尼寺永壽禪院，於嘉熙二年（1238）四月入寂，壽九十八歲。

◆ 十月二十八日，絕岸可湘在上栢資聖寺受請入嘉興府流虹興聖禪寺（《絕岸

---

194 按：此序見於中華書局點校本《五燈會元》，「續藏經」本《五燈會元》無此序。

可湘禪師語錄》）。

◆ 冬，佛日行嵩講師示寂，年五十四歲。

◆ 臘月初五日，元肇之友，靈隱東谷明〔妙〕光示寂，得年不詳。書偈辭眾云：「東谷片雲收，月圓當古渡。寒驚白鳥飛，夜宿無影樹。」（《增集續傳燈錄》卷六）元肇有〈祭東谷禪師文〉云：「洞上一脈，不絕如絲。浮山受記，程杵孤危。大陽弊履，投子補錐。寥寥南來，隰州有師。道齊大白，法浪天稽。三世百年，東谷傳之。得眾以寬，待物以慈。法幢六移，厥聞四馳。凌霄之顛，識君俊眉。吳住大方，附庸倚毗。得鹿同夢，亡羊者誰？我落南台，六霜復西。君振東甬，去臘來歸。相逢一笑，故吾已非。世相到頭，霜雪不私。指閣而言，啟謀一枝。大匠不臨，曷見翚飛？末由也枝，奚足稱為？冷泉沸騰，曾未及蕣。示病日深，學雲淒其。谷空月明，鶴怨猿啼。繼以訃聞，眾皆涕而。爐烟上浮，莫寫我悲。無縫落落，高景巍巍。瞻之仰之，斯焉取斯？」（《淮海外集》卷下）東潤湯漢祭以文曰：「維東谷師，昂然鶴質。作冷泉主，曾不多日。示病已早，示滅何疾。我雖乍識，開口吐實。問訊殷勤，迹疎情密。忽遺手書，古畫名筆。聿來告行，覽之自失。諦觀點畫，宛然道逸。是過量人，生死齊一。而我凡情，悲涕為出。雪滿湖山，羸馬難叱。聊持瓣香，往吊其室。」（《枯崖漫錄》卷下）偃溪廣聞時在淨慈，東谷遺書至，上堂曰：「唱新豐曲，風清古格。聲前轉調入無生，恰應雲門臘月拍。無影樹下，古渡頭邊，要知東谷末後句子，須待洞水逆流。」（《偃溪廣聞語錄》卷上）介石智朋時在平江承天能仁禪寺，靈隱東谷和尚遺書至，上堂曰：「正不立玄，偏無所附。三十年，異類中行，末後句，月圓古渡。且道東谷和尚，還有來去也無？夜船撥轉琉璃殿，白鳥飛宿無影樹。」（《介石智朋語錄》）

按：東谷明光，或稱東谷妙光，常州無錫人，為尤焴同鄉，與尤焴厚善。枯崖圓悟說他「風神清拔，有精識」，「與實齋蔣公」為法喜之遊（《枯崖漫錄》卷下）。此實齋蔣公也就是其無錫同鄉蔣重珍（生卒年不詳），他是嘉

定六年（1213）進士第一，嘗築一梅堂萬竹亭聚書自娛，天下高之，號實齋先生，學者又稱一梅先生。與魏了翁、真德秀深相友愛（《洪武無錫縣志》卷三上）。知安吉州，以權刑部侍郎致仕，享年五十四。尤焴曾作〈宋故刑部侍郎蔣公壙誌〉，說他「平生侃侃自持，不肯詭隨流俗。少不得其意，則必奉身而退。於名位利祿，常若浼己。」（《洪武無錫縣志》卷四下）其友霅川吳惟信（生卒年不詳）曾有〈寄蔣重珍祕書〉云：「焚香誦易與天游，君命相催不肯休。時節固知來則是，功名卻以得為憂。翠蓬雲氣生衣袂，金殿陽光動冕旒。此際一言能悟主，始堪回首舊林丘。」（《江湖小集》卷二九），可見其為人之大概。蔣重珍曾錄西庵三偈以寄，東谷和酬云：「莫道西庵小，了無邊與表。還他親到來，一一方分曉。」「莫道西庵靜，鐵牛吼聲震。露柱與燈籠，點頭相共應。」「莫道西庵窮，吞空復吐空。相逢金粟老，臘月皴春風。」東谷晚年勑授明州之育王，後特旨移靈隱，卒於斯。在靈隱時，曾為其祖自得慧暉語錄作序曰：「還丹一粒，點鐵成金。至理一言，轉凡為聖焉。惟以自得老衲者，受金衣於宏智古佛，執話柄於淨慈堂上矣。可謂眾星之一輪，萬品之孤器也。龜筮者支於洞上春色，藻鑑者懸於竺土正續哉。水隨方圓，道合凡聖。冀見之書者，知是小補，非所諧廣信者也。鳳麟居士希玉知溫州之日，方見斯奇錄，恭表信趣；萬壽主簣溪所述，最堪報附法之恩，寔是妙奇也。不可輕，敬書之。荊玉驪珠，華語金言，知之謂賢，執之曰聖。然又此集，其語最希有也。妙明田地，闢親口，顯金章；靈源做處，磨珠文，挑清光。愚於弊室拜讀，璵在璪，盤燦珊。或明也暗，真燈自無明暗；或清也濁，性水本沒清濁。方信道一言，難報萬年恩，三世易譜千古心。余搹於拙句，苟題于其初。」（《淨慈慧暉禪師語錄》卷首）

◆ 是年，善珍作〈溫州太平寺鐘銘〉，謂淳祐十年庚戌（1250）溫州唐福寺住山妙湛禪師易其寺鐵鐘為銅鐘，三年後成（《藏叟摘稾》卷下）。

◆ 大觀入明州大慈寺，無學祖元往依之。時大觀德重當世，道冠東南，祖元與之有故，遂歸席下，不久為第二座（夾註揭溪斯作〈佛光禪師塔銘〉）。大

觀可能於是年或稍後作〈跋樗寮真跡三軸〉（《物初賸語》卷一七）。在大慈寺期間，大觀致力興建堂殿，作〈大慈建慈視殿疏〉及〈大慈慈視殿上梁文〉。〈大慈建慈視殿疏〉有序云：「先衛王生平以觀音大士為依怙，建寺嚴親，曰『大慈』。一山扁題皆取〈普門品〉。嚴奉之殿未及營，而且附安大士于大佛殿中，誠為未了。今於佛殿後接建大士寶殿，前、左、右三面則開池栽蓮，以映發之，所以滿先王之願而補一山之缺典也。福德力量，同垂援手，勝事立成。」[195]（《物初賸語》卷二〇）又設經會、開燈會，有〈大慈行堂圓覺會疏〉、〈大慈行堂元宵燈榜〉之作（《物初賸語》卷二〇）。

◆ 是年道璨有致「隆北山」書，中有「五年不聞動靜」之語，及「比得玉澗書始知說法延平之上。」又說：「尚記西湖握手之語否乎？」（《無文印》卷二）
按：隆北山是閩僧北山紹隆，為福清僧枯崖圓悟之至交，曾為圓悟的《枯崖和尚漫錄》寫序，序中說：「余出錦谿報慈，歸延平含清數年。」說明他在南劍州延平郡之含清寺。

◆ 張即之手寫《金剛經》一冊，係為其亡母楚國夫人韓氏五娘子遠忌而寫，作為「施僧看轉，以資冥福」之用，時年六十八歲（《書畫題跋記》、《虛舟題跋》）。

◆ 住華藏比丘宗演作〈《大慧普覺禪師年譜》跋〉（《大慧普覺禪師年譜》）。[196]

◆ 瑪瑙住山節菴元敬再作〈《閑居編》後記〉（《閑居編》卷末）。

---

195 按：原文「生平」作「生乎」；「依怙」作「依帖」
196 按：此據國家圖書館藏《大慧普覺禪師年譜》本。法鼓山臺北版電子佛典集成之《嘉興大藏經》亦含此跋，但不繫年月。

◆ 日本鎌倉幕府北條時賴（1227-1263）創建長寺，延蘭溪道融為開山。

按：北條時賴為鎌倉幕府第五代執權，實下文第八代執權北條時宗之父。

◆ 日僧寒巖義尹來宋求法，先入天童山。

寶祐二年甲寅（1254）

◆ 道璨四十二歲、大觀五十四歲、善珍六十一歲、元肇六十六歲。

◆ 春，江東憲毛所齋以薦福帖請道璨，道璨「為六十七之老，因便而歸。」（《無文印》卷一五）六月，道璨住饒州薦福寺（《無文道璨禪師語錄》）。可能是年先寫〈與雪坡姚狀元書〉，又寫〈赴薦福告先人墓文〉。前者即說受毛所齋薦福之請，且「為六十七之老，因便而歸。」此六十七之老，當是其母。後者曰：「廬山歸來，梅花已再發。招隱之檄至，嘗麾之使去，省父墓田，侍母醫藥，歲晚之心也。番守之命至三，番民之望甚切，於是又為不得已之出矣。弘千載單傳之道，慰九原期望之私，敢不敏勉自策勵，是豈為漁獵聲名而往哉？入別庭闈，出別松楸，兒癡戀慕，欲去復留。」（《無文印》卷一三）

按：饒州治鄱陽郡，又有縣六，鄱陽其一。道璨說「番〔鄱〕首之命再三」，考是年、去年及前年之饒州守為薛蒙，[197] 當是道璨所說之「番〔鄱〕首」。至於江東憲毛所齋，《無文印》中屢提及其人，但身分不明。

◆ 四月八日，大觀之友枯山比丘艮傳作〈《痴絕道沖禪師語錄》跋〉（《痴絕道沖禪師語錄》卷末）。

◆ 是年，道璨在薦福不久，即入南康軍廬山開先華嚴禪寺說法（《無文印》卷一三），其作書復愚谷元智當在是年。書中說他離饒州薦福寺，「隱約西山

197　《宋兩江郡守易替考》，頁 170。

之阿，漫浪廬山之下，去閩愈遠」，可見是入廬山開先寺後所寫。又說因為「山深林密，入閩又無便，遂不復奉書。然心苟不相忘，何以書為？老帖遠來，大過所望。和尚道行南方，固足慰南方學者之望；然令行吳越，猶天下學者之望也。」（《無文印》卷二〇）由道璨之書，可知是年愚谷在泉州法石寺。而善珍之〈法石請愚谷諸禪山門疏〉當作於是年或稍前；而其〈跋趙大鑑請愚谷住法石書後〉當在是年或稍後（《藏叟摘稾》下）。書中還說「三山之陽有愚谷、有藏叟，今乃復著不腆之人於其間，豈昔之所謂兩驢驪中著一駑耶？」似愚谷有請他入閩之意，而此時善珍仍在閩，尚未北上。又，道璨住開先後，又回薦福，尚書省有劄差他主清涼寺，道璨作〈辭免清涼申省狀〉（《無文印》卷一四）。

◆ 冬十二月五日，元肇法兄芝巖慧洪示寂，壽六十三歲，元肇作〈祭芝巖禪師文〉云：「亘萬古而獨存者，道也。關一時之隆替者，人也。人之存亡，道之休戚。余領萬壽，更裳葛者四，哭塡箴者三。弁山宿草而大川塔，今又哭吾之芝巖。」（《淮海外集》卷下）其時西巖了慧在四明，兼天童與育王住持（《西巖了慧禪師語錄》卷上）。其語錄謂，大慈芝巖和尚訃音至，西巖上堂曰：「東澗一滴水，東湖千丈波。幾多湖上客，無可奈舡何。且喜波停浪息，家家雨笠烟蓑。喜裏帶愁眠不熟，起來謳唱不成歌。」芝巖曾主四明大慈寺，故說「大慈芝巖」。大觀於二年後作〈芝巖禪師塔銘〉（見下文）。按：大川普濟去年卒，故元肇祭文之「宿草」若指隔年之草，則弁山了阡卒於前年。元肇從 1251 年入萬壽，至 1258 年離萬壽赴永嘉，約在萬壽為期八年。芝巖慧洪為新昌人，因受業時有紫芝巖，因自號芝巖。又，《阿育王寺志》、《續寺志》及大觀所撰的〈西巖禪師行狀〉，都無西巖住育王之記錄。其《語錄》亦不載育王語錄，僅在天童語錄中錄有「權兼育王」上堂語數次。[198]

198　按：西巖了慧在天童之語錄屢有「兼權育王」、「再兼權育王」、「在育王」、「權育王」等語，證明他是以天童兼育王住持。《西巖了慧禪師語錄》卷上，頁 339b、342b、345a。

◆ 張即之六十九歲，手書《金剛經》一冊，係為其父所寫（《虛舟題跋》）。
　此經寫於翠山寺，其跋文云：「即之初度之日，以天台教僧宗印所校本，謹
　書此經，以伸劬勞之痛。寶祐二年甲寅歲四月望，即之六十九歲。」（《翠
　山寺志》）
　是年，吳革任提舉兩浙東路常平事，至次年。[199]道璨可能於是年寫〈恕齋吳
　提刑〉一書寄之（《無文印》卷一七）。

◆ 偃溪廣聞由淨慈移住靈隱（《偃溪廣聞禪師語錄》卷下，林希逸撰〈塔銘〉）。
　按：偃溪是奉旨由淨慈遷靈隱的，以去年冬靈隱住持東谷明光示寂，至靈隱
　補其虛席之故。偃溪在南宋是相當傑出的一位禪師，有「八坐道場」，「五
　捧敕黃，屢承詔旨，三宿觀堂，對辯秘殿」，及「五山敕命，臣領其四」之
　寵遇。

◆ 希叟紹曇作《五家正宗贊》於靈鷲放山室，其序文曰：「游聖人之門者難為
　言，此特閨門兒女子軟紅輕襪踏地怕痛之論，又烏足為參學法衲？僧家千聖
　穎，瞥轉玄樞，翻鐵面皮，爺也不識。示一機如大火聚，出一言如生鐵橛。
　無儞近傍處，無儞咬嚼處，針砭古今，活必死疾，又何聖可稱？何門可游？
　何言可忌？終日言而盡道，言滿天下無口過；或褒或貶，或抑或揚，曲盡其
　奧。褒非勸節，貶非窮鄉，抑非廉人，揚非舉善，息黥補劓，截鶴續鳧，倒
　用橫施，著著有出身之路，肯桎梏籠檻，分甘為淺丈夫哉？愚生也魯，瘦藤
　挑月，破笠包雲，奔走江湖幾五十載。雖透關眼未甚明，至理言未甚的，然
　於古人不恰好處，略窺涯涘。試將五彩黼黻太虛，似不量其力也。前謂褒貶
　抑揚，當俟金錍刮膜，出語驚群者，重為點發。雖然，翠巖眉毛，寧免拖
　地。」（《五家正宗贊》卷首）又作有〈題樗寮書《金剛經》板〉和〈《清虛和尚
　語錄》序〉等，唯不繫年月。

199　李之亮，《宋代路分長官通考》，頁1978，引《續會稽志》。

◆ 林希逸撰臨安〈壽聖禪寺記〉，贊該寺開山無住禪師懷隱親建其寺，二十年而成。文中謂：「余識師三十年，每以為可敬；持空拳，造此役，難矣哉。余既知其用心良苦，而嘉其底績於成，遂為之志其本末云爾。」（《咸淳臨安志》卷八一）

按：壽聖禪寺在臨安謝家塘。淳祐七年僧懷隱開山創建，是年賜今額（《咸淳臨安志》卷八一）。

◆ 鎌倉幕府北條時賴致函徑山石溪心月，邀請赴日傳法，石溪婉拒之。有〈寄日本相模平將軍〉一首云：「徑山收得江西信，藏在山中五百年。轉送相模賢太守，不煩點破任天然。」（《石溪心月禪師語錄》卷三）

寶祐三年乙卯（1255）

◆ 道璨四十三歲、大觀五十五歲、善珍六十二歲、元肇六十七歲。

◆ 三月望，大觀之友西巖了慧應求法日僧東福圓爾之請，撰〈日本國丞相藤原公捨經記〉，中云：「道人圓爾。來自日本。一語投機，擢置近侍。」自署慶元府太白山天童景德禪寺住持（《西巖了慧語錄》卷下）。三月二十五日，了慧有〈上圓爾法兄書〉云：「了慧頓首再拜，上覆東福堂上禪師法兄和尚侍者，即日春事告闌，共惟尊候有相萬福。了慧竊審，以道福住山，王臣贊護，聲稱奕奕，遠被中夏，乃知先生左券，全歸老手矣。欽羨！欽羨！切乞為師門益加珍護，以永真風。不宣。大宋寶祐乙卯三月二十五，天童初祖比丘了慧頓首再拜。」[200]（《鄰交徵書二篇》卷一；《聖一國師語錄》）了慧是年五十八歲。

◆ 四月壬午，朝散大夫、集英殿修撰、提舉江州太平興國宮、賜紫金魚袋楊棟

---

200 按：「了慧」，《聖一國師語錄》作「了惠」。「珍護」原作「琛護」，茲據《聖一國師語錄》改。

作〈御書傳衣庵記〉，述其里人石溪心月禪師請為所受御書撰記始末。文中云：「師俗姓王，世居眉青神之瀬。姥母楊氏，臣棟之族也。」（《石溪心月禪師語錄》卷末）

按：楊棟，字元極，眉州青城人，紹定二年進士第二。曾以吏部侍郎、集英殿修撰出知太平州，又以舊職提舉太平興國宮。度宗朝官至同知樞密院事，拜參知政事。

◆ 七月十五日自恣日，石溪心月作《大光明藏》序云：「橘洲曇少雲，秉史筆，勾索佛祖機緣，撫而為書，使學者詳其旨歸，於宗門非小補也。然後人傳寫，爭寶之，而真贗相半。四明明禪人，校定元本刊行，須得同志之士，與賢士大夫，相助發揮之。重說偈曰：『佛祖親傳真命脉，橘洲筆底發淵源。郁乎光燄十萬丈，只貴知音一印傳。』寶祐乙卯，自恣日，徑山石溪心月書。」（《石溪心月語錄》卷三；《大光明藏》卷首）

◆ 七月二十八日，節齋陳昉赴慶元府知府任，以四月十九日奉旨以集英殿修撰知慶元軍府兼沿海制置使，此時到任。明年四月二十二日奉聖旨召赴行在。大觀此時在大慈，後作〈節齋陳尚書〉一書（見下文）。

◆ 十月（良月），馮去非跋覺菴夢真之《籟鳴集》云：「北磵敬叟與余游，最後住慧日峰下，所與劇談搞文，皆一時之勝。今其塔既古矣，將復從高菊磵九萬、翁五峰賓暘、趙東閣幾道、尹梅津惟曉、葉靖逸嗣宗、周汶陽伯弜，俯仰之間，相繼地下，未知此老管領我輩能如生前否？時覺菴友愚在諸公間日相隨，所見所聞所傳聞加於人一等矣。余初以姜白石譏銛樸翁，盛稱北磵於眾中，覺菴於蘇臺、雲上至淨慈凡三同席；而乃十年後又會最于此。撫事悼往，為之永慨。白雲、山臺書《籟鳴集》後，詩固有所取法不苟作，□敬也。而覺菴自為題辭，且不忘厥初於□□□感於舊游云。寶祐三年良月，不□二□盧□□馮去非可遷，甫書于深居。」

按：題跋中之高菊磵即高翥，已見上文。其後數位分別為翁孟寅、趙汝回、

尹煥及周弼，與馮去非都是居簡及元肇之友。居簡已死近十年。此跋文可見馮去非對居簡之敬重。白雲是趙崇嶓（1198-1256）、山臺是趙汝績（生卒年不詳），兩人都是宋宗室王孫。前者與詩僧芳庭斯植為厚交，後者與大觀及道璨為友。[201]

◆ 孟冬，石溪心月作〈示無象〉送日僧無象靜照曰：「靜照禪者，過海訪此未久，動容瞬目，吐露不凡。因作頌見示，可敬。倘跂步前哲，不患不與之把手同行也。僧問趙州：『一物不將來時如何？』州云：『放下著。』僧云：『一物不將來，放下箇什麼？』州云：『放不下，擔取去。』僧大悟於言下。且道那裏是這僧悟處？試著意看去，切不必理會得與不得。宜以悟為則，所謂不患不與前哲把手同行，當立地以待搆取，照宜勉之。」（《石溪心月禪師語錄》卷三）

◆ 冬，大川普濟弟子用楫過慈雲（按：即大慈名山）謁大觀，言其師始末，與大觀疇昔所聞者合。大觀乃為條理其事，以備當世名公採摭。大川之八會語，因於臨終時投諸火，所行者，乃諸衲傳誦，會稡成編。大觀之〈大川普濟禪師行狀〉，於明年正月撰完刊佈（見下文）。

◆ 是年徑山石溪心月入寂，遺書至靈隱，偃溪廣聞上堂云：「多添少減，減却白雲正傳；詐啞佯聾，搂盡松源窟穴。攪翻四大海，話行三十年。若謂歐峯破鐵連寨、碎鐵蒺藜，要見徑山，猶未可在。畢竟甚處相見？十方無壁落，徧界黑漫漫。」（《偃溪廣聞禪師語錄》卷上）遺書至育王，住持虛堂智愚上堂云：「雞足峯前，黃梅渡口，逗到冷泉幾掣肘。若謂凌霄非正傳，畢竟衣法屬誰手。野犴鳴、獅子吼，虛空昨夜翻筋斗。」（《虛堂智愚禪師語錄》卷三）遺書至大慈名山教忠報國禪寺，大觀上堂云：「鐵牛昨夜拗折角，自揚家醜。撞破虛空鳴嚗嚗，將錯就錯。天台寒拾笑哈哈，利動君子。報道十

201　可參看筆者《一味禪與江湖詩》之「導言」。

方無壁落，猶在半途。諸人還見佛海禪師麼？石裂溪空聲愈高，炎炎凌霄頭倒卓。」（《物初大觀禪師語錄》）

按：劉震孫於〈《石溪心月語錄》序〉說：「景定元年夏四月，徑山比丘正彬，袖一編書，過余而言曰：『吾師石溪佛海禪師之沒，且六年矣。』」以景定元年逆推，石溪卒年應在是年。石溪於嘉熙二年（1238）於徑山受請入蔣山，劉震孫說他在蔣山時，「有王氏子，實介甫苗裔。挾權貴勢，規取山中地為墓田。石溪爭之不得，則鳴鼓說偈而去之。以為『是其先世以學術誤天下者，而吾徇其請，獨不為山靈笑乎。』乃往趙東漸，徧遊佳山水，將終老焉。自是名重一時，不惟搢紳諸公知之，聖天子亦知之。」（《石溪心月語錄》卷首）

◆ 元叟行端於佛涅槃後一日出生，一歲（《元叟行端禪師語錄》卷八）。

◆ 張即之七十歲，道璨訪翠巖並作詩一首，賀其生日，當在是年。其詩曰：「長庚流輝千丈強，斗南夜氣浮耿光。晉唐以前舊人物，翩然乘風下大荒。平生厭官不愛做，自歌招隱山中住。後園明月手自鋤，多種山前老梅樹。歲寒心事梅花清，滄浪白髮梅花明。有時指花對客道，此是吾家難弟兄。上國春風醉桃李，過眼紛紛付流水。禁得清寒耐得霜，幽獨何曾有如許？今年枝間著子無？黃金作顆應纍纍。想見日長庭院靜，時時繞枝如哺雛。摘來不用供調鼎，且喚麴生相管領。等閒一醉一千年，莫遣東風吹酒醒（《無文印》卷一）。張即之寫《佛遺教經》一冊，授翠巖住山行祥和尚。[202]

◆ 張即之書《清淨經》，卷末有史嵩之跋曰：「樗寮以清淨心寫清淨經，觀其所書，知其所存矣。」（《秘殿珠林石渠寶笈匯編》，頁二一四五）

---

202 陳根民，〈張即之生平與作者考略〉，在《杭州師範學院學報》第 4 期（1999），頁 60-64。陳根民之說不知何所本？

◆ 劉克莊撰〈誠少林、日九座墓誌銘〉，二人分別為少林德誠及靈石祖日，為劉所謂「余有方外之友二人」。前者於寶祐二年（1254）季夏示寂，壽五十二；後者於是年示寂，年六十二。劉克莊是年六十九歲，其為二人所撰墓誌有語云：「二釋皆余所敬，誠如達摩不立文字；日如玄奘馱經西來，兼通儒書。余聞『道淺不如試之深也』、『讀書少不如之博也。』寒齋已矣，留二釋以遺余，方資以待老，今併為寒齋奪去，余將誰語乎？」（《後村先生大全集》卷一五九）克莊又有〈哭日老二首〉，其一云：「初聞滅度指三彈，俄報茶毗鼻一酸。始悟杖頭挑布袋，不如龕裏坐蒲團。故交相與歸函骨，弟子誰來會涅槃？猶喜喝衣無一物，洞開方丈與人看。」其二云：「竹湖疇昔歎兼通，孔墨何曾是別宗？唐代儒先重顛老，晉朝名勝賞林公。頌辭大眾存遺札，塔與寒齋共一峯。聞說結跏揮手際，亦留半偈別樗翁。」（《後村先生大全集》卷二二）其詩使用不少禪宗掌故。

寶祐四年丙辰（1256）

◆ 道璨四十四歲、大觀五十六歲、善珍六十三歲、元肇六十八歲。

◆ 正月幾望，大觀撰成〈靈隱大川禪師行狀〉，時為慶元府大慈名山教忠報國禪寺特差住持。行狀有云：「⋯旋遷補陀岳林、秀之報恩、鄞之大慈、越之天章、京之淨慈、靈隱，凡八遷。其岳林，則丞相史忠獻王，欽其道價延見。而遷大慈，則忠獻之子，同知恭惠公敷奏給敕。而遷淨慈，則京尹趙大資敷奏。」（《大川普濟禪師語錄》、《物初賸語》卷二四）
按：《物初賸語》（卷二四）之〈靈隱大川禪師行狀〉，只云「寶祐乙卯冬」（即去年冬），大川之子用揖過慈雲請大觀撰〈行狀〉，遂條理其事，以備當世名公採摭，然未註明何時完成。《大川普濟禪師語錄》所收之〈行狀〉，則記行狀完成之年月日甚詳。〈行狀〉中之忠獻王為史彌遠。忠獻之子恭惠

公為史彌遠次子史宅之。[203]京尹趙大資為趙與懽，因大川遷淨慈時間大約在嘉熙四年（1240），而趙與懽在是年除資政殿學士，故稱趙大資。大川住持淨慈時間不長，於次年淳祐元年（1241）即遷靈隱。

◆ 是年，大觀又作〈芝巖禪師塔銘〉，略謂芝巖惠洪（1192-1254）曾「**應大丞相忠獻衛王崇報之命**」，又謂他繼芝巖之後主大慈寺，而史彌遠之子史宅之帥越州時，曾以越州能仁禪寺招芝巖。未幾，史宅之和其弟史宇之共議再新其家功德寺，認為非芝巖主大慈不可，乃奏補處，住山約十年，其間「**叢規鼎鼎，不讓前作。**」（《物初賸語》卷二三）

按：忠獻衛王為史彌遠，崇報寺在越州雲頂，芝巖為越州新昌人，越州崇報寺可能是他出世徑山後的首次住錫地。但他是在大慈入寂的。其臨終書偈云：「**六十三年前，六十三年後。臘月火燒山，虛空俱出醜。**」說明他得壽六十三歲。《增集續傳燈錄》（卷二）誤說「應丞相忠獻越王之命出崇報」，應該是「忠獻衛王」才是。越王為史浩，其諡號為忠定，非忠獻。

◆ 四月初七日，虛堂智愚在靈隱鷲峯庵受請，十九日入住阿育王廣利寺。朝散郎，集英殿修撰，知慶元軍府事兼管內勸農使、兼沿海制置使陳昉撰慶元府請疏云：「**右伏以尊者放光明，指八祥六勝之地；育王捧舍利，現十洲三島之區。簡是釋迦古道場，直須覺士正丈室。選從四眾，斷自九重。虛堂愚公長老禪師，慧海慈航，宗門心印。堂虛貯明月，絕無片點塵埃；林邃撼清風，掃盡諸般障礙。遍主浙江名剎，暫眠靈隱閒雲。好向玉几峯，橫出一枝；便據金獅座，旁行四句。東歸衣錦，再傳鷲嶺之燈；北面瓣香，仰祝聖人之壽。謹疏。**」（《虛堂智愚和尚語錄》卷三）陳昉於寶祐三年四月十九日知慶元軍府，四年四月二十二日離任。正是虛堂入育王三日之後。由吳潛繼陳昉為判慶元軍府，於四月二十三入府，[204]其時虛堂已入育王數日。

---

203 按：《宋人傳記資料索引》「史宅之」條誤作史彌遠長子。其實，史彌遠有三子，長子為史寬之，次子史宅之，三子史宇之。
204 吳潛判慶元軍府之時間，見李之亮，《宋兩浙路郡守年表》，頁292。

按：〈虛堂智愚行狀〉謂：「寶祐戊午，育王虛席，禪衲毅然陳乞，有司節齋尚書陳公，嘉其公議，特與敷奏，是年四月領寺事。」「寶祐戊午」是寶祐六年（1258），與語錄所記時間不符，疑誤。有司節齋尚書陳公，即是陳昉（生卒年不詳）。

◆ 五、六月間或稍後，別山祖智被旨住天童，繼西巖了慧之席，是因為天童寺燬，西巖雖已修建諸寮，又已掄材興復水陸堂，但了慧忽然屬疾，力有未逮，朝旨遂以別山補處。據說了慧一囊一缽，縛茅以居。凡三年，乃克復舊觀（《物初賸語》卷二四，大觀撰〈西巖禪師行狀〉）。依宋慶元府人文復之（生卒年不詳）所作之〈別山智禪師塔銘並序〉，祖智之入天童是慶元府帥吳潛之推薦。他說：「本州帥守吳公潛，以興議聞于朝。有旨，召師主其山。師聞命毅然曰：『經始用力，獨匪人歟？吾其可不逮其志？』則一囊一缽盂前，無難色。始至，埽灰燼、除瓦礫、縛數椽，與厮役雜處，欲以歲月遲其成。」（《天童寺志》卷七）

按：吳潛於淳祐十一年（1251）任相，次年即卸任，開慶元年（1259）復相（《宋史》卷二一四）。是年四月二十三日，他以集英殿修撰知慶元軍府兼沿海制置使。[205]祖智當是五、六月間或稍後入天童。

◆ 夏至（長至日），吳郡莫子文序《武林西湖高僧事略》（《武林西湖高僧事略》卷首）。

按：莫子文生平事跡不詳，只知為常熟人（《江南通志》卷一二〇），登寶慶二年（1226）王會龍榜（《吳郡志》卷二八）。曾任從事郎，嘉熙二年（1238）三月知建康到任，淳祐改元（1241）四月赴班（《景定建康志》卷二八）。

◆ 八月，雲谷和尚入住平江府聖壽禪寺（《雲谷和尚語錄》卷上）。

---

205 李之亮，《宋兩浙路郡守年表》，頁 292。

◆ 九月，斷橋妙倫被旨遷淨慈，年五十六歲（《斷橋妙倫語錄》卷下）。

按：此係根據不知名作者所寫之斷橋妙倫〈行狀〉。〈行狀〉中說，斷橋入淨慈前在天台國清，是賈似道（1213-1275）鎮淮闈時，[206]稔聞其名而招致。妙倫雖然固辭，但疏箚敦迫，不得已乃行。他入國清之後，據說「學徒竭蹶趨風，惟恐後。戶外之屨常滿，人物視諸方為最盛。乃捐囊橐建眾寮，扁曰琪林，以延來者。又捼海塗數千頃，合港之際，人皆為難，師冒風濤默禱，取法衣鎮之，遂截為膏腴。建閣立庫，成不磨之基。」大致與他入國清以前，在台州瑞巖一樣，「說法餘暇，尤留情土木。堂宇圮陋，皆撤而新之。」是位善於經營寺院之住持。他入淨慈之後，執事者以廩粟匱乏告，他乃持鉢行化，為求法衲子丐食。其時，節齋趙與篲使吳，[207]發廩為倡，大家巨室。聞風委施。而仍留在維揚的賈似道，亦給助逾厚。妙倫稇載來歸，無惰容得色。他在淨慈約五、六年，為淨慈做了不少事。又林希逸與斷橋頗有來往，據說他除作〈《斷橋妙倫語錄》序〉外，還寫有〈塔銘〉一篇，但都已遺失。斷橋語錄僅錄銘文如下：「余謂富鄭公於顒華嚴，范文正於古薦福，張紫巖於杲大慧，皆以元勳大老，敬向其人。故叢林至今，以為法棟。今師之得魏公者，又何遜哉？非公無以知師，非師無以得公也。其大機大用，具在語錄。乃為銘曰：『斷橋之學，不以言句。傳所可傳，竹谿已序。師於叢林，末法砥柱。我觀其初，信有異趣。麻矢何疑，楞伽何悟？無準室中，不契何故？所聞何聲，始得汗出？師今何故，板鳴不住？是聲何如？必有落處。我為此銘，來者轉註。』」文中之魏公，依〈《斷橋和尚語錄重梓》序〉，是「越太師魏公」，即是賈似道。

◆ 十月旦，善珍作〈淨慈薙髮捨錢記〉，敘寺僧妙源乞居士何君某捨錢一萬為淨慈僧剃薙費之子本一事，似有不以為然，而質之於住持荊叟如玨之意（《藏

206　按：賈似道於淳祐十年（1250）以端明殿學士、兩淮制置大使、淮東安撫使知揚州。可見其任「制閫」時間。參看李之亮，《宋兩淮大郡守易替考》，頁43。

207　按：趙與篲於寶祐三年二度知平江，至寶祐六年初離任。見李之亮，《宋兩浙路郡守年表》，頁129。

叟摘槀》卷下）。

◆ 十月（良月）望日，天台芳庭斯植《采芝集》成書，並自題跋（《采芝續集》卷末）。

◆ 是年，偃溪廣聞奉旨移住徑山（《偃溪廣聞禪師語錄》卷下，林希逸撰〈塔銘〉），補石溪心月卒後徑山虛席。善珍此時當仍在福建雪峰，曾作〈徑山請偃溪茶湯榜〉（《藏叟摘槀》卷下）。[208]
按：廣聞是一路由育王（1248）、淨慈（1251）、靈隱（1254）而移住徑山的，以明人對五山次第高低之排序看，他平均二、三年陞一級，由育王陞至徑山，前後不過八年左右。

◆ 元肇寫〈與印學正〉一詩，係致其同里人印應飛者。印應飛於此年五月以朝奉郎知鄂州，次年去職（《淮海挐音》卷下）。[209]他去鄂州之前曾與元肇晤面，故元肇在〈祭印經略侍郎文〉說：「丙辰訪別，回載之餘，江山夐阻，歲月交書。」（《淮海外集》卷下）

◆ 元肇之友吳子良或卒於是年，年六十歲。劉克莊有〈哭吳卿明輔二首〉，其一有「水心文印雖傳嫡，青出於藍自一家。」及「他日史官如立傳，先書氣節後詞華」之句。其二有「老耄故交堪痛惜，晚徵集序未遑為。單傳骨髓惟吾子，空嘔心肝向阿誰」之句（《後村先生大全集》卷二四）。元肇未寫悼文，但曾請吳子良為水心寫墓誌，其詩〈寄吳荊溪大監〉云：「水心銘未立，屬望在荊溪。一字如山重，何人落筆題？昌黎戀斗柄，皇甫接天梯。草木無情者，垂垂露泣低。」其另一詩〈吳荊溪大監〉云：「遙辭下石橋，南岳阻招邀。五載未相見，三除不入朝。玉樓催作記，瓊闕伴吹簫。嘆世無知己，

208　見本書敍論。
209　《宋兩湖大郡守臣易替考》，頁68。

文章竟寂寥。」（《淮海挐音》卷上）

按：《劉克莊年譜》引《南宋館閣續錄》（卷七）、《宋元學按》（卷五五）、及《宋詩紀事》（卷六四），謂吳子良於是年「忤史嵩之罷職，尋卒」，但三書具無「罷職，尋卒」之說。[210]劉克莊之詩亦未繫年，故其卒年仍不詳。考《劉克莊年譜》「罷職，尋卒」之說實得自《宋人傳記資料索引》，但《宋人傳記資料索引》雖有吳子良「忤史嵩之罷職，尋卒」之敘述，但並未確認是年為其卒年。[211]此處暫作是年，俟新資料出現後再修正。

◆ 道璨伯兄叔量登進士第，歸拜堂下（《無文印》卷四）。叔量「長於賦，年四十六，登寶祐四年三甲第三十六名進士。」《寶祐四年登科錄》

◆ 西巖了慧作〈日本證上人以斷橋法語求印證〉云：「日本證上人，回自天台，以斷橋弟法語見示，且言中間錯了舷之一字，欲乞證據。以老拙看來，斷橋之錯，非特者一字，其間大有錯處在，非廣略韻中，所該載者。上人試向黑角裏著些眼筋，子細點看。若檢點得出生死二字，總是切腳。日本、大唐乃至恒沙國土，猶指諸掌。倘或未然，天童不免將錯就錯云。寶祐丙辰。」（《西巖了慧禪師語錄》卷二）

◆ 道璨作〈疊山謝架閣〉疑在此年（《無文印》卷一八），因書中有云：「正初還西山，一溝明月，遂退還東湖。舟車來番（鄱）」亦可見謝枋得來柳塘拜訪過。

◆ 是年道璨之友張即之七十一歲。即之曾移書言於淮東制置使賈似道恤王唯忠遺孤，又使從孫士倩娶惟忠孤女。

---

210 《劉克莊年譜》，頁292-230。
211 《宋人傳記資料索引》，頁1136。

◆ 是年前後，道璨之友湯中任工部侍郎，道璨嘗作偈五首，欲修贄謁見而未果，其偈之末章曰：「諸老門庭早已參，時年行遍海東南。重來上國無他事，看了梅花見息庵。」後又作書〈〔寄〕息庵湯侍郎〉，當亦在是年前後（《無文印》卷一五）湯中字季庸，號息庵，與其兄弟湯巾（仲能）、湯漢（伯紀）都是劉克莊之好友。是年劉後村有〈寄湯季庸侍郎〉一詩，即是寄湯中者。此詩是其所寫詩文中，首次稱湯中為侍郎者，顯示湯中官至工部侍郎應在是年前後。劉克莊是年七十歲。湯中年歲不詳，當與後村相近。

寶祐五年丁巳（1257）

◆ 道璨四十五歲、大觀五十七歲、善珍六十四歲、元肇六十九歲。

◆ 夏，環溪惟一作〈題谷源不無軒朱文公墨跡後〉（《環溪惟一禪師語錄》卷二）。

◆ 解制日，吳江聖壽住山雲庵祖慶撰《拈八方珠玉集》並序（《拈八方珠玉集》卷首）。

◆ 孟秋，大觀在大慈寺開善應泉，作於孟夏，成於孟秋。撰〈大慈善應泉〉記之。文中云：「太師衛國忠獻王大慈寶剎佔東湖勝處，規制視天、育而壯麗過之。龍象蹩踏盈萬指，不啻水為用最大，取汲於後嚴之陰，挹彼注茲，碧箇溜溜。一或旱潦，僕夫肩頳背汗而儋，猶不能給。相傳寺無水源，不池不井，如是者久矣。余住山厄三年，載新慈視殿，因視東廡空地，宜若可池。譏之者謂此而有水豈遺之至今乎？余特不信，乃鳩工焉。鑿未尋而液益俊益湧，玉色而甘，一眾胥悅。甃以欄、圍以墻，又亭以臨之。摘普門品扁曰：善應泉。續先衛王寺中諸篇也。」（《物初賸語》卷一四）

◆ 元肇作〈丁巳生朝〉詩謂：「露白風清八月時，晨光初度透熹微。更添來歲一分健，便是浮生七十稀。識得榮枯皆是妄，了知出處未全非。旁人不用相薰祝，自有天香桂子飛。」（《淮海挐音》卷下）

◆ 道璨丁父喪。其〈雲谷謝知府書〉作於是年。以是年建安知府為謝塈，而道
璨書中有「僧俗自閩來者，為言道出建安，得治狀於匹夫匹婦之口甚悉」云
云（《無文印》卷一六）

按：道璨之〈與萬道州書〉說：「以二親年幾七十，因便此來。」（《無文
印》卷一五）是解釋他為何回故鄉柳塘之原因。道璨之母是年六十八歲，可
以說是「幾七十」，而其父年歲不詳，於是年喪，則〈與萬道州書〉當作於
是年之前。

◆ 張即之寫唐《杜甫畫松歌》，時積雨連霉，槐龍舞翠，與客小飲醉中戲書。
時年七十二歲（《石渠寶笈》卷三六）。

◆ 是年，馮去非罷官歸廬山不復仕。

寶祐六年戊午（1258）

◆ 道璨四十六歲、大觀五十八歲、善珍六十五歲、元肇七十歲。

◆ 夏五月，住徑山偃溪廣聞跋《石溪心月禪師語錄》（《石溪心月禪師語錄》
卷末）

按：原文繫年為「寶午夏五」，「寶午」非年號，當為「寶祐戊午夏五月」。

◆ 休夏後五日，大慈山寺住持物初大觀作〈《重修人天眼目集》後序〉（《人
天眼目》卷六），文中敘述淳熙間晦巖智昭所編的《人天眼目》及當時傳抄
各本之竄誤。大觀蒐集諸抄本，詳加參校，酌以訂正，俾使後進「知從上宗
門爪牙之為人」，使之成為探討宋代禪林機語之標準辭書。

◆ 六月十四日，虛堂智愚「罹難」，七月十三日，聖旨赦其無罪，由都省羅太
尉代呈其奏以謝云：「去時曉露消祥暑，歸日秋聲滿夕陽。恩渥重重何以報，
望無雲處祝天長。」（《虛堂禪師語錄》卷三）

按：〈行狀〉說，虛堂智愚在育王三年，「吳制相信讒懷隙，辱師，欲損其

德。師怡然自若，始終拒抗，略無變色。聖旨宣諭釋放，作偈奉謝云：『去時曉露消祥暑，歸日秋聲滿夕陽。恩渥重重何以報，望無雲處祝天長。』古愚余尚書典鄉郡，特以金文延之。迫於晚景，退閑明覺塔下，作終焉計。」此說明「罹難」之緣由。（《虛堂禪師語錄》卷一○末附住持慶元府清涼禪寺嗣法小師法雲所作〈行狀〉。又見下文）「都省」是尚書省之簡稱。「羅太尉」身分不明，但他與虛堂似有來往，虛堂有〈寄都省羅太尉〉一偈云：「海涵山育氣如春，內相聲華中外聞。綱紀禁庭天寵密，金璫長染御爐熏。」（《虛堂禪師語錄》卷七）

◆ 季夏望日，晉陵尤焴題《兀庵普寧禪師語錄》云：「這暗號子，不是當場主將。他人一字不會，而今大唐國裡，碁布星羅，如吾兀菴，叢林傑出，正續真傳，言句流布，活人眼目。余獲覽觀，痛快平生，故書其後云。」（《兀庵普寧禪師語錄》卷末）

按：尤焴，《兀庵普寧禪師語錄》作尤煜。「焴」與「煜」古通，但一般都作尤焴，生平事跡見上文。

◆ 冬至（或日南至），湯漢作《偃溪廣聞禪師語錄》序云：「得道之士，不言非少，有言非多。故曰：『吾無隱乎爾，予豈好辯哉？』以閉口為隱，以開口為辯，是盲者過，非日月咎。予觀偃溪，平居泊然如閑雲，悄然如枯木。及其振衣踞座，隱隱鏗鏗，則有口者喪；伸紙奮筆，灑灑落落，則有手者縮。豈所謂大辯若訥，深藏若虛者耶？近代法末，號大尊宿者，未免重名，聞著施利。履踐未離濁惡，說法豈有靈驗？偃溪獨忘懷聲利，味如嚼蠟，故其胸中流出，一一高妙。二十年後，話當大行。或問予，何以知之，日我知言。」（《偃溪廣聞禪師語錄》卷首）

◆ 別山祖智再建天童，以天童於寶祐四年丙辰（1256）再燬於火，朝旨以別山祖智補之。祖智至，「一囊一鉢，縛茅以居。凡三年，克復舊觀。」（《繼燈錄》卷三）。

◆ 是年，元肇入永嘉，獲知陸應龍、陸應鳳兄妹刊印其詩集。可能亦於此年見
  荊溪吳子良，五年後，作〈吳荊溪大監〉一詩（見下文）。

◆ 善珍之友蒲壽宬與劉克莊交，是年劉克莊有〈寄題心泉〉，即是致蒲壽宬者。[212]

開慶元年己未（1259）

◆ 道璨四十七歲、大觀五十九歲、善珍六十六歲、元肇七十一歲。

◆ 結夏日，晉陵尤焴序《偃溪廣聞語錄》。其文曰：「偃溪禪師，八坐道場，
  學者奔赴，如水赴壑。所存句語，流傳諸方。一則並無一句踏襲，二則亦無
  一句重疊，三則塞盡知見理路，四則截斷葛藤窠臼。只此四著，盡掃近日法
  門弊病，宜其傑出一時也。吾因知偃溪平昔昔無說之說，學者讀之，當以無
  聞之聞。所謂：單單只賣死貓頭，喫者通身冷汗流，作用不愧前輩矣。余不
  足以與此，聊提怢端，以識欣快。」（《偃溪廣聞語錄》卷首）

◆ 秋，蒙古軍在忽必烈的率領之下，於九月兵臨長江北岸，並渡江攻打鄂州。
  後元兵入黃州、襲壽昌、犯興國、窺南康、豫章等地。道璨〈崇壽寺記〉謂：
  「秋九月，狂韃偷渡，竄伏滸黃洲。冬十一月，襲壽昌、犯興國、窺南康、
  豫章…冬十月，余致開先寺事，寓柳塘…」（《無文印》卷三）

◆ 十月十五日，洪燾（生卒年不詳）以朝散郎、直寶謨閣、知平江府、權浙西
  提刑（《姑蘇志》卷三）。[213]召元肇再住平江萬壽。而四明育王虛席，廟堂
  特奏元肇補處（《物初賸語》卷二四，〈行狀〉）。依元肇之說，他是在景
  定二年（1261）二月才被旨入育王，所以元肇入育王之時間不應在洪燾召他
  入平江之同時。

---

212 有關善珍與蒲壽宬之交往，見筆者《文學僧藏叟善珍與南宋末世的禪文化》，頁 62-66。
213 按：洪燾任平江知府至景定元年五月。

按：洪焘，〈行狀〉誤作供壽，當係誤刻。洪焘為洪咨夔之子，洪咨夔曾為元肇之師作〈佛心禪師塔銘〉，有《平齋集》傳世（《平齋文集》卷三一），元肇自然知道。其〈和洪提舉送《平齋集》〉之作，[214]應是因洪咨夔贈其文集並詩，故作而和之。「廟堂」通指朝廷執政。此時執政為吳潛、丁大全和賈似道，元肇曾作〈寄上制使賈端明二首〉，賈端明是賈似道。淳祐十年，賈似道年方三十八歲，以端明殿學士知兩淮，故元肇之詩說：「**洛陽聲價自傳臚，三十專城總要涂。**」寶祐四年，加參知政事。五年，知樞密事。六年，改兩淮宣輔大使（《宋史》卷四七四），當為三人中推薦元肇至育王者。又鄭清之卒於淳祐十一年（1251），享年七十六。劉克莊曾為之作祭文，而於其入葬十年後，因其母魏衛國謝夫人之請而為之撰行狀（《後村先生大全集》卷一三八、一七○）。

◆ 元兵於十一月破興壽。道璨〈跋樗翁帖〉云「**開慶改元秋，胡馬飲江。冬十一月，破興壽。**」（《無文印》卷一○）

◆ 元肇作〈送印寶章知溫州〉一詩，以此年春印寶章知溫州也[215]（《淮海挐音》卷上）。

◆ 印應雷出牧東嘉，以江心龍翔寺招元肇，元肇獲知其詩集又被陸氏兄妹刻印。

◆ 大觀代人作人〈跋藏密趙參謀詩〉。
按：跋文中說：「*丁巳夏山中主席虛，〔藏密居士〕親出冰銜，以鄙名舉之於府主履齋大丞相，且言使拂柄入手，必能敲空作響。今三年矣，愧無以稱。*」履齋大丞相即是吳潛。三年前（1257），守四明。可見此跋文是代四明某寺之住持而作。

---

214 洪咨夔曾任端明殿學士提舉萬壽觀兼侍讀，故稱洪提舉。許應龍，〈翰林學士洪咨夔除端明殿學士提舉萬壽觀兼侍讀誥〉，《東澗集》卷3，頁15b。

215 李之亮，《宋兩浙路郡守年表》，頁395

◆ 道璨兄調贛為縣丞。〈先妣壙志〉云：「伯兄除先君服，調贛州贛縣丞，欲將母之戍。適道璨致開先事而歸，不忍母適千里外，執不可。」道璨之母是年七十歲（《無文印》卷四）。

◆ 道璨赴開先。其〈慈觀寺記〉謂：「開慶己未余赴開先，是年，與兄論修慈觀廢寺，期開祠奉先。主廬山開先寺事時，虜犯江西。秋九月，訪榮先於西華，與偕遊下澤。」（《無文印》卷三）在開先期間，作書甚多，如〈與樗寮張寺丞書〉、〈與南康陳守書〉、〈與澹翁王主簿書〉皆是（《無文印》卷一七)。南康陳守應是是年知南康軍之陳淳祖。[216]

◆ 華藏邂菴宗演作〈《叢林盛事》跋〉，略謂：「予昔首眾於五峰，時古月融禪師實典賓職。既叨同事，日數從遊，為山間水邊之樂。續以業緣，來居青山，逾十年矣。一日，翩然過我。坐間娓娓談前言往行，頗清老懷。徐出《叢林盛事》一編，皆命世宗師與賢士大夫酬酢更唱之語，誠可以警後學而補宗教。大率與先師《武庫》相類。殆將鋟梓以惠後世，其利豈不博哉？因援筆以題于後。」（《叢林盛事》卷末）

◆ 日僧南浦紹明入宋，首參虛堂智愚。

景定元年庚申（1260）

◆ 道璨四十八歲、大觀六十歲、善珍六十七歲、元肇七十二歲。

◆ 道璨在開先。二月，元軍入江西。道璨謂於〈跋樗翁帖〉云：「〔元虜〕犯江西，二浙戒嚴」，又云：「某來開先，適與亂會，僵臥黃石巖上。…四月，王師逐北，江以南無寸矢。…急走一介行李，問〔樗寮〕無恙。秋八月，得樗寮書。」樗寮是張即之，時年七十五歲（《無文印》卷一〇）。

216　李之亮，《宋兩江郡守易替考》，頁 262。

◆ 三月二十八日，無門慧開卒，年七十八歲（《無門慧開禪師語錄》卷末）。

◆ 善珍當在是年八月或其後寫〈祭觀文忠惠趙節齋〉及〈辭觀文趙忠惠墳〉，
　　因節齋趙觀文（與篆）於是年八月卒，年八十二歲（《宋史》卷四二三）。
　　道璨先前有〈節齋趙觀文〉一箚寄之，係在其致仕居苕溪時寫（《無文印》
　　卷一五）。善珍視之為知己，其〈祭觀文忠惠趙節齋〉一文云：

　　　　公真天人，謫墮塵世。方朔歲星，傳說箕尾。
　　　　又疑山林，一念差耳。樂全僧身，忠宣佛位。
　　　　夙弘願力，出濟事會。作民司命，壽國元氣。
　　　　神皇布政，夐古鮮儷。誰為謗書，陰受風旨。
　　　　疾雷破柱，公不失匕。關弓射羿，公愈薦禰。
　　　　山藪高深，天球粹美。出夷入險，更使迭帥。
　　　　長淮虜衝，孽雛旁睨。飛囊走羽，秉鉞危寄。
　　　　初聞謝公，語誤客異。復傳孔明，食少敵喜。
　　　　癠病乞閑，易蘇舊治。大星竟隕，白雞告祟。
　　　　摭公平生，竹帛光煒。諒公精爽，河嶽流峙。
　　　　萬鍾千駟，濁世糠粃。五龍九鯤，乘雲謁帝。
　　　　某閩衲，野鶴難繫；
　　　　公呼來雩，獲望簪履。酒闌燭跋，孤客未至。
　　　　香煙未散，三生彈指。紓百結腸，儲一升淚。
　　　　上悲法門，下哭知己。（《藏叟摘稿》卷下）

　　又作〈辭趙觀文墳〉云：

　　　　公歸兜率，局面屢變。青雲交絕，珠履客散。
　　　　白傅草堂，裴公經院。僧定未起，樵柯將爛。
　　　　老鶴倦飛，不慕霄漢。驚馬戀主，非貪豆棧。

風雨憂愁，常占春半。昔倚山岳，今悲露電。

語猶在耳，事不如願。病憶故鄉，一筇易辦。

受恩莫報，遲回眷眷。入西州門，淚流被面。

知音永已，弦斷琴戞。袖香告辭，用寫繾綣。（《藏叟摘稾》卷下）

◆ 四月，道璨之友天池雪屋正韶卒，年五十九歲。道璨作〈天池雪屋韶禪師塔銘〉（《無文印》卷五）。

◆ 六月初九，希叟紹曇入平江府法華寺（《希叟紹曇語錄》卷一）。

◆ 六月十八日，姚希得以煥章閣待制赴慶元知府兼沿海制置使任，明年五月六日離任（《寶慶四明志》卷一）。大觀與姚希得有舊，見其守慶元，自然有他鄉遇故知之樂。此期間，作有〈制使姚給事〉一書略云：「鼎望者垂二十年，天俾其逢，適當分閫鎮臨，乃獲際遇，有萬斯幸。」又云：「某獲偕小眾，安禪於棠蔭覆護之下，衛國門戶藉帡幪焉。」（《物初賸語》卷二五）應作於姚希得來慶元府不久。大觀又作〈送制使橘洲姚侍郎〉二首（《物初賸語》卷二五），當作於明年姚希得離任之時。第一首有「躬行事事見民情，兩載漸磨俗已成。」「兩載」之說，過於誇張，因姚希得治慶元府約僅一年，大觀或因跨年而稱「兩載」。

◆ 七月既望，渤海劉震孫序《石溪心月語錄》，自署其官銜為中奉大夫、宗正少卿兼國史院編修官、實錄院檢討官。其序文云：

景定元年夏四月，徑山比丘正彬，袖一編書過余而言曰：「吾師石溪佛海禪師之沒，且六年矣。門弟子錄其語鋟梓，而未有敘引，無以傳不朽。惟公知吾師為深，願以為請。」余於是竊有感焉。文公朱夫子初問道延平，篋中所攜，惟《孟子》一冊，《大慧語錄》一部。公於異端，闢之甚嚴，顧獨尊信其書如此，是豈無所見而然哉。方秦檜柄國，自公卿大夫，無敢違忤。大慧

藐然一衲子，乃能援復讎大義，抗言無諱，至語檜云：「曹操挾天子以令天下，今公挾夷狄以令天子。」雖身被南遷之禍，而名震海內，與張橫浦、胡忠簡輩相頡頏。蓋嘗竊窺其書，其要言精義，往往多與孟子合，所謂貧賤不能移、威武不能屈者，大慧有焉。文公之所取，固在此而不在彼也。石溪之在蔣山也，有王氏子，實介甫苗裔。挾權貴勢，規取山中地為墓田。石溪爭之不得，則鳴鼓說偈而去之，以為是其先世以學術誤天下者。而吾徇其請，獨不為山靈笑乎？乃往趨東㵦，徧遊佳山水，將終老焉。自是名重一時，不惟搢紳諸公知之，聖天子亦知之。主名山，錫徽號，寵靈赫奕，視大慧所遭遇無間。嗚呼！老檜之兇燄，舉世畏之，而大慧能抗之；介甫之遺孽，當路主之，而石溪能排之。雖其用力有難易，而卓見偉識，如出一人。自非聰明才智，有學問，識道理，疇克爾耶！然則是編也，與《大慧語錄》，並行於世可也。若夫傳松源祖衣，紹楊岐正脉，說八萬四千偈，談三十二義法，此袈裟下事，非余所能知。獨取其超絕於流俗，而有補於世教者，表而出之，冠於篇首，是亦朱夫子之遺意也。師眉山人，名心月。姓王氏，家世業儒云。是歲七月既望、中奉大夫、宗正少卿、兼國史院編修官、實錄院檢討官，渤海劉震孫序（《石溪心月語錄》卷首）。

對於朱熹問道李延平時，篋中携大慧語錄事，尤焴有此一說：「淳祐間晉陵尤焴號貳卿，嘗題大惠〔慧〕語：『大惠〔慧〕說法，從橫踔勵，如孫吳之用兵；而廣闊弘深不可涯涘，如大海水，魚龍飲者莫不取足。』今舉平昔聞見二則：朱文公少年不樂讀時文，因聽一尊宿說禪直指本心，遂悟昭昭靈靈一著。十八歲請舉時，從劉屏山。屏山意其必留心舉業，暨搜其篋，只大惠〔慧〕語錄一帙爾；次年登科。故公平生深知禪學骨髓，透脫關鍵。此上根利器，於此取足者也。焴早得於潘子善丈云爾，因取語錄讀之，至老不敢釋手。往在舂陵，永嘉徐棘卿瑄亦貶是邦。未幾忽遷象臺，憂愁涕泣。焴授以所携本，徐卿亟取讀之，達旦不寐。次日欣悅忘憂，與昨日奐然二人也。遂携以去，手抄一本乃見還。後三年，徐沒于貶所，臨終殆同游戲，不疾沐浴而逝。此書之靈驗如此，蓋焴之親覩也。」（《佛祖歷代通載》卷二〇）

按：尤焴曾於理宗淳祐七任權工部侍郎兼直學士院，故說「淳祐間晉陵尤焴

號貳卿」（《宋史全文》卷三四）。

◆ 八月二十五日，虛堂智愚入柏巖慧照禪寺（《虛堂和尚語錄》卷三）。

◆ 九月，天童別山祖智示寂，享壽六十一歲。朝散大夫直煥章閣主管玉局文復之撰塔銘（《天童寺志》卷二）。大觀有〈祭天童別山文〉云：「中秋之前，別公之京。曾未逾月，或謂公得奇疾，不可為矣，予亦未之信也。竭蹶東還，訃音屬耳。於戲！別山一何速哉？幻景翕歘，固不足怪；玲瓏輊起廢之功，凌霄喪起家之子，此叢林所共嘆也。堂空雲散，面目儼然；太白巋從，壁立倚天。」（《物初賸語》卷二一）希叟紹曇於法華，別山和尚遺書至，上堂曰：「太白峰前施小伎，淵嘿雷霆人自畏。瓦礫翻成釋梵宮，古佛門風重振起。不墮功勳，等閑遊戲。金毛獅子忽翻身，草木昆虫俱挍淚。挍淚即不無，且甚處見天童師兄？」（《希叟紹曇禪師語錄》卷一）[217]
按：《繼燈錄》（卷三）說：「庚辰九月旦示眾曰：『雲淡月華新，木落山骨露。有天有地來。幾個眼睛活。』有省問者，祖智曰：『不及相見，各自努力。』越十日夜分，呼侍者囑後。珍重大眾，叉手而寂。」「庚辰」實為「庚申」之誤。

◆ 是年，丞相吳潛召見斷橋妙倫，館留竟日，自後扣請益勤，致禮益重（《斷橋妙倫語錄》附〈行狀〉）。

◆ 印應飛死，元肇作〈祭印經略侍郎文〉（《淮海外集》卷下）。
按：印應飛曾任廣西及安南經略使，故稱印經略（《可齋雜稿續編》後卷五）。宋初置經略使，以文臣充，寓文臣總制武將之意。「掌總護諸將，統制軍旅，察治奸宄，以肅清一道。」（《宋會要輯稿》，〈職官〉四一）

217　按：希叟紹曇與別山祖智都是無準師範之法嗣，希叟晚於別山，故尊之為師兄。

◆ 道璨建慈觀寺之兩廊庫堂（《無文印》卷五）。

◆ 兀庵普寧禪師赴日。

景定二年辛酉（1261）

◆ 道璨四十九歲、大觀六十一歲、善珍六十八歲、元肇七十三歲。

◆ 四月，元肇被旨育王，令侍者代行告奠佛心禪師（《淮海外集》卷下）。在育王寺時，曾為作〈大參樞密鄭相公生祠記〉表揚鄭清之（《淮海外集》卷下）。

◆ 四月二十五，斷橋妙倫卒於淨慈，年六十一歲。丞相賈似道遣人問曰：「師生天台，因甚死於淨慈？」師笑曰：「日出東方夜落西。」復寫四句云：「來也握雙拳，去也伸兩掌。透得者一關，藕絲牽玉象。」乃跏坐而逝（《斷橋妙倫語錄》卷末附〈行狀〉）。大觀作〈祭淨慈斷橋文〉云：「東山直下，厥唱愈宏。瓦鼓遺音，天鼓希聲。匪諧眾作，匪矜別調。單明此宗，前懿克紹。降及末葉，偏其反面。或彷其鳴，外合內離。嗟嗟斷橋，父事凌霄。用其律呂，振於閩寧。隱隱硲硲，起自赤城。疇不我孚，頑石亦惺。空中推轂，響徹四聰。捧紫泥書，坐慧日峰。既稔奇緣，盍遐其齡？歲晚敲唱，見于力行。何世之厭，何往之疾？思昔曾晤，猶如昨日。有計胡告，胡棄我為？人物之稀，吾儕之悲。」（《物初賸語》卷二一）[218]林希逸曾為之作塔銘，已見於上文。又，斷橋示寂前曾遺書劉克莊為其師無準師範撰塔銘，劉克莊告老後，因病不果銘，經林希逸父子及無文道璨等激發後乃作〈徑山佛鑑禪師〔塔銘〕〉（《後村先生大全集》卷一六二）。其遺書至徑山時，偃溪廣聞上堂云：「分圓照燈，下炎天雪，活弄南山鼇鼻蛇。驗盡英靈，提得藕絲牽玉象。不存途轍，只麼橫身異類行，踏斷石橋成兩截。」（《偃溪廣聞禪師

---

218 按：「閩寧」，原作「閩寧」。「閩」為「閩」之訛字，不取。

語錄》卷下）又其訃音與別山祖智訃音同至旅日本鎌倉建長寺宋僧兀庵普寧處，普寧上堂云：「南山白額虫，撞倒太白峰，直得西湖徹底枯竭。東海怒浪翻空，安漢圭峰拊掌。天台尊者椎胸，郎忙日本國裏打鼓，大唐國裏撞鐘。何也？兄弟添十字，此意孰能窮？」[219]（《兀庵普寧禪師語錄》卷中）

按：林希逸所作斷橋塔銘，不見於其文集中，亦不見於今本《斷橋妙倫語錄》中，康熙朝之語錄重梓者已疑語錄非其全璧。劉克莊〈徑山佛鑑禪師〔塔銘〕〉中之「淨慈主僧妙論」實「妙倫」之誤刻，「無文餐」實「無文璨」之誤刻。又普寧稱別山祖智與斷橋妙倫法兄，因都是無準師範法嗣故。

◆ 四月或次月，善珍作〈賀劉後村除兵侍兼直院〉。詩云：「人物依然元祐中，鶯邊繫馬亦金狨。相君惟憶劉夫子，學士須還儋禿翁。翰苑鶴天雙鬢雪，玄都燕麥幾春風。老來始得文章力，前有歐公後益公。」（《藏叟摘藁》卷上）兵部是兵部侍郎之簡稱，直院是直學士院之簡稱。後村於去年十一月四日除權兵部侍郎、兼中書舍人、兼直學士院。是年四月以病辭中書舍人，俄除兵部侍郎，仍兼直學士院，時年七十五歲（《後村先生大全集》卷一九五）。

◆ 十月，善珍作〈〔錢塘〕廣嚴院興修記〉（《藏叟摘藁》卷下）。大觀作書致某「崔都廂」（《物初賸語》卷二五），有「良月慳晴，寒意尚淺」及「大慈一單，又八年矣」之句，知是今年十月作。又云：「近得忠定史越王父子補陀感通事迹，述成序讚，併趙一巖〈〔慈視〕殿記〉入石，漫往一本。又有〈增捄塗田記〉，刊猶未了，當續寄也。」知他對史浩之補陀感通事及〈增捄塗田記〉甚為重視，屢於致友人書中提及之。書末云：「先師《續集》，近得塔頭勝老寄來點校，楷書成冊，便可鋟梓，內有兩三篇可去者，去之矣。

---

219 按：圭峰宗密是唐果州西充縣人，果州在兩漢時屬巴郡，隋改為南充縣，唐置果州，實為兩漢之安漢縣。唐初析南充置西充。見《輿地廣記》卷31，頁907-908。所以宗密雖是果州西充人，仍可稱「安漢圭峰」。「郎忙」，「連忙」也。

了此一事，諺所謂『一客不煩兩主人』也」，[220]知大觀一直在編集其師居簡之遺著。此《續集》或即是今存之《北磵和尚外集》及《續集》。

按：崔都廂身分不詳，依大觀所述，此人是「喬木故家之後，纘綸衣鉢之傳，掉鞅著述之場，凌跨騷雅之壇。而又垂意禪宗，往往埜逸名流，率加引納。至於老磵，則以師之之禮。」可見是尊北磵居簡為師者。故云：「每過難屏，必焫旃檀，磨窣堵，視磵諸貲，若諸季然。」趙一巖，身分亦不詳，大觀另有〈答一巖趙侍郎〉，顯示是應大觀作〈慈視殿記〉之作者。大觀還在答書中說「欲得名勝書丹，擬扣樗寮，但恐年尊，懶作小楷耳。」（《物初賸語》卷二五），進一步證明他跟張即之關係之親。他在大慈寺期間，曾與張即之相過從，其〈張寺丞〉一函，可略窺見兩人來往之大概。書云：「比者參省，少伸經年不侍教之悰。晴窗從容展卷共飯，此意甚厚。先天之來，晉帖與妙畫俱。衲子求觀紛然，盥而啟緘，鸞廻鵲返，精彩飛動，為慈雲一段奇。范史以訂麻沙之訛，又得取法親點句讀；甫畢，函覆而歸諸文庋，并陸史兩帙，全頤旨書吏檢入。尚有班史未了公案，其能免得隴望蜀之請耶？儻賜允可，乞就畀，亦月餘日事耳。深寒，未有勝對之日，儻於春遊中不鄙慈雲，敢不陪侍？春在先生杖屨中矣。」（《物初賸語》卷二五）此書顯示大觀好讀史書，並從張即之處借得他親自校訂的范曄《後漢書》和陸游《南唐書》。此外，他還從樗寮校正建陽刻的麻沙本《後漢書》之誤，及他點讀二書之法，學得讀史之要。故他讀完這兩部書後，還想借閱「班史」，亦即班固的《漢書》，借書之餘，則表示冬日深寒，無法拜謁張即之，與他暢談，但希望來年春天，張即之能在春遊中，來大慈寺盤桓，並以蘇軾致刁約（994-1077）之詩句「春在先生杖屨中矣」作結。

◆ 十一月初六日，偃溪廣聞在徑山奉聖旨賜佛智禪師號（林希逸撰〈塔銘〉；《偃溪廣聞禪師語錄》卷下）。偃溪以宸翰示劉克莊，克莊作〈為徑山聞老跋宸翰〉云：「臣恭惟皇帝陛下，聖學淵奧，儒釋兼該；奎畫高妙，古今獨

220　「諺」原作「謬」，從宋本改。

步。迺者親御翰墨，賜徑山主僧廣聞號佛智禪師，閒侈上恩，出以示臣。臣謂智之為義，在儒家曰大智、曰上智；在釋氏書曰佛智、曰菩薩智，惟真知大覺者能之。昔初祖遇梁帝，忠國師遇唐宗，皆有問答，至今傳誦。聞所以受知於陛下者，雖不以語臣，然故鄭丞相清之、尤端明煇，皆深於佛，皆臣所厚。觀其為聞序跋，更迭稱贊，竊意聞必有言句上契聖心者。陛下豈輕以名假人哉？聞將勒石山中，臣幸以薄技，待罪禁林，贊歎有分。」（《後村先生大全集》卷一〇九）

◆ 是年十二月末，大觀有〈史資相〉一書，致史宇之（《物初賸語》卷二五）。起首云：「寒意放梅，芳催鼎實」，又云：「比躬視象邑新塗，書雲前始回。冒寒渡海，一疾幾殆，至今猶覺矒矓。只此新塗，不容不躬往，凡三往返矣。今秋一稔，伏臘粗備」，[221] 及下文「今月二十日」之語，知是書作於冬至及二十日後，應在臘月末，而大觀為「塗田」奔走，不遺餘力。又云：「比溥老赴上，專貢詞函。昨山中人回，特蒙寵答，仰佩謙眷，有加無已者如此。…某妄一衲子，渺湖海之一粟，三生緣會，蒙被書遇。語其人品則庸微，較其資格則懸絕。一旦依元勳之門，冒勒差之榮，自揣當何如？」可見其與史氏家族之關係。又云：「徒以樗散之踪，倚叢林而老歲月，頗不輕動，為諸衲所諝。繩繩其來，以此道激揚為萬一之報，如是而已。八年慈雲，勠力諸緣，既勉而加耐；難而易圖之，逆而順處之，衡鑑洞然也。今焉土木補成者不一，新塗增築者已究…」知此書寫於是年，距其入大慈已八年，而「塗田」之事已就。又云：「敢望鈞造，念其衰邁，矜其罷極，嘉其微績之成，取其知止之分，別賜遴選禪林者衲來此繼席，不勝萬幸。某已於今月二十日，搥鼓陞堂，說偈告眾，退就延壽寮側一小室，杜門養疴，此向嘗申聞矣。出處進退，人之大節，山林之士，尤所當謹者。況八年住山，不為不久，間遭欠乏，不敢言退；事功未就，不敢言退；新塘未辦，不敢言退。揆之以義，在今斯可

矣。」知他已退居延壽寮養病。與致劉震孫之書所述相符。此書之後，大觀於景定四年，又有〈史大資〉一書致史宇之（見下文）。

按：此〈史資相〉一書中「象邑新塗」即下文〈大慈捄塗田發願文〉所說之「塗田」。大觀在〈答史明府〉一書亦言及此事曰：「某八年慈雲，未得汰去，以事工之未完，事力之未充，思有以壯常住者。遂從事於增築海塗，咸有精衛之嘲。…然兩年間往來象嶠，躬踐塗泥，亦勞矣哉！已葺一小室於廊角，旦夕力辭而投老焉。」可見是他在大慈寺期間之重要工役。不過「史明府」之身分不明，疑為史宇之從兄弟之一（《物初賸語》卷二五）。

◆ 是年，介石智朋繼斷橋妙倫後為淨慈寺住持[222]（《淨慈寺志》卷八）。善珍之〈淨慈請介石諸山疏〉當作於是年（《藏叟摘稾》卷下）。介石在淨慈時間多長不詳，但有可能為簡翁居敬所繼（《淨慈寺志》卷八）。而景定四年六月後由淮海元肇接任。

按：林希逸後撰介〈《介石智朋禪師語錄》序〉時曾謂：「介石在南山，余嘗一見之。」（見下文）。由於介石智朋在淨慈時間甚短，則林希逸與介石智朋相遇之時間應是年或稍後。後年（景定四年 1263）七月起，元肇入淨慈。

◆ 大觀在大慈寺，應北海慧超之請為其師柏庭善月作塔銘，此〈柏庭僧錄塔銘〉有云：「教必質於文字，而妙解非文字。講必質於辯才，而宗旨非辯才。必曰得妙解於忘言，了宗旨於一瞬，此靈山親見，衡嶽印可者如此，故能表彰一乘，抗折百家，而為一代時教之司南也。學者有此而學，由學而證，則不迷乎他岐，不蹈乎邪轍；諦審機器，棉厥世守，譬諸火傳，展轉發越，布在僧史，代有其人。近世以是道著者，有柏庭師。」其銘之末數句云：「思淑厥後，著書盈編。剪繁取要，顯實斥權。得亦不留，刜夫蹄筌。甕既闢矣，

---

222 《淨慈寺志》將「介石朋」誤作「介石明」。又說他是第四十三代住持，因所列前代住持次序甚亂，有不該列而列或該列而不列者，故四十三代之說不取。詳見筆者〈南宋五山禪寺住持選任考實〉（待刊稿）。

埶馳鞍韉。宗材忽摧，宗盟其寒。我述遺懿，青瑤深鑴。與塔為永，何千萬年。」（《物初賸語》卷二三）

◆ 劉震孫提舉江南東路常平等事，[223]大觀後來所寫之〈朔齋劉直院〉一書，係寄劉震孫者。書中略云：「猶記庚申之冬，正進長秩宗之時也。閫司賓蒙予潔，所以軫存者有加。旋聞肅將江東繡使之節，某也入山其深，雖一紙末由徹乎記曹。拳拳歸往，如水必東。」（《物初賸語》卷二五）書中又云：「某清情林間，本無意於涉世，回顧諸方羅致嗣續者雜遝，而老硎之門不絕如綖，勉循應緣。而承乏慈雲，又八年矣。頭顱霜滿，勤動非宜。迓了眾事，退就東偏小室，擬佚其老。惟當世知己名公之庇是賴。近因考繹忠定越王補陀事跡，而慈視殿成，詳述其事及〈增揲塗田記〉上呈…」（《物初賸語》卷二五）

按：「庚申之冬」即是去年冬。「旋聞」當在是年。「又八年矣」，因大觀自寶祐元年（1253）入大慈寺至今年，約有八年。

◆ 道璨在鄱陽柳塘鄉里建慈觀寺之三門（《無文印》卷三）。

◆ 厲文翁於是年七月十五日再度知慶元府，此時官銜為資政殿學士、沿海制置使兼知慶元府。但明年三年八月十九日奉御筆在任及考職事修舉除資政殿大學士，職任依舊。繼奉聖旨特與照現執政例轉中大夫至當年閏九月日離任（《寶慶四明志》卷一）。大觀於厲文翁慶元府任上，有答其賜書，略云：「茲承專使踵門，粲然錐沙之畫，爛然雲錦之篇。盥捧莊誦，仰見造化春風乎！」還云：「某世外槁垫，亦蒙示教之及，不啻華衮，當刊諸樂石，為山中無窮榮。」其〈厲資相見示劭農紀游柏梁體次韻〉，亦可見厲文翁示詩請和。大觀和詩中有云：「維時仲月敷韶陽，戴勝催耕萬卉昌。竣事步入慈雲廊，追

---

223 李之亮，《宋代路分長官通考》，頁 2023。

想元勳增慨慷。」（《物初賸語》卷二）「慈雲殿」在大慈寺，是大觀此時住持之寺。追念「元勳」，當指追念建大慈寺的史彌遠。

按：厲文翁號小山居士，曾於寶祐元年以朝奉郎集英殿修撰知紹興軍府、浙東安撫使其時即與大觀有交往。寶祐二年十月二十六日依舊集英殿修撰知慶元府兼沿海制置使，並於當年十一月二十七日交制置使印，十二月二十七日交府印。至寶祐三年三月離任（《寶慶四明志》卷一）。故是年是再入明州，其時已與大觀為舊識。

◆ 大觀作〈節齋陳尚書〉，寄吏部尚書陳昉。略云：「某妄一衲子，朝廷縣邀，天侈其逢，獲承光霽於四明分閫之日，至今棠蔭蔽芾，與受廬之氓，依依乎其去思遺愛間。每觀遺諸山帖中，數蒙筆及，何勤於小物若此。」又說：「某惰窳無堪，初何心於應世？頃為知音名勝以此道牽挽，任緣去住於其間，而承乏慈雲者又八年矣。」（《物初賸語》卷二五）大觀於寶祐元年入大慈寺，至是年計有八年，故說「承乏慈雲者又八年」。

按：陳昉，字叔方，號節齋，與劉克莊等人號「端平八士」。官吏部尚書之時間不詳，或在是年稍前。

景定三年壬戌（1262）

◆ 道璨五十歲、大觀六十二歲、善珍六十九歲、元肇七十四歲。

◆ 二月望日，特轉左右街都僧錄主管教門公事、住持上天竺廣大靈感觀音教寺、兼住持顯慈集慶教寺、傳天臺教觀、特賜紫金襴衣特賜佛光法照（1185-1273）法師，為蘭溪道隆之《大覺禪師語錄》作序（《大覺禪師語錄》卷首）。

◆ 三月二十二日，天童西巖了慧示寂，壽六十五歲《西巖了慧禪師語錄》卷末）大觀時為特差四明大慈名山教忠報國寺住持，西巖和尚訃音至，上堂曰：「凌霄跨竈，凌滅吾宗。危分險布，鐵網千重。三更白如晝，撾轉太虛空。幻智

庵前覓不得，蕭蕭松竹引清風。」（《物初大觀禪師語錄》）隨後又撰文祭西巖，文曰：「季春下澣之三日，天童東堂示寂於清風塢幻智庵」，則是三月二十三日示寂。大觀又說「次日，訃來慈峰。又次日，某傷本色宗材之益稀，爰舉叢林典禮外，僅具香茶庶羞為奠，而告知曰：甚矣！人材之難也。正因卷舒，深涵厚養。師資值遇，輒芥投針，付人間世。出處榮利，於烟雲滅沒，必如是始足以任吾宗九鼎之寄，而為陰為涼於叔末。世道交喪，愈變愈下，紅紫紛競，蜩螗啾喧，仗援納貲，雜遝並進，但知竊名器以侈利欲，而不自顧其竊吹之敗吾宗也。予昔與公，寒爐撥灰，青燈伴影。盱衡擊節，蹙頞深嗟不已。如公鍾秀於蓬萊，適承於圓照，其起也，發軔於脊臺，轉轂於鴈山。遐征乎虎溪，旋軫乎太白，稅駕乎芝峰，而斗底菟裘，已就於舊鎮。萬松深處，江湖旦評，謂凌霄之門，承襲之盛，爭先而躍冶者，未易枚舉。而卓然相承者，正自有數。而公其一也，奚以多為？俟公復起，洗凡之空，以大其家，以昌其宗，又何貪程之速如是乎？垂絕隱几，親染四書，不鄙末交，亦與其間。伻來啟緘，墨猶新濕。若見其人，若聆其言。悠然興懷，泫然淒斷。嗟乎！復欲與公抵掌而言，如昔之無間焉，其可得耶？一香之誠，一蔬之薦，故道疇昔，所以傷今懷古者，為公告，而益嘆人材之難也。」（《物初賸語》卷二二）元肇作〈祭西巖禪師文〉云：

> 有夫君兮絕奇，聳巖巖兮自西。雲漠漠兮雁陂，風颯颯兮虎谿。
> 登太白兮巍巍，翬五鳳兮天低。何世相兮難齊，來異方兮灰飛？
> 眉剪月兮不卑，終亦禁兮設施，宜卷懷兮在頤。
> 余與君之心期，非他人之所知。雖出處兮參差，唯金石兮不移。
> 余鄞嶺兮來歸，君几峰兮致詞。相來往兮及期，君示疾兮半之。
> 每與君兮痛時，竟寂然兮永違。
> 嗟吾道兮向漓，舞鰌鱔兮唱狸。狗摛埴兮泣岐，慘臨風兮涕洟。
> 非君痛兮為誰？（《淮海外集》卷下）

按：「盱衡」原作「肝衡」、「蹙頞」原作「蹵頞」、「發軔」原作「發杒」，

皆依宋本改。元肇祭文中之鄮嶺、玉几都指育王。其文顯示元肇入育王之時，曾寄書向西巖致意。又西巖了慧訃音至日本鎌倉建長寺，住持兀庵普寧上堂云：「近得遠來口傳信，報道年來頗安靜。唯有太白瑞巖翁，撞破虛空有雜碎。驚起西川大蓬山上石女淚雙垂，引得扶桑巨福山中木人空嘆息。且道因甚如此？」良久又云：「同飲龍困無義水，手足義重如膠漆。」又拍膝云：「斷絃安得鸞膠續。」（《兀庵普寧禪師語錄》卷中）兀庵普寧於景定元年（1260）赴日，掛錫博多聖福寺及京都東福寺，後住鎌倉建長寺，鎌倉幕府第五代執權北條時賴皈依之，法號最明寺道崇，即《兀庵普寧禪師語錄》中的「最明寺殿」。咸淳元年（1265）普寧返宋，先後以公選入婺州雙林、溫州江心龍祥寺，都是十剎禪寺（《元亨釋書》卷六；《本朝高僧傳》卷二○；《兀庵普寧禪師語錄》卷中）。

◆ 八月一日，大觀撰〈西巖了慧行狀〉，署名「特差住持大慈名山教忠報國禪寺嗣祖比丘大觀」。明年又作〈《西巖了慧語錄》跋〉（《物初賸語》卷二四；《西巖了慧禪師語錄》卷末）。

◆ 十月，大學生范晞文著成《對床夜話》一書，其友馮去非為之作序。

◆ 道璨建慈觀寺之佛殿，並在舊法堂東序，營壽祠。西祠笑翁、無準、癡絕三老受業師杞室與焉（《無文印》卷三）。

◆ 道璨在致吳勢卿（雨巖）信中說吳「將指西上」，以是年吳任浙西轉運使（《無文印》卷一五）。

◆ 無學祖元，住四明白雲庵，年三十七歲（《佛光圓滿常照國師年表》）。天寧可舉有〈寄子元住白雲菴侍母〉一詩云：「梁國踟躕望白雲，何如其處寂寥濱。巡簷指點間花草，說老婆禪向老親」（《佛光國師語錄》附錄）大觀有〈跋送元首座住羅菴偈編〉云：「昔真隱越王領客為湖山遊，煮茶秀峯廬

麻，留題壁間。有『異時東湖山水間人物俱盡』之語。方是時也，逢掖伽梨
名勝交不乏，王猶有是言，況今日耶。白雲在秀峯之右，大司成故家招吾無
學元弟居之。饞語盈編，非喜其菴居，喜其將由菴以昌其道，使吾宗免秦無
人之歎，誠有望乎爾。纖蒲踵芳，又第二義。」（《物初賸語》卷一七；《佛
光國師語錄》附錄）

按：大觀所說之羅菴，為慈溪苹鄉宰羅季勉之祖庵。祖元應羅季勉之請主白
雲席七年。

◆ 愚谷元智當於是年由泉州守趙希楖（生卒年不詳）招請入泉州法石寺（《藏
叟摘稾》卷下）。

◆ 史宇之於是年入福建建寧府任知府，大觀後寄書問候，見下文所錄〈〔寄〕
史大資〉。

◆ 善珍之友吳潛卒，年六十七歲；另一友顏頤仲亦卒，年七十五歲。

景定四年癸亥（1263）

◆ 道璨五十一歲、大觀六十三歲、善珍七十歲、元肇七十五歲。

◆ 燈夕前，大觀作〈西巖禪師語錄跋〉（《西巖了慧禪師語錄》卷末）。

◆ 中春（二月），住育王元肇撰〈西巖了慧禪師語錄序〉，文中云：「余與巖
相知最深，政欲以語累巖，而巖先以累余。悲夫！」（《西巖了慧禪師語錄》
卷首）

◆ 夏四月，林希逸題枯崖圓悟之《枯崖漫錄》云：「此集所記，皆近世善知識
也。中間如柔萬菴、元雙杉，皆余舊方外友。曰篠塘賢、碎支堅，則余誌其
塔矣。悟兄舍儒入釋，其敬慕前輩如此，進進未可量。所論金華元首座，前

後話頭，已具眼目。大慧所謂顛倒禪，正道著此病。悟能以是求之，他日與此集諸老共入僧寶傳矣。」（《枯崖漫錄》卷末）

按：此書前有陳叔震之序（見下文），序中有云：「頃聞枯崖癸亥歲歸徑山蒙堂，裒集平昔所聞見宗宿入道機緣、示眾法語、及殘編短碣，名字未上于燈者，隨所筆，名曰《漫錄》。」可見林希逸在此書寫成後即為其題跋。又，日本國會圖書館所藏天和二年（1682）刊本《枯崖漫錄》將此文置於卷首之兩序文後，而不置於卷末。

◆ 六月十四日，徑山偃溪廣聞示寂，年七十五歲。善珍此時當在雪峰，作〈祭偃溪〉，文曰：「死至於公，佛法可以言數矣。昔趙州年至一百三十，時南有雪峰焉。典牛年至九十七，時四海有妙喜焉。公之壽既不及二老，又世無雪峰、妙喜使予得見而師之。今東南幅員萬里，欲求類公者，予耳冷未聞其人也。佛法至是寂寥，非數乎？黃河赴海，不足喻予之淚；秋風鳴籟，不足泄予之哀。烏乎！」（《藏叟摘藁》卷下）林希逸撰〈徑山偃溪佛智禪師塔銘〉云：「師於余為鄉人，初得其名於鄭丞相所為偃溪序。壬戌還朝，始見于京。疎眉秀目，哆口豐頤。道貌粹然，出語有味，益敬之。東磵侍郎湯公，於師尤稔，每相與言其賢。方聞其病，即以書別。余與東磵俱為文以奠之，東磵筆甚奇。」（《偃溪廣聞禪師語錄》卷下；《竹溪鬳齋十一藁續集》卷二一）可見林希逸經鄭清之之介紹，早知廣聞之名，直至去年，才見廣聞於京。林希逸時為中太夫、直寶文閣、提舉建寧府武夷山沖佑觀。偃溪遺書至大慈名山，大觀上堂云：「生也如是，白骼樹頭魚扇子；死也如是，泥牛飲乾東澗水。更待說偈，舜若多神三赤喙；討甚巴鼻，醜惡重童無處洗。徑山供盡死欵，慈雲也不相饒。從來生死不同條。」（《物初大觀禪師語錄》）大觀又作〈徑山偃溪法兄〉一文祭之，文中有云：「惟偃溪法兄，老浙破家兒。道契王臣，緣稔江浙。雪育靈淨，翻轂而陞。蜿蜒五峰，清瓢舊物，而其自視欿然也；寬慈內弘，俯接怡然也；敲唱激揭，密用恢然也。厥今貪偽捷出，而吾溪歸然靈光於其間，固亦邈不可及哉。宗工迭逝，溪又弗留；世變愈下，而人材隨之。於戲！後人又何視焉？」（《物初賸語》卷二二）東

礵侍郎湯公是湯漢，是年六十二歲，曾於寶祐六年（1258）為其語錄作序（《偃溪廣聞禪師語錄》卷下）。

按：荊叟如珏與國清源靈叟似亦卒於是年或稍前，故《兀庵普寧禪師語錄》（卷二）有「徑山偃溪、珏荊叟、國清源靈叟等訃音至」之記載。當時普寧在日本鎌倉建長寺，聞訃上堂曰：「澗東一脉，滔滔聒聒。接於偃溪，波騰嶽立。甬東西湖，奔湍迅速。返本還源，龍淵窟宅。直得凌霄起舞，五峰唱拍。引得天台山國清寺東廊上，寒山拾得，颺下生苔帚，拊掌呵呵。金華傅大士，空手把鋤頭，涕淚悲泣。正任麼時，諸人還知三大老為人親切處麼？（拍膝一下云），憶著令人肝膽裂。」又源靈叟為蜀人，癡絕高弟，僧史及燈錄無傳，僅錄其法語（《增集續傳燈錄》卷四；《續燈存稿》卷四），都以「台州國清靈叟源」稱之。他與偃溪廣聞、介石智朋、無文道璨、希叟紹曇都是好友。智朋有〈靈叟歸蜀頌〉云：「半生清苦衲無畦，惟有莎庭積雪知。眼帶東南海色碧，莫和煙雨看我眉。」（《介石智朋禪師語錄》）無文道璨也有〈送源靈叟歸蜀序〉，[224]對源靈叟贊揚不迭，其文曰：「自蜀學盛行於天下，蜀士之明秀膚敏者，袂屬而南。前輩長老，予不及多見。頃於癡絕老人會中得友四人焉，曰：沂艮巖、遷廉谷、定勝叟、遠無外，蓋所謂明秀膚敏者。無何，艮巖死，勝叟又死，予哭之哀。去京之三年，廉谷又死，予哀之勝於艮巖、勝叟也。渝江源靈叟蓋癡絕之所愛，四君子之所敬，予之所畏者。一錫西來，遍參力叩；久游癡絕之門，以才得忌，而遂登雙徑，周旋二老間。冷暖自知，由漱井也。上天悔禍，蜀道稍通，歸袂翩翩，挽之不可。或謂靈叟見道明白，如五緞之素，橫機迅疾，如百鍊之精；保護固惜，曾不少試其技，挾之以歸，何果於自閟也耶？予曰不然！寒暑之節，龍蛇之蟄，不積不施，不屈不申，深培厚蓄，大有為於斯世，靈叟其以是哉！然予切有憂焉；蜀之遺老纔二、三人，短景減沒，夕陽在山，此正蜀學隆替通塞

---

224 按：《全宋文》襲《四庫全書》本《柳塘外集》之誤，將「源靈叟」誤為「源虛叟」；「得友」作「得有」、「遷廉谷」作「迁廉谷」；「百鍊之精」，作「百煉之金」；「切有憂」，作「竊有憂」；「付之誰手」作「付之誰乎」見《全宋文》第349冊頁23、295。

之時也。艮巖諸君子不可復見,靈叟又自是而西,疏通蜀學之淵源,發揮諸老之遺響,其遂付之誰手哉?此予所以憂也,此予重為靈叟惜也。」(《無文印》卷八;《柳塘外集》卷三)希叟紹曇有「贊國清靈叟和尚真入北□祖師會」云:「貌古神清,氣融性漫。用無準麻皮頭,瞎臨濟正法眼。瘦焦山鶴,不假蓬塵;縛豐干虎,只消錢貫。八怪七喬,十馬九亂。趁入羣牛隊裏行,一年一度教人看。」(《希叟紹曇禪師廣錄》卷七)

◆ 是年元肇在育王,作〈吳荊溪大監〉一詩云:「遙辭下石橋,南岳阻招邀。五載未相見,三除不入朝。玉樓催作記,瓊闕伴吹簫。嘆世無知己,文章竟寂寥。」(《淮海挐音》卷上)此為致其友荊溪吳子良詩。吳子良為葉適之學生,寶祐二年(1254)進士。去年始任荊湖南路轉運使,至明年仍在湖南,[225]故元肇詩中有「南岳阻招邀」之句。元肇還有〈辭荊溪吳都運上封請〉云:「石橋南畔萬年松,六載清陰手自封。霹靂一聲驚變化,又將移上祝融峰。」(《淮海元肇禪師語錄》)亦為致吳子良者。南宋之「都運」,其實為「都轉運使」之簡稱,元肇蓋沿舊習,稱五品官以上任轉運使者為都轉運使。雪巖祖欽有〈荊溪吳都運書〉兩通,論「聖人之道與如來之道同一揆也」,「儒之與釋,雖門戶不同,道之所在,只一也。」疑亦是致吳子良者。書中又云:「某宿何厚幸,獲遭際於此時,實千載一遇也。龍興之寵擢,道林之改遷,眷顧異常,實出過外之望。」(《雪巖祖欽禪師語錄》卷四)「龍興」指潭州龍興禪寺,雪巖祖欽於寶祐元年八月初一入為住持;道林指湘西道林禪寺,是雪巖繼龍興以後住持之禪寺,顯然都是吳子良所招。

◆ 七月,元肇奉詔入淨慈,冬至荐,有靈隱之命(《淮海外集》卷下)。其〈禮嵩明教塔二首〉當作於入靈隱之後,遷徑山之前。其一云:「饑寒萬卷寄蕭踈,越路三千去上書。明主既知堯舜事,故山依舊愛吾廬。」其二云:

---

225 《宋代路分長官通考》,頁 997。

「落礓流泉勢欲颾，斷碑古塔蝕蒼苔。雨聲一夜卷春去，風撼千山我獨來。」
（《淮海挐音》卷下）

按：大觀所撰〈行狀〉說元肇在育王住三年後遷淨慈，未一年遷靈隱兼淨慈，
不閱月遷徑山。元肇自己說他入徑山是在明年，正符冬至入靈隱後，「不閱
月」而遷徑山之說。

◆ 八月或稍後，道璨作〈與松岡黃料院書〉，內云：「第老母行年七十有六，
喜懼交懷，固不敢望食一日之祿…。」又云：「某七八月間誤用庸醫點劑，
眩甚…。」（《無文印》卷一六）由於道璨母是年七十六歲，故知此書寫於
是年。又既然在七、八月間誤用眼藥，則此文當作於八月或稍後。又作〈與
忠齋孟知府書〉二通，其一有云：「第半生病眩，如行深雲重霧中…兼老母
行年七十有六，家兄負丞章貢…。」其二有云：「某堂有七十六之老，舍之
遠去，蓋有甚不得已者。」（《無文印》卷一六）

按：孟之縉為孟珙之子，德祐元年（1275）以太平州舉城降元。觀道璨之書，
知道璨之再度住持薦福，是由孟之縉薦請（見下文）。孟之縉在此之前僅任
過宣州寧國府知府，並未知饒州。道璨在其第一書說：「判府擁麾出鎮，近
在大湖之上。」此「大湖」應指「蕪湖」。

◆ 十一月十日，大觀入住慶元府阿育王山廣利禪寺。繼元肇之後為住持（《物
初大觀禪師語錄》、《阿育王山寺續志》卷一六）。[226]作〈住育王謝表〉（《物
初賸語》卷一八）。入育王之前，曾作〈朔齋劉直院〉，致劉震孫（見上文）。
書末云：「近因考繹忠定越王補陀事跡，而視慈殿成，詳述其事，及增〈捿
塗田記〉上呈。一經電矚，以見大士隨感而應者如此。」（《物初賸語》卷
二五）其〈史大資〉一書，係致史彌遠之子史宇之者，當約作於同時，書中
略云：「某前冬備府廩遑後，旋聞出殿潛藩」，前句可見於前年冬季之函，

---

226 按：《阿育王山寺續志》列大觀為育王第四十六代，但住持之排列順序有誤，此處
不取其說。

後句指史宇之於去年知建寧府。故云：「建、鄞相距，動千餘里。」[227]又云：「春間劭農月波，入山覽勝，賦詩紀遊屬和，以其道先二王勳德之美，為鑱諸石，所當然也。近尋得先衛王〈開塗發願文〉碑本，乃親書者，摹而再刊。不揆鄙作〈增捺塗田記〉，並刊其下，亦當跋語。僭奉鈞銜題蓋，篆次於〈慈視殿記〉，只用舊銜也。僅各一本申獻…。」（《物初賸語》卷二五）

按：大觀從寶祐元年（1253）入大慈寺至今年離大慈入育王，前後約十年。在大慈時，曾作〈大慈捺塗田發願文〉，記大慈「增捺塗田」之原委。中云：「勉一時作捺之勞，廣萬古常住之業。甫十旬之工役，屹千丈之隄防。」可見是不久前完成，故致朔齋書有「近因考繹忠定越王補陀事跡…及〈增捺塗田記〉上呈」云云。

◆ 冬至節，虛堂智愚書偈送日僧南浦紹明云：「敲磕門庭細揣磨，路頭盡處再經過。明明說與虛堂叟，東海兒孫日轉多。」自署虛堂老僧書于雪竇西菴（《虛堂智愚禪師語錄》卷一〇）。

◆ 是年，善珍入福州雪峰，在雪峰六載（《雪峰志》卷五）。其間曾修觀音殿，並作〈雪峰觀音殿上梁文〉（《藏叟摘稾》卷下）。

◆ 善珍作〈除夕〉一詩云：「七十明朝是，年將衰併來。頑皮禁冷暖，老氣壓凶災。鐵硯穿何益，金丸跳不回。羣兒愛伶利，與汝換癡獃。」（《藏叟摘稾》卷上）

◆ 張即之再手書《金剛經》一冊，「遺天竺靈山志覺上人受持讀誦」。時年七十八歲。經末之跋語謂：「我願：執情不作，常觀般若六如；覺性永明，共悟實相本體。流通利益，均及有情。」

227　按：史宇之從景定三年至景定五年任建寧府知府。見李之亮，《宋福建路郡守年表》，頁 76-77。

◆ 簡翁居敬主天童寺，重建千佛寶閣（《天童寺志》卷二）。退耕德寧（？-1265）
住靈隱（《佛光圓滿常照國師年表》）。荆叟如珏補徑山廣聞之席（《徑山
志》），但為時甚短，恐未及半年，因明年正月，淮海元肇即由淨慈奉旨主
徑山（《淮海外集》卷下）。

◆ 道璨作〈與山癯鍾知縣書〉，書中云：「某行年五十有二，根道力學，早以
眩廢。」（《無文印》卷一七）

◆ 是年，馮去非卒，覺菴夢真有〈哭深居馮先輩〉云：「憶昔陪從白下游，共
將心事託盟漚。青□□□不歸隱，白髮數根都種愁。人世罕逢金作屋，□居
多用玉為樓。〔先生易簀，報家人曰中山王命作〈南宮桂籍記〉，吾明將往
矣〕何當酹罷梅花塚，洒淚重添土一杯。」[228]（《籟鳴集》卷下）

◆ 恕齋吳革以權發遣戶部判官兼知臨安府（《咸淳臨安志》卷四九）。

景定五年甲子（1264）

◆ 道璨五十二歲、大觀六十四歲、善珍七十一歲、元肇七十六歲。

◆ 正月十六日，虛堂智愚入淨慈寺。既入淨慈，衲子奔集，堂單無以容，半居
堂外。度宗徹宸聽，賜絹百疋、造帳米伍百碩、楮券十萬貫。是年秋，又賜
田參阡餘畝（《虛堂智愚禪師語錄》卷三；卷一〇〈行狀〉）。

◆ 正月，元肇被旨領徑山，曾自謂：「不半年，三受敕命，盃草奏固辭。」（物
初賸語卷二四，〈行狀〉；《淮海外集》卷下）但是理宗下旨不允，還諭曰：

228　按：此詩有數字不明，以□表示。

「大千沙界一禪床，已頒命矣！」[229]「大千沙界一禪床」一語，來自北宋金山佛印答東坡偈中「大千都是一禪床」一句。

◆ 春二月，虛堂智愚為蘭溪道隆之《大覺禪師語錄》校勘，並於淨慈宗鏡堂書跋於其後，自署敕差住持臨安府御前香火、淨慈報恩光孝禪寺嗣祖比丘智愚。跋文云：「宋有名衲，自號蘭溪。一筇高出於岷峨；萬里南詢于吳越。陽山領旨，到頭不識無明；抬腳千鈞，肯踐松源家法。乘桴於海，大行日本國中；淵默雷聲，三董半千雄席。積之歲月，遂成簡編。忍禪久侍雪庭，遠訪四明鋟梓。言不及處，務要正脈流通；用無盡時，切忌望林止渴。」（《大覺禪師語錄》卷末；《虛堂智愚禪師語錄》卷一〇）。

◆ 三月，馬天驥（1230 年進士）以觀文殿學士、沿海制置使兼知慶元府奉御筆依舊職差充平江府。去年十月除觀文殿學士後（《寶慶四明志》卷一），大觀有〈呈制使馬觀相〉一詩（《物初賸語》卷三）。又有〈上制使馬觀文〉一書，論「公舉」之制，書中先說北宋明教大師契嵩雖不過窮山一衲，因悼佛法之湮微而謁闕上書，為聞者所竊笑，然竟得韓琦、歐陽修等重臣之所敬；既能伸其素志，又能大振佛法，都是韓、歐等大臣汲挽之力。接著說禪、教、律佛法三宗之隆替，繫乎住持之當否。僧史所載，可以備考，不可謂當世無其人，而令妄庸者馳騁，良善者隱遯。接著說：「某等竊觀先世成憲，三宗住持之出，率由公舉，而公舉之行，四明為最前，後之所行者，固未容縷數。若前政節齋陳尚書、履齋吳丞相、橘洲姚尚書之所行，皆集諸山於僧司，令各宗從公保舉。履齋則集諸山於僉廳，命三府判監臨，十名拈三申。而履齋又於三中，親拈其一而始給帖，嚴其事也如此。夫公舉者，猶朝廷之銓衡也。…自公舉一廢，其弊可勝言哉？是以假托乘間，愚偽競馳；混濫塞途，貪竊交動，不知自宗所謂禪、教、律者果何物，而其平生亦何嘗一闖其垣，但圖苟以得之，則清淨伽藍，據為業窟，挾公濟私，何所不至？叢林蕪廢，法道灰

寒。泛觀今時所在住持，多有浪蕩跅弛、醫卜雜術、面善背惡之徒，形服而謂之僧。甚者，贋緇輩交結譁健，撼搖善類，誣攻去之。然後妄撰舉詞，給脫文帖，末由詳知。本色衲子，既與此曹冰炭，亦不肯與雞鶩爭食，豈惟絕應世弘法之望，雖一簞一鉢，亦何所容身？後輩初機，亦何所師法？守死善道固無憾，其如法門何！林泉雖寬，雨笠烟藤，負笈擔簦，又將何所倚泊？未免反為棲棲無歸之客，豈不痛哉？」又說：「某等擬望鈞造，垂大力量，恢古規橅，復三宗公舉於爭奪之秋，回佛法元氣於凋殘之後。盡汰贋緇之污濫，搜羅善類而躋陞。感乞鈞旨下僧司，集各宗諸山，從公保舉。其間或有舉未當者，眾議得以再加商評而去取之，俾得其當而後已。則是相公申明公舉之法，而垂諸其後，亦善教善政之一也。自今以往，妄徒自絕，正人自出，僧規自嚴，佛法自盛，各盡所學，以報聖君賢臣弘護之心，知所用力矣。」（《物初賸語》卷二五）又大觀有〈因公舉有感〉兩首，或作於此時，其一云：「吾道淪喪合咎誰？忽驚一日有文移。敗群在處那容去？墜典輕行反更疑。祖域鳳瘖桐寂寂，禪庭蛙鬧草離離。跳梁變怪知多少，拭目清平自有時。」其二云：「宗門久矣欠更張，此意難將口舌爭。蟲出獅身真自食，繭成蠶口豈逃烹？狡謀何有兔三窟，吾黨寧無魯兩生？昨夜山庭梅雨歇，榴花清曉綻紅英。」（《物初賸語》卷四）

◆ 三月晦日，徑山暉首座來請湯漢撰偃溪塔銘，湯漢自謂「老病不能文」，而以詩代塔銘悼之。詩云：「金剛眼要筆頭點，妙喜當年竟脫空。千里還山無一字，乃為不負偃溪翁。」（《偃溪廣聞禪師語錄》卷下）

◆ 四月八日，希叟紹曇禪師入慶元府應夢山雪竇資聖禪寺（《希叟紹曇禪師語錄》；《希叟紹曇禪師廣錄》卷二）。

◆ 仲秋，育王庫閣建成，大觀時為住持，作〈育王庫閣間陰記〉，中云：庫閣五間，「作於景定五年甲子季春，迨仲秋而落其成，予住山之初年也。」（《物初賸語》卷一〇）

按：大觀於去年十一月入育王，故云「住山之初年」。

◆ 是冬，道璨作〈題梅花莊三大字送趙梅石〉云：「景定甲子冬，訪樗寮於桃花源上。明年西還，翁手書梅花莊三大字見遺。又明年，翁先去，遺墨在傍，凜凜有生意，舉而納諸梅石主人，刻之苕雪山中梅花樹下。他日東遊，卻請充莊主，清香十萬斛，當盡情收拾，韲與春風。決不敢圭合遺欠也。」（《無文印》卷一〇）。足見是冬道璨在明州，而其〈祭樗寮張寺丞文〉（《無文印》卷一三）所說「前年，候公桃源之居，公健猶昔，我眩欲扶，極而感，言與涕俱」之「前年」，當為是年，而祭文則作於咸淳二年（1266）。又其〈毛直閣〉一書謂：「某亦適有先人喪，已而舍弟復逝去，七十之老母寢食不自安，兄弟娛侍左右不能一日舍去。…適有便過四明，留其一日，推冗作此。」（《無文印》卷二〇）則此書當作於是年。

◆ 仲冬，大觀為玉几（育王）營繕事至杭州北山靈隱，借榻於冷泉，識棠古源伯召，後作〈跋棠伯召墨跡〉。在冷泉時，於深寒中，撥灰自溫，出陸放翁〈雨詩〉，翻覆數過，作〈放翁詩帖〉（《物初賸語》卷一七）。其〈育王修造榜疏〉、〈育王行化榜疏〉、〈育王重造延壽院老宿寮空寂堂疏〉（《物初賸語》卷二〇）及〈育王修上塔疏〉（《物初賸語》卷一七）或作於此時，或稍前，或稍後。

◆ 是年，善珍之法眷雙杉中元告寂，故善珍作〈祭雙杉塔〉說：「甲午之冬，一笑分袂。」又說：「三十年間，死盡流輩。」（《藏叟摘稾》卷下）甲午之年是端平元年（1234）冬，至是年正好三十年。

◆ 道璨一再推辭鎮南闑的吏部尚書江萬里（1198-1275）之招。江萬里以福州東禪寺招道璨，半年之間命出三、四次，道璨未應其請。時張樗寮七十九歲，道璨於〈古翁江公〉一書云：「第寺丞張公行年七十有九，某往來二十餘年，

愛之如子弟。別十年，每對客語及某，久不相見，必潸焉出涕。」（《無文
印》卷一六）

咸淳元年乙丑（1265）

◆ 道璨五十三歲、大觀六十五歲、善珍七十二歲、元肇七十七歲。

◆ 正月初七（人日），林希逸作〈《斷橋妙倫禪師語錄》序〉云：「余一日偶
料揀亂書，得語錄數板，蠹蝕僅存，或三五行或十百字，老辣痛快，險怪奇
絕。實語誑語，句句皆破的，為之悚然。而首尾壞爛，不知為何如人也。求
之檗山，得其完本，乃五祖演所作。圓悟虎丘，却向這裏，搬販出來。方信
波斯別琉，世有底事。忽緇衣及門，持此卷求序。讀數過，電光石火，閃閃
爍爍，醍醐毒藥，色色俱有，儼然如見前人風度。方知斷橋之名，信不虛得。
合爪贊嘆，為之證明。雖然識真人少，接響人多，試將此集，莫出姓名，使
諸方具眼者猜看。師名妙倫，天台人。」（《斷橋妙倫禪師語錄》卷首）其
所作斷橋塔銘今已不存。

◆ 是年二月後，大觀作〈可齋李觀文〉，答李曾伯（1198-1275？）賜書給箚、
捐俸幹糴之意（《物初賸語》卷二五）。其書甚長，書中「四明之治僅半年，
蘇活疲癃，不畏強禦，力請休致而歸」云云，是因李曾伯於去年四月二十四
日以觀文殿學士知慶元府兼沿海制置使，六月二十六日到任交割府事，至是
年咸淳元年正月以病未痊乞守本官致仕，經不獲允再奏後，於二月十五日奉
旨交割離任，僅半年時間（《寶慶四明志》卷一）。大觀書中又云：「某一
凡衲耳，獲瞻峙玉於旌纛臨鎮之初，色笑際遇，特優於諸禪；金湯以安存之，
施予以資助之。三生緣會，問佛有因。劭農貴臨，親札雲錦之篇，照映林壑，
為山中一段奇。而容鄙埜竊借衰褒，又何其多幸歟！某婆娑舊棠之陰，藉以
無他，向蒙矜軫給箚，捐俸幹糴廣米以補所乏。廣船猶未至也，亦已別為幹
運，接新無欠矣。兩閣之建，以二相所施市材，秋稔庀役；土木之緣抑末也，
不敢不勉。」顯示大觀及其所領育王寺受前任知府及李曾伯施惠之益。書末

有答李曾伯問佛法之語，略曰：「相公達觀隱几，神明靜安，福德壽考不期而自集。若觀照怡悅，發明本真之具，當以佛書為第一，則《楞嚴》、《圓覺》二經、《大慧語錄》，隨意研味；此先正富鄭公、呂申公、張文定公、無盡、東坡、山谷、無垢咸於其間得大受用，而有驗於出處始終之際。相公固已徧閱矣，不妨紬繹滋味於其間，無所得中之得，又自不同。祖師云：『皆吾心之常分，不假於他術。』此於佛祖，亦無相干！」[230]書中「劬農貢臨，親札雲錦之篇」，指李曾伯所賜詩篇。大觀答之以〈李制相入山劬農示詩，即席繼韻〉。此外又有〈勸耕二首呈制使可齋李觀文〉（《物初賸語》卷五）。按：李曾伯之前任知府是馬天驥、再前任為厲文翁及姚希得，大觀皆獲支持，此所謂「舊棠之陰」也，大觀與三人亦有詩唱和（見上文）。

◆ 三月十一日，虛堂智愚奉聖旨宣入大內普說。八月二十五日辰初，虛堂智愚由淨慈入徑山補准海元肇虛席（見下文），時年八十一歲（《虛堂智愚禪師語錄》一〇，〈行狀〉；卷三）。石帆惟衍可能在同年九月或十月入淨慈補虛堂之席。

按：〈行狀〉為虛堂弟子、慶元府清涼禪寺住持法雲所作。法雲說虛堂在咸淳丁卯年秋遷徑山，丁卯年是咸淳三年（1267），距元肇示寂時間已兩年，不符繼席之慣例，應以是年為正確。《徑山志》（卷二）說虛堂在咸淳十年，詔住徑山，更錯。虛堂在徑山時，日本求法僧南浦紹明、無象靜照等人曾來其座下參學，咸淳三年（1267），他們離徑山歸日，智愚以八十三之齡作偈為他們送行。又，智愚與石帆惟衍系出同門，都是運菴普巖法嗣，而且他曾與石帆惟衍結盟，游江淮湘漢，巡禮祖塔，坐夏荊門玉泉，[231]兩人關係極深。石帆惟衍入淨慈很可能是由虛堂推薦。

---

230 「相干」原作「相于」，此語似在點破「祖師禪」與佛祖之教之不同，故說與佛祖不相干？

231 《虛堂禪師語錄》卷 10，頁 1063c。

◆ 結制後七日，四明比丘紹明作〈《大光明藏》序〉于鳳山陳寺之客欄（《大光明藏》卷首）。夏至日，古汴趙孟堅書題《大光明藏》（《大光明藏》卷三）。

◆ 六月十日，徑山淮海元肇示寂，壽七十七歲（《物初賸語》卷二四，〈淮海禪師行狀〉）。大觀在育王，淮海訃音至，上堂曰：「淮雲慘淡，淮水枯竭。徑山老子無言說，喝得巖厓成百裂。末後全提太親切，笑不徹，哭不徹，憍梵缽提驚吐舌。」（《物初大觀禪師語錄》）又作〈祭淮海法兄〉一文，其文云：「宗門忝綴，又屬交承，音問間或不接，安否消息未嘗不到耳也。去年春夏之交，已聞兄病，予謂病亦常事耳。繼又傳其死，殊不謂然；既而信然矣。追惟疇曩，諦想出處，歷歷然也。方嘉寶間，兄起淮甸，而游江湖，奮勇往志，振厥英華，名世賞激，叢林期望，如迦陵脫殼，其聲已壓凡羽矣。登凌霄見老浙，執對凤冤，師資分定，忽如磁石之吸針，不知其然而然也。賢牧名卿，挽之瑞世，山止時行，迫而後動。不即人而人即之，馨香名字，君相飫聞，鼎望五山，居歷其四。若夫軒豁襟懷，洞無城府。請省符以革妄庸之貨取，拔滯淹以出宗乘之爪牙，雖四方中等之刹，皆陰受其賜而不知兄之所建立也。是數者，皆足以泚今時假借名位，陰為升擠，背公死黨者之顙矣。諸老掩光之後，叢林荒寒之秋，歸然獨立，恃有兄在焉耳，而何厭世之速耶？東庵垂墜之緒，將何賴耶？訃音之來，心焉如割。陳鄭矢辭，而未能免俗者，痛宗盟之灰冷，傷人材之眇然也。」（《物初賸語》卷二二）

◆ 夏、秋間，劉克莊作〈頃淨慈倫老將示寂，以其師無準塔銘見屬，後三年竹溪中書君以詩速銘，決〔次〕韻一首〉，詩云：「叢林老宿川無準，不釣纖鱗釣大魚。抱佛腳多同學者，得吾髓有幾人歟？難呼兜率談宗旨，且問狐山乞緒餘。自笑余文無用處，熱瞞俗眼說真如。」（《後村先生大全集》卷三七）

按：「淨慈倫老」即是「淨慈妙倫」，其示寂前以無準師範塔銘屬劉克莊事，見上文。

◆ 善珍或於是年作〈題侃古樵詩卷〉一詩。詩云:「死別日益遠,年衰夢亦無。忽開舊詩卷,淚洒白髭鬢。」此詩應寫於〈祭侃古樵塔〉之後,因後者說「龍鍾出嶺」,應指今年或之後出雪峰至育王。而「死別日益遠」之句,當是因他在育王或徑山重閱侃古樵詩卷而有之感慨(《藏叟摘稾》卷上)。

◆ 善珍又作〈浪淘沙——九日登釣臺懷思溪舊游〉,其詞云:「七十二年翁,曾客吳中,清游占斷水晶宮。幾度藕花歸棹晚,月渚烟鐘。追記已陳蹤,回首空濛,憑高荒草夕陽同。欲問謝公歌舞地,落葉鳴蜩。」(《藏叟摘稾》卷上)
　　按:善珍生於紹熙五年(1194),至是年正好七十二歲,故說「七十二年翁」。

◆ 道璨西還,樗翁張即之手書梅花莊大字見遺。道璨省張即之於一別十年之後。〈祭樗寮張寺丞〉云:「乙丑冬省公於一別十年之後,我喜公健,公喜我來。軒眉相向,喜不自禁也。周旋才七十日,而先妣訃來…」(《無文印》卷一三)
　　按:〈題梅花莊三大字送趙梅石〉說去年訪樗寮於桃源山,而祭文又說「乙丑冬省公於一別十年之後」,似乎矛盾。又祭文說「周旋才七十日,而先妣訃至。」可見道璨於是年冬又訪張即之,至明年其母訃至,才歸柳塘。

◆ 勑佛光法照再住上天竺,賈似道(1213-1275)為造塔於寺之東岡,奏請額曰「天岩塔院」,並賜田三頃以助香燈(《續佛祖統紀》卷上)。

◆ 靈隱住持退耕德寧示寂,遺書至臨安崇恩演福禪寺,住持絕岸可湘上堂云:「凌霄隊裡,昔曾合火分贓;小朶峰前,善賈不停死貨。橫身那畔,鶻眼迷蹤。歸根深得旨,落葉舞西風。」(《絕岸可湘禪師語錄》)
　　宰相賈似道向度宗推薦虛舟普度補靈隱住持之席(《虛舟普度禪師語錄》卷末,〈行狀〉)。
　　按:賈似道於咸淳元年三月除太傅、右丞相兼樞密使魏國公,四月改太師,

依舊右丞相兼樞密使魏國公，所以虛舟〈行狀〉作者守端稱之為太傅賈魏公（《宋史》卷二一四，〈宰輔年表五〉）。

◆ 是年，兀庵普寧由日本歸明州。又被公選，住持婺州雙林，七次控辭不得（《兀庵普寧禪師語錄》卷中）。

咸淳二年丙寅（1266）

◆ 道璨五十四歲、大觀六十六歲、善珍七十三歲。

◆ 正月庚子（六日），道璨母吳氏歿，道璨時在千里之外，盤桓於張即之卜居之桃源山已近七十日，於二十七日後方聞訃。聞訃之後，立即長揖而去，疾奔返家。但是老母已死，令他悔疚不已（《無文印》卷四）。

按：道璨母生於淳熙戊申（1188）卒於咸淳丙寅（1266），享年七十九歲。

◆ 正月十七日，愚谷元智跌坐書偈而化，壽七十一，塔於鼓山南院（《竹溪鬳齋十一藁續集》卷二一，〈鼓山愚谷佛慧禪師塔銘〉）。善珍作〈祭愚谷〉一文云：「前春還閩，道傳公病。聰明忽癡，醫不識證。石門迎見，悲喜深省。莫年客土，相依為命。太白殘月，同光共影。吾曹恢踈，世路機窘。身猶棄遺，奚顧墮甌？古琴絕絃，缺鐺折柄。二子談禪，時隱几聽。退士獻書，阿婆窺鏡。鬼笑揶揄，人笑齒冷。少日與公，講明素定。丹心如鐵，空橐如磬。千載意長，百年俄頃。一死一生，遇此衰境。薑鹽罌茶，油蔥澆餅。喚公不應，老淚泉迸。」（《藏叟摘藁》卷下）三載後，林希逸為撰〈鼓山愚谷佛慧禪師塔銘〉，文中有云：「余初得師於冷泉余老溪上，師自法石北來，一見良喜，自此書問不絕。師素寡言，每見，默然以意相怡悅。余多方外友，師尤質重者也。」（《竹溪鬳齋十一藁續集》卷二一）

按：愚谷元智禪師曾住靈隱，他是由靈隱入法石的。在京時與節齋趙公（趙與篔）結為方外友。住蘇州洞庭翠峯時，壽節齋偈曰：「楞伽塔上石湖波，寫作千秋一曲歌。七十二峰齊點首，月明長滿宋山河。」（《歷朝釋氏資鑑》

卷一一）洞庭波心有七十二峰，早見於雪竇明覺禪師的〈晦跡自貽〉一詩偈中：「圖畫當年愛洞庭，波心七十二峯青。如今高臥思前事，添得盧公倚石屏。」（《明覺禪師語錄》卷五）其他宋代禪師也屢以之入其偈頌中，譬如居簡曾有〈送明上人歸洞庭〉云：「截流過了復隨流，七十二峯橫點頭。捞到無錐無卓處，太湖空闊跨三州。」（《北磵禪師語錄》）

◆ 結制後十日，大觀撰〈淮海外集序〉，其時在玉几（《淮海外集》卷首）。
按：此序亦見於《物初膌語》卷一三，但無年月。去年元肇卒於徑山，大觀曾作祭文及行狀。其與元肇之綿密之「宗盟」關係，至為明顯。

◆ 十一月十一日，大觀為其友同源舉禪林典禮，具香茗庶羞之奠，為文祭之。
文中云：「於戲！吾道之在天下者二：寂寞焉而禪，玄微焉而教。苟非其人，道不虛行？叔末人才，造物靳出。穰穰而角麟何罕逢？芊芊而蔓芝何罕苗？以吾禪門之難其人，教豈不然耶？間有如同源者，而不老其年，此吾所以驚悼嗟悝，而不能自已者。」（《物初膌語》卷二二）
按：根據大觀之祭文，同源於去年謝事下天竺靈山教寺，歸東嘉受業淨刹，大觀於今年八月修書遣僧問之。十一月上旬僧攜回緘歸，大觀展視之，竟為遺書，乃知同源十月間示寂。同源為上文頑空智覺講師之弟子。故祭文亦云：「於戲！同源透如幻三昧，遊常寂光土。其計固得之矣，如頑空師門所倚重何？江湖所期望何？」

◆ 是年，善珍作〈新歲〉一詩云：「新歲七十三，駑癡不脫銜。搓繩謀繫日，儲藥要醫凡。魘鬼驚酣枕，村優笑戲衫。災祥總由我，何必問巫咸？」（《藏叟摘槁》卷上）

◆ 善珍作〈跋倉使劉中書寄題雪峰詩後〉，其文云：「朔齋先生，文章妙天下，自淳熙戊戌，大史陸公放翁為閩常平使者，風流銷歇，八十九年而先生始來繼之。乾坤清氣，造物甚靳以畀人。故槀之難，遇之尤難。如此，則先生片

言隻字，貴於驪珠下璧，得之而不知寶之，可乎？敬鋟諸梓以詔不朽。」（《藏叟摘稾》卷下）倉使劉中書即是劉震孫，於是年任提舉福建路常平茶鹽等事，故稱「倉使」。

按：文中之「太史陸公放翁」即是陸游，他於淳熙五年戊戌秋除提舉福建常平茶鹽公事，[232]是年距其入閩正好八十九年。

◆ 善珍或於是年前後寫〈次徐監簿韻賀吳侍郎新第落成二首〉，吳侍郎是吳革，於是年知福州。其詩之一云：「碧落仙人上界還，手攜奎璧下天關。百年第宅復金槧，萬卷圖書圍玉山。霜壓老槐龍臥蟄，春催紅藥鳳銜環。時危報主詩人志，好愛蒼生莫愛閒。」其二云：「詞源本本自歐蘇，胸次湖江跨楚吳。縱未押班坐鷗閣，亦須開府佩麟符。拂衣太華太無放，蔥築中條昔有圖。久矣笙竽喧眾耳，新聲待奏鳳將雛。」（《藏叟摘稾》卷上）

◆ 是年，道璨住持饒州薦福禪寺（《無文印》卷四）可能寫〈薦福法堂上梁文〉。其文云：「長老為母還鄉信緣，住持平日不談世故。或謂其疎，隨分署振。叢林姑試所學，一日必葺。三年於茲，顧瞻數仞之危堂，曾經諸老之說法。應菴、萬菴不可作矣，松源、曹源其誰嗣之？尚論祖室之興衰，大懼宗門之顛覆。寥寥千載，耿耿寸心。花雨諸天，笑空生執之失度；草深一丈，惜長沙散去太奢。用埽除建立之機，為開示悟入之本。孰曰修造，而非提持？是用作歌，未能免俗。」（《無文印》卷一一）其〈與卓山陳知府書〉說忠齋孟之縉來鄱陽後，因「邦人之言，眾僧之請，帖再住薦福，某力辭逾半年乃來。」（《無文印》卷一六）可見孟之縉曾於去年或今年初守饒州，但史書無記錄。道璨入薦福十月之後，曾有〈與忠齋孟知府書〉，略云：「昔也特為判府此來，納足甘棠之下不過數日，今亦已時閱月矣。」（《無文印》卷一八）

---

232 于北山，《陸游年譜》（上海：中華書局，1961），頁 179。

按：道璨歸鄱陽之後，大概寫了〈與譚伯常書〉，遂有「某到家甫兼旬」之句（《無文印》卷一五）；又寫〈與吳提幹書〉，遂有「相去只隔一湖，而不相見已許時」之句（《無文印》卷一五）。「一湖」，指饒州東湖。又有〈與暘谷洪判縣書〉，遂有「某重來番〔鄱〕中，又三年矣」之句（《無文印》卷一五）。

◆ 是年，道璨又寫〈與古翁江相公書〉，故有「某去秋歸自清江，而薦福之檄至。某極不欲行，遲回至歲晚乃來」之語，又有「去年新天子有詔起一老於南海之濱，某遂不復有南轅之興」之語（《無文印》卷一六）。江相公是江萬里（1198-1275），於前年知建寧府兼福建轉運使，已而加資政殿學士，仍知福州兼福建安撫使至明年。是年閏五月，又自同知樞密院事除參知政事，於咸淳五年（1269）拜相。[233]道璨致江萬里書數札，當皆在此段時間寫成。

◆ 是年，道璨又致「知無聞」書，頗能見其性格及為人。書云：「雖然，住院何足道？近年勑差堂除者何限，可掛齒牙者能幾人？使吾有口可以吞三世諸佛，則曲彔床終身不坐又何慊？無聞以為何如？某行年五十有四，昔者入眾見識字人，多不修細行，決意不作書記。諸老不作，據位稱師者，又多看不上眼，遂無意出世；今俱不遂其初矣。住院十年名為長老，只是舊時璨上座。飲食起居與堂僧無異，出入時多了一轎兩僕耳。使目不眩，轎僕亦不用之。相從衲子，歲不下百數十人。遇五日撾鼓陞堂，以平時在諸老間所得細大法門，隨分東語西話，斷不敢以脫空語籠罩學者；亦不敢以過頭語欺謾學者。說到無巴鼻、無滋味處，欣然自笑，聽者未必解笑也。士大夫多相知，然所知者不過謂其讀書也、能文也、解起廢也、硬脊梁也。盖膽毛幾莖，則知者鮮矣。常住日黃薄，逐日結算，隨身行李，逐日結束。可任則任，要去便去，決不肯叉手向士大夫求公庇，一不作書與士大夫說住院兩字。天之所以與我者已足，何必求人？命苟有矣，雖廁在糞堆頭，未嘗不放光動地也。老母去

233　《宋福建路郡守年表》，頁 37、77。《宋史》卷 213，頁 5646-5651。

年逝去，樗翁今年仙去，一身天地間無可關念者，但參學未到古人田地，是則關念之大者耳。」[234]（《無文印》卷一九）

◆ 道璨作〈祭樗寮張寺丞〉兩篇，以張即之卒於是年之故（《無文印》卷一三）。
按：或說張即之卒年為1263，不知何所本？樗寮若卒於1255年時，年不過七十。是年辭世，則享年八十一歲，較符明畫家文徵明「即之八十餘歲，咸淳間猶存世」之說。[235]

◆ 又是年吳革由閩入贛，而下吳山（《無文印》卷一八）。
按：道璨於三年後（1269）所寫之〈恕齋吳制置〉說：「三年前，致薦福事，借榻西山下，侍郎…」可知此年吳革下吳山。

◆ 大觀應淮海元肇弟子法思請為其寫行狀，時大觀在玉几（《物初賸語》卷二四，〈淮海行狀〉）。

◆ 善珍之友信庵趙葵卒，年八十一歲。劉克莊作〈丞相信菴趙公哀詩五首〉。其一云：「粵從宣靖至炎興，粉餙湖山苑囿增。列聖久無師入洛，三京初有使朝陵。椎鋒指日酋傳首，返斾終身氣拂膺。逸少興公虛論勝，百年機會更誰乘。」其二云：「憶昔東淮羽檄馳，非公受鉞國幾危。春潮全藉孤舟渡，廈屋曾將一木支。着白接䍦尾猛將，坑紅衲襖等嬰兒。揚州遺老聞新訃，猶說平山奏凱時。」其三云：「出為董統今韓范，入告忠嘉古夔蘷。白刃在前裹瘡戰，黃麻拜右掉頭辭。去猶耿耿心存闕，老尚堂堂表出師。蓋世英豪嗟已矣，八哀吟罷有餘悲。」其四云：「自是乾坤間氣生，吾猶識此萬人英。博求駿骨千金致，忽割牛心四座驚。古有詩人悼房琯，今無壯士哭田橫。遙知嶽市新華表，過者徘徊下馬行。」其五云：「丙午遭逢瑟改調，先皇記憶

---

234 《增集續傳燈錄》亦錄此書，唯文字略有小異。如作「何足道哉」、「今皆不遂其初」、「聽者不必解笑也」。
235 參看筆者《一味禪與江湖詩》，頁615。

恭弓招。明揚雖曰由師錫，密啟端因侍燕朝。早識武侯比龍鳳，晚為公旦序鴟鴞。吾貧豈是無雞酒，恨不攜將柏下澆。」[236]（《後村先生大全集》卷四一）

按：《劉克莊年譜》將此哀詩五首依全集詩文編次繫於明年，疑當在此年。

◆ 日求法僧白雲惠曉入宋謁雪竇資聖禪寺住持希叟紹曇。

按：希叟紹曇於景定五年（1264）四月初八日入主雪竇。咸淳五年（1269），移慶元府瑞巖開善禪寺。惠曉入宋時，希叟正在雪竇。

咸淳三年丁卯（1267）

◆ 道璨五十五歲、大觀六十七歲、善珍七十四歲。

◆ 春，清明日，物初大觀為《重刻古尊宿語錄》作序，時為明州府阿育王山廣利禪寺住持沙門（《重刻古尊宿語錄》卷首）。

◆ 夏四月，道璨或作〈書薦福咸淳免經界碑陰〉，其文云：「新天子即位之三年，廷臣奏今郡縣不可為，實本於經界不正。履地而賦莫詳明於紹興板籍，自飛走出入之弊行，強民黠吏相與為市，異時詳且明者遂不可攷。欲令諸路守臣嚴行釐正，俾復其舊；制曰可。夏四月，鄱陽首奉詔，薦福田以畝計僅千七八百，無盈縮，無去來，紹興至今自若也。郡家書判甚白，而劉氏子乃多方沮格，反復至四五乃已。寺無以厭其欲，其沮格也宜，非位其上者有定見定力、不為其轉移也幾希。心可欺也，官不可罔也。天下之正理、定法不可磨滅也。劉氏子姦計既不能行於淳祐，又不能行於咸淳，自是而往，百劉氏子，夫何為哉？刻諸石，所以志其媿也。」（《無文印》卷一〇）

236　《劉克莊年譜》，頁383。

按：此文之「新天子」指度宗。文中所說的「經界」問題，是道璨在江西任住持期間，其寺地遭遇侵擾之例。他另有寺地被侵占之經歷，見於〈送西苑徑上人見深居馮常簿求寺記〉一詩，詩云：

> 西苑寶峰麓，占地寬一弓。梵放殷青冥，與峰相長雄。
> 鬼蜮何方來，包舉歸提封。樓鐘不敢鳴，僧趨鄰寺鐘。
> 徑也鐵石姿，直欲箋天公。天高不可叫，虎豹守九重。
> 六年長安道，往來如飛蓬。雲開杲日正，死草生華風。
> 青山復入手，盡掃狐兔蹤。魚鼓發新響，松桂還舊容。
> 掘地尋泉源，鋤荒理菊叢。桃李一家春，萬古無異宗。
> 玉色十丈碑，秀潤淨磨礱。大書付誰氏？千載深居翁。
> 他年來讀碑，病眼摩矇矓。為碑三昔留，臥聽寒巖松。
>
> （《無文印》卷一）

由於道璨曾主廬山開先寺約六、七年，以詩中「六年長安道」而終於雲開日見、寺地歸還的經歷看，此詩所指之「西苑寶峰麓」之地，疑為開先寺之地？

◆ 夏五月，大觀自為其《物初賸語》作序，序文云：「與世同波，於世無涉，泠然其間，亦聊以自適。萬象為賓，萬籟為鼓吹，斯亦足矣！簷隙彷徉，白間虛明，奧弗容過，竺冊魯典，遮眼為樂，或便謂予從事乎討論矣。職提倡外，酬應或需韻句，事功或需記錄；或求於予，性不喜拒，然法不孤起，理不他隔，言在此而意在彼，或便謂予長乎文言矣。纔一脫稿，掃不見蹤跡。如是者有年，吾徒嘿子潛，會粹成編，擎於予前，恍然永師後身見破甕中物，前身知藏僧。忽省：書未了經也。翻揭增報，自訟斐淺輕出，欲奪而秉畀之。嘿捍護堅甚，則訓之曰：『吾宗素不尚此，毋重吾過。』嘿曰：『目連之集異、鶖子之法蘊，洎夫華竺諸賢，率多論著雜華，取淵才雅思又如何？』予因自笑曰：『治亂不關、寵辱不聞，山林自砭，寂寞自業，予老之賸人也；謬當知宗，亦有本末，瑣瑣筆墨，疊疊酬應，又吾之賸事也；說而無說，文

而非文，又吾之賸語也。人賸、事賸、語賸，惡足識其中有無欠賸句，亦或有所取哉？』咸淳丁卯夏五，玉几山人物初大觀自序賸語。」[237]

◆ 秋，日求法僧南浦紹明（1235-1308）歸國，徑山智愚於不動軒書偈贈之，序曰：「明知客自發明後，欲告歸日本。尋照知客、通首座、源長老，聚頭說龍峯會裏家私，袖紙求法語。老僧今年八十三，無力思索。作一偈以贊（？）行色，萬里水程以道珍衛。」偈曰：「敲磕門庭細揣磨，路頭盡處再經過。明明說與盧堂叟，東海兒孫日轉多。」（《盧堂智愚禪師語錄》卷一〇）
按：照知客為無象靜照，於淳祐十二年（1252）來宋，已見上文。智愚說：「日本照禪者欲得數字，徑以〈述懷〉贈之」，詩云：「世路多巇嶮，無思不研窮。平生見諸老，今日自成翁。認字眼猶綻，過譚耳尚聾。任天行直道，休問馬牛風。」（《鄰交徵書》初篇卷二）

◆ 秋，葉夢鼎（1200-1279）以資政殿學士知慶元府，兼沿海制置使，除參知政事（《寶慶四明志》卷一），大觀於其拜參知政事後作〈壽西澗葉制相〉，詩中有「袞繡照臨登陸地，枌榆一目無等衰」，顯示大觀是以鄉里之舊的心情作此詩。「堂前簪履迭稱壽，天上昂宿秋騰輝」二句，顯示大觀參加其壽宴，見賀客盈門。「秋騰輝」一語，顯示其生日是在秋天（《物初賸語》卷三）。葉夢鼎於咸淳元年四月知慶元府，至是年正月除參知政事。大觀先前曾作〈壽西澗制使葉大資〉二首，詩中有「秋後台躔色倍輝，金騰瑞應半千期」之句，顯見大觀之詩於秋季葉夢鼎生日時，而（《物初賸語》卷五）。
按：葉夢鼎是寧波人，與大觀同鄉。西澗是其號。

---

237 按：「毋重吾過」，原文作「勿重吾適」，疑誤。「掃不見蹤跡」，原作「拂不見蹤跡」，據成簣堂「宋刊本」改。韓愈有〈雜詩〉四首，其一有句云「涼風九月到，掃不見蹤跡」。「寂寞自業」原作「寂寞目業」，亦誤，據成簣堂「宋刊本」改。「吾之賸事」，原作「吾之凌事」，亦誤。

◆ 秋八月,雪岑行海(1224-?)住嘉興先福寺,作〈丁卯秋八月住嘉興先福寺〉
(寬文五年藤田氏六兵衛刊本《雪岑和尚續集》卷上)。

◆ 善珍當於是年寫〈送福帥吳侍郎歸朝〉(《藏叟摘槀》卷下)。吳侍郎即吳
革,亦道璨之友。去年任福建路安撫使兼馬步軍都總管知福州,鎮福、建、
泉、南劍、汀、漳六州,兼邵武、興化二軍。是年四月由陳宜中瓜代,故知
其離福州歸朝在今年(《南宋制撫年表》卷下)。善珍詩云:「恕齋視民猶
視兒,先憂兩字寒與饑。三冬氣和春有腳,旱歲箋天天雨粟。愛杜呼母宗呼
爺,史書弄筆人傳誇。異類鳴冤古有麼?神明循吏只一箇。風伯叫閽稱急報,
政聲漲天怕天破。龍章夜下五雲間,玉宸喚歸碧落班。日邊駟騎催數數,截
鞚留公不停轂。安得雙輪生四角?」(《藏叟摘槀》卷上)

◆ 是年,道璨所修慈觀寺之法堂成。中為補陀岩石,肖觀音大士像,樗寮張公
書「清淨願海」揭諸楣間。
按:是年張即之已死,故道璨說:「欲再奉版輿以游不可得矣!」「清淨願
海」四字匾,當在法堂完成之前寫成。

◆ 道璨是年寫〈與卓山陳知府書〉,書中略云:「老母去春已見棄,泛焉不繫
之身,天地間遂無可繫念者。」(《無文印》卷一六)

咸淳四年戊辰(1268)

◆ 道璨五十六歲、大觀六十八歲、善珍七十五歲。

◆ 閏正月十五日,竹溪臞齋林希逸於作〈《介石智朋語錄》序〉云:「介石在
南山,余嘗一見之。道貌充然,出語警峭。為其鄉人也愛之,為其名輩也敬
之。寂久矣,侍者晨恢景徹,乃以此錄,遠求著語。余曰:『有句無句,如
藤倚樹。橫說豎說,如水漉月。師既如此供通,如此漏逗,我又如何分雪?』
雖然,師嘗七見浙翁,末後因黃龍三關公案,遂得浙翁一拳打失鼻孔。有許

憛忉，有許作略；生平受用不盡，又欲分付後人，究竟果為誰底介石耶？浙
翁耶？黃龍耶？古人有云：『一字三寫，焉烏成馬。』何況又有上碑石者，
又有下注腳者。莫將黑豆換卻眼睛，則木馬嘶風，泥牛入海去也。」（《介
石智朋禪師語錄》卷首）

按：《竹溪鬳齋十一藁續集》（卷一二）之〈介石語錄序〉不繫年月，文字
亦略有不同。譬如，「道貌充然，出語警峭」作「道貌粹然，出語有味」，
此為他形容傴溪廣聞之語。又如，「侍者晨恢景徹」作「侍者景恢」；「黃
龍三關公案」作「黃龍三關因緣」；「遂得浙翁一拳打失鼻孔」作「遂得關
南一拳打夫鼻孔」；「究竟果為誰底介石耶」作「究竟正為誰底介石耶」；
「昔人有云一字三寫，寫焉烏成馬」和「莫將黑豆自換眼睛」都與語錄略異。
又善珍與智朋為好友，有〈寄朋介石〉一詩云：「詩卷前年手自攜，秋風客
路易東西。遊淮戰士看飛錫，渡海神魚驚照犀。故國身歸疑化鶴，深山睡穩
厭聞雞。一生結交皆奇衲，難得如君無町畦。」（《藏叟摘稾》卷上）他還
為智朋作〈朋介石開語錄疏〉，但不知寫於何時，暫繫於是年。疏文云：「說
禪如古德，當有抄紙衣上流傳；賞音付後人，待到覆醬瓿時題品。千金易得，
一字難安。出自胸襟，有神龍虛空可質；是大家數，與雕蟲篆刻不同。眾所
樂聞，功宜協就。」（《藏叟摘稾》卷下）

◆ 六月十七日，大觀示寂，年六十八歲。書偈曰：「六十八年，不同不別，百
骸潰散，序品第一。」置筆笑曰：「吾臂能健，人信我死耶？」攝衣危坐，
良久，視之已寂。其徒清泰等遵遺命奉遺體葬育王寺西隅塔後，與佛照祖塔
上下相望（《阿育王山志》卷八，〈鄮峰西菴塔銘〉）。善珍當在此年入育
王繼大觀之後為育王住持（《阿育王續志》卷一六），時年七十三歲。[238]
按：物初弟子元熙作〈鄮峰西菴塔銘〉有云：「至北澗〔磵〕翁，內外兼濟
之才，脫卍菴之窠臼，凜積翠之風見。凡出於其門者，必才德雙美。應酬萬

---

238 《阿育王續志》將他列為第四十七代住持，此處不取，以育王住持之先後順序有問
題也。

變，綽有餘裕者，惟吾先師物初和尚也。」（《阿育王山志》卷八）又《雪峰志》說善珍於景定四年（1263）入雪峰，住山六載，正是此年。故其入育王當在是年。又大觀示寂前，曾作〈《無文印》序〉，唯作序時間不詳，但可證明《無文印》最晚成於是年六月前或更早。大觀序文云：「釋子工文為剩法，至緣飾宗乘，藩衛門；凡捨是，則何以前哲大宗匠，道德滿衍，亦兼工乎此？薩婆多師十二時中許以一時習外典；譚津公『尊僧』謂三藏十二部百家異道之書，他方殊俗之言，莫不備究。旨哉斯言乎！今夫沈沈其居，林林其徒，凡所以承上應下，表章斯道，交際紳綾，亦多事矣。使一凡陋者執筆，適足以致笑侮。士之得失，繫吾道重輕，詎不信然？前輩愈遠，人才愈不競。一攻於吟，束大為小，口吻聲鳴如候蟲。其辛苦而得之者，不離乎風雲月露。所謂春容大篇，寂寥短章，迨戞聞矣！方興秦無人之嘆，于斯時也，吾友粲無文崛起，以參為主，以學為張，振南浦西山之英氣，追寂音、浯溪之逸響。歷掌笑翁、無準、癡絕三老之記，三老咸敬愛之。健筆如建瓴，間以薰曰《無文印》為示。余得而備覽之，簡而足，繁而整；於理脫洒，於事調豈。蓋假文以明宗，非專文而背宗也。噫！僧史斷缺，英才不生，網羅遺逸，放失舊文，此吾黨之責也。余嘗以此責加諸無文，他日將取償焉！則今之述作，又未遽充余之饞腹也。無文性耿介，重然諾，秕糠乎聲利。於朋友交，和而不同；論士則先節槩後事業。蓋躬允蹈之，非自恕以責人，人亦敬服焉。余謂無文從事乎筆墨間，文采爛然〔矣〕；敢問無文印果安在哉？」[239]（《物初賸語》卷一三）

◆ 九月朔日，善珍作〈跋慶雲谷語錄〉（《藏叟摘稾》卷下）。

◆ 是年劉震孫卒，年七十二歲。劉克莊作〈挽禮待中舍朔齋劉公三首〉，時年八十二歲（《後村先生大全集》卷四四；《嘉泰吳興志》卷一四）。劉克莊

---

239 「戞聞」，原誤作「箋聞」。「戞」與「箋」同音不同義。又「建瓴」原作「建瓶」；「論士」原作「倫士」，皆誤。「文采爛然」後疑有「矣」字。

之〈鐵壁堂記〉說：「今余八十，公亦且七十矣。」可知此記作於咸淳二年
（1266）（《後村先生大全集》卷九三）。

◆ 善珍之友洪天錫（1202-1267）於去年知福州，是年改福建安撫使。善珍之〈賀
洪陽巖帥閩〉當作於此年入育王之前，詩云：「萬馬羣中一馬驦，擊姦白簡
尚生風。衣冠南紀瞻鳴鳳，雲雨東山起臥龍。臺閣難招真鐵壁，林泉未隱且
金狨。擁旄前有莆陽蔡，相繼名齊石鼓峯。」（《藏叟摘稾》卷上）

◆ 善珍或於是年或明年在育王時作〈祭大覺塔〉、〈祭大慧塔〉及〈祭佛照塔〉，
蓋大覺懷璉、大慧宗杲及佛照德光之塔都在育王。〈祭大覺塔〉云：「師皇
祐間，被昭陵眷遇，為方外臣。逮元祐間，從蘇文忠公遊，為方外交。一聖
一賢，皆中原太平極盛時也。某與師俱生南州，而後師一百八十餘年。念中
原隔絕，盛時難再遇。思古人而不可見，得摩挲苔石，瞻禮窣堵，亦足以慰
平生矣。辦香薦誠，感慨流涕。〈祭大慧塔〉云：「師紹興間，語觸秦檜。
置之嶺海瘴鄉，如居兜率院內。宗社有靈，權姦自斃。羣龍擁金錫之來歸，
六丁倒天河而解祟。四碧眼胡，勤演端會，神而明之，千古無對。機辨挾雷
霆駿奔，聲名與泰華俱弊。議之，蚍蜉撼山；贊之，太虛生翳。一香拳拳，
自訟自愧。」〈祭佛照塔〉云：「師在乾淳，名塞穹壤。據妙喜室，鞭捶龍
象。諸子迭出，如鳳如麟。如雷破蟄，何草不春？余不肖孫，亦忝備位。蕪
辭匪瀆，惟以識愧。」（《藏叟摘稾》卷下）

◆ 是年，道璨作〈與樓秋房侍郎書〉，書中云：「斗大一刹，固不足以辱二、
三君子品題，第某受先師忍死之託已二十年，不可無以慰九原之思。故忘其
僭，塵瀆至此。冒犯尊嚴，無任悚仄。」（《無文印》卷一五）觀此書，知
道璨似因其師笑翁妙堪之授意，向樓治求字，以鐫其重建之慈觀寺額。

咸淳五年己巳（1269）

◆ 道璨五十七歲、善珍七十六歲。

◆ 正月二十九日，劉克莊卒於里第，年八十三歲。十一月，林希逸作行狀，并
〈挽後村五首〉，時年七十七歲（《竹溪鬳齋續集》卷一九；《後村先生大
全集》卷一九四）。湯漢為撰〈神道碑〉，洪天錫撰〈墓誌銘〉，徐明叔撰
〈墓表〉。

◆ 三月初三日，希叟紹曇禪師入住慶元府瑞巖山開善禪寺（《希叟紹曇禪師語
錄》；《希叟紹曇禪師廣錄》卷三）。退耕德寧遺書至，希叟上堂云：「鳳
宿龍巢，宸車苔輾。荂不攜村，後不迗店。疑殺天下人，自疑猶未免。瞥轉
一機，星馳電捲。飛來峰刮地風寒，冷泉水滔天浪衮。死句飜成活句傳，大
冶精金經百鍊。（良久云）啞！退畊師兄，能事云周，一死何憾！」（《希
叟紹曇禪師廣錄》卷三）[240]
按：退耕德寧於咸淳二年示寂，至是年，已有三年。

◆ 三月二十一日，環溪惟一禪師入住福州雪峰崇聖禪寺，善珍所寫〈雪峰請環
溪山門疏及諸山疏〉即是為此。其〈山門疏〉云：「山頭千五百眾布衲，歷
世如生；項上百二十斤鐵枷，累人無數。若更傳舍，又到環溪。某人和密菴
脫空歌，成一家鼓吹；具衲僧透關眼，驗四海龍蛇。盍奉勑坐大床？乃振衣
來遠嶠。陽春懷袖裏，放東風桃李爛斑；滄溟拄丈頭，看南國鯤鵬變化。」
其〈諸山疏〉云：「鷲山閣夜值雪寒，曾郎萬福；象骨峰松和月冷，真歇再
來。要跨古人，莫論近代。某人真川蓲苴，擅勤巴先破聲名；住楚招提，起
寂子南公門戶。一句勝他人演千萬句；多生為知識非獨三生。某等皆培塿小
山，君如湖江大國。新煮葵、白灼稻，聊爾交歡；我戴笠、汝乘車，相逢下
揖。」（《藏叟摘稾》卷下）

◆ 八月初一（上日），四明福泉沙門志磐寓東湖月波山作〈《佛祖統紀》序〉

240　按：「荂」古同「前」。希叟紹曇於咸淳五年三月初三日入慶元府瑞巖山開善崇慶
　　　禪寺，故其接遺書及上堂語應在咸淳五年三月之後。

（《佛祖統紀》卷首）。

◆ 十月七日，虛堂智愚端坐而逝，年八十五歲。門人奉全身，瘞于塔焉（《虛堂智愚禪師語錄》卷一〇，〈行狀〉）。遺書至杭州靈隱，住持虛舟普度上堂云：「拔地凌霄峰，崑崍倚寥泬。一夜天風忽吹折，木馬悲嘶，石人哽咽。曉來雲散谷風清，千古虛堂照明月。」（《虛舟普度禪師語錄》）

按：《徑山志》（卷二）謂咸淳十年詔虛堂智愚住徑山寺，實誤。虛堂入駐徑山在元肇於咸淳元年六月十日示寂之後，亦即咸淳元年八月二十五日。法雲之〈行狀〉撰於咸淳十年十月十一日。

◆ 道璨或於是年寫〈恕齋吳制置〉（《無文印》卷一八），因文中有「比者恭承開大幕府建小朝廷，平分天子半面旌旗…」之語，又有「鄱去金陵千餘里…」之語，而恕齋吳革於是年宣撫江東兼知建康府。又寫〈與中峰郭知府書〉謝其舉入雲居，以書中有「雲居名剎，不以某愚不肖，特頒台翰，申之公檄，舉而與之。」又說「某行年五十有七，四肢百骸，節節皆受病之地。」（《無文印》卷一七）

咸淳六年庚午（1270）

◆ 道璨五十八歲、善珍七十七歲。

◆ 春，雪岑行海作〈庚午春作〉（《雪岑和尚續集》卷上）。

◆ 八月中，雪岑行海自作〈雪岑詩序〉云：「余林下人，詩非所務。雖已休心於光景，而或技癢未忘，故於山巔水涯、風前月下，感情觸典〔興？〕，形於永歌，亦一時蚓竅鳴耳。若曰大篇短章之節，古近正變之體，每一首中自有句法，每一句中各有字面；氣不膩於蔬筍，味不同於嚼蠟。其寫景也真，不事粧點；其述情也實，不尚虛浮。其勢若水流雲行，無一點凝滯。讀之使人意消，要皆合於六義，而又歸之於思無邪，固非予所及也。以故，不敢輕求

大雅君子為之序引。雖知借重之為美，亦愧虛獎之無益。然千金弊箒，又豈
敢望歐陽公之采擷焉？余詩自淳祐甲辰到今咸淳庚午，凡若干首。三四五六
七言歌行、謠操、吟引、詞賦，累體粗備，旋已刪去太平〔半？〕，以所存
者類而成集，以遺林下好事君子，用旌余於無為淡泊中猶有此技癢之一累也。
白露前一日，剡溪釋行海敘於白雲峰。」（《雪岑和尚續集》卷首）林希逸
亦為其詩集作序，唯序文不繫年月，暫繫於是年。其序曰：「雪岑詩集本有
十二巨編，凡三千餘首。余在閩山時，大兒泳改官後，自京師攜其一小集歸，
閱數過，起余者多。及召歸冊府，仙麓王師參過，余亦盛稱其能詩，不在慧
休、靈徹下。因仙麓得借其全編，常置於几案間，有暇必詳味之。又隨余所
喜選摘，摘未及盡卷，適拜起居舍人之命。尋又斥去，故此選才得二百餘首。
平淡處而涵理致，激切處而存忠孝。富贍而不窒，委曲而不涉滯，溫潤而醖
藉，純正而高遠；新律古體各有法度。其自序中謂非所及者，皆其詩中所有
也。林下人豈易得哉？當是逃儒於釋者歟？況以此吟咏情性，不以此為所挾，
尤為可貴，仙麓之言矣。歐陽公為國朝九僧選詩，拔犀之角，擢象之牙，故
皆珍妙。今於雪岑之選，亦猶是！夫予既歸闕，恐其无編失落，併以此選復
歸仙麓。異日復當盡其餘卷，續選而終予所言也。雪岑雖不欲求人知，人自
知之，蓋喜余兒能擇交方外云耳。竹溪林希逸序。」（《雪岑和尚續集》卷
首）

按：林希逸此序不見於《竹溪鬳齋十一藁續集》。序中之「仙麓」為閩人王
洧（生卒年不詳），號仙麓，曾為浙帥參，以〈詠西湖十景詩〉著名（《宋
詩紀事》卷六七；《西湖遊覽志》卷一〇）。

◆ 重九日，林希逸撰〈《劍關子益禪師語錄》序〉，序中云：「乙丑，劍關入
閩來玉融，相求於溪上。余方外友雖多，而識蜀人，則昉乎此。挹其容裁裁
然。聽其言洒洒然，了暢而通明，則南宗之學也；豪特而亢爽，則西州之氣
也。來往語移時，若有意於余者，心甚奇之。每惜其匆匆而去。」文末結銜
為「中大夫新除祕閣修撰、提舉建寧府武夷山冲佑觀林希逸」（《劍關子益
禪師語錄》卷首）。

按：此序不見於《竹溪鬳齋十一藁續集》中。

◆ 同日，印應雷為元肇之《淮海外集》作跋文。其跋語云：「前輩謂晉無文章，惟歸去來一辭。唐無文章，惟〈盤谷〉一序。甚矣，文之名世，不以多為貴也。《淮海外集》二卷，余軍書膠葛中，不暇盡讀。觸手而觀，得〈來月軒記〉，為之擊節。蓋其命意遠，狀搆工，嘗鼎一臠，已知師之所以為文者矣。若交末後轉語，迺師法門機關，活潑潑地，未必為蜜說甜。咸淳庚午重陽日，應雷跋。」（《淮海外集》卷下）

咸淳七年辛未（1271）

◆ 道璨五十九歲、善珍七十八歲。

◆ 端午日，沙門志磐作〈《佛祖統紀》刊板後記〉（《佛祖統紀》卷末）。

◆ 是年，道璨示寂，年五十九歲（《無文印》卷首李之極序）。訃音至慶元府瑞巖山開善崇慶禪寺，住持希叟紹曇上堂云：「雷轟薦福碑，天秘無文印。字義既難明，心傳誰得正？東湖瀉恨浪滔天，驚惶瑞巖殘夢醒。」又拍禪床云：「猛拍闌干，叫天不應。哭不成兮笑不成，野花泪泪濕千峰影。」（《希叟紹曇禪師廣錄》卷三）

咸淳八年壬申（1272）

◆ 善珍七十九歲。

◆ 仲春，北山紹隆序《枯崖漫錄》于鼓山老禪庵（《枯崖漫錄》卷首）。

◆ 夏，清漳信庵陳叔震作〈《枯崖和尚漫錄》序〉，序中有云：「昔偃溪佛智禪師住靈隱，予客臨安，相與往來，神交道契非一日，知枯崖之名久矣，未曾眉毛廝結。偶寓于泉，因過興福寺，一見，元是屋裏人。恬淡寡言，真脫

偃溪印子來。頃聞枯崖癸亥歲歸徑山蒙堂，裒集平昔所聞見宗宿入道機緣、示眾法語，及殘編短碣，名字未上于燈者，隨所筆，名曰《漫錄》。其志有在，呈似偃溪。被叱擎下無事閣裏。」（《枯崖和尚漫錄》卷首）

◆ 絕岸可湘主福州雪峰，凡十年，謝院事，退居杭州寶壽寺（《繼燈錄》卷三）。[241]

咸淳九年癸酉（1273）

◆ 善珍八十歲。

◆ 三月十一日，環溪惟一禪師繼石帆惟衍後入住天童景德寺。其入天童，是太傅平章魏國公賈似道入臨安演福飯僧，「集諸山公選，江湖禪衲，咸屬意於師，及闍拈中」而出任（《環溪惟一禪師語錄》卷下）。[242]環溪在天童時間甚長，他在祥興二年己卯（1279）退居東堂，而於至元十八年辛巳（1281）九月初示寂，前後住天童約九年。其間，希叟紹曇訃音至，環溪上堂召大眾云：「去秋双戩摧，今夏芝巖墜。松江松慘然，花嶼花流涕。惟有長空孤月圓，東西分照兩無偏。」（《環溪惟一禪師語錄》卷上）未幾，東叟仲穎遺書至，環溪上堂云：「拈辭世頌，南山末後句，未舉先分付。生也何曾生，死也何曾死。生本不有，死亦無空。湖光晴激灩，山色雨濛瀧。」（《環溪惟一禪師語錄》卷上）

按：石帆惟衍生平事跡不詳，只知他是運菴普巖法嗣，松源崇岳法孫，與虛堂智愚為同門昆季（《禪燈世譜》卷六）。曾住淨慈與天童。善珍曾寫〈天童請石帆諸山疏〉，當在是年之前。疏中首句「岳聲為祖，更巘欻為父」之「岳聲」與「巘欻」分別指其師祖松源崇岳及師父運菴普巖。疏中次句「南屏住湖，來太白住山」，也顯示他先住淨慈，再入天童。《枯崖漫錄》（卷

---

241 按：《宋僧錄》頁130誤作「杭州雪寶寺」。雪寶寺不在杭州而在明州。
242 按：原文說「焦諸山公選」，筆者以為「焦」為「集」之誤刻。

三）曾述及平江府萬壽訥堂辯禪師為「巖獸之子，岳聲之孫」，可見當時叢林以「岳聲」與「巖獸」暱稱松源及運菴。

◆ 八月十五日，佛光晦岩法照示寂，享年八十九（《續佛祖統紀》卷一）。

◆ 秋，東叟仲穎跋《無文道璨禪師語錄》，其文云：「無文南游入浙，余初納交於中川。暨登諸老門，電激雷屬，眼中無佛祖矣。別二十年，先余而逝。閱三會語，廬山之雲飛揚，東湖之水漫汗，無文之舌猶在。就中有不在舌頭上一句子，請於是錄著一隻眼。」（《無文道璨禪師語錄》卷首）

◆ 冬，靈隱虛舟普度亦跋《無文道璨禪師語錄》云：「道本無言，因言顯道。無文和尚不啟口、不動舌，三轉法輪，言滿天下。其嗣康上人不為父隱，而訐露之。此話既行，俾予著語。予曰：『若謂無文有語是謗無文，若謂無文無語口業見在。閱者於斯著眼，則此錄皆為剩語矣。』」（《無文道璨禪師語錄》卷首）。
按：道璨之語錄及其文集《無文印》皆由其弟子惟康編成。東叟及虛舟之跋雖作於是年，但兩書應早於是年。大觀生前曾作《無文印》序，其示寂時間在咸淳四年（1268）六月，則《無文印》成書時間應在咸淳四年初或其前。

咸淳十年甲戌（1274）

◆ 善珍八十一歲。

◆ 是年，善珍之友尤焴卒，年八十三歲。善珍作〈祭端明尤木石〉云：

> 昔大慧師，道鳴東南。率先伏膺，橫浦紫岩。
> 繇是徧交，渡江諸老。鉤黨牽連，優遊嶺島。
> 至今微言，皎若日星。公忽開卷，如暗得燈。
> 遂登蓬山，乃掌太史。金鑾應制，倚馬萬字。

　　平生補袞，用功最深。羣媚眾嫉，獨天賞音。

　　寶祐一疏，據經引義。申救大臣，惟有去耳。

　　疑公前身，即二張公。與大慧師，所立一同。

　　末劫浮榮，磨滅誰紀？晚節芬芳，公真不死。

　　公於大慧，世異心通。儒喜詆佛，公愈推宗。

　　紫岩之銘，過者必式。酷哉秦火，毀珠隕璧。

　　公重感慨，伐石再鐫。著語未了，騎鯨翩然。

　　某□疇昔，親奉麈尾，霏屑冰座，墨妙堆几。

　　俛仰之間，事往迹陳。更幾百年，復生斯人？（《藏叟摘稾》卷下）

兀庵普寧亦為上香弔祭，作〈尤木石相公薦背上香〉云：「此一炷香，根蒂穩實，枝葉繁榮。透骨馨香，遠天價重。爇向寶爐，以伸供養。共惟，宋故侍讀提史端明相公，清白傳家，儒釋通貫。詞源浩汗而涌三峽水；講讀琤琤而對九重天。修史決古今是非，操麻定人我邪正。為紀為綱兮，霜風凜凜；利人利物兮，春日融融。因觀妙喜語句，脫然契證如如。披閱內典真乘，驀忽點頭唯唯。總道坡仙之再世，宛然普覺之後身。來兮似月行空，去兮如雲散壑。南禪每叨藥餌，懷抱奚忘？荐伸奠禮之芹，領徒熏誦。神靈歆格，不昧本來。（插香云）願此香雲遍剎塵，饒益一切成正覺。」（《兀庵普寧禪師語錄》卷三）

按：〈祭端明尤木石〉末之原文「某疇昔」疑有缺文，以□代之。

◆ 住持慶元府清涼禪寺法雲禪師作〈虛堂智愚和尚行狀〉。中云：「時笑翁和尚住靈隱，以虎丘舊職，命師再尸藏事，舉住杭之廣覺，力辭。忠獻史衛王秉鈞軸，嘉禾天寧別浦以師名聞之，出世興聖。實紹定二年也。復遷報恩，開府存畊趙公以明之顯孝力請開山。」又云：「寶祐戊午，育王虛席，禪衲毅然陳乞有司。節齋尚書陳公嘉其公議，特與敷奏，是年四月領寺事。三年，吳制相信讒懷隙，辱師，欲損其德。師怡然自若，始終拒抗，略無變色。聖旨宣諭釋放。作偈奉謝云：「去時曉露消袢暑，歸日秋聲滿夕陽。恩渥重重

何以報？望無雲處祝天長。」（《虛堂禪師語錄》卷末）

按：〈行狀〉中之忠獻史衛王是史彌遠。天寧別浦可能是別浦法舟。節齋尚書陳公是陳昉。吳制相是吳潛。以陳昉寶祐三年（1256）四月十九奉旨知慶元府兼沿海制置使，七月二十八日到任。吳潛於寶祐四年（1257）年四月二十三日奉旨接任，慶元元年（1259）離任。[243]「吳制相信讒懷隙辱師」一事，依《補續高僧傳》（卷一二）〈妙源傳〉：「其師虛堂愚公，不肯下宰相吳潛。潛怒，繫之獄辱之。師奉之惟謹，有疑而問，隨問而解，久之廓然。」

德祐元年乙亥（1275）

◆ 善珍八十二歲。

◆ 二月十六日，慶元府瑞巖山開善崇慶禪寺住持希叟紹曇退院，上堂云：「六年償債芝峰寺，費盡衣盂用盡心。今日杖藜行活路，笑看花木媚清陰。」（《希叟紹曇禪師廣錄》卷三）

◆ 江萬里死，年七十八。

景炎元年丙子（1276）

◆ 善珍八十三歲。宋亡。

◆ 兀庵普寧卒，年八十歲。

按：兀庵普寧之生卒年迄無定說。《宋僧錄》說是 1199-1276，其所根據之三種資料並無此說：《兀庵普寧禪師語錄》未載生卒年；而《巴蜀禪燈錄》則說 1198-1276，又說世壽七十八歲；[244]《全宋詩》未錄其生年，亦未說歲數；而卒年則根據《佛學人名辭典》。日本文獻皆作 1197-1276，但生年所根據之

243　李之亮，《宋兩浙郡守年表》，頁 292。

244　馮學成等，《巴蜀禪燈錄》（成都：成都出版社，1992），頁 295-298。

資料不詳。至於卒年，大概都得自虎関師鍊之《元亨釋書》卷六〈兀庵普寧傳〉。其傳文說兀庵卒於「至元十三年一月二十四日」於龍翔寺。「至元十三年」即是此年。龍翔寺在溫州江心。清・釋元奇所編的《江心志》（卷一〇）〈兀庵普寧傳〉說：「生源章次未考」。[245]此處暫依《元亨釋書》所記。

◆ 無學祖元五十一歲，作〈臨劍頌〉（《佛光圓滿常照國師年表》）。

景炎二年丁丑（1277）

◆ 善珍歿於徑山，壽八十四歲。在徑山約有八、九年，虛舟普度入繼之（《虛舟普度語錄》，〈行狀〉。

按：善珍之生平事跡及生卒年，宋元禪籍多無記載。明代之燈史雖有記載，皆將其生卒年誤作「生於紹興甲寅十月十二日，示寂於丁丑五月二十一日，壽八十三。」（《續傳燈錄》卷三五；《補續高僧傳》卷一一；《增集續傳燈錄》卷二；《佛祖綱目》卷三九）。唯獨《續燈正統》（卷一三）說他「生宋光宗紹熙甲寅（1194）十月十二日，示寂於景炎丁丑（1277）五月二十一，壽八十三。」嚴格說應是八十四歲。《雪峰志》（卷五）說：「景定四年當山，凡六載後奉旨住徑山。示寂，壽八十五歲。」亦誤。因為他入徑山之前曾於咸淳四年住育王。《徑山志》（卷三）說：「師生于宋紹興甲寅十月十二日，示寂于嘉定丁丑五月二十一日。世壽八十三。」也是襲明燈史及僧傳之誤說。《明州阿育王山續志》（卷一六）只說「五月二十一日忌」，但未說何年。又行端所撰行狀說虛舟於「至元丁丑，被命徑山」，正是此年。

◆ 無學祖元五十二歲，還天童依環溪惟一，居第一座，掛牌演法。兩年後，日本幕府將軍平時宗貽書遠請主鎌倉建長席，時年五十四歲（《佛光圓滿常照國師年表》）。

按：《佛光圓滿常照國師年表》誤平時宗為平時賴。平時賴即北條時賴

245　清・釋元奇，《江心志》（揚州：廣陵書社，2006）卷10，頁547。

（1227-1263），已見上文，此時已死多年。北條時宗又稱「相模太郎時宗」。石溪心月在徑山時，曾有〈寄日本國相模平將軍〉云：「徑山收得江西信，藏在山中五百年。轉送相模賢太守，不煩點破任天然。」此平將軍即北條時宗（《石溪心月禪師語錄》卷三；《鄰交徵書》初篇卷二引《貞和集》）北條時宗於至元十九年（1282）至鎌倉圓覺寺落髮，請祖元於其寺開山。希叟紹曇當在此之前作〈示日本平將軍法語〉致送，其語云：「士大夫處身富貴，不被富貴所籠罩，又能擘破娘生銕面皮，銘心此道，非夙具般若種智，何以臻此？所患不能拚死做真實工夫。多見思量計較，將心待悟，擬心休歇；喜人密證，欲人稱贊。才起此念，便是生死根本。況此事，一超直入如來地，不歷地位堦差，豈以輕心慢心，螢火之見，可擬議哉？須是撞个無面目漢，痛與打，併使胸次無元字腳；道佛一字，嗽口三年，方有少分相應。若打祖師門下過，喫痛棒有分。豈不見，李都尉參石門得道，乃云：『參禪須是銕漢，著手心頭便判。直趣無上菩提，一切是非莫管。』此是士大夫參禪樣子。往往以思量計較為窟宅，聞恁麼說話，便道莫落空否。譬如過海，波濤怒作，舟未翻先自驚懼，忙跳下水去；此深可怜愍。閣下灼然欲究明此段大事，直須將從前思量計較、求證悟、待休歇底心，盡情颺下；百不知百不會，致君澤民，游刃兒戲，驀地喚醒，如睡夢覺，如蓮花開，掀髯一咲，豈不快哉！然後以斯道覺斯民，引大地人，下成佛種，庶不負靈山付囑，亦不枉東南閻浮提打一遭。佛法東流入海，因承大願力，隱菩薩相，示宰官身，為內外護，至祝至祝。山野生于西蜀，失腳南方。五十餘載，參見四十餘員具大眼目、真實履踐大名宗匠，恨未能究徹向上巴鼻，以此疾心。久聞鈞譽，穹護法城，時為舞蹈。遠隔滄溟，無由瞻見，惟切斗山之仰。昨承建長鄉老禪師賜書，為閣下需語。三思前輩大老，與士大夫交游未深，不知造蘊，不敢輕易通信，恐悞於人，況小僧耶？溫、英二兄，裝軸懇言甚切，不獲已，老草奉呈，萬丐目至。」[246]（《希叟紹曇禪師語錄》卷四；《鄰交徵書》二篇卷一）

---

246 按：《鄰交徵書》作〈示日本平將軍書〉，見《鄰交徵書》二篇卷一，頁199。「窟宅」原作「窟它」，茲依《鄰交徵書》之文改。

又按：「李都尉」指李遵勗，其悟臨濟宗旨偈，諸書或作「學道須是鐵漢，
著手心頭便判。直取無上菩提，一切是非莫管。」（《圓悟佛果禪師語錄》
卷一三、《大慧普覺禪師語錄》卷一九、《古尊宿語錄》卷四八、《五燈會
元》卷一二）或作「學道須是鐵漢，斫手心頭便判，直趣無上菩提，得失是
非莫管。」（《密庵禪師語錄》）

參考文獻

一、六僧詩文集（依作者時間順序）

宋・釋寶曇，《橘洲文集》（上海：古籍出版社，《續修四庫全書》影印日本元祿十一年刊十卷本，1968）

宋・釋寶曇，《橘洲文集》（臺北：漢聲出版社，《禪門逸書初編》第五冊，1981）

宋・釋居簡，《北磵詩集》（北京：線裝書局，《宋集珍本叢刊》本，2004）

宋・釋居簡，《北磵詩集》（東京：公文書館「內閣文庫」藏，應安七年據宋刊本覆刻之五山本，1374）

宋・釋居簡，《北磵文集》（北京：線裝書局，《宋集珍本叢刊》本，2004）

宋・釋居簡，《北磵集》（臺北：臺灣商務印書館，影印文淵閣《四庫全書》本，1983-1986）

宋・釋居簡，《北磵詩文集》（東京：國會圖書館藏，應安七年五山本，1374）

宋・釋居簡，《北磵詩集》（北京：線裝書局，《宋集珍本叢刊》本，2004）

宋・釋居簡，《北磵外集》（東京：宮內廳書陵部藏，影印應安三年五山本，1370）

宋・釋元肇，《淮海外集》（臺北：漢聲出版社，《禪門逸書續編》第一冊，影印元祿抄本，1695）

宋・釋元肇，《淮海外集》（東京：國會圖書館及東洋文庫藏，寶永七年活字本，1710）

宋・釋元肇，《淮海挐音》（東京：神京書林，藏京都東洋文庫東洋文庫藏，元祿乙亥〔1695〕仿宋刊本）

宋・釋善珍，《藏叟摘藁》（東京：國會圖書館藏，寬文十二年，藤田六兵衛刊，1672）

宋・釋善珍，《藏叟摘藁》（東京：國會圖書館藏，元應朝寫本，1319-1321）

宋・釋大觀，《物初賸語》（東京：國立公文書館，「內閣文庫」藏本，1708）

宋・釋大觀，《物初賸語》（東京：國會圖書館藏，寶永五年刊本，1708）

宋·釋大觀，《物初賸語》（東京：駒澤大學藏5冊，寶永五年活字本，1708）

宋·釋大觀，《物初賸語》（東京：成簣堂「宋刊本」，1276）

宋·釋道璨，《無文印》（北京：線裝書局，《宋集珍本叢刊》影印遼寧圖書館本，2004）

宋·釋道璨，《無文印》（東京：國會圖書館藏，貞享二年刻本，1685）

宋·釋道璨，《無文印》（東京：內閣文庫藏四冊寫本之照相本，室町時期）

宋·釋道璨，《柳塘外集》（臺北：臺灣商務印書館，影印文淵閣《四庫全書》本，1983-1986）

二、其他佛教典籍：僧傳、燈史、語錄、禪僧文集等（依作者名字筆畫順序）

南朝·傅翕，《善慧大士語錄》（臺北：新文豐出版公司，《卍續藏經》第120冊，1975）

宋·王日休，《龍舒淨土文》（臺北：新文豐出版公司，《大正藏》第47冊，1983）

宋·張商英，《護法論》（臺北：新文豐出版公司，《大正藏》第52冊，1983）

宋·釋了南等，《無準和尚奏對錄》（臺北：新文豐出版公司，《卍續藏經》第121冊，1975）

宋·釋了覺等，《石田法薰禪師語錄》（臺北：新文豐出版公司，《卍續藏經》第122冊，1975）

宋·釋了舜等，《希叟紹曇禪師廣錄》（臺北：新文豐出版公司，《卍續藏經》第122冊，1975）

宋·釋大觀，《北磵居簡禪師語錄》（臺北：新文豐出版公司，《卍續藏經》第121冊，1975）

宋·釋文素，《如淨禪師語錄》（臺北：新文豐出版公司，《卍續藏經》第124冊，1975）

宋·釋文寶，《斷橋妙倫禪師語錄》（臺北：新文豐出版公司，《卍續藏經》第122冊，1975）

宋·釋士衡，《天台九祖傳》（臺北：新文豐出版公司，《卍續藏經》第134冊，1975）

宋·釋元敬、元復，《武林西湖高僧事略》（臺北：新文豐出版公司，《卍續藏經》第134冊，1975）

宋·釋元清等，《偃溪廣聞禪師語錄》（臺北：新文豐出版公司，《卍續藏經》第121冊，1975）

宋·釋元靖，《運菴普巖禪師語錄》（臺北：新文豐出版公司，《卍續藏經》第121冊，1975）

宋·釋元愷編，《大川普濟禪師語錄》（臺北：新文豐出版公司，《卍續藏經》第121冊，1975）

宋·釋正受，《嘉泰普燈錄》（臺北：新文豐出版公司，《卍續藏經》第137冊，1975）

宋·釋正受，《楞伽經集註》（臺北：新文豐出版公司，《卍續藏經》第25冊，1975）

宋·釋正受，《大佛頂首楞嚴經合論》（臺北：新文豐出版公司，《卍續藏經》第18冊，1975）

宋·釋正賢等，《介石智朋禪師語錄》（臺北：新文豐出版公司，《卍續藏經》第121冊，1975）

宋·釋永頤，《雲泉詩集》（臺北：漢聲書局，《禪門逸書續編》本，1987）

宋·釋自悟等，《希叟紹曇禪師語錄》（臺北：新文豐出版公司，《卍續藏經》第122冊，1975）

宋·釋行海,《雪岑和尚續集》（臺北：臺大圖書館藏,日本藤田六兵衛刻本,寬文五年,1665）

宋·釋行霆,《重編諸天傳》（臺北：新文豐出版公司,《卍續藏經》第 150 冊,1975）

宋·釋守遂,《溈山警策註》（臺北：新文豐出版公司,《卍續藏經》第 111 冊,1975）

宋·釋守詮等,《應庵曇華禪師語錄》（臺北：新文豐出版公司,《卍續藏經》第 120 冊,1975）

宋·釋如璧,《倚松詩集》（臺北：臺灣商務印書館,影印文淵閣《四庫全書》本,1983-1986）

宋·釋住顯等,《石溪心月禪師語錄》》（臺北：新文豐出版公司,《卍續藏經》第 123 冊,1975）

宋·釋妙恩等,《絕岸可湘禪師語錄》（臺北：新文豐出版公司,《卍續藏經》第 121 冊,1975）

宋·釋妙源,《虛堂智愚禪師語錄》（臺北：新文豐出版公司,《卍續藏經》第 121 冊,1975）

宋·釋沈瀛,《集註楞伽阿跋多羅寶經》（按：即正受之《楞伽經集註》）（臺北：新文豐出版公司,《卍續藏經》第 25 冊,1975）

宋·釋戒度,《觀無量壽經扶新論》（臺北：新文豐出版公司,《卍續藏經》第 33 冊,1975）

宋·釋戒度,《觀無量壽經義疏正觀記》（臺北：新文豐出版公司,《卍續藏經》第 33 冊,1975）

宋·釋志磐,《佛祖統紀》（臺北：新文豐出版公司,《大正藏》第 49 冊,1983）

宋·釋宗永集、元·清茂編,《宗門統要續集》（臺北：新文豐出版公司,《嘉興藏》本,1988）

宋·釋宗法等,《宏智禪師廣錄》（臺北：新文豐出版公司,《大正藏》第 48 冊,1983）

宋·釋宗鑒,《釋門正統》（臺北：新文豐出版公司,《卍續藏經》第 150 冊,1975）

宋·釋宗曉,《樂邦文類》（臺北：新文豐出版公司,《大正藏》第 47 冊,1983）

宋·釋宗曉,《法華經顯應錄》（臺北：新文豐出版公司,《卍續藏經》第 134 冊,1975）

宋·釋宗曉,《四明尊者教行錄》（臺北：新文豐出版公司,《卍續藏經》第 100 冊,1975）

宋·釋宗曉,《寶雲振祖集》（臺北：新文豐出版公司,《卍續藏經》第 100 冊,1975）

宋·釋宗會等,《無準師範禪師語錄》（臺北：新文豐出版公司,《卍續藏經》第 121 冊,1975）

宋·釋知訥,《證道歌註》（臺北：新文豐出版公司,《卍續藏經》第 114 冊,1975）

宋·釋法宏等,《普覺宗杲禪師語錄》（臺北：新文豐出版公司,《卍續藏經》第 121 冊,1975）

宋·釋法寶等,《月林師觀禪師語錄》（臺北：新文豐出版公司,《卍續藏經》第 120 冊,1975）

宋·釋法應,《禪宗頌古聯珠通集》（臺北：新文豐出版公司,《卍續藏經》第 115 冊,1975）

宋·釋明聰,《淨慈慧暉禪師語錄》（臺北：新文豐出版公司,《卍續藏經》第 124 冊,1975）

宋·釋悟明,《聯燈會要》（臺北：新文豐出版公司,《卍續藏經》第 136 冊,1975）

宋·釋昭如等,《雪巖祖欽禪師語錄》（臺北：新文豐出版公司,《卍續藏經》第 122 冊,1975）

宋・釋契嵩，《傳法正宗論》（臺北：新文豐出版公司，《大正藏》第 51 冊，1983）

宋・釋修義等，《西巖了慧語錄》（臺北：新文豐出版公司，《卍續藏經》第 122 冊，1975）

宋・釋崇岳等，《密菴禪師語錄》（臺北：新文豐出版公司，《大正藏》第 47 冊，1983）

宋・釋淨伏等，《虛舟普度禪師語錄》（臺北：新文豐出版公司，《卍續藏經》第 122 冊，1975）

宋・釋集成等，《宏智禪師廣錄》（臺北：新文豐出版公司，《大正藏》第 48 冊，1983）

宋・釋善卿，《祖庭事苑》（臺北：新文豐出版公司，《卍續藏經》第 113 冊，1975）

宋・釋善開等，《松源崇岳禪師語錄》，（臺北：新文豐出版公司，《卍續藏經》第 121 冊，1975）

宋・釋善月，《楞伽經通義》（臺北：新文豐出版公司，《卍續藏經》第 25 冊，1975）

宋・釋善月，《金剛經會解》（臺北：新文豐出版公司，《卍續藏經》第 38 冊，1975）

宋・釋善珙，《劍關子益禪師語錄》（臺北：新文豐出版公司，《卍續藏經》第 122 冊，1975）

宋・釋善清等，《慈受懷深禪師廣錄》（臺北：新文豐出版公司，《卍續藏經》第 126 冊，1975）

宋・釋惠洪，《智證傳》（臺北：新文豐出版公司，《卍續藏經》第 111 冊，1975）

宋・釋祖琇，《僧寶正續傳》（臺北：新文豐出版公司，《卍續藏經》第 137 冊，1975）

宋・釋祖詠，《大慧普覺禪師年譜》（北京：北京圖書館出版社，《北京圖書館藏珍本年譜叢刊》，
　　　影印宋寶祐元年（1253）刻本，1999 年）

宋・釋祖元，《佛光圓滿常照國師年表》（臺北：新文豐出版公司，《大正藏》第 80 冊，1983）

宋・釋祖元，《佛光國師語錄》（臺北：新文豐出版公司，《大正藏》第 80 冊，1983）

宋・釋祖慶，《拈八方珠玉集》（臺北：新文豐出版公司，《卍續藏經》第 119 冊，1975）

宋・釋師皎，《〔湖州〕吳山端禪師語錄》（臺北：新文豐出版公司，《卍續藏經》第 126 冊，1975）

宋・釋師明，《續古尊宿語要》（臺北：新文豐出版公司，《卍續藏經》第 119 冊，1975）

宋・釋淨善，《禪林寶訓》（臺北：新文豐出版公司，《大正藏》第 48 冊，1983）

宋・釋紹嵩，《漁父詞》（臺北：臺灣商務印書館，影印文淵閣《四庫全書》本，1983-1986）

宋・釋紹嵩，《亞愚江浙紀行記集句詩》，（臺北：臺灣商務印書館，影印文淵閣《四庫全書》本，
　　　《江湖小集》卷三，1983-1986）

宋・釋紹隆等，《圓悟佛果禪師語錄》（臺北：新文豐出版公司，《卍續藏經》第 121 冊，1975）

宋・釋紹曇，《五家正宗贊》（臺北：新文豐出版公司，《卍續藏經》第 135 冊，1975）

宋・釋惟康，《無文道璨禪師語錄》（臺北：新文豐出版公司，《卍續藏經》第 150 冊，1975）

宋・釋普濟，《五燈會元》（北京：中華書局點校本，1984）

宋·釋普濟,《五燈會元》(臺北:新文豐出版公司,《卍續藏經》第 138 冊,1975)

宋·釋普淨,《無門慧開禪師語錄》(臺北:新文豐出版公司,《卍續藏經》第 120 冊,1975)

宋·釋夢真,《籟鳴集》(京都:東福寺藏本,序文時間 1274)

宋·釋夢真,《籟鳴續集》(京都:東福寺藏本,《籟鳴集》附,序文時間 1278)

宋·釋圓悟,《枯崖漫錄》(臺北:新文豐出版公司,《卍續藏經》第 148 冊,1975)

宋·釋圓照等,《破菴祖先禪師語錄》(臺北:新文豐出版公司,《卍續藏經》第 121 冊,1975)

宋·釋智沂等,《癡絕道沖禪師語錄》(臺北:新文豐出版公司,《卍續藏經》第 121 冊,1975)

宋·釋智昭,《人天眼目》(臺北:新文豐出版公司,《卍續藏經》第 148 冊,1975)

宋·釋智光,《大覺禪師語錄》(臺北:新文豐出版公司,《大正藏》第 80 冊,1983)

宋·釋道原,《景德傳燈錄》(臺北:新文豐出版公司,《大正藏》第 51 冊,1983)

宋·釋道謙,《大慧普覺禪師宗門武庫》(臺北:新文豐出版公司,《大正藏》第 47 冊,1983)

宋·釋道融,《叢林盛事》(臺北:新文豐出版公司,《卍續藏經》第 148 冊,1975)

宋·釋曉瑩,《雲臥紀談》(臺北:新文豐出版公司,《卍續藏經》第 148 冊,1975)

宋·釋曉瑩,《羅湖野錄》(臺北:新文豐出版公司,《卍續藏經》第 142 冊,1975)

宋·釋義遠,《天童山景德寺如淨禪師續語錄》(臺北:新文豐出版公司,《卍續藏經》第 124 冊,
　　1975)

宋·釋齊己等,《瞎堂慧遠禪師廣錄》(臺北:新文豐出版公司,《卍續藏經》第 120 冊,1975)

宋·釋贊寧,《大宋僧史略》(臺北:新文豐出版公司,《大正藏》第 54 冊,1983)

宋·釋德初等,《真歇清了禪師語錄》(臺北:新文豐出版公司,《卍續藏經》第 124 冊,1975)

宋·釋德溥等,《物初大觀禪師語錄》(臺北:新文豐出版公司,《卍續藏經》121 冊,1975)

宋·釋蘊聞,《大慧普覺禪師語錄》(臺北:新文豐出版公司,《大正藏》第 47 冊,1983)

宋·釋慧泉等,《黃龍四家錄》(臺北:新文豐出版公司,《卍續藏經》第 120 冊,1975)

宋·釋慧南,《石霜楚圓語錄》(臺北:新文豐出版公司,《卍續藏經》第 120 冊,1975)

宋·釋慧弼,《福州雪峯慧空和尚語錄》(臺北:新文豐出版公司,《卍續藏經》第 120 冊,1975)

宋·釋慧空,《雪峰東山和尚外集》(東京:明治四十三年抄本,1910)

宋·釋賾藏主,《古尊宿語錄》(北京:中華書局點校本,1994)

宋·釋曇秀,《人天寶鑑》(臺北:新文豐出版公司,《卍續藏經》第 148 冊,1975)

宋·釋寶仁等,《淮海元肇禪師語錄》(臺北:新文豐出版公司,《卍續藏經》第 121 冊,1975)

宋·釋寶曇，《大光明藏》（臺北：新文豐出版公司，《卍續藏經》第 137 冊，1975）

宋·釋覺此，《環溪惟一禪師語錄》（臺北：新文豐出版公司，《卍續藏經》第 122 冊，1975）

宋·佚名，《續佛祖統紀》（臺北：新文豐出版公司，《卍續藏經》第 131 冊，1975）

元·釋文珣，《潛山集》（臺北：臺灣商務印書館，影印文淵閣《四庫全書》本，1983-1986）

元·釋士慘，《雲外雲岫禪師語錄》（臺北：新文豐出版公司，《卍續藏經》第 124 冊，1975）

元·釋弌咸，《禪林備用清規》（臺北：新文豐出版公司，《卍續藏經》第 111 冊，1975）

元·盛西明，《補陀洛迦山傳》（臺北：新文豐出版公司，《大正藏》第 51 冊，1983）

宋·釋法林等，《元叟行端禪師語錄》（臺北：新文豐出版公司，《卍續藏經》第 124 冊，1975）

元·釋念常，《佛祖歷代通載》（臺北：新文豐出版公司，《大正藏》第 49 冊，1983）

元·釋延俊等，《笑隱大訢禪師語錄》（臺北：新文豐出版公司，《卍續藏經》第 121 冊，1975）

元·釋淨韻等，《兀菴普寧禪師語錄》（新文豐出版公司，《卍續藏經》第 123 冊，1975）

元·釋熙仲，《歷朝釋氏資鑑》（臺北：新文豐出版公司，《卍續藏經》第 132 冊，1975）

元·釋德煇，《敕修百丈清規》（臺北：新文豐出版公司，《卍續藏經》第 111 冊，1975）

元·釋覺岸，《釋氏稽古略》（臺北：新文豐出版公司，《卍續藏經》第 132-33 冊，1975）

元·釋曇噩，《新修科分六學僧傳》（臺北：新文豐出版公司，《卍續藏經》第 133 冊，1975）

明·周永年，《吳都法乘》（臺北：丹青圖書公司，《中國佛寺志彙刊本》第三輯，1985）

明·朱時恩，《佛祖綱目》（臺北：新文豐出版公司，《卍續藏經》第 146 冊，1975）

明·林弘衍，《雪峰義存禪師語錄》（臺北：新文豐出版公司，《卍續藏經》第 119 冊，1975）

明·夏樹芳，《名公法喜志》（臺北：新文豐出版公司，《卍續藏經》第 150 冊，1975）

明·釋子實，《續佛祖統紀》（臺北：新文豐出版公司，《卍續藏經》第 131 冊，1975）

明·釋大建，《禪林寶訓音義》（臺北：新文豐出版公司，《卍續藏經》第 113 冊，1975）

明·釋文琇，《增集續傳燈錄》，（臺北：新文豐出版公司，《卍續藏經》第 142 冊，1975）

明·釋心泰，《佛法金湯編》（臺北：新文豐出版公司，《卍續藏經》第 148 冊，1975）

明·釋玄極，《續傳燈錄》（臺北：新文豐出版公司，《大正藏》第 51 冊，1983）

明·釋如巹，《緇門警訓》（臺北：新文豐出版公司，《大正藏》第 48 冊，1983）

明·釋元賢，《建州弘釋錄》（臺北：新文豐出版公司，《卍續藏經》第 147 冊，1975）

清·釋自融，《南宋元明禪林僧寶傳》（臺北：新文豐出版公司，《卍續藏經》第 137 冊，1975）

明·釋宗謐等，《南石文琇禪師語錄》（臺北：新文豐出版公司，《卍續藏經》第 124 冊，1975）

明·釋明河，《補續高僧傳》（臺北：新文豐出版公司，《卍續藏經》第 134 冊，1975）

明·釋淨柱，《五燈會元續略》（臺北：新文豐出版公司，《卍續藏經》第 138 冊，1975）

清·釋紀蔭，《宗統編年》（臺北：新文豐出版公司，《卍續藏經》第 147 冊，1975）

明·釋通容，《祖庭鉗鎚錄》（臺北：新文豐出版公司，《卍續藏經》第 114 冊，1975）

清·釋超永，《五燈全書》（臺北：新文豐出版公司，《卍續藏經》第 141 冊，1975）

明·釋道忞，《禪燈世譜》（臺北：新文豐出版公司，《卍續藏經》第 147 冊，1975）

明·釋覺岸，《釋氏稽古略》（臺北：新文豐出版公司，《大正藏》第 49 冊，1983）

清·彭希洓，《淨土聖賢錄》（臺北：新文豐出版公司，《卍續藏經》第 135 冊，1975）

清·張文嘉等，《禪林寶訓合註》（臺北：新文豐出版公司，《卍續藏經》第 113 冊，1975）

清·釋性統，《續燈正統》（臺北：新文豐出版公司，《卍續藏經》第 145 冊，1975）

清·釋德玉，《禪林寶訓順硃》（臺北：新文豐出版公司，《卍續藏經》第 113 冊，1975）

清·釋龍丘、行昱，《續燈存稿》（臺北：新文豐出版公司，《卍續藏經》第 145 冊，1975）

三、書目、辭典、類書、金石、藝術

宋·王應麟，《玉海》（臺北：臺灣商務印書館，1983）

宋·晁公武，《郡齋讀書志》（上海：商務印書館，《四部叢刊三編》本，1934）

宋·陳騤，《南宋館閣書錄》（北京：中華書局點校本，1998）

宋·陳振孫，《直齋書錄解題》（上海：上海古籍出版社點校本，1987）

宋·佚名，《南宋館閣續錄》（北京：中華書局點校本，1998）

宋·阮元，《兩浙金石錄》（上海：上海古籍出版社，《續修四庫全書》本，1995）

明·王圻，《續文獻通考》（臺南：莊嚴出版社，《四庫全書存目叢書》本，1995）

清·紀昀等，《四庫全書總目提要》（臺北：藝文出版社，1980）

清·徐松，《宋會要輯稿》（臺北：新文豐出版公司，1976）

清·張照等，《秘殿珠林》（臺北：臺灣商務印書館，影印文淵閣《四庫全書》本，1983-1986）

清·張照等，《石渠寶笈》（臺北：臺灣商務印書館，影印文淵閣《四庫全書》本，1983-1986）

清·陸徵祥，《八瓊室金石補正》（北京：文物出版社，1985）

清·陳夢雷，《古今圖書集成神異典釋教部》（臺北：新文豐出版公司，《卍續藏經》第 50 冊，1975）

當代·王德毅等，《宋人傳記資料索引》（臺北：鼎文書局，1977）

當代・李國玲，《宋僧錄》（北京：線裝書局，2001）

當代・龔延明，《宋代官制辭典》（北京：中華書局，1997）

日本・駒澤大學禪學大辭典編纂所，《禪學大辭典》（東京：大修館書店，1983）

四、山寺志、方志、地理書

宋・周應合，《景定建康志》（成都：四川大學出版社，《宋元珍稀地方志叢刊》，2007）

宋・范成大，《吳郡志》（臺北：臺灣商務印書館，影印文淵閣《四庫全書》本，1983-1986）

宋・孫應時，《寶祐重修琴川志》（清道光三年瞿氏恬裕齋影元抄本）

宋・梁克家，《淳熙三山志》（成都：四川大學出版社，《宋元珍稀地方志叢刊》，2007）

宋・陳耆卿，《赤城志》（臺北：臺灣商務印書館，影印文淵閣《四庫全書》本，1983-1986）

宋・楊潛，《紹熙雲間志》（清嘉慶十九年古倪園刊本）

宋・張津等，《乾道四明圖經》（臺北：臺灣商務印書館，影印文淵閣《四庫全書》本，1983-1986）

宋・羅濬，《寶慶四明志》（臺北：臺灣商務印書館，影印文淵閣《四庫全書》本，1983-1986）

宋・談鑰，《嘉泰吳興志》（臺北：成文出版社，1983）

宋・潛說友，《咸淳臨安志》（臺北：臺灣商務印書館，影印文淵閣《四庫全書》本，1983-1986）

宋・鄭瑤，《景定嚴州續志》（臺北：臺灣商務印書館，影印文淵閣《四庫全書》本，1983-1986）

宋・歐陽忞，《輿地廣記》（成都：四川大學出版社，2003）

元・王元恭，《至正四明續志》（上海：上海古籍出版社，《續修四庫全書本》，2002）

元・袁桷撰《元祐四明志》（臺北：臺灣商務印書館，影印文淵閣《四庫全書》本，1983-1986）

元・徐碩，《至元嘉禾志》（臺北：臺灣商務印書館，影印文淵閣《四庫全書》本，1983-1986）

明・王鏊，《姑蘇志》（臺北：臺灣商務印書館，影印文淵閣《四庫全書》本，1983-1986）

明・吳之鯨，《武林梵志》（臺北：臺灣商務印書館，影印文淵閣《四庫全書》本，1983-1986）

明・宋奎光，《徑山志》（臺北：明文書局，《中國佛寺史志彙刊》第一輯，1980）

明・林雲程等，《萬曆通州志》（臺北：成文出版社，1983）

明・林穎等，《嘉靖通州志》（上海：上海書店，《天一閣明代方志選刊》，1578）

明・周希哲，《嘉靖寧波府志》（臺北：成文出版社，1983）

明・柳琰，《（弘治）嘉興府志》（濟南：齊魯書社，《四庫全書存目叢書》，1996）

明・徐燉，《雪峰志》（臺北：明文書局，《中國佛寺史志彙刊》第二輯，1980）

明・郭子章，《明州阿育王山志》（臺北：明文書局，《中國佛寺史志彙刊》第一輯，1980）

明・陳威、顧清，《（正德）松江府志》（明正德七年刊本）

明・程嗣功，《嘉靖武康縣志》（臺北：新文豐出版公司，1985）

明・聶心湯修，虞淳熙纂，《（萬曆）錢塘縣志》（明萬曆三十七年修清光緒十九年刊本）

明・羅炌、黃承昊，《（崇禎）嘉興縣志》（北京：書目文獻出版社，1637）

明・釋傳燈，《天台方外志》（臺北：明文書局，《中華佛寺志彙刊》第一輯，1980）

清・元奇，《江心志》（揚州：廣陵書社，《中國佛寺志叢刊》第 93 冊，2006）

清・田汝成，《西湖遊覽志》（臺北：臺灣商務印書館，影印文淵閣《四庫全書》本，1983-1986）

清・李衛等，《西湖志》（臺南：莊嚴出版社，《四庫全書存目叢書》，1996）

清・汪源澤，《康熙鄞縣志》（清康熙二十五年刻本）。

清・孫治，《靈隱寺志》（臺北：明文書局，《中國佛寺史志彙刊》第一輯， 1980）

清・傅觀光，《光緒溧水縣誌》（南京：鳳凰出版社，《中國地方志集成》本，2008）

清・釋畹荃，《明州阿育王山續寺志》（臺北：明文書局，《中國佛寺史志彙刊》第一輯，1980）

清・黃任、郭賡武，《泉州府志》（清乾隆二十八年刊本）。

清・釋德介、聞性道，《天童寺志》（臺北：明文書局，《中國佛寺史志彙刊》第一輯，1980）

清・超備，《翠山寺志》（臺北：丹青圖書公司，《中國佛寺史志彙刊》第三輯， 1985）

清・厲鶚，《雲林寺志》（臺北：明文書局，《中國佛寺史志彙刊》第一輯， 1980）

清・魏峸，《康熙錢塘縣志》（南京：鳳凰出版社，《中國地方志集成》本，2008）

清・釋際祥，《淨慈寺志》（臺北：明文書局，《中國佛寺史志彙刊》第一輯，1980）

五、正史、紀傳、編年、宗譜

宋・宋祁，《新唐書》（北京：中華書局點校本，1975）

宋・李心傳，《建炎以來朝野雜記甲集》（北京：中華書局點校本，2000）

宋・李心傳，《建炎以來繫年要錄》（臺北：臺灣商務印書館，影印文淵閣《四庫全書》本，1983-1986）

宋・李燾，《續資治通鑑長編》（北京：中華書局點校本，1992）

宋・徐自明，《宋宰輔編年錄》（臺北：臺灣商務印書館，影印文淵閣《四庫全書》本，1983-1986）

宋・張淏，《會稽續志》（臺北：臺灣商務印書館，影印文淵閣《四庫全書》本，1983-1986）

宋・葉紹翁，《四朝聞見錄》（北京：中華書局點校本，1989）

宋·熊克,《中興小紀》（臺北：臺灣商務印書館,影印文淵閣《四庫全書》本,1983-1986）

宋·劉時舉,《續宋編年資治通鑑》（臺北：臺灣商務印書館,影印文淵閣《四庫全書》本,1983-1986）

宋·佚名,《宋史全文》（臺北：臺灣商務印書館,影印文淵閣《四庫全書》本,1983-1986）

宋·佚名,《寶祐四年登科錄》（臺北：臺灣商務印書館,影印文淵閣《四庫全書》本,1983-1986）

宋·周綸,《周益國文忠公年譜》（清道光二十八年刻本,1848）

元·脫脫,《宋史》（北京：中華書局點校本,1987）

明·何可化,《紫陽朱夫子年譜》（北京：北京圖書館出版社,《北京圖書館珍本年譜叢刊》本,
　　　1663）

清·李其鼇,《山陰天樂李氏宗譜》（清同治九年芳慶堂木活字本,1870）

清·陸心源,《宋史翼》（臺北：鼎文書局《宋史》卷末附,1978）

清·羅振常,《訂補懷賢錄》（民國十二年蟫隱廬鉛印《蟫隱廬叢書》本,1923）

民國·吳廷燮,《南宋制撫年表》（北京：中華書局點校本,1984）

民國·胡宗楙,《張宣公年譜》（成都：四川大學出版社,2003）

民國,高我桂等,《剡南高氏宗譜》（嵊州：嵊州文物管理委員會藏永思堂木活字本,1931）

六、詩文總集、別集

唐·李白,《李太白全集》（臺北：河洛圖書出版社,1975）

宋·王質,《雪山集》（臺北：臺灣商務印書館,影印文淵閣《四庫全書》本,1983-1986）

宋·史浩,《鄮峰真隱漫錄》（臺北：臺灣商務印書館,影印文淵閣《四庫全書》本,1983-1986）

宋·任淵等,《山谷詩集注》（上海：上海古籍出版社,2003）

宋·朱熹,《晦庵集》（臺北：臺灣商務印書館,影印文淵閣《四庫全書》本,1983-1986）

宋·朱熹,《晦庵先生朱文公文集》（上海：商務印書館,《四部叢刊初編》本,1936）

宋·沈煥,《定川遺書》（臺北：中國文化學院出版部,《四明叢書》本,1932）

宋·呂本中,《東萊詩集》（臺北：臺灣商務印書館,影印文淵閣《四庫全書》本,1983-1986）

宋·李光,《莊簡集》（臺北：臺灣商務印書館,影印文淵閣《四庫全書》本,1983-1986）

宋·李綱,《梁溪集》（臺北：臺灣商務印書館,影印文淵閣《四庫全書》本,1983-1986）

宋·李綱,《李綱全集》（長沙：岳麓書社王瑞明點校本,2004）

宋·李彌遜,《筠谿集》（臺北：臺灣商務印書館,影印文淵閣《四庫全書》本,1983-1986）

宋・李曾伯，《可齋雜稿續編》（臺北：臺灣商務印書館，影印文淵閣《四庫全書》本，1983-1986）

宋・汪藻，《浮溪集》（臺北：臺灣商務印書館，影印文淵閣《四庫全書》本，1983-1986）

宋・周必大，《周文忠公集》（臺北：臺灣商務印書館，影印文淵閣《四庫全書》本，1983-1986）

宋・周麟之，《海陵集》（臺北：臺灣商務印書館，影印文淵閣《四庫全書》本，1983-1986）

宋・林希逸，《竹溪鬳齋十一稿續集》（臺北：臺灣商務印書館，影印文淵閣《四庫全書》本，1983-1986）

宋・洪咨夔，《平齋文集》（上海：商務印書館，《四部叢刊續編》本，1934）

宋・姜夔，《白石道人歌曲》（臺北：臺灣商務印書館，影印文淵閣《四庫全書》本，1983-1986）

宋・袁燮，《絜齋集》（臺北：臺灣商務印書館，影印文淵閣《四庫全書》本，1983-1986）

宋・真德秀，《西山文集》（臺北：臺灣商務印書館，影印文淵閣《四庫全書》本，1983-1986）

宋・真德秀，《西山先生真文忠公文集》（上海：商務印書館，《四部叢刊初編》本，1934）

宋・孫應時，《燭湖集》（臺北：臺灣商務印書館，影印文淵閣《四庫全書》本，1983-1986）

宋・孫覿，《鴻慶居士集》（臺北：臺灣商務印書館，影印文淵閣《四庫全書》本，1983-1986）

宋・晁說之，《景迂生集》（臺北：臺灣商務印書館，影印文淵閣《四庫全書》本，1983-1986）

宋・曹勛，《松隱集》（臺北：臺灣商務印書館，影印文淵閣《四庫全書》本，1983-1986）

宋・許應龍，《東澗集》（臺北：臺灣商務印書館，影印文淵閣《四庫全書》本，1983-1986）

宋・程珌，《洺水集》（臺北：臺灣商務印書館，影印文淵閣《四庫全書》本，1983-1986）

宋・陸游，《渭南文集》（北京：中國出版社，《陸放翁全集》本，1986）

宋・陸游，《劍南詩稿》（北京：中國出版社，《陸放翁全集》本，1986）

宋・張栻，《南軒集》（臺北：臺灣商務印書館，影印文淵閣《四庫全書》本，1983-1986）

宋・張鎡，《南湖集》（臺北：臺灣商務印書館，影印文淵閣《四庫全書》本，1983-1986）

宋・張鎡，《南湖集》（廣州：嶺南芸林仙館，清光緒八年《知不足齋叢書》本，1882）

宋・張孝祥，《于湖集》（臺北：臺灣商務印書館，影印文淵閣《四庫全書》本，1983-1986）

宋・陳著，《本堂集》（臺北：臺灣商務印書館，影印文淵閣《四庫全書》本，1983-1986）

宋・張守，《毘陵集》（臺北：臺灣商務印書館，影印文淵閣《四庫全書》本，1983-1986）

宋・黃昇，《中興以來絕妙詞選》（臺北：臺灣商務印書館，影印文淵閣《四庫全書》本，1983-1986）

宋・黃榦，《勉齋集》（臺北：臺灣商務印書館，影印文淵閣《四庫全書》本，1983-1986）

宋・曾幾，《茶山集》（臺北：臺灣商務印書館，影印文淵閣《四庫全書》本，1983-1986）

宋・葛勝仲，《丹陽集》（臺北：臺灣商務印書館，影印文淵閣《四庫全書》本，1983-1986）

宋·鄧肅，《栟櫚集》（臺北：臺灣商務印書館，影印文淵閣《四庫全書》本，1983-1986）

宋·黃庭堅，《山谷集·外集》（臺北：臺灣商務印書館，影印文淵閣《四庫全書》本，1983-1986）

宋·葉適，《水心文集》（臺北：臺灣商務印書館，影印文淵閣《四庫全書》本，1983-1986）

宋·蒲壽宬，《心泉學詩稿》（臺北：臺灣商務印書館，影印文淵閣《四庫全書》本，1983-1986）

宋·薛師石，《瓜廬集》（臺北：臺灣商務印書館，影印文淵閣《四庫全書》本，1983-1986）

宋·劉一止，《苕溪集》（臺北：臺灣商務印書館，影印文淵閣《四庫全書》本，1983-1986）

宋·劉克莊，《後村先生大全集》（上海：商務印書館，《四部叢刊初編》本，1936）

宋·劉應時，《頤庵居士集》（臺北：中國文化學院出版部，《四明叢書》本，1932）

宋·蘇軾，《蘇軾文集》（北京：中華書局孔凡禮點校本，2002）

宋·韓元吉，《南澗甲乙稿》（臺北：臺灣商務印書館，影印文淵閣《四庫全書》本，1983-1986）

宋·樓鑰，《攻媿集》（臺北：臺灣商務印書館，影印文淵閣《四庫全書》本，1983-1986）

宋·魏了翁，《鶴山集》（臺北：臺灣商務印書館，影印文淵閣《四庫全書》本，1983-1986）

宋·魏了翁，《鶴山先生大全文集》（上海：商務印書館《四部叢刊初編》本，1936）

宋·衛涇，《後樂集》（臺北：臺灣商務印書館，影印文淵閣《四庫全書》本，1983-1986）

元·方回，《桐江續集》（臺北：臺灣商務印書館，影印文淵閣《四庫全書》本，1983-1986）

元·袁桷，《清容居士集》（臺北：臺灣商務印書館，影印文淵閣《四庫全書》本，1983-1986）

元·戴表元，《剡源文集》（臺北：臺灣商務印書館，影印文淵閣《四庫全書》本，1983-1986）

明·宋濂，《宋文憲公護法錄》（京都：中文出版社，影印寬文六年刊本，1666）

清·全祖望，《黯埼亭集外編》（上海：商務印書館，《四部叢刊初編》本，1936）

清·汪森，《粵西文載》（臺北：臺灣商務印書館，影印文淵閣《四庫全書》本，1983-1986）

清·汪森，《粵西叢載》（臺北：臺灣商務印書館，影印文淵閣《四庫全書》本，1983-1986）

清·翁方綱，《復初齋詩集》（上海：上海古籍出版社，2002）

清·彭定求等，《全唐詩》（北京：中華書局點校本，1999）

七、詩話、筆記小說

唐·辛文房，《唐才子傳》（臺北：臺灣商務印書館，影印文淵閣《四庫全書》本，1983-1986）

宋·王明清，《玉照新志》（上海：上海古籍出版社點校本，1991）

宋·呂居仁，《紫微詩話》（臺北：木鐸出版社，何文煥《歷代詩話》本，1982）

宋・吳自牧，《夢粱錄》（臺北：大立出版社，《東京夢華錄》外四種，1980）

宋・周密，《武林舊事》（臺北：大立出版社，《東京夢華錄》外四種，1980）

宋・周密，《齊東野語》（北京：中華書局點校本，1983）

宋・周必大，《二老堂詩話》（臺北：木鐸出版社，何文煥《歷代詩話》本，1982）

宋・范晞文，《對床夜話》（臺北：臺灣商務印書館，影印文淵閣《四庫全書》本，1983-1986）

宋・陸游，《家世舊聞》（北京：中華書局點校本，1983）

宋・許顗，《彥周詩話》（臺北：木鐸出版社，何文煥《歷代詩話》本，1982）

宋・張邦基，《墨莊漫錄》（北京：中華書局點校本，2002）

宋・張元幹，《蘆川歸來集》（臺北：臺灣商務印書館，影印文淵閣《四庫全書》本，1983-1986）

宋・葛立方，《韻語陽秋》（臺北：木鐸出版社，《歷代詩話》本，1982）

宋・費袞，《梁溪漫志》（上海：上海古籍出版社點校本，1983）

宋・劉克莊，《後村詩話》（臺北：木鐸出版社，何文煥《歷代詩話》本，1982）

明・徐𤊹，《徐氏筆精》（臺北：臺灣商務印書館，影印文淵閣《四庫全書》本，1983-1986）

清・厲鶚，《宋詩紀事》（臺北：臺灣商務印書館，影印文淵閣《四庫全書》本，1983-1986）

八、當代著作

于北山，《陸游年譜》（上海：中華書局，1961）

于北山，《范成大年譜》（上海：上海古籍出版社，2006）

王兆鵬，《兩宋詞人叢考》（南京：鳳凰出版社，2007）

王兆鵬，《南宋詞人年譜》（臺北：文津出版社，1994）

王兆鵬，《唐宋詞史論》（北京：人民文學出版社，2000）

王兆鵬，《鄧肅年譜》，收於氏著《兩宋詞人叢考》

王兆鵬等，《張元幹年譜》，收於氏著《兩宋詞人叢考》

王兆鵬，《葉夢得年譜》，收於氏著《南宋詞人年譜》

朱剛、陳玨，《宋代禪僧詩輯考》（上海：復旦大學出版社，2012）

沈津，《翁方綱年譜》（臺灣：中研院文哲所，2002）

沈治宏，〈周必大年譜簡編〉，《宋代文化研究》第三輯（成都：四川大學宋代文化研究資料中心，1993）

辛更儒，《張孝祥于胡先生年譜》（臺北：五南圖書出版公司，2003）

何冠環，〈現存三篇宋代內臣墓誌銘〉，《中國文化研究所學報》第 52 期（2011），頁 33-63

李裕民，《宋人生卒行年考》（北京：中華書局，2010）

李之亮，《宋川陝大郡守臣易替考》（成都：巴蜀書社，2001）

李之亮，《宋兩浙郡守年表》（成都：巴蜀書社，2001）

李之亮，《宋福建路郡守年表》（成都：巴蜀書社，2001）

李之亮，《宋兩江郡守易替考》（成都：巴蜀書社，2001）

李之亮，《宋兩廣大郡守臣易替考》（成都：巴蜀書社，2001）

李之亮，《宋兩湖大郡守臣易替考》（成都：巴蜀書社，2001）

李之亮，《宋兩淮大郡守臣易替考》（成都：巴蜀書社，2001）

李之亮，《宋代路分長官通考》（成都：巴蜀書社，2003）

余國隆，〈樓鑰年譜及其行誼〉（新竹：清華大學歷史研究所碩士論文，1990）

周夢江，《葉適年譜》（杭州：浙江古籍出版社，2006）

拓曉堂，〈荀齋舊藏宋刻《五燈會元》序〉，《嘉德通訊》第 5 期（2012），頁 29-31

徐小蠻、顧美華，〈關於陳振孫之生平和著述〉，《直齋書錄解題·附錄二》，（上海：上海古籍
　　　出版社點校本，1987）

夏承燾，《姜白石繫年》（臺北：世界書局，1967）

真采，《真西山年譜》（北京：北京圖書館，《北京圖書館珍本年譜叢刊》，1999）

唐燮軍、孫旭虹，《四明樓氏家族的興衰浮沈及其家族文化》（杭州：浙江大學出版社，2012）

許明，《中國佛教經論序跋記集》（上海：上海辭書出版社，2002）

張如安，〈南宋禪僧寶曇生平及其作品考論〉，《鄞州文史》第十輯（2010），頁 230-250。

張憲文，〈盧祖皋事跡考〉《溫州大學學報（自然科學版）》，1984 年第 1 期

陳垣，《釋氏疑年錄》（北京：中華書局，1984）

陳思，《白石道人年譜》（北京：北京圖書館，《北京圖書館珍本年譜叢刊》，1999）

陳根民，〈張即之生平與作者考略〉，《杭州師範學院學報》第 4 期（1999），頁 60-64

黃啟方，《黃庭堅與江西詩派論集》（臺北：國家出版社，2006）

黃啟江，《泗州大聖與松雪道人》（臺北：學生書局，2009）

黃啟江，《因果、淨土與往生——透視中國佛教史上的幾個面相》（臺北：學生書局，2004）

黃啟江，《一味禪與江湖詩》（臺北：臺灣商務印書館，2010）

黃啟江，《文學僧藏叟善珍與南宋末世的禪文化》（臺北：新文豐出版社，2010）

黃啟江，《靜倚晴窗笑此生——南宋僧淮海元肇的詩禪世界》（臺北：臺灣商務印書館，2013）

黃啟江，〈南宋五山禪寺住持選任考實〉（待刊稿，2013）

程章燦，《劉克莊年譜》（貴陽：貴州人民出版社，1993）

趙效宣，《李綱年譜長編》（香港：新亞研究所，1968）

馮學成等，《巴蜀禪燈錄》（成都：成都出版社，1992）

曾惟剛，《張鎡年譜》（北京：人民文學出版社，2010）

鄧廣銘，《辛稼軒年譜》（上海：上海古籍出版社，1997）

慧達，〈新校黑水城本《劫外錄》〉，《中華佛學學報》第六期（2002），頁 127-172

錢仲聯，《韓昌黎詩繫年集釋》（臺北：河洛圖書出版社，1975）

錢仲聯，《劍南詩稿校注》（上海：上海古籍出版社，1985）

魏峰、鄭嘉勵，〈新出史嵩之壙志、趙氏壙志考釋〉，《浙江社會科學》2012 年第 10 期，頁 142-148

謬荃孫，《魏文靖公年譜》（北京：北京圖書館藏珍本年譜叢刊第 33 冊，1999）

九、日本著作

伊藤松，《鄰交徵書》（東京：國書刊行會，1975）

角田泰隆，〈道元禪師在宋中のこと〉，《田中良昭博士古稀紀念論集——禪學研究諸相》（東京：大東出版社，2003）

定源，〈日僧俊芿與南宋文人士大夫的交往〉，《臺大佛學研究》22 期（2011），頁 32-57

釋虎関師錬，《元亨釋書》（東京：佛書刊行會，《大日本佛教全書》，1911-1922）

釋瑩山，《傳光錄》（臺北：新文豐出版公司，《大正藏》第 82 冊，1983）

釋圓顯等，《大覺禪師語錄》（臺北：新文豐出版公司，《大正藏》第 80 冊，1983）

釋圓爾，《聖一國師語錄》（臺北：新文豐出版公司，《大正藏》第 80 冊，1983）

釋道元，《寶慶記》，Takashi James Kodera, *Dogen's Formative Years in China* 附錄。

國家圖書館出版品預行編目資料

南宋六文學僧紀年錄

黃啟江著. – 初版. – 臺北市：臺灣學生，2014.03
面；公分

ISBN 978-957-15-1601-1 (平裝)

1. 僧侶文學 2. 宋代文學 3. 文學評論 4. 禪宗

224.51   102023060

南宋六文學僧紀年錄

著　作　者：黃　　　　　啟　　　　　江
出　版　者：臺 灣 學 生 書 局 有 限 公 司
發　行　人：楊　　　　　雲　　　　　龍
發　行　所：臺 灣 學 生 書 局 有 限 公 司
　　　　　　臺北市和平東路一段七十五巷十一號
　　　　　　郵 政 劃 撥 帳 號：00024668
　　　　　　電　話：(02)23928185
　　　　　　傳　眞：(02)23928105
　　　　　　E-mail：student.book@msa.hinet.net
　　　　　　http://www.studentbook.com.tw
本 書 局 登
記 證 字 號：行政院新聞局局版北市業字第玖捌壹號
印　刷　所：長 欣 印 刷 企 業 社
　　　　　　新北市中和區中正路九八八巷十七號
　　　　　　電　話：(02)22268853

定價：新臺幣六五〇元

西 元 二 〇 一 四 年 三 月 初 版

22404

ISBN 978-957-15-1601-1 (平裝)